广东服装年鉴 2024

广东省服装服饰行业协会
广东省服装设计师协会
编著

中国纺织出版社有限公司

「广东服装」——任仲夷题词

广东服装 任仲夷题

努力开拓进取 振兴广东服装
——杜钰洲题词

学术委员会

主　席

周永章（俄罗斯自然科学院外籍院士）

学术委员会委员

文丹枫	王先庆	毛永军	卞　静	石柏军	刘丁蓉	江少容	汤　胤
孙恩乐	李征坤	李　朋	李　填	杨祖元	吴秋英	余向阳	张丹丹
陈君航	陈嘉健	范福军	罗　红	金　憶	胡小平	钟　亿	贺景卫
梅林海	盛宇宏	矫　萍	彭　凯	谢耀荣	睢文娟	蔡　蕾	熊晓燕

编委会

总　编

刘岳屏　卜晓强　李小燕　黄　瑛

责任编辑

叶奕莉　陈韶通　温静华　左绪军　陆秀淮　梁俊涛

编委会成员（以姓氏笔画为序）

马庆宣	王志青	王　珈	王俊钧	王德生	王　巍	毛永军	方建华
方俊楷	邓文远	邓剑鸿	卢伟星	卢浩江	邝活源	冯耀权	曲　晶
朱家勇	刘　阳	安小辉	关淑敏	江小云	江旭东	汤正荣	许才君
许仰天	许俊毅	阮志雄	孙志平	李亚平	李明光	李建明	李　涌
应梅珑	杨佳旭	杨志雄	杨昌业	杨　涛	杨紫明	肖长安	肖海弟
吴武平	吴国胜	吴逸然	何志康	何荣坚	何炳祥	张小祥	张　荣
陆平一	陈永森	陈志光	陈灵梅	陈坤远	陈育懋	陈　波	陈　建
陈锦康	陈穗铭	陈翼嘉	欧阳永辉	罗冠军	罗鑫华	冼剑立	周　仑
郑文德	郑衍旭	赵亚坤	胡　平	胡合斌	胡启明	钟承湛	钟课枝
侯东美	俞周杰	袁　杰	夏国新	徐　超	高　强	郭东林	唐新乔
黄杰文	黄秋权	黄静燕	程祖明	温汉清	谢秉政	谢海龙	简玮仪
蔡中涵	蔡纯涛	蔡振威	翟志辉	潘俊生	戴穗越		

栏目编辑

卢　茵　叶　颖　罗勇成　庞秀茵　郑凤妮　曹　苇　闵　静　杨家鑫

执行编著

广东省时尚服饰产业经济研究院

广东国际时尚艺术研究院

鸣谢单位

广东金鼎智造服装科技有限公司

序

岁月如梭，转眼间我们迎来了《广东服装年鉴2024》，这是广东省服装服饰行业协会与广东省服装设计师协会携手编著的第三本年鉴，它凝聚了行业智慧与心血，如同一座时光宝藏，收藏着2023年广东服装行业的前行足迹与荣耀。

回首2023年，在新质生产力蓬勃发展、现代化产业体系建设加速推进的宏观背景下，广东服装行业积极顺应时代潮流，不断探索创新。广东服装人坚守初心，砥砺前行，用智慧和汗水在这片时尚的土地上辛勤耕耘，不断探索创新，推动着行业的发展与进步。科技创新、文化传承、数智化、国际化、可持续，成为广东服装行业发展的关键词。

这一年，我们告别"疫情"，迎来了政策的"春天"。2023年初，我省史上首个纺织服装产业专项政策《关于进一步推动纺织服装产业高质量发展的实施意见》重磅出台；随后，全省各地纷纷出台纺织服装产业专项扶持政策，力度之大、数量之多，为历史之最，极大地鼓舞了行业士气，为产业发展创造了有利条件。

这一年，我们共同见证了许多具有里程碑意义的事件。例如，比音勒芬集团收购两大国际奢侈品牌（CERRUTI 1881和KENT&CURWEN），珠峰科考登顶队穿着凯乐石（KAILAS）成功登顶珠穆朗玛峰，2023世界服装大会在虎门举办，"万亩千亿级"广清纺织服装产业有序转移园拔地而起，广东省服装服饰行业协会和广东省服装设计师协会完成换届选举等。

刘岳屏

广东省服装服饰行业协会会长

这一年，我们以创新为驱动，在高质量发展的征程上大步迈进。从新技术的研发应用，到新设计理念的涌现；从品牌战略的升级调整，到市场渠道的拓展创新，每一个事件、每一项成果都饱含着广东服装人的执着与努力。与此同时，我们也欣喜地看到越来越多的创新案例不断涌现，无论是在设计、生产、营销，还是在品牌建设、人才培养等方面，创新的火花点亮了行业发展的道路，为广东服装行业注入了源源不断的活力。

这一年，我们亲历行业转型升级，觉察到高质量发展的曙光与成效。2023年1~12月，广东服装产品产量、产值及出口等指标呈负增长，但利润总额同比增长13.1%（全国服装行业利润总额同比下降3.39%）。此良好态势已延续至2024年1~4月，同比增长达32.4%（同期全国服装行业利润总额同比增长7.33%）。利润总额大幅上扬，或表明广东服装企业正经历结构优化与附加值提升。对于高质量发展，我们不只关注产量和产值增长，更看重单位产品价值、技术创新和效率改进。我们认为，这很可能是企业转型升级、迈向价值链高端的重要信号。

坚守初心，赓续传承。衷心希望《广东服装年鉴2024》作为行业发展的记录者与见证者，能成为行业同仁的智慧宝库和实践参照。在这里，要特别感谢大力支持本年鉴出版的广东金鼎智造服装科技有限公司，特别感谢同事们年复一年的不懈坚持与辛勤付出，感谢学术委员会、编委会为年鉴贡献的智慧，同时也要感谢中国纺织出版社有限公司的专业支持和严谨把关。正是有了大家齐心协力的付出，才有了这本年鉴的精彩呈现。

亲爱的朋友们，让我们以史为鉴，总结经验、汲取智慧，在新的征程上，继续携手，勇攀高峰，共同推动广东服装产业高质量发展，一起书写更为璀璨的辉煌篇章！

广东省服装服饰行业协会会长

2024年7月

导读

《广东服装年鉴2024》是全面记录2023年广东服装产业发展的重要文献，信息丰富，参考价值重大。本书分为10个部分，包括特邀撰稿、广东时尚发布图片专辑、2023广东服装产业概貌、2023广东服装行业大事记、年度关注、年度创新案例、行业荣誉、专题报告、产业政策汇编以及附录等。重点部分导读如下。

【特邀撰稿】 编委会特邀平欣光、卜晓强、李小燕、钟亿、文丹枫等5位行业专家和比音勒芬集团董事长谢秉政、卡宾（CABBEEN）服饰主理人卡宾先生、汇美时尚集团董事长方建华、东莞德永佳纺织制衣有限公司董事兼总经理吴武平等4位知名企业家，为本书撰写年度观点，从各自领域出发，提供理论思考与实践经验，为读者呈现多元视角。

【产业概貌】 开篇对广东服装行业的整体发展情况进行概述，包括行业规模、产量、出口额、产业集群分布等关键数据，以及行业面临的机遇与挑战。

【大事记】 以时间为轴，详细记录2023年广东服装行业的重大事件、活动及政策变化，展现行业发展的脉络与节奏。

【年度关注】 聚焦非遗新造、外贸升级、集群创新。

"非遗新造"重点记录"可持续发展与非遗同行"，包括政策导向、媒体观点、非遗活动。媒体观点认为非遗新造的关键在于与现代生活结合，赋予其时代意义，广东非遗传承有整合资源等妙招，非遗活动则重点收录了广东非遗服装服饰展示交流活动等六个代表性活动及成效。

"外贸升级"着重探讨广东纺织服装外贸转型升级课题，从政策导向、外贸情况、外贸特点、湾区合作、趋势展望等五个方面，生动记录广东重塑服装产业外贸新优势的发展路径。

"集群创新"收录2023年广东省服装产业集群概况、创新案例与产业政策，为读者了解区域布局和特色提供了全面的资料。综述部分剖析各个产业集群在产业规划与扶持政策、数智化升级、区域品牌建设等多个领域集体发力情况及成效；产业集群发展简况重点收录了20个活跃集群的发展情况及推动产业发展的具体做法。此外，本年鉴以"番禺"为试点首创"产业集群创新发展案例"，从整体概况、创新案例、产业政策等维度，完整记录一个产业集群的发展全貌。

【年度创新案例】展示广东服装产业创新探索和成果，涵盖了产业项目、企业、服装教育产学研等三个方面。其中，产业项目创新重点收录了广清纺织服装产业有序转移园、广州中大门、广州红棉国际时装城、广州国际轻纺城、广州白马服装市场、广州北·中大时尚科技城等六个案例；企业创新则分为品牌创新、供应链创新、数智化服务创新及配套服务创新等四大类型，收录了广州纺织工贸、溢达、赢家、例外、金鼎智造等25家企业案例。

综上，本书展示2023年广东服装产业发展全貌，为行业同仁、研究者以及关注广东服装产业的读者提供有益参考，愿成良师益友。我们期待通过《广东服装年鉴》的持续编纂与发布，为广东服装行业的持续健康发展贡献力量，共同书写中国时尚产业发展的新篇章。

感谢豆包、文心一言贡献AI力量。

目 录
CONTENTS

第一部分　特邀撰稿 **001**

　　平欣光：在广州纺织服装产业更高质量发展座谈会上的主旨发言 002

　　卜晓强：专业市场升级与可持续时尚 005

　　李小燕：做时代的设计师，探索时尚之灵魂与创新之源 008

　　谢秉政：比音勒芬信心满满启新程，全力以赴开好局 009

　　卡宾先生：将"环保生态"理念融入品牌使命 010

　　方建华："茵曼新疆棉田大秀"探索践行可持续时尚的新样板 011

　　吴武平：砥砺前行推动转型升级，踔厉奋发迈向新征程 013

　　钟亿：聚焦经营靶心，赋能品牌破圈 015

　　文丹枫：浅谈广东服装产业实施可持续发展战略举措及意义 018

第二部分　广东时尚发布图片专辑 **019**

第三部分　2023广东服装产业概貌 **039**

第四部分　2023广东服装行业大事记 **043**

第五部分　年度关注 **049**

　非遗新造 050

　　可持续发展与非遗同行 050

1

外贸升级 ··· **061**

广东纺织服装外贸转型升级　重塑产业新优势 ···································· 061

集群创新 ··· **066**

2023年广东省服装产业集群发展情况综述 ·· 066

产业集群发展简况 ··· 069

番禺专篇 ··· **075**

▶高屋建瓴 ··· **075**

以绣花功夫打造国际时尚品牌　再造一个千亿产业 ····························· 075

▶整体概况 ··· **076**

番禺区聚焦"四位一体"赋能时尚产业高质量发展　奋力打造第二个
　　千亿级产业集群 ··· 076

▶创新案例 ··· **078**

比音勒芬：打造全球百年知名奢侈品集团 ·· 078

希音：全球最受欢迎时尚品牌背后的新质生产力 ·································· 082

北欧时刻：有趣、简约、可持续 ·· 084

朗蔻：挖掘传统文化创新性发展的时尚之美 ······································· 087

欧定：将衬衫做成科技单品，新消费品牌"换道超车" ··························· 089

量品：革新定制风尚，开启个性化商务男装新纪元 ······························· 093

丽晶软件：搭建全链路产业互联网 ·· 096

广州柚凡：SaaS模式，驱动横向一体化 ··· 098

易改衣：在番禺的创新之旅与未来展望 ··· 101

钻汇集团：革新服装时尚产业的先锋篇章 ·· 102

巨大国际产业园：构建时尚生态链，打造广州番禺国际化数字时尚产业基地 ······ 105

▶产业政策 ... 110

广州市番禺区推动时尚产业高质量发展行动方案 ... 110

重大活动 ... 114

2023广东时装周—春季 ... 114

2022中山市工业设计大赛沙溪休闲服装设计专项赛 ... 125

第22届"虎门杯"国际青年设计（女装）大赛 ... 128

2023中国（广东）大学生时装周 ... 133

第十届红棉国际时装周×云尚周 ... 141

2023广东时装周—秋季 ... 145

2023中国纺织工业联合会大湾区国际纺织服装服饰博览会 ... 154

2023世界服装大会 ... 159

第十一届红棉国际时装周 ... 163

2023中山市工业设计大赛沙溪休闲服装设计专项赛 ... 166

2023南沙榄核香云纱时尚文化节 ... 171

2023珠海时尚周 ... 174

第23届"虎门杯"国际青年设计（女装）大赛 ... 181

第六部分　年度创新案例 ... **187**

产业项目创新案例 ... **188**

广清纺织服装产业有序转移园：新质生产力赋能产业焕发活力 ... 188

广州中大门：打造纺织服装4.0产业综合体 ... 191

广州红棉国际时装城：发力新质时尚，打造商贸升级"新市场" ... 194

广州国际轻纺城：以中心之为先立后破，助推时尚新质生产力加速培育 ... 196

广州白马服装市场：变革时代拥抱数智，重构专业市场新优势……202

广州北·中大时尚科技城：全产业链集群创新一体化、数字化

智能制造平台……206

企业创新案例：品牌创新 209

广州纺织工贸企业集团有限公司：拥抱绿色时尚，解锁牛仔可持续发展之路……209

广东佛伦斯集团有限公司：双发展动力业务格局，搭建百亿时尚产业集群……211

赢家时尚集团：数字化赋能时尚业务价值共创的创新实践……213

例外：再造当代东方美学新气象……216

歌中歌15周年共鉴"鎏金时代"……219

名瑞：首家荣获"中华老字号"荣誉的婚纱晚礼服制造企业……221

林栖马面裙的十年：从传承中国非遗服饰文化到"新国服"之路……224

广州铠琪有限公司：衣人合一，唯你专属……227

迪柯尼：专注文化内核，构建优秀企品……229

衬衫老罗：坚持走专家品牌建设之路……231

富绅男装：拥抱数字化，守正创新……234

百年群豪：创造中改变，创新中发展……236

莱克斯顿：穿行人生之美……238

企业创新案例：供应链创新 240

溢达：励志笃行，开拓求新……240

利华控股：数字化转型成为企业增长新动能……243

德永佳：创新驱动，积蓄前行之力……245

泰富：用工匠之心，缝纫时间和空间的交集……248

金鼎智造：以质兴业，创造价值……250

海帝股份：创新引领，绣出辉煌……252

企业创新案例：数智化服务创新 —————————————————— **254**

- 小塔：RFID应用落地专家，赋能时尚企业数智化新篇章 ————————254
- 恒康科技：助力服饰企业数智化转型，开启智能商品管理新纪元 ————256
- 设界：以"设计"为杠杆，为产业发展聚合新能量 ————————————259
- 未来一手："交易撮合平台+深度服务"，解决行业批发痛点 ——————261

企业创新案例：配套服务创新 ———————————————————— **263**

- 验厂之家：让工厂更优秀，让制造更美好 ————————————————263
- 广厦新材：设计创意梦想的地方 —————————————————————266

服装教育产学研创新案例 ———————————————————————— **268**

- 广州大学：让非遗走向世界，打造国际化服装设计人才 ————————268
- 广东白云学院：协同育人、深化融合，助力大湾区时尚产业腾飞 ————271
- 广东培正学院：校企融合、市场为舵，培养实战型创新人才 ——————273
- 广东科技学院：产课共育·艺技贯通 ——————————————————275
- 广东职业技术学院：专业融入产业，教学融入企业 ————————————277
- 广东文艺职业学院：探索虚拟仿真场域下服装设计专业学习环境的变革 ——279
- 广东女子职业技术学院："时尚智汇"服装教育传承创新 ————————282
- 广东省城市技师学院：产教融合、赛教一体，架起服装高技能人才

  成长阶梯 ——————————————————————————————————284
- 广东省轻工业技师学院：赓续数十载，服装专业正青春 ————————286
- 广州市工贸技师学院：校企协同创新模式，促推高端产业人才培养 ——289
- 东莞职业技术学院：科研与教学相"融合"，推动传统旗袍文化走进生活 ——291

第七部分　行业荣誉 　　　　　　　　　　　　　　　　**293**

- 第23届广东十佳服装设计师 ———————————————————————294

第四届广东纺织服装非遗推广大使 ·· 307

第八部分　专题报告·· 317
　　广东服装产业定制化转型和可持续发展研究报告 ······································· 318

第九部分　产业政策汇编··· 327

附　录··· 331
　　附录一　中国纺织工业联合会纺织产业集群共建试点名单（广东省）············ 331
　　附录二　广东省各地纺织服装商协会名录·· 332
　　附录三　主板上市服装公司名录（广东省）··· 333
　　附录四　广东省服装与服饰设计专业院校开设基本情况······························ 334
　　附录五　个人荣誉名录·· 337
　　附录六　2023年中国服装行业百强企业名单（广东省）······························· 339
　　附录七　2023年度广东省重点商标保护名录新申请纳入名单······················· 340
　　附录八　2023年度广东省重点商标保护名录延续纳入名单·························· 341

编著单位简介·· 342
　　广东省服装服饰行业协会·· 342
　　广东省服装设计师协会··· 343
　　广东省时尚服饰产业经济研究院·· 344
　　广东国际时尚艺术研究院·· 345

第一部分

特邀撰稿

在广州纺织服装产业更高质量发展座谈会上的主旨发言

平欣光

广州市政协原党组副书记、副主席

一、对高质量发展的理解

我认为广州一直都在高质量发展,现省市再强调是新时代的更高质量发展,广州服装产业更高质量发展:一不是再新建更多现代产业园,而是重点搞更多的精彩内容,是内涵扩张;二不是一个企业的高质量发展,而是一个集群,一个产业共同高质量发展;三不是广州自己搞自己的高质量发展,而是邀请全国全球优质资源来广州,共同高质量发展。广州服装产业的更高质量发展应重点发展生产服务业,给服装产业全链条赋能,这是"龙头和高端",也是广州服务全国全球的责任。

二、让老产业新发展成为广州更高质量发展的新特色

目前的服装市场既是广州之重,又是广州之痛,既有不可替代的优势,又有不少问题。如何解题?服装产业是夕阳产业还是朝阳产业?广州还要不要继续发展纺织服装产业?广州拥有众多服装市场资源,能否升级为世界性纺织服装产业?服装产业是传统产业,可否通过创新(服装+)再提升成为科技产品的又一个集聚产业?

广州服装自改革开放以来,从西湖路、教育路灯光夜市经40年来不断升级,成为广州著名产业,这是历届政府和数以万计的企业及个体户几十年努力积攒出的世界性品牌,是广州为数不多的具有世界影响力的产业之一。我们要对得住这来之不易的亮丽成果,不能丢掉这个优势。我认为先进产业与落后产业是不断动态转换的,不进则退,只有不断创新,才有生命力,落后与先进就会螺旋式上升。我们必须与时俱进,站在巨人的肩膀上不断升级,而不是推翻旧世界,再建设新世界。要把广州纺织服装已不断升级的"老产业",再做持续的新发展,重点抓住广州更高质量发展的新特色,并成为典范。

三、对广州服装产业更高质量发展的建议

我认为高质量发展不是口号,要靠实实在在的行动。我们必须尽快统一思想,形成广泛共识,凝聚广泛合力,制订出一份更高水平的行动方案。具体是:必须先写好最前面的序,让人一看就明、就清、就愿意看下去,即想好、讲好、写好,才能做好;然后才是按序逐一展开,所有标题都应是观点性语言。

第一部分"是什么"。设计标题,每个醒目小标题下的内容不宜太长,多用数字表述力求简洁,多用排名、比较性指标(计划相对数、动态相对数、结构相对数、比较相对数、比例相对数、强度相对数等)就能清晰;现状要用成果说话,包括广义销售总额、多维度贡献率、对全国对世界的作用、对人民生活和社会稳定的作用等;要阐述广州的特点、广州的功能、广州的作用、广州的未来,这部分内容也是广州对外宣传邀商和广泛引纳资源的重要材料。第二部分"问题"。问题要写得简要但不用过多展开,分析要有针对性。第三部分是重点,是更高水平发展的具体可操作性建议。总之,要写好"是什么、为什么、怎么办"。

下面我对"怎么办"再提些建议。要以世界眼光、世界资源,发展广州服装新产业,为全国全球服务。始终贯穿一个"新"字,是再升级,成为世

界服装生产服务业的高地，全力打造平台经济。政府和企业"两只手"都要硬，共同发挥互补及协同作用。政府总体策划并具体引导，国内外龙头企业主体共同组织实施，中小企业是靠龙头企业带动的，形成广州航母舰队。要全市一盘棋，实施全国全球战略更高质量共同升级，形成全球性优质产业生态和整体竞争力。

广州服装新产业要从产业的制造者向产业组织者转变，从工艺性产业链条向利润性产业链条转变。以前人们习惯在一个城市组织完善上下游产业链（工艺性），什么都要有，城市负担很重，也难以实现。广州的工艺性产业链应是全球组织，应该择优，更加重视在广州形成利润链节点。

广州服装新产业要跨界、关联、协同、融合发展。各产业功能强者共同参与，强强联合形成指数级体系，为全国全球服务。这应是广州服装产业更高质量发展的一系列新做法的龙头措施。

关于跨界组织。首先是政府要跨部门联动共同策划及规划、共同引导（如组合招标性补贴及评价奖励）并推进实施。政府各部门需要形成合力，一致行动。全市一盘棋，不要各自为政，形成顶层最大合力。一要策划、支持支助（招标、补助和奖励），还要指导督办；二要率队（带领龙头企业）全球择优上门邀商；三要形成竞争力强且瞩目的产业生态，才能以商招商。广州服装展贸只有分专题及分国家区域集聚，才更有市场价值和竞争力。其次是各龙头企业不能各顾各自主发展，要懂得关联（借力），做到协同（合力），争取融合（一体化）。产业不是一个企业，而是集群，要形成广州服装产业体系性整体优势及竞争力，才能把世界性广州服装产业打造成世界级服装产业。最后是跨地域组织，广州服装产业的高质量发展不只靠广州自己，更要靠全国全球资源（人才、科研、企业、产能、市场等）一起参与，跨地域邀请并吸引全国全球优质资源、优秀企业参与广州的世界级服装产业共同发展。

关于跨界发展。国际化的初级阶段是中国人卖外国货，更高质量发展应是外国企业在中国做生意、卖产品，中国企业到外国发展，才是真正的国际化，广州服装生产服务业要想真正实现国际化，就要打好中国牌。一是要吸引及支助国际名牌企业、名牌产品及著名设计师在广州展示、展贸、发展，建立馆区，由外国企业和外国人在广州做生意，再从广州走向全中国，他们还能在广州组织全中国资源。广州要为他们提供专业人士的劳务服务，让中国人在广州就能到外国企业工作，让外国企业在广州设立办事处、公司、区域总部，在广州就能把产品和服务卖到全中国。广州与全国名企和外国企业共同打造世界性服装产业广州总部经济平台，政府的作用很重要，中国国际贸易促进委员会广州市委员会（简称广州市贸促会）的作用很大，各龙头市场要积极"竞争"参与。二是"向上向外"争取国家级国际性标志资源，促成广州与国际及中国行业协会商会共同建立全国最大、功能齐全的实体和网络世界布料、辅料展贸和采购中心。要大力争取国家及国际组织的认可和参与，促成国家资源、央企、外企及商会和广州几个龙头企业及金融机构一起组建。还有设计中心集群（大师工作室）、共享打板房、路演中心、展贸中心、营运中心的共建。三是充分践行广州服装+。目前服装与美和舒适结合得较好，还要跨界与保健及功能（智能）等结合，才能价值更高，更有现代感和科技感，使政府和消费者都满意。充分发挥中山大学和华南理工大学两所著名高校的科技及智力资源作用，服装新产业跨界与自动化及智能科技和物联网企业合作，联合开发"新功能服装"走向全球，大力发展智能穿着和健康监测及护理等功能服装的高新科技产品。四是广州服装协会商会应实行"三个不分"，即不分所有制（民企、国企、外企一起来），不分地区和国家（外地和外国企业一起来），不分产业链环节（设计、生产、市场、金融、科技及专家等一起来）。协会要由以联谊为主向实质性的协作、协同和共同发展提升，成为抱团发展和志同道合者共同投资发展的关联协作及融合平台。尤其是广州协会的龙头企业组合与其他国家及地区协会的龙头企业组合再合作，能产生功能倍增、效益倍增作用。广州协会要广泛与外国协会合作，发挥跨界作用。五是发展飞地经济，广州服装产业应坚持"两个走出去"。其一，抓住我国大多城市都经历了大规模扩张式发展，现在全国最丰富的资源之一是建筑物，但建筑物内最缺的是有效且内容精彩的机会。我们可组织广州服装产业各环节的中外强企联合"走出去"，广州服装生产服务业的贴身服务（线下+线上）是多方的共同需求，但我们不采用传统模式的要地重投资，而是打造与时俱进的轻资产广州服装生产服务业平台的延伸和跨地域共同发展平台。其二，先由服装产业各重点环节的龙头企业在广州共同组建全球企业集团，打造全球"服装接单中心"和展贸中心总部，再延伸到主要国家与该国强企业一起设立一批中国广州"跨国接单中心"和展贸前置厅，将广州服装智能化产业服务平台与全国优质资源组合，再用外国"能人"做业务，形成一个个服装产业"飞地"利益共同体。

关于跨界新法。一是在广州最高水平的少数几个服装展贸综合体开设中国省市馆、外国馆，政府出面并补助，以企业为主体（这要科学评价和招标），办成永不落幕的中国广州国际名牌服装展贸中心。二是发展节庆经济和眼球经济大有作用。每年都有很多中外节庆，我们还可以创造节庆。每周有不同的活动，每月与一个国家合作举办服装节，每年都有广州服装嘉年华。这些活动不但服务全国，而且惠及广州中小服装企业，更能不断提升广州国际地位。广州有逾百个国家的总领馆，有更多的外国（广州）商会，现在中国国际商会广州商会（简称广州国际商会）的能力很强，广州千年商都的外向能力和国际化水平一向都很高，我们要充分利用好广州这些独特的外向型组合优势。三是经营批发市场的"老板"们，要改变只会做"发展商"、靠出售商铺和租赁商铺攒钱的传统经营模式，要学会"主业做品牌、做形象、赚少钱，副业才是赚大钱"的体系化经营新方式。包括：同时经营内容；实施"百企百年"战略，分别与多个差异化能力很强的中外企业合作项目，让对方做大股东并负责经营，广州及广州企业都充分收获"借钱、借人、借能力和借资源"的好处；开办孵化器，办高水平服装产业学校及培训中心，为中外服装企业输出人才，发挥广州美术学院和广州市纺织服装职业学校等高校作用，要邀请中外名校、中外名家来广州开办产业教育名校；创新产业链金融，建立全球服装产业专项金融项目，广州有一流的世界性服装产业链，还有一流的金融能力和生态；建立一流产业链物流。广州服装物流高效、便捷、低费，且通达全球，广州是世界级的航空枢纽，也是国家级的铁道枢纽，又是多条国家级高速公路的交会点。

这些方面需要政府发挥必要和充分的作用，做好引导和组织工作，强有力地去推动和规范。2007年筹办的广州国际展贸城（4800亩地，十多个专业现代展贸中心及物流集聚关联协同发展：不分进口和出口，不分大商品和小商品，不分生产资料和生活资料的世界级生产生活商品进出口展贸城），是一个非常好的策划项目，但后来不算成功。大概由于：没有同时建设环境生态和产业生态，没有同时强力推进广州"三旧"市场改造，没有同时强力引导组织市区各龙头传统批发市场异地集聚升级（强者组合式投资），没有同时"全面开花式"建设。

总之，"衣食"是人每天都需要的，食品产业和服装产业都是广州的名牌产业，更是朝阳产业（生命力最强产业），我们立志要做纺织服装产业的组织者和服务者。"广州必须抓住两头，（做）全球组织中间"，跨区域组织纺织服装产业的工艺性链条，使广州形成更好的利润链条。这不是要不要的问题，而是要做什么和怎么做的问题。在历届市委、市政府领导下，数以万计的服装商家在广州已打造了广州服装的世界性品牌。现在我们面临的是怎么利用，怎么选择、怎么整合组合、怎么更高质量更高水平发展广州服装新产业的问题，要采取跨界、关联、协同、融合的新发展方式，把广州世界性的服装产业提升为世界级的广州服装产业，这就是广州服装产业的更高质量发展。

专业市场升级与可持续时尚

卜晓强

广东省服装服饰行业协会执行会长
红棉国际时装城总经理

专业市场是纺织服装行业连接"千家万户小生产"和"千变万化大市场"的基础性、集群性、先导性组织形式，是产业链衔接、供应链协同、价值链创造不可或缺的组成部分。

在四十多年的发展历程中，专业市场的定位功能和作用发生了三次大的升级和变化，即批发市场阶段、专业市场阶段、平台市场阶段。当前，广州中心城区专业市场定位功能作用面临新一轮重塑，商圈价值和城市价值亟须进一步挖掘和充分体现。

本文将聚焦流花商圈、中大纺织商圈两大全国知名专业市场集群的转型升级发展，以广州纺织服装专业市场标杆企业的创新示范为例，对专业市场升级与可持续时尚进行分析、探索。

以"商贸提振""制造立市"双轮驱动，推动专业市场创新升级，加速广州时尚之都建设。专业市场是广州都市消费产业发展的摇篮，是广货品牌出海的重要支撑。截至2020年，广州市服装批发市场共139家，涉及纺织服装产业在营市场主体61.32万户，约占全市市场主体的22.74%。在广东省高质量发展的要求下，商贸业迎来新拐点，广州需把握机遇期红利，以"商贸提振"与"制造立市"双轮驱动，助推高质量发展。

当前，广州服装专业市场全面进入"三端叠加共振"发展阶段，一是供给端更加丰富化、多样化和智能化，二是需求端个性化、碎片化和分层化，三是渠道端日渐扁平化、线上化和融合化。未来的融合创新发展，从市场角度来看，就是要打造"以供应链为基础的专业化服务平台"；从商户角度来看，就是要成为"供应链的驱动者和价值链的实现者"。

一、流花商圈：以"五新"做强行业引领示范

以"中国服装商贸名城"流花商圈为例。作为世界认识中国的窗口与广州面向世界的名片、广州商贸历史文化发展的重要里程碑，其发展已实现由小到大，正在走向由大做强，是具有国际知名度、全国影响力、湾区带动性的标杆性商圈。商圈内拥有广州白马服装市场、红棉国际时装城等20个服装专业市场，超过9000个市场档口。五大龙头市场年交易总额已达全国服装市场平均水平的2~5倍，市场营收坪效更是远超杭州、成都等全国服装头部市场。

流花商圈是广州唯一定位中高端产品的服装市场商圈，也是广州发展时尚服装产业链的根基。面对全国时尚之都持续发力、广州时尚之都启动项目落地、资源竞争激烈的背景，流花商圈应加速升级，抓住省、市、区政府政策矩阵释放的红利及火车站周边商圈升级成效初显等机遇，加快改造升级步伐，以"五新"做强行业引领示范，加速由4.0阶段向数字化、园区化、个性化、定制化等更高形态蝶变。

一是新定位：流花玉宇·国采大道——时尚服装国际采购中心。二是新形象：片区更新、载体升级、环境优化、形象统一。三是新动能：政策配给+国企引领，引回"金凤凰"，加速时尚总部集聚。四是新活力：时尚活动+广交会赋能，进一步打造商圈国际品牌。五是新模式：内外贸易市场建设+线上线下市场融合+产业服务平台+校企人才合作。

以红棉国际时装城（以下简称红棉）为例。现有900多家商户中，自主品牌占比超过80%，聚集原创品牌设计师近2000名，30%以上的设计师拥有海外留学背景，因此成为中国原创服装品牌重要的孵化基地。

2022年11月，被国家工业和信息化部评为"纺织服装创意设计示范园区（平台）"。从"试点园区"升级为"示范园区"。红棉具有国际时尚深度接轨、自主品牌孵化能力强、原创设计师集聚度高、设计研发能力强、柔性供应链能力强、品牌电商转化率高等主要特点。其持续推动国内自主品牌的孵化和成长，创新成果获得国家和行业认可。

近年来，红棉积极迎合时尚消费"新潮代"，通过举办时装周、云尚周、订货季、采购节、产业论坛、沙龙讲座、跨界快闪等活动，为采购商、品牌商及时尚人群带来全方位的时尚升级体验。对楼层进行重装升级，以策展思维为商家及采购者带来全方位的采批新体验，营造更优质的商贸氛围，为打造广州乃至粤港澳大湾区潮流发布、时尚跨界和科产商文旅的核心夯实基础。

二、中大纺织商圈：创新消费场景，引领产业新潮向

海珠区作为广州商贸核心区，商业发展基础浓厚，特别是纺织服装等引领行业发展，被中国纺织工业联合会授予"中国纺织时尚名城"称号。区内中大纺织商圈是国际国内最具规模、最具影响力的面辅料专业市场集群地，是广州130多个服装市场的连接枢纽。其实现了大量专业市场的集聚、经营商户的集聚、服务平台的集聚和高素质人才的集聚，诞生了广州国际轻纺城、广州中大门等一批业界知名的龙头标杆。

作为珠三角时尚产业链的重要引擎和商贸供应链的核心组成部分，中大商圈是广州国际时尚之都建设的重要功能区和国际商贸中心建设的关键节点。近年来，通过打造集研发、设计、生产、销售、品牌运营于一身的柔性快反综合体，实现商贸空间的高度开放和商圈环境的充分竞争，成为政策、资本、人才、资源集聚的经商宝地。

商圈未来将重点打造时尚设计先锋区、产学研智造区、时尚产业服务区、时尚消费体验区及数字时尚展贸区五大区块。其中，品牌设计师及买手荟萃、时尚企业总部集聚的时尚设计先锋区将包含品牌孵化、总部经济及数字应用三大功能。

作为海珠区打造广州国际时尚之都示范区、时尚设计先锋区的重点项目及创新标杆，广州中大门结合商圈区位优势、产业禀赋等，2021年率先推行从空间功能到业态布局的有机升级，从场景革新、产业升级、数实融合等维度出发，全新定位中大门时尚港产业数智化平台，整合全产业链要素及延伸配套要素，形成了完整的纺织服装时尚产业生态闭环。

中大门致力于推动纺织服装向时尚产业高质量发展，为纺织服装企业提供展贸、设计版坊、原创品牌、潮流发布、数智化等一站式服务，构建中大门时尚港产业数智化平台；打造纺织服装4.0产业综合体；创新时尚产业与潮文化商旅街区融合发展，引领纺织服装产业创新模式；旨在提高"东方设计"的国际时尚市场份额，构建国际时尚发布中心。设有T11服装设计师品牌中心、SOHO中央版坊、纺织总部BASE、UOMO男装面料、ICON潮牌针织等，以及潮文化商旅城市之丘THE HILLS。中大门是广州建设时尚之都的重要支撑点。

从"千年商都"到"时尚之都"，中心城区专业市场升级发展应紧抓新机遇红利。一方面，广州城市配套齐全完善，民营经济发达，商业活力十足，生活场景丰富多彩；另一方面，都市经济毛细血管韧性强大，地摊经济、草根经济、体验经济思维理念全国领先，对创业创新人才吸引力巨大，是时尚潮流总部基地、设计灵感源泉基地和创新创业场景基地。

广州市服装产业具有以下特点：一是具有先发优势，是全国服装时尚产业的策源地；二是拥有全球最完整的产业生态链；三是科技引领和"互联网+"模式取得显著成效；四是拥有全国规模最大、种类最全的专业市场；五是品牌战略具有良好动能，拥

有一大批知名服装行业品牌，其中全国80%的高端男装品牌集中在广州；六是专业教育和人才培育基础较好，现有设计师超过5万人，数量在全国排名第一；七是产业发展后劲足，近年来吸引了以"希音"为代表的全国各地的服装跨境电商龙头企业在番禺聚集；八是构建"链长制"，服装产业链高质量发展，极大提振产业信心。广州发展可持续时尚优势突出，具有集聚时尚资源、设计人才、高端智力的优越条件和不可替代的重要作用。

融合创新是未来服装专业市场的核心升级方向。服装是时尚、文化、科技深度融合的朝阳产业。纺织服装流通行业发展的不平衡和不充分，是专业市场未来发展的新空间、新方向。人民群众对专业市场的美好生活需要，就是更安全、更舒适的场地环境，更时尚、更高品质的商品供给，更便捷、更智慧的科技应用，以及更优质、更人性化的服务体验。

未来之中国，必将形成广深+沪杭两大时尚走廊，长三角+珠三角两大时尚腹地以及中国东部+中国南部的时尚产业圈和时尚都市群。

在加快构建大循环和双循环新发展格局中，广州国际商贸中心、国际时尚之都建设为中心城区专业市场的升级发展提出了明确的目标和重要的战略机遇，流花商圈及中大商圈必有作为和大作为。

我们必须充分把握新一轮科技革命背景下，"产业革新、城市更新、市场焕新和主体创新"的发展新机遇，充分发挥专业市场"极大丰富性、极致性价比、极度原创力和极速快反应"等核心优势，把握数字化、网络化、数智化发展方向，强化线上线下融合、供应链协同和内外贸一体化，持续提升广州专业市场流通效率，为构建纺织现代化产业体系作出新的更大的贡献。

做时代的设计师，探索时尚之灵魂与创新之源

李小燕

广东省服装设计师协会会长
中国服装设计师最高荣誉"金顶奖"获得者

时尚，这个充满活力与变化的领域，如今正以前所未有的速度发展。在这个信息爆炸的时代，时装设计师面临着前所未有的挑战与机遇。行业环境的快速更迭，要求时装设计师不仅要具备敏锐的洞察力，还需拥有扎实的专业技能和深厚的文化底蕴。他们是时尚界的灵魂，是引领潮流的先驱。然而，在这光鲜亮丽的背后，时装设计师的生存状态却鲜为人知。他们常常需要面对巨大的压力，为了一个设计稿彻夜难眠，为了一个灵感四处奔波。他们的努力与付出，往往只换来短暂的光环和片刻的赞誉。但正是这些默默奉献的设计师们，用他们的才华和热情，为我们带来了一个又一个的时尚惊喜。

在探索时尚的道路上，我不禁想起古人的智慧："工欲善其事，必先利其器。"这句名言不仅适用于工匠技艺的打磨，同样适用于设计师对时尚的追求。要想创作出卓越的时尚作品，设计师必须不断提升自己的专业素养，掌握最新的设计理念和技能，使自己在创作的道路上更加游刃有余。从事时装设计二三十年，我越发深刻理解到做一名"时代的设计师"对时装设计师的重要性与急迫性。那么，如何在这个时代成为一名优秀的"时代设计师"呢？

第一，深入洞察市场规律，精准把握时代脉搏。市场是设计师的试金石，时尚界风起云涌，每一个细微的变化都可能成为下一轮潮流的风向标。设计师需要时刻关注市场动态，了解消费者的喜好和需求，从而精准把握时代脉搏。只有这样，我们的设计才能紧贴市场，赢得消费者的青睐。

第二，汲取中华传统优秀文化，传承与创新并重。中华文化博大精深，蕴藏着无数瑰宝。作为设计师，我们应该深入挖掘传统文化中的元素，将其与现代审美相结合，创造出既有文化底蕴又不失时尚感的设计作品。同时，我们也要勇于创新，不断挑战自我，打破常规，寻找新的设计灵感。

第三，不断提升专业技能，拓宽设计视野。专业技能是设计师的立足之本。我们需要不断学习新知识、掌握新技能，不断提升自己的专业素养。同时，我们也要拓宽设计视野，关注国际时尚趋势和行业动态，了解不同文化和风格的设计理念。这样，我们的设计才能更加多元化、国际化，更具竞争力。

第四，注重细节与品质，打造精品之作。在设计过程中，要注重每一个细节的处理和打磨，同时，也要关注设计的品质感，从材质选择、工艺制作到整体呈现都要追求卓越。只有这样，我们的设计才能成为精品之作，赢得消费者的认可和赞誉。

第五，坚守设计师的初心与使命，传递正能量。作为设计师，我们要用心感受生活、体验世界、创造美好。我们要用设计传递正能量，用时尚引领潮流，用创意点燃生活。我们应当充分利用好自己的设计力量去引导和弘扬美。我们要以敬畏之心对待时尚，用心创造，让时尚成为连接人与自然的桥梁，传递出和谐、美好与可持续的价值观。

让我们以更加开放的心态、更加敏锐的洞察力、更加精湛的技能和更加坚定的信念面对未来的挑战。同时，我要向广大时装设计师发出亲切地呼吁：让我们团结一心，携手共进，为纺织服装时尚行业的高质量发展贡献我们的力量。

比音勒芬信心满满启新程，全力以赴开好局

谢秉政

比音勒芬集团董事长

2024年是公司新十年的开局之年。公司将信心满满启新程，全力以赴开好局，与国际知名服饰品牌同台竞技，力争从中国高端服饰细分行业的开辟者转变为领跑者。

一、聚焦T恤品牌，加大产品研发创新力度，快速扩大市场规模

比音勒芬，被誉为"T恤小专家"。未来，公司将继续聚焦T恤品牌，通过加大研发投入和不断创新，打造差异化的超级品类和超级单品。整合国际优势资源，同时深耕中国传统文化，全面提升产品的高品质、高品位、高科技特质，打造有国际竞争力的产品。

二、加大广告投入，大幅提升品牌知名度和美誉度

继续加大广告投放，强化"比音勒芬，T恤小专家"的心智认知。通过新媒体、新渠道加速品牌国际化、高端化、年轻化的传播，打造品牌特色文化。加大事件营销和主题推广，讲好品牌故事，持续提升品牌力。

三、系统性提升品牌形象，打造品牌文化软实力

公司将系统性提升品牌形象，实现"双升级"，即升级新一代的门店形象，升级视觉识别系统，包括产品包装、广告媒体、橱窗、陈列展示等。

四、优化营销管理，全面提升公司业绩

公司继续发力比音勒芬品牌和比音勒芬高尔夫品牌，布局购物中心，打造样板店。精研国际品牌的营销管理经验，结合公司战略，优化营运管理，拓展营销思维，借助人、货、场、营销活动、品牌推广等多方因素，全面提升单店业绩。

五、持续深化数字化变革，不断提升组织管理效率

继续加大数字化建设的资金投入，通过大数据、人工智能（AI）的技术革新，实现多品牌信息国际化、业财一体化、供应链管理智能化、会员管理精细化，通过高效协同，大幅提升公司的营运效率和盈利能力，为公司的国际化道路奠定基础。

六、加大优秀人才的引进，打造具有国际视野的管理团队

继续以"责任与极致"的企业文化为核心，打造优秀的企业文化，完善职业发展通道和培训机制，吸引更多的行业优秀人才，贯彻落实能上能下的人才竞争机制，打造具有国际视野的、有竞争力的团队组织。

将"环保生态"理念融入品牌使命

卡宾先生

卡宾（CABBEEN）服饰主理人
中国服装设计师协会副主席

当今社会，可持续发展已经成为全球关注的焦点。作为中国设计师品牌的代表，卡宾品牌一直积极履行社会责任，将构建"环保生态"理念加入品牌使命，致力于构建绿色低碳循环发展的供应链体系和完善用能结构，可再生、可持续的替代发展将成为卡宾品牌未来发展的关键引领。

在卡宾25周年成立之际，我们正式宣布加入"30·60碳中和加速计划"，成为行业领先开展气候创新行动、加速碳中和目标的30家重点品牌企业之一。这一举措充分展示了卡宾对可持续发展的坚定决心和积极行动。

卡宾品牌不仅在企业层面积极推动可持续发展，还通过与明星的合作，更好地向消费者传递可持续时尚的理念，引导消费者关注环保、选择环保产品。

2023年春季，卡宾以海洋废旧渔网为原料，注入创新纺织科技力量，推出全新"再生计划"环保牛仔系列。这一系列产品率先探索了时尚与自然的关系，诠释了服装与环境融合共生的理念。通过使用废旧渔网作为原料，卡宾不仅减少了对新资源的需求，还降低了对环境的影响，同时注入创新纺织科技力量，使产品更加舒适自在、环保可持续。这种创新的设计语言不仅能够满足消费者对时尚的追求，还能够让消费者在穿着过程中感受环保的力量。这个系列将会在卡宾品牌延续，为环保发声。

我认为，企业首先要积极履行社会责任，就要把可持续发展理念融入品牌使命中，只有这样，企业才能在激烈的市场竞争中获得竞争力。其次要加强与各方的合作，共同推动可持续发展。卡宾通过与明星艺人、时尚达人、媒体等合作，形成了强大的合力，共同推动可持续时尚的发展。最后要不断创新，探索新的环保材料和技术。卡宾以海洋废旧渔网为原料推出的全新"再生计划"环保牛仔系列，就是一个很好的例子。

在未来，希望更多的服装企业能够与卡宾一同，积极推动可持续发展。只有通过全行业的共同努力，才能实现中国纺织服装产业的可持续发展，为地球的未来做出贡献。

"茵曼新疆棉田大秀"探索践行可持续时尚的新样板

方建华

茵曼品牌创始人
汇美时尚集团董事长

一、广东本土国货品牌践行产业援疆

为了响应中共中央、国务院提出的新时代推进西部大开发形成新格局的目标和广东省委、省政府对口支援新疆工作的部署，2023年9月23日，正值新疆棉田盛花期，广州市汇美时尚集团（茵曼）联合中国农科院棉花研究所、国家棉花产业联盟、广州市新联会，在新疆棉田举办了"致敬中国棉"产业合作活动及时尚大秀。

广州市委统战部、广州市新联会、中国农科院棉花研究所、国家棉花产业联盟（CCIA）及新疆当地新阶层领导出席活动，"国棉CCIA推广大使"也同时亮相秀场。

广州市委统战部领导在活动致辞中指出：茵曼棉田大秀暨产业合作活动，是参与新时代西部大开发战略的具体实践。希望通过此次"致敬中国棉"活动，带动更多新的社会阶层人士投身西部大开发，共同推动经济发展和区域合作。

国家棉花产业联盟评价茵曼棉田大秀是中国高品质棉花产业与时尚服装产业深度融合的见证，让国棉品牌之花绽放中华大地，走向国际大市场具有重要意义。据悉，按过往棉用量，汇美时尚集团累计采购新疆棉超过150万千克，给新疆当地棉花产业创造经济价值3000万元以上。未来几年，随着销售规模的发展，企业棉用量预计年增长30%以上。

二、全球首家新疆棉田走秀时尚品牌

棉花，作为一种天然而历史悠久的纤维，不只是纺纱织布、为人们提供日常用品的原材料，更是拥有无限可能的文化符号。

棉不仅是一种天然环保的纤维，还代表着一种健康、可持续的生活方式。其主力品牌茵曼，除了在衬衫心智品类应用新疆棉，还持续扩展到裙装、裤装品类。以"用心创作贴近自然的棉麻制品"为产品创作理念，提出"舒适棉麻穿茵曼"的品牌主张。坚持将天然原材料、天然色彩应用于产品设计和开发中，把棉花天然的特性发挥到极致，以此带给用户舒适的穿搭体验。

而茵曼联手国棉CCIA，居品质标准和设计创新高位，把时尚秀场搬进新疆棉田，掀起了一场有高度、有态度的艺术传播，不仅引起消费者对于中国棉的情感共鸣，还在同质化的国货品牌中突出重围；成功为品牌打造"国棉"的独特品牌标识，进一步深化了茵曼国货形象，形成差异化竞争力。

大秀当日全网传播曝光量达3.2亿，直播场观达1217万人/次，单日商品交易总额（GMV）2000万+。全网矩阵式开启直播间云看秀模式，联合小红书、天猫、抖音、腾讯视频号、京东、唯品会等电商平台，和茵曼全国600余家门店，以"看秀+讲解"的方式，让走秀更有看点，还能"边看边买"。

新疆棉引发国货品牌的自豪感、文化自豪感。茵曼新疆棉田大秀活动，受到时尚、财经、资讯等百大媒体的关注和持续多维度深度报道解读，延续大秀热度的同时，不断强化茵曼棉麻女装"国货之光"的消费者心智。

活动期间，人民日报、新华网等央媒，福布斯、虎嗅、三联生活周刊、ELLE、VOGUE等财经时尚媒体纷纷将茵曼践行"致敬新疆棉"的活动视为"占领高品质标准，打造中国棉国货品牌"的新典范。

三、专注高质量时尚产业发展

茵曼以产品为核心，以消费升级为导向，以数据变革为辅具，坚持走创新道路，过去三年，汇美集团表现出了优秀的抗冲击韧性和商业模式领先，在行业普遍低迷的情况下，仍保持年双位数的增长势头。企业成立15年间，先后获得中国服装行业百强企业，商务部重点零售企业，入选"CCTV品牌榜"，中国麻纺品牌品质大奖，美好生活·中国消费者品牌，广州市、广东省著名商标，国家电子商务示范企业等行业荣誉。

在业内首度提出女装衬衫的"舒适标准"，通过在板型、工艺、面料、码标领标、洗水唛辅料等方面的精心钻研，打磨提升产品舒适度，制订了产品128道工艺、60多项测试的"舒适新标准"。带领用户走近棉花，感受棉花"温柔舒适"的生命力，让更多人看到棉的自然之美与在应用上的无限可能。

经过多年沉淀，茵曼品牌所属企业汇美时尚集团拥有自主研发数字化管理系统，初步构建了"数字智能零售+平台门店+智能制造"的时尚产业体系。与此同时，积极响应国家号召，战略投资了14万平方米"智能制造时尚产业基地"，进一步夯实产业链高效协同，为企业持续领先和长期发展奠定扎实基础。

未来几年，茵曼将专注三个方面：一是打造和强化心智品类，聚焦将设计力提升到极致；二是稳扎制造底盘，持续推动品牌产业互联网能力构建，为优质产品保驾护航；三是完善"数字智能零售+平台门店+智能制造"时尚产业体系，摸索AI赋能升级，增强自身产品力和创新力，加固品牌韧性。

四、构建品牌产业生态，迈向可持续高质量增长

在服饰行业中，全域零售成为增长的重要阵地。在行业发展爬升阶段，向善的态度至关重要。茵曼肩负的除了企业的发展还有更多的社会价值，始终坚信美美与共、多方共赢，才能走得更远、变得更强。通过与领先伙伴（服务商、渠道商、供应商）合作助力品牌升级、增强企业竞争力。通过引领赋能长期合作的供应商、渠道商，构建品牌产业生态，在服饰行业中不断优化升级，跟上时代步伐，打造强有力、可持续的时尚生态。

未来，茵曼将积极拥抱中国品牌高质量发展的机遇，趁势而为，"以中国之美，强中国之梦"，为中国服饰高质量发展做表率、当先锋，迈向强大民族时尚品牌新的征程。

砥砺前行推动转型升级，踔厉奋发迈向新征程

吴武平

东莞德永佳纺织制衣有限公司
董事兼总经理

2023年，世界经济复苏放缓，经济全球化遭遇逆流，局部冲突和动荡频发，市场需求不振，国际、国内市场环境都充满了不确定性和不稳定性，对纺织行业生产、销售、出口等主要指标造成了持续负增长态势，广东服装行业运行压力重重，行业经济企稳修复基础仍需巩固。

2023年，在双碳目标的全球环境下，线性经济迈向循环经济的步伐加快，"循环时尚"日益强劲的势头，驱动着纺织服装行业的生产要素重构、价值链条升级与商业模式的变革。广东服装行业作为中国纺织服装产业的重要组成部分，具有显著的地位和优势。为了推动全省纺织服装产业高质量发展道路，培育世界级先进纺织服装产业强省，积极响应广东省推出的《关于进一步推动纺织服装产业高质量发展的实施意见》等系列产业专项政策。2023年，尽管面临诸多挑战，2024年，纺织行业也将持续寻求创新和突破，不断优化产业结构，积极融入数智化转型浪潮，加强行业内部的创新与合作。

2024年，对广东服装行业来说充满着未知与风险，技术创新的快速发展，正在深刻改变着服装行业的生产模式和商业模式，数字化、智能化、绿色化等趋势，对广东服装行业来说，既是挑战也是机遇。结合国家的实施方向及我个人的经验想法，在这里，提出如下建议，供大家参考。

一、走向数字化协助管理，提高信息化管理水平

数字化管理是当今纺织行业发展的重要趋势，通过数字化技术，纺织企业可以实现从原材料采购、生产流程到销售服务的全面监控和管理，确保生产过程的透明化和可控性。从研发、设计、生产、质控、仓储、物流、销售、售后等环节形成数据闭环，实现各环节的数据整合、分析、利用，推动生产经营全流程的数据化。引导整体智能化改造，深入实施智能制造工程，构建虚实融合、知识驱动、动态优化、安全高效、绿色低碳的智能制造系统，推动纺织服装企业实现智能化变革。支持建设云制造平台和云服务平台，建设完善相关数据库，实现工厂智能制造。

二、夯实产品研发，驱动核心技术

产品研发是服装行业的基石，不断进行技术高端化推进，发展一批纺织服装产品技术标准领跑者。持续开展技术创新和科研攻关，完善科研体系、优化产品结构，稳步提高行业科技整体水平，迈进产品创新驱动发展轨道，加速成型核心技术体系。加强自主创新能力、基础技术储备，提升产品品质，整合优质科技资源，开展短板技术攻关，推动行业全面走向高质量发展之路。

三、筑牢企业生命线，集约管控资金链

服装企业必须确保资金链的稳健与高效，通过科学的财务管理和资金规划，企业能够合理分配资源、优化成本结构，从而提升整体运营效率。服装行业面临着市场需求多变、成本波动大等挑战，因此加强资金链的集约管控尤为重要。企业可以通过建立完善的财务制度和风险控制机制，

对资金流动进行实时监控和预警，有效防范和化解潜在风险。

四、打造纺织循环经济，共探绿色创新路径

当前行业发展面临着诸多挑战，只有拥抱循环经济和可持续性，降低在设计、制造以及使用阶段造成的环境影响，才能实现可持续发展。在中央部委出台的"双碳"战略下，支持纺织企业开展工艺流程改造、强化节能降碳管理，挖掘节能降碳潜力，推动供应链整体绿色低碳转型，推动纺织行业创新化发展。行业需要更多的纺织企业共同支持和发布绿色低碳愿景及行动举措，制定循环经济的指标，积极投身低碳产业、低碳技术的研发工作中，优化材料使用和资源的使用，让绿色低碳成为企业市场竞争力的新名片。

五、健全人才管理机制，助力管理认知转变

很多服装企业往往忽视人员管理的问题，服装企业的经营管理者要对企业人员管理的总体规划具有必要的认知，健全企业人员管理的激励机制，重视人才引进、人才应用，深化产业工人队伍建设改革，持续提高纺织服装技术技能工人社会地位、福利待遇，拓宽技能评定和职业资质认定通道。同时，企业内部管理者的思维是企业进步的重要体现，打造管理者梯队，转变管理者思维理念，实现技能提升。

披荆斩棘，崭新启程。展望2024年，德永佳将继续保持稳健的发展态势，不断提升自身的核心竞争力和市场地位，为实现可持续发展奠定坚实基础，促进广东服装行业经济的稳步增长，加快现代化产业体系建设，推进供应链低碳循环发展，助力纺织行业高质量发展。

聚焦经营靶心，赋能品牌破圈

钟亿
蓝色时空品牌咨询创始人

一、聚焦战略应对市场变化

2023年消费行业迎来了期盼已久的复苏，根据国家统计局数据显示，服装、鞋帽、针纺织等品类均实现双位数增长。在大环境向好的情况下，服饰行业依然充满着很多挑战，零售业态的不断升级、消费趋势的快速变化，以及库存周转、运营效率等问题，都促使服饰品牌重新审视自己的战略，以为未来发展找到新的破局点。

对于行业内已经具有沉淀的品牌，我们能看到一个趋势，即"聚焦消费圈层，打造品类战略"。在"大运动"竞争激烈的环境下，特步提出"世界跑鞋中国特步"，聚焦马拉松赛道，打造强势单品；高尔夫代表品牌比音勒芬，专注核心品类创新，提出"T恤小专家"口号；七匹狼提出"夹克专家"战略，以应对年轻消费人群的通勤场景需求。可以看到，品牌的战略意识已经从市场规模导向，开始回归到关注消费者需求，做品牌竞争壁垒建设。

同样我们也看到一批像AIRIQI、可柔、INDICIA、MSLAN、VIEA.ING等具备黑马气质的区域性品牌出现，在主流商圈形成影响力。伴随着零售业态的发展趋势，购物中心已逐渐成为主流零售渠道。而这批崛起的区域性品牌，正是抓住了零售行业的风口趋势，以购物中心作为起点，不仅在渠道布局上面拉动了品牌的市场定位，同时也注重打造品牌的"视觉强体验、风格差异化"。结合区域品牌在零售和商品运营上的灵活性，在获得良好业绩回报的情况下，也颠覆了大家对于区域性品牌价值感不强的刻板印象。

每个品牌的能力资源和所处环境都有所差异，面对复杂多变的市场环境，以及高度内卷的竞争格局，企业需要找到有利于自己的发展空间，并集合所有资源能力，打深、打透一个点，赋予品牌专业力、话题性和记忆点，从而出圈。"一针捅破天"，就是品牌必须具备的战略聚焦思维。

二、闭环思维助力品牌升级

"战略不是一句口号"，一个变量的背后是配套业务升级的连锁反应。蓝色时空团队在超过500个咨询项目经验中总结出，一个成功的战略变革考验的不仅是企业操盘手战略决策对错的问题，更考验企业各业务模块的升级能否形成闭环，从而支撑战略目标的落地。

以波司登为例，2017年其战略升级，回归羽绒服主业，聚焦主航道、聚焦波司登主品牌，推动品牌、产品、渠道、供应链等全方位升级，由此奠定了今天波司登在大众心里的"代表民族骄傲的高端羽绒"的品牌印象。其中品牌登峰与极寒系列的传播，既反映了品牌的技术创新过硬能力，也契合了文化自信的社会趋势，创造了极强的话题性。渠道和形象的升级，以及国际知名设计师联名和海外大秀，也改变了大众对品牌的印象。场景化的品类策略，以及柔性供应链的打造，让品牌打破了羽绒服品类季节销售限制，保障了单店在高成本卖场的收益，并贡献了良好的商品利润率。这一系列的战略变革，都是相辅相成、缺一不可的。

三、蓝色时空时尚品牌定位318系统

自2006年创立起，蓝色时空团队便致力于研究

全球时尚行业领先的品牌定位与大商品系统，集结了具备深厚的行业知识和实战能力的国际化咨询团队，秉承"一切商品为战略服务"的咨询理念，赋能中国时尚品牌找到可持续发展的增量路径。通过在咨询项目中不断地总结与复盘，我们萃取了一套符合时尚行业特性的318定位法则，用以解读品牌成功的逻辑。

商业社会不进则退，品牌的发展就是不断设定增量目标，以推动内部的能力迭代，保持品牌定位的领先型。而品牌的发展遇到瓶颈，就预示着品牌需要做一次战略选择及定位升级。蓝色时空团队在指导品牌升级时，会通过如下三个支点助力品牌完成战略选择。

机会赛道：系统性整理分析行业趋势，判断下一个市场风口。

消费趋势：解读社会环境对消费市场的影响，找到品牌价值建设出发点。

内部资源：合理评估企业能做什么、需要在哪些方面做建设。

基于以上信息的综合判断，重新构建品牌定位的八大要素的边界，即客群、价值、风格、视觉、品类、渠道、价格、组织，让相互之间形成互为依托的闭环关系。

艾诺丝雅诗（ARIOSEYEARS）作为近年来杭派服饰圈的明星品牌，解决了杭派品牌常年来在一二线城市主流商圈竞争力不足的问题。渠道升级找增量，是当时蓝色时空团队在导入品牌定位项目时，与企业决策层形成的战略共识。新的战场意味着对手发生变化，品牌原有的竞争力就要发生迭代。在"她经济"大消费趋势下，结合品牌的调研数据，蓝色时空咨询团队以"商旅"为切入点，重新定义品牌的价值输出，旨在与目标消费客群产生情感共鸣，并以此制订产品设计风格与视觉传播体验边界，保障品牌体验感的一致性。在商品层面，核心品类策略与改善指标的梳理，为团队提供了可量化的工作目标。而在市场层面，通过一系列的政策调整与投入，激活了合作客户对于渠道升级的投入意愿与配合度。

2023年对于杭派女装品牌片断（LOVLIFE）来说也是快速发展的一年，四季订货会均实现20%+的增长。蓝色时空咨询团队在2022年入驻片断品牌时，首先制订了公司三年发展战略，配合市场规划到大商品体系深度陪跑指导，助力品牌实现经营效率提升。经历一系列调整规划，片断以"舒适疗愈国民女装品牌"作为品牌定位进行产品风格与视觉形象的升级，迅速在一批优质商圈中形成声浪。在商品维度，一方面聚焦品类战略提升产品市场竞争力，另一方面结合赛道趋势，孵化"第三空间"产品线，拓宽原有产品场景边界，形成商品增量。在市场维度，业务管理模型的梳理也进一步提升了总部面对市场变化的反应效率。

四、踩准节奏提升经营效能

战略不清晰，企业所有投入无效；没有闭环系统辅助落地，战略失效。做准品牌的战略方向，做好战略落地的闭环系统建设，实现品牌发展增量，是蓝色时空咨询团队在复杂多变市场环境下确保品牌升级成功的核心工作原则。

"做准大于做对"，闭环系统建设是品牌升级的底层代码，但品牌在做战略选择时，一定要回归企业的经营发展阶段。

所有的品牌发展都是有迹可循的，通过对行业内大量品牌案例的分析，蓝色时空咨询团队将品牌发展阶段划分为五个阶段，即品牌初创期、实验复制期、快速成长期、稳定发展期、品牌延伸期。

近几年，消费市场上一批具有线上基因的新锐品牌，转战线下零售市场后也取得了优异的成绩，如chuu、boneless、ubras、蕉下、内外、蕉内等。这些品牌摆脱了以往线上品牌进入零售市场水土不服的情况，稳扎稳打，让品牌零售业绩也取得骄人成绩。以蕉内为例，品牌通过男士内裤赛道起家，借助强大的视觉表现快速地聚集了一批忠实用户。蕉内品牌在进入线下渠道时，即使成为众多优质商圈争抢的香饽饽，也并没有因为线上的成功而进行盲目的店铺扩张，反而是回归到零售的业务本质，关注店铺的租售比，并小心翼翼地进行品类延展，跑通店铺的盈利模型，进行稳步扩张。

而以线下渠道为主的品牌中，也有一批厚积薄发的品牌值得关注。在蓝色时空服务的客户中，久岁伴就是精准地抓住品牌在不同发展阶段的经营靶心的佼佼者。作为最早切入儿童内衣赛道的企业，久岁伴目前已发展到全国600+门店的规模，成为细分市场里的头部品牌。"好而不贵"的经营战略是品牌早期树立市场口碑的关键，这背后不是低价竞争逻辑，而是高效运转平衡商品的质量和毛利。该阶段久岁伴通过精简组织架构、严控管理与运营成本、制订合理定价策略等方式，在确保企业持续稳定经营的同时也能让利给消费者。2018年，久岁伴正式启动渠道升级战略，探索儿童内衣专卖店模式，在2021~2023年加速扩张，基本完成了在中国的渠道体系布局，实现了全国600+店的规模，也完成了从儿童内衣向外穿延展品类的探索。

而在区域品牌中，来自安徽的可柔（CARE MATRUE）也是值得关注的下一匹行业黑马。品牌在发展初期以"保障单店盈利，快速门店复制"的经营理念，并凭借高效灵活的商品运营模型与零售运营机制，快速在安徽省内取得良好的市场占有率，也为品牌全国性发展打下基础。蓝色时空在助力可柔进行全国品牌扩张时，首先进行了品牌形象升级，以"超级符号"系统为品牌的门店形象构建记忆点；同步导入匹配买手模型的大商品系统，确保团队能够有效应对差异化市场的商品需求；零售端口品牌也从原有的自营门店管理导向，升级到客户服务导向，提升合作客户的门店经营效能。目前可柔品牌已在全国市场陆续进驻，并都取得了不错的成绩。

"做准大于做对，品牌是长期主义"，尊重规律是蓝色时空咨询团队的核心价值观之一。每一个品牌的咨询指导，一定是结合企业发展现状，找到经营靶心，为品牌提供可持续健康发展的综合性解决方案。

五、品牌价值全球共创

蓝色时空作为时尚服饰商品咨询领域的佼佼者，团队始终以战略为切入点，以商品为核心，为企业提供综合性解决方案。公司自创立至今已经19年，蓝色时空不断整合国内外时尚行业专家与知名品牌实操高管，不断升级产品系统，确保咨询服务的有效落地。

在未来十年，中国将进入品牌红利时代，品牌将成为企业竞争力的终极目标。对于时尚品牌，不仅要关注市场的变化，更要关注品牌与消费者的心智沟通，我们相信这将是中国品牌走向世界的绝佳机会。蓝色时空也希望品牌系统的研究与国际化专家团队的视野能让更多中国品牌代表中国，向全球发声！

浅谈广东服装产业实施可持续发展战略举措及意义

文丹枫

广东省服装服饰行业协会首席数据官
广东省时尚服饰产业经济研究院首席研究员

2024年春节假期第一个工作日，广东召开全省高质量发展大会，讨论产业优化升级、提高效益，并注重绿色、可持续发展。在此背景下，服装产业作为典型的传统制造业，亟须转变角色，以适应新时代的要求。广东服装产业积极响应高质量发展战略，从单纯追求产量转向注重品质、设计和环保，推动实施可持续发展战略。

一、助力经济可持续发展

随着消费者对环保、社会责任意识的提高，绿色、环保的服装产品日益受到消费者的青睐。广东服装产业实施可持续发展战略能提升品牌形象，吸引更多消费者，为产业带来新的增长点，同时还有助于服装产业优化资源配置，提高生产效率，降低运营成本，从而提高广东服装在全国乃至世界市场的竞争力。在助力经济可持续发展方面，广东服装产业实施可持续发展战略有如下两点建议。

一是产业升级与转型，强化品牌建设。通过技术创新、设计优化等手段，同时加大品牌建设和营销力度，提高广东服装的品牌知名度和美誉度；通过品牌引领，带动广东服装产业向高端化、智能化、绿色化方向发展，提升产品附加值和市场竞争力。二是供应链优化。通过加强供应链管理，提高资源利用效率，降低成本，提高产业整体竞争力。

二、助力生态可持续发展

服装产业长期以来面临资源消耗大、环境污染重的问题，广东省作为我国服装生产的重要基地，实施服装产业的可持续发展战略对于促进整个行业和地区的绿色、生态、可持续发展具有深远影响。

一是绿色设计与生产。服装企业应从设计源头出发，使用可再生、可循环、可降解的环保材料，减少对环境的污染；在生产过程中应采用低能耗、低排放、高效率的绿色环保生产工艺和设备，以降低能耗和排放量，实现生产过程中的环境友好。二是资源循环利用。通过技术升级和设备更新，实现废旧纺织品的回收利用，将废弃物转化为有价值的再生资源，减少资源浪费和环境污染。三是加强供应链管理。建立完善的供应链管理体系，优化资源配置，降低物流成本；提高供应链的透明度和可追溯性，加强对原材料、半成品和成品的质量监管。四是培养环保意识。加强对企业内部员工和外部消费者的环保教育和培训，提高人们的环保意识，增强责任感，鼓励消费者选择环保产品，倡导绿色低碳生活方式，形成全社会共同参与环境保护的良好氛围。

三、助力社会可持续发展

社会可持续发展是指在满足当前人类社会需求的同时，不损害后代子孙的生存和发展能力。广东服装产业应关注劳工权益，改善工作环境，确保公平贸易，以促进社会和谐稳定，这不仅有助于提升产业形象，还能提高消费者的信任度和忠诚度。

一是保障劳工权益，推动公平贸易，促进产业内部的和谐与稳定。二是通过宣传教育，引导消费者形成绿色消费理念，提升对可持续服装的认同感。三是鼓励企业积极履行社会责任，参与公益事业，提升行业整体形象。

第二部分
广东时尚发布图片专辑

领导关怀

图2-1　2023年11月17日，中国纺织工业联合会会长孙瑞哲出席在东莞虎门举办的2023世界服装大会

图2-2　2023年11月18日，中国纺织工业联合会原会长杜钰洲（中）出席第十一届红棉国际时装周

图2-3　2023年8月18日,广东省委常委、副省长王曦(左一)在广东省工业和信息化厅厅长涂高坤(左二)和广东省服装服饰行业协会秘书长陈韶通陪同下,参观第十一届"省长杯"工业设计大赛现代轻工纺织类专项赛成果展

活动掠影

1月

图2-4　2023年1月28日，忠华集团有限公司董事局主席胡忠华在全省高质量发展大会上发言

2月

图2-5　2023年2月24日，广东服装全国行战略合作伙伴签约/授牌仪式在四川省成都市尚都广场举行

3月

图2-6　2023年3月3日，2022中山市工业设计大赛沙溪休闲服装设计专项赛在中山市沙溪镇举行

图2-7　2023年3月17~28日，2023广东时装周—春季（第31届）在广州国际媒体港举办

图2-8 2023年3月22日，第22届"虎门杯"国际青年设计（女装）大赛总决赛在东莞市虎门镇举行

图2-9 2023年3月24日，2022年广东非遗服装服饰展示交流活动暨优秀案例作品发布会在广州举办

图2-10　2023年3月24~26日，2023第二届中国·潮汕国际纺织服装博览会在汕头举办

图2-11　2023年3月28日，第22届广东十佳服装设计师颁奖仪式在2023广东时装周—春季闭幕式上举行

4月

图2-12 2023年4月13日,构筑世界级纺织时尚商圈——中大纺织时尚产业高质量发展论坛在广州国际轻纺城举行,广州市海珠区科技工业商务和信息化局与中国纺织工业联合会流通分会签约共建中大纺织时尚产业世界级时尚商圈

图2-13 2023年4月23日,2023广东省服装产业高质量发展大会在中山沙溪召开

5月

图2-14　2023年5月10日~12日，2023德永佳杯时尚精英戈壁挑战赛在甘肃敦煌举办

图2-15　2023年5月18日，全国棉纺消费季暨广东服装服饰促消费活动正式启动

图2-16　2023年5月19~29日，2023中国（广东）大学生时装周（第18届）在广州国际轻纺城举办

图2-17　2023年5月26日至6月13日，第十届红棉国际时装周×云尚周在广州中大门和广州红棉国际时装城举办

6月

图2-18　2023年6月26日，比音勒芬集团在广州海心沙亚运馆举行20周年庆典晚会

7月

图2-19　2023年7月14日，70位广东服装人齐聚德永佳，共同探寻数字化转型赋能纺织服装产业高质量发展之路

图2-20　2023年7月29日，广清纺织服装产业有序转移园管委会正式揭牌

8月

图2-21　2023年8月16日，广东省第十一届"省长杯"工业设计大赛现代轻工纺织专项赛颁奖仪式成果展在广州举行

9月

图2-22　2023年9月15~22日，2023广东时装周—秋季（第32届）在广州国际媒体港举办

图2-23　2023年9月19日，第四届广州纺织服装非遗推广大使颁奖仪式在2023广东时装周—秋季举行

图2-24　2023年9月22日，第23届广东十佳服装设计师颁奖仪式在2023广东时装周—秋季闭幕式上举行

图2-25　2023年9月23日，汇美时尚集团旗下棉麻女装品牌茵曼联合中国农科院棉花研究所、国家棉花产业联盟，举办"逐光之旅·致敬中国棉"茵曼2023新疆棉田艺术美学大秀

10月

图2-26　2023年10月19日，广东十佳服装设计师亮相2023澳门服装节（图为"墨话"作品展示）

11月

图2-27　2023年11月6日，2023大湾区国际纺织面料及辅料博览会在深圳国际会展中心（宝安新馆）启幕

图2-28　2023年11月8日,"广东服装产业会客厅"在广州市番禺区巨大国际产业园正式揭牌

图2-29　2023年11月17日,2023世界服装大会在东莞市虎门镇召开,大会发布《世界服装大会虎门愿景》

图2-30　2023年11月18日,第十一届红棉国际时装周在广州中大门和广州红棉国际时装城举办

第二部分 | 广东时尚发布图片专辑

12月

图2-31　2023年12月1日，2023中山市工业设计大赛沙溪休闲服装设计专项赛在中山市沙溪镇举办

图2-32　2023年12月8日，2023南沙榄核香云纱时尚文化节在广州市南沙区榄核镇举办，广东省非物质文化遗产工作站（服装服饰工作站）香云纱展示中心在云纱星韵（香云纱）产业园揭牌

035

图2-33　2023年12月15~19日，2023珠海时尚周在珠海市日月贝广场启动

图2-34　2023年12月19日，广东省服装设计师协会第六届会员代表大会在珠海召开

图2-35　2023年12月20日，第23届"虎门杯"国际青年设计（女装）大赛总决赛在东莞市虎门镇举办

图2-36　2023年12月28日，广东省服装服饰行业协会第八届会员代表大会在广州市番禺区召开

图2-37　2023年12月28日，广东省服装服饰行业协会专家委员会正式成立

图2-38　2023年12月28日，广东省服装服饰行业协会、广东省服装设计师协会举行入驻番禺揭牌仪式

图2-39　2023年12月28日，广东时装周组委会与广州市番禺区科技工业商务和信息化局签署战略协议，广东时装周落户番禺

图2-40　2023年12月28日，广东（番禺）服装大讲堂正式启动

第三部分

2023广东服装产业概貌

2023年，世界经济复苏放缓，经济全球化遭遇逆流，局部冲突和动荡频发，各种不稳定、不确定、难预料因素增多，国际、国内市场需求不振。在这种严峻复杂的环境下，广东服装行业发展受到比较大的冲击和影响，行业整体运行承压较大。尽管外部重重压力，广东服装行业仍然勇于创新、逆势而上，在数智化转型、快时尚崛起、品牌引领、文化自信、湾区融合、集群发展、区域协同等方方面面，都取得了令人瞩目的成效，行业发展迈入了现代化产业体系建设的新征程。

一、生产情况

2023年广东服装行业规模以上企业累计完成服装产量31.74亿件，占全国总产量的16.36%，比2022年下降12.8%；工业销售产值累计2302.80亿元，比2022年下降8.3%；工业增加值598.91亿元，比2022年下降7.4%。

二、出口情况

2023年，广东省服装及衣着附件出口金额236.8亿美元，同比下降16.8%，占全国服装出口总额的14.9%，比2022年减少1.6个百分点。

三、经济效益

2023年广东规上服装服饰企业资产合计1759.03亿元，比2022年增长0.9%；负债累计888.93亿元，比2022年增长3.5%；主营业务收入2288.07亿元，比2022年下降7.1%；主营业务成本1855.70亿元，比2022年下降8.4%；利润总额91.97亿元，比2022年增长13.1%；平均用工人数41.13万人，比2022年减少10.8%。

四、行业特点

1. 服装行业，得到政府前所未有的重视

2023年初，广东省工业和信息化厅发布了《关于进一步推动纺织服装产业高质量发展的实施意见》《广东省纺织服装行业数字化转型指引》等文件，提出要培育世界级先进纺织服装产业强省，坚定和提振了行业发展的信心。2023年11月，国家工业和信息化部等四部门联合印发了《纺织工业提质升级实施方案（2023—2025年）》，推动纺织工业稳增长和高质量发展。

2. 产业集群，重塑特色产业发展新优势

广东服装产业集群正在重塑产业新优势。一是"世界级"成为引领产业集群发展的新方向。例如，东莞市虎门镇建设世界级服装产业集群先行区、东莞市大朗镇建设世界级毛织产业集群先行区、深圳市大浪街道建设"世界级时尚小镇先行区"。二是产业集群力量重组，活力迸发。例如，汕头市成立汕头市纺织服装产业协会，创办中国·潮汕国际纺织服装博览会，汕头市纺织服装基地还被认定为广东省外贸转型升级基地，并启动"四大工程"产业基础设施建设，打造全球纺织品采购中心、纺织工业园区、展会展览中心、纺织服装产业总部大厦，促进纺织服装产业集群化、高端化、规范化发展。三是智能制造落地发展，产业集群转型升级初显成效。例如，中山市沙溪镇已涌现出元一智造、金鼎服装、通伟服装等一批高端制造、智能制造企业，服务全国乃至全球的知名服装品牌。四是产业集群活动竞相举办，异彩纷呈。例如，东莞市虎门镇在中国（虎门）国际服装交易会、"虎门杯"国际青年设计（女装）大赛等老牌活动的基础上，创办了大湾区（虎门）时装周，承办首届2023世界服装大会，中山市沙溪镇创办沙溪休闲服装设计专项赛，广州市新塘镇重启举办中国广州（新塘）国际牛仔服装文化节。

3. 快时尚崛起，影响全球

广东省凭借其独特的地理位置优势、完善的供应链和产业集群、创新意识和市场洞察力以及政府支持和政策优势，为快时尚品牌的发展提供了良好的土壤和条件。以希音为代表、以番禺为中心的数字化快时尚产业异军突起，联动珠三角，辐射泛珠三角，形成了全球范围内独一无二的产业生态，对我国服装产业布局和发展方向影响深远。希音打造的敏捷柔性供应链，一改中国企业在全球化市场竞争中追着游戏规则跑的身份，通过技术工具赋能带动大批小微企业进行全流程的信息化升级改造，开启了全链条数字化工厂升级，以产业基础高级化催生更多专精特新企业集聚，有力推动了广东服装产业供应链的全球竞争力提升。

4. 数智化转型先行，赋能全国

数智化转型势在必行已经成为全行业的共识，数

智化转型先行为广东服装产业发展赢得了新优势，主要体现在两方面。一是广东服装企业积极融入数智化转型浪潮，勇于尝鲜并取得成效。例如，赢家时尚集团，积极在设计研发、生产、销售、企业组织管理、供应链等方面开展数智化赋能；德永佳集团，注重数字化转型，前瞻性地致力于技术提升和转型升级，推动企业数字化转型；汇美集团，数字化赋能，以终端系统自动化管理店铺。融合线上线下，运用粉丝、技术、大数据等优势打造零售时尚集团，推动用户、场景、商家、产品等组成要素全面数据化。消费者所有接触、感兴趣、购买等环节，都可以被数字化度量和运营。二是广东服装产业生产性服务业长足发展，数智化服务赋能全国。以致景科技、春晓科技、丽晶软件、恒康科技为代表的一批数字化优质服务商迅速成长，在战略规划、技术升级、数字化营销、创新与协同、AI赋能等方面的服务水平全国领先，服务区域突破了珠三角地区、覆盖了长三角地区，是推动全国服装行业数智化转型升级的生力军和重要力量。

5. 品牌引领，开启全球化征程

过去四年，广东服装品牌逐步开启全球化征程。比音勒芬收购两大国际奢侈品牌CERRUTI 1881和KENT&CURWEN的全球商标所有权，锚定了"国际奢侈品牌集团"的战略方向，这意味着比音勒芬正式迈入国际舞台，在不断创新中向世界展示中国品牌的强大实力；希音，在"生而国际化"的基础上，收购Forever 21母公司SPARC集团三分之一股权，获得Forever 21线上分销；歌莉娅已经拥有超过85个国家的全球用户并持续进驻核心商圈，在新加坡、澳大利亚等开设了品牌环球旗舰店，开设了国际独立站，亮相巴黎米兰时装周；URBAN REVIVO（简称UR）已在俄罗斯、英国、泰国、菲律宾、新加坡等开设了旗舰店，入驻亚马逊等第三方跨境平台，搭建品牌独立站，走DTC（Direct to Consumer）模式，并持续以多元化、趣味性的营销方式与海外消费者互动。

6. 文化自信，中式美学与品牌融合发展

中华优秀文化的传承和当代化、国际化、时尚化的创新越来越受到重视。众多体现中华文化内涵与生活美学的广东服装设计师和品牌蓬勃成长，在过去与当下、传统与变革中推动着新的消费浪潮。例如，例外品牌成功打造了东方哲学式的当代艺术生活，赢得了海内外各项殊荣与无数忠诚顾客的爱戴，为社会名媛、国内外政要提供服饰服务；艺之卉品牌，坚持每年带着中国非物质文化亮相米兰时装周；生活在左品牌，带着马面裙登上了巴黎时装周，在国际舞台展示中式美学的魅力；比音勒芬、卡宾、真维斯等知名品牌与故宫联名，向消费者传递中式美学；撒尼（SANI）、云思木想、电影时装等先锋品牌，将侗寨靛蓝染、织锦工艺、滇绣、广绣等非遗纺织服装技艺，乃至"武侠"等极具中国特色的文化元素与服装产品融合，让东方文化融入时尚生活，向世界传递国风美学。此外，这股热潮正在席卷时尚街区、专业市场与产业空间。无论是广州东山口现象，还是中大门"新潮代"时尚港产业数字化平台的新定位，汇美国际·创新力品牌社区的盛大开业，或是广州国际轻纺城"AB2·潮玩力量"的焕新启业，均与此相关。

7. 大湾区协同，融合创新更加紧密

在《粤港澳大湾区发展规划纲要》指引下，近几年大湾区时尚产业协同更加紧密。中国纺织工业联合会将大湾区国际纺织服装服饰博览会设在深圳举办，香港非营利时装推广机构（Fashion Farm Foundation）、澳门生产力暨科技转移中心等积极举办"大湾区：时尚融合"、粤港澳大湾区婚纱设计比赛等活动，与广东服装行业深入合作，广东时装周、珠海时尚周等时尚发布平台均设立了大湾区主题时尚活动，粤港澳三方时尚交流日益频繁、协同更加紧密，共促大湾区时尚产业蓬勃发展。

8. 区域产业协调发展：产业重构、多点布局

近年来在新的发展形势下，广东服装呈现产业重构、多点布局趋势。一是由于劳动力等成本上升，部分企业在珠三角保留研发、设计、销售等环节，将用工量大的生产环节转移到劳动力来源地，如广西、江西等周边省份；二是随着直播兴起，部分企业转移到了电商产业集聚、政策利好的杭州、上海等地；三是清远规划万亩用地建设广清纺织服装产业有序转移园，根据省委、省政府关于培育战略性产业集群和产业有序梯度转移工作部署，打造广清千亿级纺织服装产业集群。

第四部分

2023广东服装行业大事记

一、全省高质量发展大会召开，胡忠华作为广东服装企业代表发言

事件概述　2023年1月28日，在全省高质量发展大会上，忠华集团有限公司（广清中大时尚科技城）董事局主席胡忠华作为企业代表发言时表示，广清两市持续发力积极推进纺织服装产业有序转移，现在每天都有一批企业现场洽谈、落地搬迁，入驻热情高涨。

上榜理由　全省高质量发展大会强调广东服装业需转型，不再依赖土地、价格、劳动力竞争，需积极应对挑战，奋力前行。广清两市正有序推动纺织服装产业转移，展现产业活力与转型升级决心。

二、广东省工业和信息化厅印发《关于进一步推动纺织服装产业高质量发展的实施意见》（以下简称《实施意见》）

事件概述　《实施意见》强调目标并列出实施意见，到2025年底，争取纺织和服装产业营收达到7000亿元，到2027年实现翻一番。工作的推进由省工业和信息化厅、省商务厅、省发展改革委、省文化和旅游厅、省教育厅、省人力资源社会保障厅等政府相关部门、各地级以上市人民政府、纺织服装各省级行业协会按职责分工负责。

上榜理由　作为全省高质量发展大会召开之后落地的第一份产业政策文件，《实施意见》的重磅发布，不仅充分体现了政府发展纺织服装产业的决心，更让行业深切地感受到"纺织服装产业的春天来了"。

三、2023广东时装周在广州国际媒体港举办

事件概述　2023年3月和9月，2023广东时装周分为春季和秋季在广州国际媒体港举办。围绕"做大做强广东时装周品牌　推动建设世界级先进纺织服装产业强省"目标，2023广东时装周通过新品发布、品牌订货、时尚展览、经贸交流、会议论坛、展贸展销和颁奖盛典等系列主题活动的吸睛效应，吸引了数百家企业、超过1000个时尚品牌、200余名设计师参与发布，交出建设世界级先进纺织服装产业强省的阶段性答卷。

上榜理由　广东时装周作为服装产业高质量发展的重要平台和经贸活动，以"六化"为引领，整合资源，搭建时尚产业首发平台，链通全国、放眼全球，为产业发展拓展空间，助力广东高质量发展。

四、中山沙溪多举措推动服装产业高质量发展，擦亮"中国休闲服装名镇"

事件概述　2023年3月3日和12月1日，2022和2023中山市工业设计大赛沙溪休闲服装设计专项赛决赛在沙溪盛大举办；3月23日，沙溪镇组织服装企业抱团参加2023广东时装周（春季），成功举办"沙溪日"系列活动；4月18日，"抖in·域见好货·中山沙溪T恤节"活动再一次燃爆全网，完成了沙溪服装产业"数字亮相"。

上榜理由　沙溪镇高规格谋划高端服装先进制造业，带领沙溪服装行业走向品牌化、时尚化、潮流化。

五、2023年广东非遗服装服饰展示交流活动暨优秀案例作品发布会在穗举办

事件概述　2023年3月24日，由广东省文化和旅游厅指导，广东省非物质文化遗产工作站（服装服饰工作站）主办，广东省服装服饰行业协会、广东省服装设计师协会共同承办的"时尚岭南 非遗新造"2023年广东非遗服装服饰展示交流活动暨优秀案例作品发布会在广州举办。作为2023非遗品牌大会系列活动之一，本次活动集中展示了2022年组织开展的广东非遗服装服饰优秀案例评选活动征集的20个优秀案例，涵盖了瑶族刺绣、广绣、潮绣、小榄刺绣、珠绣、香云纱染整技艺、抽纱、墩头蓝纺织技艺、麒麟舞、剪纸等十余类非遗项目。

上榜理由　以时尚为媒，穿越千年时光，让非遗与现代生活浪漫邂逅，共同见证传统文化的当代价值。

六、第二届中国·潮汕国际纺织服装博览会在汕头举办

事件概述　2023年3月24~26日，第二届中国·潮汕国际纺织服装博览会在汕头博览中心举办。本届展会以"中国潮　世界品"为主题，展会规模5万平方

米，分为5大展馆共15大展区，共有508家内衣、家居服、毛衫等纺织服装企业参展，展示了潮汕地区40年来纺织服装全产业链的发展实力。

上榜理由 此次纺织服装开局之展，为潮汕纺织服装振兴，拓展国内外市场，以及经济高质量发展打下坚实的基础。

七、广州市海珠区发布《中大纺织商圈发展规划纲要》，全国首个纺织时尚中心正式落户

事件概述 2023年4月13日，海珠区重磅发布《中大纺织商圈发展规划纲要》，提出中大纺织商圈将探索产业上楼化、品牌化，以及消费业态激活等创新路径，打造具备全球时尚话语权及影响力的国际纺织时尚商圈。同年12月，中国纺织工业联合会流通分会向广州国际轻纺城授予"中国纺织时尚中心"牌匾。

上榜理由 《中大纺织商圈发展规划纲要》明确了"计划表"与"施工图"，全国首个纺织时尚中心正式落户广州市海珠区。

八、2023广东省服装产业高质量发展大会在中山沙溪召开

事件概述 2023年4月23日，"制造业当家·数产融合发展"2023广东省服装产业高质量发展大会由广东省服装服饰行业协会联合中山市工业和信息化局、中山市沙溪镇人民政府共同组织在中山沙溪召开，并邀请广东省工业和信息化厅消费品工业处副处长黄海丹进行相关政策解读。

上榜理由 此次大会是推动《关于进一步推动纺织服装产业高质量发展的实施意见》等系列政策在服装产业落地的重要举措。

九、比音勒芬集团完成收购国际奢侈品牌，集团未来十年营收冲击500亿

事件概述 2023年4月，比音勒芬集团发布公告称，旗下企业广州厚德载物产业投资基金合伙企业（有限合伙）向香港凯瑞特有限公司以及香港盈丰泽润有限公司分别投资了5700万欧元和3800万欧元，间接收购国际奢侈品牌CERRUTI 1881和KENT&CURWEN的全球商标所有权。同年6月举办的比音勒芬集团20周年庆典晚会上，董事长谢秉政正式发布比音勒芬集团未来十年战略方案，表示"集团未来十年营收以10倍增长为目标，营收总规模超300亿，并瞄准500亿进军"。

上榜理由 比音勒芬集团在坚持多品牌矩阵的核心战略上，推进国际高端化进程，正式与国际奢侈品集团同台竞技。

十、2023中国（广东）大学生时装周成功举办

事件概述 2023年5月10~29日，由广东省教育厅指导，广东省服装服饰行业协会、广东省服装设计师协会、广州国际轻纺城主办，凯华公益·真爱梦想专项基金全程支持的2023中国（广东）大学生时装周在广州国际轻纺城举办。围绕"实现梦想的天桥"主题，超过22所服装院校联袂上演了毕业设计大秀，近万名新锐服装设计师的毕业作品登场发布。

上榜理由 历经18年的发展，中国（广东）大学生时装周正实现着从量变到质变的升华盛放，在发布形式、活动内容、院校参与度、传播影响力等方面均取得了新突破。

十一、2023德永佳杯时尚精英戈壁挑战赛在甘肃敦煌举办

事件概述 2023年5月10~12日，由德永佳集团与路书征途联合发起的2023德永佳杯时尚精英戈壁挑战赛在甘肃敦煌圆满收官。本次远征赛道，精选戈壁无人区古丝绸之路中段，全程81千米，由祁连山腹地的神秘湖泊哈拉湖为起点，途经雅丹、黑戈壁、五彩戈壁等多种地形地貌。

上榜理由 3天2夜81千米戈壁远征，是64位服装人与行业合作伙伴一起的戈壁征程，更是一次深度交流与融合的机会。

十二、珠峰科考登顶队穿着凯乐石（KAILAS）成功登顶珠穆朗玛峰

事件概述 2023年5月23日12时30分许，2023

年珠峰科考13名科考队员成功登顶珠穆朗玛峰。这是我国珠峰科考继2022年之后，再次突破8000米以上海拔高度。本次科考队所穿的服装均来自广东户外服装品牌凯乐石。同年8月，在第十一届"省长杯"工业设计大赛颁奖典礼上，凯乐石"'8000GT'连体登山羽绒服"斩获金奖，取得服装行业在该赛事史上的最好成绩。

上榜理由　彰显广东服装行业科技实力与国际影响力。

十三、第十届红棉国际时装周在广州中大门举办

事件概述　2023年5月26日至6月13日，第十届红棉国际时装周采用"十全十美"的美好寓意，以"拾光咏叹"为主题，汇集在创意风格、商业表现都具有代表性和影响力的原创设计师品牌、新锐潮牌和中高端商业品牌的发声共鸣。

上榜理由　红棉国际时装周被商务部列入棉纺消费季15项重点活动之一。

十四、深圳歌力思服饰股份有限公司与加拿大高端羽绒服品牌港北斯（Nobis）成立合资公司拓展中国市场

事件概述　2023年6月2日，深圳歌力思服饰股份有限公司发布对外投资公告称：与加拿大高端羽绒服品牌Nobis签署了合资经营协议，拟在深圳共同投资设立合资经营企业"诺北斯（深圳）服饰有限公司"，合资经营企业负责在中国境内（包括香港、澳门，但不包括台湾地区）发展和运营"Nobis"品牌业务。

上榜理由　广东服装企业资本国际合作的又一力作，显示了国际化视野和思路已趋成熟。

十五、67家企业"入库"2023广东服装名牌名企项目

事件概述　2023年9月21日，广东省服装服饰行业协会举行2023年广东服装名牌名企表彰大会，32家服装消费品牌企业、20家供应链品牌企业、15家数字化服务商共67家企业入库2023年广东服装名牌名企项目。

上榜理由　本次名牌名企评价，在全省高质量发展的背景下具有特殊意义，是广东服装在新的历史时期展示行业力量、重塑产业优势的重要举措。

十六、广清纺织园管理委员会正式揭牌，加快打造"中国快时尚智造基地"

事件概述　2023年11月14日，广东省市场监管局、清远市人民政府联动开展"以质量基础设施服务纺织服装产业有序转移　打造中国快时尚智造基地"主题活动在广清纺织服装产业有序转移园举行，广清纺织服装产业有序转移园管理委员会、国家服装产品质量检验检测中心（广东）清远基地正式揭牌。

上榜理由　清远市抢抓纺织服装产业有序转移机遇，高水平规划建设"万亩千亿级"制造业大平台，全面启动广清纺织服装产业有序转移园建设。

十七、2023世界服装大会在虎门举办，《世界服装大会虎门愿景》正式发布

事件概述　2023年11月16~18日，由中国纺织工业联合会、东莞市人民政府主办的2023世界服装大会在虎门举办，以"全球合作，共创未来"为主题，开展了"1+2+3+N"系列活动，20个国家和地区的海外组织、行业协会和企业齐聚，聚焦产业关切，推动务实合作，探讨融汇力量的有效机制，共同推动全球服装产业的健康发展。

上榜理由　全球服装界搭建起多层次共商、共建、共享、共赢的合作平台。

十八、2023珠海时尚周在海韵城日月贝南广场举行

事件概述　2023年12月15~19日，由珠海市人民政府、中国中丝集团有限公司指导，中共珠海市委宣传部、珠海市香洲区人民政府主办，珠海传媒集团、珠海正方集团、中国丝绸服装文化集团、广东省服装服饰行业协会、广东省服装设计师协会承办的2023珠海时尚周在珠海举办，以"绿色风尚 万物潮生——传承创新可持续的未来"为主题，无用（Wu Yong）品牌创始人、著名设计师马可担任专家委员会主任，3位

中国服装设计最高荣誉"金顶奖"获得者、5位中国十佳时装设计师、6位国家级/省级纺织服装非遗推广大使、5位广东十佳服装设计师及新锐设计师参与发布。

上榜理由 持续打造具有影响力的珠海时尚文化品牌，扎实推动珠海时尚产业高质量发展。

十九、广东省服装设计师协会第六届会员代表大会在珠海召开，李小燕当选会长

事件概述 2023年12月19日，广东省服装设计师协会第六届会员代表大会在珠海顺利召开，李小燕当选会长，黄瑛当选执行会长，温静华当选专职执行会长，王珈、黄益群、左绪军当选专职副会长，马庆彬、王培娜、邓晓明等53人当选副会长，熊晓燕为新一届理事会监事长，胡小平、江少容为新一届理事会监事，丁伟、于小容等181人当选理事，华南农业大学艺术学院等4家为单位理事。

上榜理由 本次大会是广东省服装设计师协会的换届大会，是广东省服装设计行业的一件大事。

二十、广东省服装服饰行业协会第八届会员代表大会在广州番禺召开，刘岳屏当选会长

事件概述 2023年12月28日，广东省服装服饰行业协会第八届会员代表大会在广州番禺召开，协会286位会员代表出席。大会选举刘岳屏为第八届理事会会长，卜晓强为执行会长，马庆宣、王志青、王德生等84人为副会长。当日，广东省服装服饰行业协会、广东省服装设计师协会举行了入驻番禺仪式，两协会住所位于巨大国际产业园。

上榜理由 本次大会是广东省服装服饰行业协会的换届大会，其凝聚了广东服装力量，产业先进代表和领军企业齐聚，共同探讨了产业未来。

第五部分

年度关注

非遗新造

可持续发展与非遗同行

非遗薪火相传，是中华文明连续性、创新性、统一性、包容性、和平性的生动见证，是中华民族血脉相连、命运与共、绵延繁盛的活态展示，蕴含着人类共同价值和巨大文化力量。2022年12月，习近平总书记对非遗保护工作作出重要指示，强调扎实做好非物质文化遗产的系统性保护，推动中华文化更好地走向世界；2023年6月，习近平总书记在文化传承发展座谈会上深刻阐释了中华文明的突出特性，强调要在新的起点上继续推动文化繁荣、建设文化强国、建设中华民族现代文明，为非遗工作者履行好新时代新的文化使命、高质量推进非遗保护传承事业，指明了正确方向、提供了根本遵循。

一、政策导向

2023年1月，广东省文化和旅游厅下发《2023年非物质文化遗产保护工作要点》。2023年，广东省文化和旅游厅非物质文化遗产保护工作坚持以习近平新时代中国特色社会主义思想为指导，全面贯彻落实党的二十大精神，深入贯彻落实习近平总书记对非物质文化遗产保护工作的重要指示精神和省委省政府的部署要求，坚持以社会主义核心价值观为引领，坚持以人民为中心，持续完善保护传承体系，提升保护传承水平，促进创造性转化、创新性发展，将非遗融入国家和省重大战略，为高水平文化强省建设、为推动文化和旅游高质量发展提供精神力量。工作要点：完善非遗保护传承体系，提升非遗保护传承水平，促进融入国家和省重大战略，促进非遗传播推广体系建设。

2023年6月，文化和旅游部发布《非物质文化遗产数字化保护 数字资源采集和著录》系列行业标准。该系列标准包括《总则》《民间文学》《传统音乐》《传统舞蹈》《传统戏剧》《曲艺》《传统体育、游艺与杂技》《传统美术》《传统技艺》《传统医药》《民俗》等11个部分。以上标准自2023年9月29日起实施。

2023年11月，文化和旅游部关于印发《国内旅游提升计划（2023—2025年）》的通知，提出促进旅游新业态有序发展，推动建设一批非物质文化遗产特色景区和国家级非物质文化遗产体验基地。

二、媒体观点：文化自信崛起下的"非遗新造"

（作者：CFW服装设计 石三金）

在民族自信日益提升的当下，中式美学概念受到越来越多的关注和重视，曾被束之高阁的"非遗"逐渐掀起浪潮，无论是中国本土还是全球时尚界，都对这些充满历史底蕴的艺术文化瑰宝表现出极大的热情。

然而，虽"非遗"时尚快速"出圈"，但如何赋予"非遗"更多的时代意义仍是当下时尚行业的关键议题。

广东省有着瑶族刺绣、广绣、潮绣、小榄刺绣、珠绣、香云纱染整技艺、抽纱、墩头蓝纺织技艺、麒麟舞、剪纸、钉金绣、潮州推光金漆画等丰富的"非遗"项目，这些年来，由广东省非物质文化遗产工作站（服装服饰工作站）牵头，以大湾区（广东）时尚文化周、广东时装周为重要展示平台的"非遗新造"项目，经过多年造势，已经成为备受瞩目的活动亮点。越来越多的设计师不断在设计中运用传统非遗手工技艺，通过"服装"这个最直接、最明显、最易被大众触及的介质，让古老的非遗文化以灵动的姿态走向更多人的生活。

1. 非遗+创作，当代东方美学受青睐

2004年，全国人大常委会批准了《保护非物质文化遗产公约》，第一次将非遗概念带到大众面前。然

而，每年依然有非遗项目走在消失的路上。甚至有人认为，当一种传统需要被保护才能生存的时候，它本身就已经失去了存在于当下的意义。

由此可见，要让非遗传承下去的关键，就是将它与现代生活方式结合起来，通过有效保护、合理利用、活态传承、创新发展，才能让这些瑰宝"长生不老"，绽放出更加绚丽的时代光彩和文化魅力。

当前非遗项目中有很多传统手工技艺和民间艺术是农业时代的产物，在工业社会乃至后工业社会中，其滋生和发展的社会土壤已不复存在，因此让人们接受这些技艺和艺术所代表的传统生活方式很困难，但让人们接纳传统技艺留下的审美印记和烟火气息，则相对容易。

以剪纸、版画等民间美术形式为例，虽然它们现在已经不再是主流艺术形式，但它们所代表的文化审美依旧深入人心。设计师们将剪纸、版画广泛引入现代设计应用范畴，如请柬、商标、邮票设计、产品包装设计、插图、书籍装帧等，依旧极富表现力。

近年来，随着东方美学的兴起，非遗有了更广阔的创作空间。国潮风、汉服热，无一不在表明年轻群体对东方审美的喜爱。一个有力的证明是：在抖音、哔哩哔哩、小红书等社交创作平台上，分享中国元素设计的内容越来越多。根据2022年6月抖音发布的《2022非遗数据报告》，1557个国家级非遗代表性项目，抖音覆盖率已达99.74%，抖音电商平台上非遗好物销量同比增长668%。

除了民间力量的"自来水"，官方渠道也在加足马力宣传。前有北京故宫博物院、中国国家博物馆等博物馆把文创设计"玩得"炉火纯青，后有《唐宫夜宴》《只此青绿》等舞蹈节目火上热搜。我们有理由相信，已经找到了打开非遗传承的正确钥匙。传统文化、传统美学并不是过时的、土气的，只要把它吃透了，灵活运用到现在的生活场景里，就能带来独属于中华文化的视觉美感。

2. 活学活用，广东非遗传承有妙招

基于这样的创作思路，作为广东省文化和旅游厅认定的广东省非物质文化遗产工作站（服装服饰工作站），这些年来一直致力于整合从事非遗创新的服装企业、设计师、院校专家、非遗保护单位及传承人、非遗推广大使等资源，为推动广东非物质文化遗产的传承和创新贡献了积极力量。

3月24日，"时尚岭南 非遗新造"2023年广东非遗服装服饰展示交流活动暨优秀案例作品发布会亮相广东时装周，不仅展现了美轮美奂的非遗服饰，也展出了部分"非遗+文创"的作品。绘制着广绣经典图案的书签、水杯，结合广东醒狮文化的帽子、手套，用莞草编织而成的篮子、花瓶等，都吸引了现场的大批目光。可以说，这里的每一项非遗技艺都抒写出富有浓浓烟火气的生活质感，赋予了当代年轻人对传统文化的真实可感。

事实上，这些年来工作站在非物质文化遗产保护传承方面开展了大量的基础工作，包括全面整理了广东纺织服装非遗项目相关资料，积累了丰富的传承服务经验，与多个广东对口扶贫省份建立了非遗合作，组织广东设计力量带动多地非遗文化，并创建湾区（广东）时尚文化周以及搭建非遗时尚展示推广平台，推广优秀传统文化，助力文旅产业振兴。

3. 各展神通，非遗经济正崛起

或许有人会疑惑，漫长的非遗保护与发展之路，投入了大量的人力、物力、财力，到底有什么意义？文化归属感是其中最重要的一方面，而另一方面写在每一个非遗消费者的购物单里——当非遗活动、非遗产品越来越受关注的时候，一个千亿级别的消费市场正在崛起。

据《2022非物质文化遗产消费创新报告》显示，淘宝平台非遗店铺数量已突破3万家，非遗商品消费者规模已达亿级，18个非遗产业链在淘宝、天猫年成交过亿。另有调查显示，截至2018年中国非遗产业规模保守估计为1.4万亿元。

中共中央办公厅、国务院办公厅印发的《"十四五"文化发展规划》指出："文化是国家和民族之魂，也是国家治理之魂"。在构建以国内大循环为主体、国内国际"双循环"新发展格局的背景下，文化产业的生产要素正在加速迭代，基础动能正在发生快速变化。而非遗作为一种无时不在、无处不在的文化，可以与任何地方的休闲文化及产业联系起来，对一些具有市场潜能和开发价值，以及与消费者日常文化生活相关的非物质文化遗产项目，通过创新型发展模式，可以推动区域振兴、产业振兴和品牌振兴。

服装行业作为基础消费行业，是与非遗结合最早、最紧密的行业之一。在中国服装由世界制造业大国转向品牌大国的升级迭代期，非遗为服装设计师和品牌提供了取之不尽用之不竭的创作素材。一方面，非遗是经过一代代工匠艺人的打磨、雕琢后方得以流传的工艺，其技艺之精湛远非工业时代的流水线作业所能比拟的；另一方面，非遗寄托了无数国人的情怀和东方的审美传统，带有天然的爱国标签，对于企业打造国民品牌有巨大的推动作用。

除了服装，食品、美妆、文旅等各行各业的企业也都在探索非遗与品牌的构建融合，以情怀促进消费。以近期各地文旅局局长走红网络为例，过去，受技术的限制，文旅消费只能寄托在乡村建设、博物馆等形式，而随着科技手段和民众意识的变化，文旅产业在社交平台获得新生，通过网红局长的"拉新"，有效拉动了当地的文旅消费热潮。例如，广东鹤山市文化广电旅游体育局局长谢文清，就因在咏春擂台上扮作咏春高手与木人桩挥拳"对打"而出圈，这种生动的形式既宣传了咏春拳法，又吸引了一批粉丝赴鹤山体验水乡文化，品美食、赏美景。

在广州，还有许多曾经被媒体广泛关注的"濒临失传"的非遗项目，近年来都得到了不错的发展。例如，广州传统手工艺的代表品种"三雕一彩一绣"，早已是全民皆知的城市品牌；曾经偏安一隅的西关打铜，被发掘出了网红潜质；过去只是由专业糕点师傅操作的饼印，成了一场又一场青少年体验活动中大受欢迎的道具……

当民众自发参与到非遗传承中时，非遗和产业的结合还会有更多的空间与路径，而商业上的成功又能反哺非遗传承的热度和力度，进一步助力民众建立文化自信，形成良性循环，这也正是活化非遗传承的重要价值所在。

三、非遗活动

广东省服装服饰行业协会作为广东省文化和旅游厅认定的广东省非物质文化遗产工作站（服装服饰工作站），致力于推动非遗保护工作多方合作、跨界融合，吸引社会力量的广泛参与，开展非遗新造物、非遗传播推广、非遗活化利用、非遗品牌塑造、非遗研学提升等多方面工作，探索非遗发展的新模式和新路径，进行非遗时尚化、生活化、价值化和数字化的多项实践，助力非遗传承、推动非遗双创性发展，链接全国各地非遗资源，为有公益心、有兴趣的非遗品牌提供公益性展示平台，持续、全力推进非遗传承创新工作。

2023年，在广东省文化和旅游厅指导下，工作站积极响应国家加强中华优秀传统文化创造性转化、创新性发展的号召，积极响应中共中央办公厅、国务院办公厅《关于进一步加强非物质文化遗产保护工作的意见》精神，按照《关于实施中国优秀传统文化传承发展工程的意见》《中国传统工艺振兴计划》《广东省传统工艺振兴计划》等文件要求，开展了非遗服装服饰展示交流、宣传推广、融合创新等工作，积极推动了广东非遗在服装服饰产业的创造性转化、创新性发展。

1. 时尚岭南　非遗新造

锦绣绕春色，非遗漫花城。2023年3月24日，"时尚岭南　非遗新造"2023年度广东非遗服装服饰展示交流活动暨优秀案例作品发布会在广州举办。作为2023非遗品牌大会的系列活动之一，本次活动由广东省文化和旅游厅指导，广东省非物质文化遗产工作站（服装服饰工作站）主办，广东省服装服饰行业协会、广东省服装设计师协会共同承办。全省各地文化和旅游部门代表、相关非遗专家、传承人以及非遗工作站、服装服饰企业、设计师、相关协会代表等约300人参加活动（图5-1）。

图5-1

（1）非遗服装服饰优秀案例作品发布精彩纷呈

为积极探索广东非遗项目与服装服饰产业深度融合发展道路，展示广东非遗在服装服饰产业双创发展的丰硕成果，在广东省文化和旅游厅的指导下，广东省非物质文化遗产工作站（服装服饰工作站）组织开展广东非遗服装服饰优秀案例评选活动。征集案例涵盖了瑶族刺绣、广绣、潮绣、小榄刺绣、珠绣、香云纱染整技艺、抽纱、墩头蓝纺织技艺、麒麟舞、剪纸等十余类非遗项目。最终评选出产品类和活动类共20个优秀案例（图5-2、图5-3）。

图5-2

图5-3

优秀案例相关作品在活动上进行了发布，充分展现了非遗传统技艺与创意时尚的巧妙融合，体现了非遗对美好生活的浸润，在积极探索创新非遗保护路径和双创发展的同时，将悠久的织造技艺、绚丽的图案艺术和浓郁的民族特色以时尚的服装服饰展现在世人面前。以时尚为媒，穿越千年时光，让非遗与现代生活浪漫邂逅，共同见证传统文化的当代价值（图5-4）。

图5-4

（2）圆桌对话碰撞思想火花

来自非遗保护、服装设计、新闻媒体、公益基金、产业研究等不同领域的专家，以"时尚岭南 非遗新造"为主题，通过圆桌会议的对话形式，从各自领域、不同角度深入探讨了广东非遗在服装服饰领域创新发展的新模式、新路径。各位专家畅所欲言、各抒己见，碰撞出闪亮的思想火花、真知灼见（图5-5）。

图5-5

深圳市梁子时装实业有限公司、韶关市乳源瑶族自治县文化广电旅游体育局、东莞市文化馆相关负责人作为入选非遗服装服饰优秀案例的代表分别进行了经验分享，从如何化非遗莨绸为可持续的时尚品牌、乳源推动瑶绣保护传承的创新做法、"发现东莞非遗之美"东莞非遗原创服装设计项目等方面介绍了先进经验。

2. 溯源而创　非遗新生

2023年9月19日，作为一年一度备受瞩目的非遗时尚推广盛会，由广州国际轻纺城"时尚源创平台"独家特约支持的第四届广东纺织服装非遗推广大使联合发布会在2023广东时装周—秋季主会场华丽绽放。发布会上，邓雄华、江小云、陈乔、陈一然、何莲、李曼娜、叮噹（张秋婵）、罗兆荣、蔡彪等九人获颁"第四届广东纺织服装非遗推广大使"荣誉称号。与此同时，组委会还特别向广州国际轻纺城颁发"纺织服装非遗卓越推动奖"，以肯定其在推动纺织非遗保育与创新可持续发展上的不凡贡献。

溯源而创，秀出"岭南衣"的时代新彩。非物质文化遗产是中华文明绵延传承的生动见证，蕴藏着对生命与世界的深度思考。纺织非物质文化遗产作为中华优秀传统文化的重要组成部分，展现着中国传统纺织业的文化之魂、意境之美、技艺之精，是纺织服装行业发展创新、发声世界的不竭源泉。在我国，纺织文化源远流长。绫罗绸缎、纺染织绣、丝帛锦绢，无一不是纺织文化的璀璨星辉。

聚焦广东，广东时装周作为"非遗新造"项目的重要展示平台，自首批"广东纺织服装非遗推广大使"正式推出以来，越来越多的设计师、品牌及企业以"服装"为介质，不断在设计中运用传统非遗手工技艺，通过广东时装周的舞台，让古老的非遗文化以更灵动的姿态走进更多人们的日常生活。为深化推进广东传统工艺振兴和推动传统工艺高质量传承发展，促进非遗与"岭南衣"的融合创新，建设纺织非遗高素质人才队伍，以榜样力量持续引导社会各界人士参与非遗保育与传承工作，广东省服装服饰行业协会、广东省服装设计师协会于2023年6月共同启动了"第四届广东纺织服装非遗推广大使"的申报工作，经过征集推选、严格审核与公示，最终确定了当中的九位申报者为"第四届广东纺织服装非遗推广大使"（图5-6）。

时尚从不是无根之木、无源之水。文化之于时尚，是孕育的土壤、价值的根基、创新的源泉。时尚创新最重要的底层逻辑之一，就是从文化传承中获得灵感来源，进而对当代时尚产业进行内容创新。在当今注

图5-6

重个性和文化内涵的市场环境下，将非遗元素融入纺织服装设计，不仅能有效提升产品的文化价值，还能满足消费者对独特性与差异化的新需求。作为新一届广东纺织服装非遗推广大使，他们以服装为媒介，通过不同形式将粤绣—广绣、粤绣—潮绣、粤绣—珠绣、瑶族刺绣、香云纱染整技艺、香云纱（坯纱）织造技艺、蓝靛靛染工艺、侗族织锦技艺等非遗项目推向市场，让更多人认识和感受到非遗独特的时尚魅力，积极探索创新非遗保育和双创发展的新路径，携手推动非遗与纺织服装产业的高质量融合发展，同时积极倡导文化自信。

发布会现场，新一届广东纺织服装非遗推广大使还向观众展现了一批兼具文化内涵和市场价值的非遗时尚产品，巧妙融合了非遗传统技艺、创意时尚与现代生活方式，体现着非遗对当代美好生活的深度浸润。

3. 源启新生　构筑纺织业的永续引擎

党的二十大强调，传承中华优秀传统文化，建设好中华民族共有的精神家园，以中华文化繁荣兴盛为全面推进中华民族伟大复兴提供更为主动、更为强大的精神力量，也为纺织非遗事业的健康可持续发展提供根本遵循。纺织服装产业事关民生需求，凝结着技术之新，承载着文化之美，链接国内国际双循环，在服务国家富强、民族振兴、人民幸福中具有重要的战略价值，是中国式现代化的重要推动力量，也是传播中华文化、讲好中国故事的重要载体。

坚持以"时尚"为主线，围绕人才、产品、信息及资源四大时尚生态要素，广州国际轻纺城近年来正持续打造包括原创设计中心、科研创新中心、时尚趋势中心和产业联盟中心在内的"时尚源创平台"，通过一系列基础设施升级改造和时尚项目引入，聚合与链动产业优势资源，为设计师与服装、面辅料商、服装企业搭建起各种交流合作平台，带动产业链上下游参与各方的互益共生。据悉，本次非遗大秀已是"时尚源创平台"成功举办的第七场大型联合发布会（图5-7）。

图5-7

文化是纺织服装产业的标识属性，是产业内涵价值的创造之源。作为生产力提升的关键一环，面辅料设计均蕴含文化价值、美学价值，融合技术价值、生态价值，创造商业价值、社会价值，是激发灵感创意、构建创新链条、革新生产方式、提升产品质量的活力源泉。此次广州国际轻纺城以"时尚源创平台"之名与"第四届广东纺织服装非遗推广大使"活动携手溯源而创，不仅是对中华文脉的崇高致敬与传承赓续，也是对"时尚源创平台"概念与内涵的再次延展、超越与升华，希望共同回到源点、汇聚资源，在传承保育经典的精髓中探寻灵感，从源头把更多融合共生的文化元素焕发为推动时尚产业发展的永续力量，助力推动中华优秀传统文化在传承创新中走向更广阔的大舞台，被世界更多人看见和热爱（图5-8）。

图5-8

4. 2023南沙榄核香云纱时尚文化节

2023年12月8日，2023南沙榄核香云纱时尚文化节（以下简称时尚文化节）在云纱星韵（香云纱）非遗文化园盛大开幕。时尚文化节由广州市南沙区文化广电旅游体育局、广州市南沙区榄核镇人民政府指导，广东省服装服饰行业协会、广东省服装设计师协会、云纱星韵（香云纱）非遗文化园主办，旨在弘扬优秀传统文化、营造非遗融合发展生态圈，推动榄核乡村振兴，促进南沙时尚文化产业发展（图5-9）。

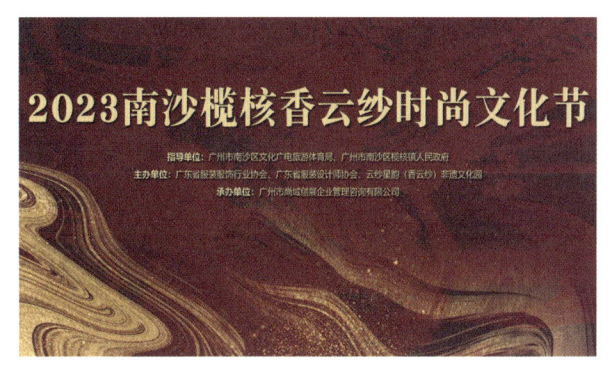

图5-9

时尚文化节开幕首日，广东省文化和旅游厅非遗处处长武晨、四级调研员丁艳，广州市文化广电旅游局非遗处处长何菲、副处长许莉，广州市南沙区文化广电旅游体育局局长鲁辉，广州市南沙区榄核镇党委副书记潘武扬，广东省服装服饰行业协会会长卜晓强、执行会长刘岳屏，广东省服装设计师协会专职执行会长温静华，云纱星韵（香云纱）非遗文化园总经理罗兆荣等嘉宾及服装高校代表、服装企业家、设计师等共同出席活动（图5-10）。

图5-10

（1）广东知名服装设计师香云纱作品场景秀精彩上演

时尚文化节开幕当日，中国纺织非遗推广大使、华南农业大学艺术学院院长金憓，国家非遗项目广绣代表传承人、汀南服饰"GaryWat"品牌创始人屈汀南，广东纺织服装非遗推广大使、CHENGXIAOQIN品牌创始人成晓琴，广州美术学院副教授、工业设计学院服装与服饰设计系副主任陈嘉健，广东纺织服装非遗推广大使、匠曼延创始人李曼娜，广东纺织服装非遗推广大使、云纱星韵（香云纱）非遗文化园创始人罗兆荣，南沙区知性翰林文化交流促进会会长、妇联兼职副主席、非遗生活美学独立原创设计师拾尘（谌启菊），花城时尚新锐设计师吴限等八位设计师联袂在博物馆及香云纱晒场献上香云纱创新作品场景大秀，并获得主办方颁发的"香云纱时尚设计推动奖"（图5-11、图5-12）。

图5-11

图5-12

金憓、屈汀南、成晓琴、陈嘉健、李曼娜、罗兆荣、谌启菊、吴限等八位设计师获得主办方颁发的"香云纱时尚设计推动奖"（图5-13）。

图5-13

（2）广东香云纱时尚设计交流会共话榄核香云纱的新发展

作为开幕日重磅活动之一，广东香云纱时尚设计交流会围绕香云纱非遗项目传承与创新，香云纱服饰时尚化、年轻化设计，园区研学实践推动产业人才培养等话题展开深入交流（图5-14）。

图5-14

榄核镇是文化魅力小镇，是广州市的革命老区、广东省最早的农村党支部诞生地之一、伟大人民音乐家冼星海的故乡，榄核镇拥有非物质文化遗产香云纱、悠久的疍民文化、星海红色文化和岭南水乡文化等丰富文化资源。

2023南沙榄核香云纱时尚文化节的举办，旨在促成不同领域的跨界交流，各种文化思潮的跨界碰撞，让游客近距离接触香云纱，充分了解香云纱，感受香云纱非遗的文化魅力。据了解，本次时尚文化节为期4天，丰富活动不间断，服装行业网红直播揭秘香云纱，零距离接触香云纱服饰之美；香云纱染整技艺亲子研学活动、国潮时尚亲子服装秀，亲身体验香云纱"九煮十八晒"制作过程，传承非遗技艺；特色南沙非遗美食节、首届涝湄灯光节、"云纱星韵"杯音乐节贯穿活动全程，让参与者在星海故里尽情品尝非遗美食，感受音乐之妙、非遗之美。图5-15为广东纺织服装非遗推广大使、云纱星韵（香云纱）非遗文化园创始人罗兆荣接受媒体采访。

图5-15

5. 香云纱展示中心揭牌

2023年12月8日，2023南沙榄核香云纱时尚文化节开幕首日，"广东省非遗工作站（服装服饰工作站）香云纱展示中心"在云纱星韵（香云纱）非遗文化园正式揭牌，打造星海故里新名片，开启湾区非遗新篇章（图5-16）。

广东省文化和旅游厅非遗处处长武晨、四级调研员丁艳，广州市文化广电旅游局非遗处处长何菲、副处长许莉，广州市南沙区文化广电旅游体育局局长鲁辉，广州市南沙区榄核镇党委副书记潘武扬，广东省服装服饰

图5-16

行业协会会长卜晓强、执行会长刘岳屏，广东省服装设计师协会专职执行会长温静华，云纱星韵（香云纱）非遗文化园总经理罗兆荣等嘉宾及服装高校代表、服装企业家、设计师超过百人共同出席仪式（图5-17）。

图5-17

非遗是历史发展的见证，又是珍贵的、具有重要价值的文化资源。香云纱具有600年的传承历史，是广东纺织服装非遗项目的重要瑰宝。基于南沙榄核在粤港澳大湾区中心门户的战略优势和香云纱重要产地优势，广东省服装服饰行业协会与云纱星韵纺织品有限公司在榄核镇共建云纱星韵（香云纱）非遗文化园，打造香云纱非遗项目与服装服饰产业融合发展的创新空间。为弘扬优秀传统文化、营造非遗融合发展生态圈，推动榄核乡村振兴，促进南沙时尚文化产业发展，在省市文旅部门的支持下，在南沙区文旅局和榄核镇人民政府指导下，组织举办2023南沙榄核香云纱时尚文化节，并建立广东省非物质文化遗产工作站（服装服饰工作站）香云纱展示中心。

云纱星韵（香云纱）非遗文化园总投资超3000万元，园中设立了香云纱文化馆、香云纱非遗体验馆、

科普馆、香云纱研发中心等系列配套设施，是榄核镇第一个国家AAA级旅游景区，有力有效地推动了香云纱非遗产业化。揭牌仪式上，云纱星韵（香云纱）非遗文化园总经理罗兆荣作为园区建设者首先发言。他提到作为广东纺织服装非遗推广大使，深感责任重大，接下来将继续专注于榄核香云纱的传承、传播与发展、创新，发挥好园区的作用，通过香云纱展示中心整合更多力量，开展更多活动，推动传统手工艺与现代时尚设计的结合，让更多年轻人了解香云纱制作流程，让更多消费者知道香云纱各方面的好处（图5-18）。

图5-18

香云纱产业是具有悠久历史的地方特色文化产业，是传承和传播岭南文化、广府文化和推广粤港澳大湾区的最佳载体。榄核镇党委副书记潘武扬指出2023南沙榄核香云纱时尚文化节的举办和香云纱展示中心的揭牌对榄核非遗香云纱产业发展具有十分重要的意义，通过整合香云纱设计力量，积极营造非遗融合发展的生态圈，有利于榄核红色基因传承创新，进一步推动时尚文化产业发展（图5-19）。

图5-19

广东省服装服饰行业协会执行会长刘岳屏表示香云纱展示中心的揭牌是一个新阶段的起点，将在三个方面发挥作用：一是搭建服务平台，为榄核香云纱的展示、推广和创新提供载体，让非遗为时尚加分、让时尚助非遗落地，真正推动优秀传统文化在当代时尚实践中实现创造性转化和创新性发展；二是提供展示空间，中心将精选代表性非遗时尚服饰进行长期展览展示，开展主题展示活动，并通过云平台、视频等多种展示形式，让更多人深入了解榄核香云纱的时尚魅力，促进非遗价值转化，引领非遗时尚新消费；三是建立协同机制，发挥南沙作为大湾区中心的辐射作用，深化粤港澳时尚文化产业全面合作，携手港澳联合举办多种形式的文化艺术活动，引导青少年积极参与文化遗产保护，不断增强认同感和凝聚力，从湾区层面发展时尚产业、讲好非遗故事，推动非遗工作创新，促进非遗创新成果应用转化，带动经济发展（图5-20）。

图5-20

6.2023珠海时尚周

非遗时尚融合大秀惊艳登场，岭南新造展千年之美。2023年12月17日晚，在广东省服装服饰行业协会、广东省服装设计师协会组织下，屈汀南、林栖、蔡彪、李曼娜、瞿德刚、陈一然等致力于非遗新造的设计师登陆2023珠海时尚周，联袂呈献了一场精彩的非遗时尚融合大秀，广绣、潮绣、香云纱、马面裙、汉服、扎染、蜡染等非遗时尚作品惊艳发布，用中式美学传递东方之美、展现技艺之精、奏响文化华章，让非遗文化穿越千年焕发璀璨之光（图5-21）。

图5-21

(1) 生活在左 | 林栖

熠熠灯光下，由刺绣和烫金点缀的马面裙，在模特摇曳的台步中呈现华丽的光泽感和典雅气质。17日晚8时，作为开场，中国纺织非遗推广大使、中国十佳时装设计师林栖，为观众带来"生活在左"品牌马面裙系列走秀表演（图5-22）。

图5-22

本次展示的马面裙系列，林栖用岭南粤绣重现马面的华丽，搭配镂空的手钩上衣、竹编上衣、蓝印花上衣，以现代上衣下裙的制式，展现马面裙独特的东方韵味及强大的时尚性。

(2) 襦一坊 | 陈一然

随即灯光转换，黑白色调的水波纹将T台打造成一幅浓淡相宜的水墨画。以此为背景，编制出独属于中国的对话语境。模特们身着挺括光滑、轻薄飘逸的香云纱，仿佛从敦煌壁画中款款"走出"（图5-23）。

图5-23

陈一然表示，"襦一坊"品牌以复原传统汉服、传播传统中式美学为品牌基础，这次走秀不同于以往的复原秀，简化了汉服妆造的同时增加了时尚配色，让汉服之美被更多人看见和喜爱。

(3) 匠曼延 | 李曼娜

笛声悠扬、鼓声激昂，一袭飘逸轻盈的长裙仿佛将人们带入了武侠世界。广东纺织服装非遗推广大使、匠曼延创始人李曼娜将香云纱与中国传统文化五行色的设计及岭南元素结合，五行代表着自然界中的五种元素，木、火、土、金、水，各自对应的颜色为青、赤、黄、白、黑，给予观众强烈的视觉感受（图5-24）。

图5-24

李曼娜希望将古老中国文化的传承下来的天然非遗材质推广到全世界，在对中国传统文化汲取精华、探求本源的同时，通过与现代生活相结合之道，打造"中式美学生活"。

（4）JOOOYS｜蔡彪

本次非遗时尚融合大秀，广东纺织服装非遗推广大使、JOOOYS品牌联合创始人兼设计总监蔡彪设计的服装以国家级非遗粤绣（珠绣）为设计元素，灵感来自对水的魔法化，主题是"MAGIC WATER"（图5-25）。

图5-25

神奇的水在珠绣的演绎下晶莹剔透、熠熠生辉，并通过精湛的立体裁剪、大胆的配色，让服装展现出强烈的个人风格，从而向观众传递出JOOOYS品牌沉淀多年的精湛立体裁剪、细节化设计的品牌特点，以及品牌永恒追求的匠心精神。

（5）悟蓝手作｜瞿德刚

色彩可以表达情绪，深深浅浅的蓝色给人舒适放松的感受。本次秀演，广东十佳服装设计师、悟蓝手作主理人瞿德刚结合"悟蓝"品牌基因，将蓝染结合扎染、蜡染、枫香染等印染工艺融入日常服饰，大量运用水、鱼等元素，用手的温度向观众传递"蓝"的别致魅力（图5-26）。

图5-26

"天空的蓝、海洋的蓝、悟蓝的蓝，这是我们一直传递的品牌理念。"瞿德刚介绍说，悟蓝手作倡导健康、绿色、创新、发展、朴素的生活理念，染色过程中使用天然的植物染色，使用的面料也以天然的棉麻丝为主，和本届珠海时尚周倡导的"绿色风尚"不谋而合，让观众感受传统自然的手工艺术。

（6）Gary Wat｜屈汀南

红布为底、金线绣凤，国风婚服尽显华丽大气；云纱为边、灵动靓丽，创新国潮演绎别样美艳……最后压轴亮相的是中国非物质文化遗产项目广绣代表传承人、中国十佳服装设计师屈汀南带来的Gary Wat汀南高级定制女装品牌（图5-27）。

图5-27

屈汀南怀着对中国传统文化的敬仰，系列作品运用了香云纱、丝绸、广绣等中国传统面料和技法，赋予服装自然的设计，用最时尚的角度讲述令人惊叹的中国故事，展现令人赞叹的中国技艺。

非遗展现着中国的文化之魂、意境之美、技艺之精，是纺织服装行业发展创新、向世界发声的不竭源泉。本次大秀，六位非遗时尚传播者以服装为载体，用设计焕新非遗，借非遗为时尚增色，充分体现了非遗对美好生活的浸润，体现了时尚在引领文化自信方面的独特作用。

外贸升级

广东纺织服装外贸转型升级　重塑产业新优势

2023年全球经济增速放缓，国际市场需求不足，在复杂严峻的外部环境下，我国纺织服装行业出口压力明显加大。海关总署统计显示，2023年我国纺织品服装出口2936.4亿美元，同比下降8.1%。其中，纺织品出口1345.0亿美元，同比下降8.3%；服装出口1591.4亿美元，同比下降7.8%。

广东省作为中国的经济大省和外贸强省，纺织服装产业一直是其传统优势产业之一。拥有涵盖面辅料、制衣、印染加工、集散市场在内的完善产业链，培育了比音勒芬、歌力思等一批全国行业龙头企业，吸引聚集了希音、UR等一批具有国际影响力、具备全产业链辐射带动作用的创新型企业。2023年广东省服装及衣着附件出口金额236.8亿美元，同比下降16.8%。

一、政策导向

2023年2月，广东省工业和信息化厅印发《关于进一步推动纺织服装产业高质量发展的实施意见》提出，推动全省纺织服装产业集群走时尚化、高端化、品牌化、数智化、低碳化、国际化和总部经济集聚地、创意设计策源地、服贸会展新高地的"六化三地"高质量发展道路，培育世界级先进纺织服装产业强省。其中"国际化合作，建设纺织服装服务贸易会展新高地"板块，提出促进国际交流合作，做大做强广东时装周品牌，推动岭南时尚走向世界。支持企业参加广交会等大型综合专业展会，引导各组展机构、行业协会，有效利用RCEP、"一带一路"等相关政策，组织企业参加国外各类展会，自主举办全球性展会，推动全省纺织服装出口。

2023年3月，广东省工业和信息化厅印发《关于印发纺织服装和家具行业数字化转型指引的通知》提出，到2025年广东省纺织服装行业数字化转型和应用水平迈上新台阶，实现广大中小企业质量变革、效率变革、动力变革。全行业两化融合水平达到60%以上，规模以上企业达到70%以上，培育一批5G全连接工厂、智能制造示范园区和示范工厂及优秀应用场景。

2023年12月，广东省工业和信息化厅等印发《广东省发展现代轻工纺织战略性支柱产业集群行动计划（2023—2025年）》，提出扩大开放合作水平，依托产业梯度转移招商引资对接平台，做好现代轻工纺织产业招商引资工作，借助"一带一路"倡议及粤港澳大湾区建设契机，积极引导优势企业整合各区域资源，加强国际先进技术、项目和人才引进力度。支持纺织、服装等行业提升现有专业贸易商圈，充分利用有基础的专业展会平台，打造行业的全球研发设计中心、供应链服务中心、展览中心和品牌营销中心。大力发展总部经济，鼓励骨干企业多元布局产业链，跨省联合建设棉花、羊毛、纸浆、制革、木材等境外原料基地，稳定原料供应。支持品牌优势企业通过并购和股权资本合作等方式，提高目标市场属地销售品牌和市场渠道开拓能力。支持轻工纺织外贸企业转型，积极开拓国内消费市场。

二、外贸情况

广东省纺织服装出口额持续位居全国前列，主要出口产品包括成衣、面料、辅料等。出口市场遍布全球，其中欧美、东南亚等地区是其主要贸易伙伴。此外，广东省纺织服装外贸还呈现多元化、品牌化、高端化的发展趋势。近年来，国际市场形势复杂，在物流不畅、运费飙升、原材料价格上涨等诸多因素影响下，广东纺织服装出口面临着资源和环境、国内其他地区的激烈竞争以及国际市场冲击等各方面挑战。

1. 生产

国家统计局数据显示，2023年广东服装规上企业服装产量31.74亿件，比2022年同期下降12.80%，占全国16.36%。产量仍居全国首位，总体呈现下滑趋势。2019~2023年，广东省规模以上服装企业总产量减少11.24亿件（图5-28）。

2019～2023年广东规模以上服装企业产量及增速变化

年份	产量（亿件）	同比增幅（%）
2019年	42.98	-7.90
2020年	37.29	-17.20
2021年	39.16	6.10
2022年	35.2	-13.80
2023年	31.74	-12.80

图5-28

（数据来源：国家统计局）

2. 出口

据广东省统计局数据显示，2023年广东省服装及衣着附件出口金额236.8亿美元，同比下降16.80%，占全国服装出口总额的14.9%，出口总额退居全国第二。2019~2023年，广东省服装出口总额减少94.74亿美元（图5-29）。

2019～2023年广东省服装出口总额变化

年份	出口总额（亿美元）	同比增幅（%）
2019年	331.54	-13.85
2020年	259	-0.12
2021年	313.26	29.10
2022年	290.1	-7.40
2023年	236.8	-16.80

图5-29

（数据来源：广东省统计局）

三、外贸特点

广东省纺织服装外贸最大优势是产业链完整、生产能力强大、多种语言优势、市场拓展能力较强。从研发设计、面辅料生产与流通、服装加工、品牌运营到成品流通等供应链的各个环节，广东服装产业在全国范围内的供应链综合实力均位居前列，拥有资源整合和供应链协同的基础条件。

1. 外贸转型升级基地分布

外贸转型升级基地（以下简称外贸基地）是国家商务部围绕商务工作"三个重要"定位打造的外贸稳规模优结构重要平台之一，是产业优势明显、区域特色鲜明、创新驱动突出、公共服务体系完善的外向型产业集聚区，是贸易和产业有机结合的关键载体，是推动外贸转型升级、保障外贸产业链供应链稳定畅通的重要抓手，对促进国家外贸外资稳增长和带动地方经济社会发展作用明显。

截至2023年，广东省纺织服装类外贸转型升级基地共9个，包括广州市增城区新塘国家外贸转型升级基地（纺织服装）、深圳市龙华区大浪国家外贸转型升级基地（服装）、东莞市大朗国家外贸转型升级基地（服装）、普宁市国家外贸转型升级基地（内衣）、惠州市惠东县国家外贸转型升级基地（鞋类）工作站、佛山市南海西樵纺织基地、中山市沙溪镇休闲服装基地、潮州市婚纱晚礼服基地、汕头市纺织服装基地。

2. 外贸基地重塑产业新优势

（1）汕头市

拥有8000多家纺织服装生产企业，是中国最大内衣家居服生产基地，近年来政府重视，激发产业新活力，创办中国·潮汕国际纺织服装博览会，并启动"四大工程"产业基础设施建设，打造全球纺织品采购中心、纺织工业园区、展会展览中心、纺织服装产业总部大厦，促进纺织服装产业集群化、高端化、规范化发展。汕头市累计投资了72亿元建设潮阳、潮南纺织印染环保综合处理中心，坚持环保整治和转型升级相结合，实行统一供水供电供汽和固废污染资源化利用统一治理，立足"生态、环保、高效"的定位，整合产业链融入纺织服装产业集群。

（2）中山市沙溪镇

在针织服装制造等领域产业规模和制造水平处于行业一流水准，是海澜之家、优衣库、安踏等60多个国内外知名品牌的生产基地，智能制造落地发展，逐步实施"机器换人"，产业集群转型升级初显成效，已涌现元一智造、金鼎智造、通伟服装等一批高端制造、智能制造企业，服务全国乃至全球的知名服装品牌，同时建设跨境电商公共服务平台，为跨境电商品牌提供互联互通配套服务。

（3）潮州市

中国婚纱礼服名城，也是中国主要的婚纱礼服生产基地和贸易出口聚集地。潮州注重传统工艺，以设计带动产业创新。针对抽纱、潮绣、珠绣等多项非遗技艺进行创新研究，注重新材料、新工艺，将发光纤维、发热纤维、变色纤维运用到服装中，采用3D智能量体系统与生产管理系统相结合，构建起多品种、小批量、高品质、快速反应的智能柔性供应链生产体系。

（4）东莞市大朗镇

2020年被列入"市场采购贸易方式试点"后，有力推动了大朗传统服装市场转型升级，带动更多中小微服装企业参与对外贸易。市场采购贸易方式是国家推动外贸创新发展和培育外贸新业态新模式的重要战略举措，是为中小微企业"多品种、小批量、多批次"外贸交易特点量身定做的新型贸易方式。

3. 跨境电商发展势头迅猛

目前全国跨境电商品牌总体处于上升阶段，其中广东跨境电商发展居全国首位。根据电子商务研究中心数据，广东是我国参与跨境电商企业的主要集中地之一，以平台中小企业卖家为主，数量占全国的20.5%，交易额约占全国的70%。涌现很多出口跨境零售电商独立站，孵化了SHEIN等知名跨境电商品牌。跨境电商软件服务企业数量多，技术实力强。

独立站跨境电商出海新模式，驱动中小生产企业的智能化自我升级。SHEIN用独立站的方式出海，销售覆盖全球200多个国家和地区，日发货量最高超过300万件。在希音"小批量、多品种"模式的驱动下，为其提供产品生产的小微企业开始进入智能化的自我升级，带动了我省服装产业最小单元生产方式的转型升级。广州市番禺区率先推出了针对"独立站"建站的补贴政策，鼓励企业借助新模式开拓国际市场。

4. 数字化快时尚崛起，影响全球

广东凭借其独特的地理位置优势、完善的供应链和产业集群、创新意识和市场洞察力以及政府支持和政策优势，为快时尚品牌的发展提供了良好的土壤和条件。以希音为代表、以番禺为中心的数字化快时尚产业异军突起，联动珠三角，辐射泛珠三角，形成了全球范围内独一无二的产业生态，对我国服装产业布局和发展方向影响深远。希音打造的敏捷柔性供应链，一改中国企业在全球化市场竞争中，追着游戏规则跑的境遇，通过技术工具赋能带动大批小微企业进行全流程的信息化升级改造，开启了全链条数字化工厂升级，以产业基础高级化催生更多专精特新企业集聚，有力推动了广东服装产业供应链的全球竞争力提升。

5. 传统生产模式向全球供应链协同模式转变

现代企业间竞争由单企业向供应链竞争转变。供应链能否在全球竞争中处于优势地位，已经成为衡量经济竞争力的一个重要指标。供应链协同是提升供应链整体竞争力的有效手段。纺织服装产业具有工艺复杂、产业链长的特点，面对产品生命周期日趋缩短、品种变化更加快速的全球市场，单一企业很难在产品、技术、渠道等领域获得全方位优势。例如，广州跨境电商希音（SHEIN）与3000家中小厂商建立深度合作，在全球市场提供时尚、种类繁多且极具价格吸引力的服装产品，实现与供应链上下游有效的资源整合、信息共享，并最终形成合力，建立更有效的竞争模式。

6. 重点进出口地区发生变化

近年来广东纺织服装出口结构发生重要变化，对美国、欧盟等传统市场出口下滑明显，对东盟、韩国、澳大利亚、俄罗斯、中亚等新兴市场出口成为拉动外贸增长的新亮点。欧美原本是我省服装主要出口国，受通胀等影响，市场消费疲软，通胀压力仍然高位，物价上涨、购买力下降，尤其是对婚纱、晚礼服等服装的购买需求下降。同时，中美贸易冲突影响，部分国外客户把订单转到墨西哥、波兰、印度以及东南亚国家生产。

在进出口地区上，广东省与东南亚、欧美等地的贸易往来最为密切。特别是东南亚地区，由于其与中国在地缘政治、经济文化等方面的紧密联系，已成为广东省纺织服装出口的重要市场。

7. 品牌引领开启全球化征程

广东服装品牌逐步开启全球化征程。比音勒芬收购两大国际奢侈品牌"CERRUTI 1881"和

"KENT&CURWEN"的全球商标所有权，锚定了"国际奢侈品牌集团"的战略方向，这意味着比音勒芬正式登上国际舞台，通过不断创新向世界展示中国品牌的强大实力；SHEIN，在"生而国际化"的基础上，收购Forever 21母公司SPARC集团三分之一股权，获得Forever 21线上分销权；歌莉娅已经拥有超过85个国家的全球用户并持续进驻核心商圈，在新加坡、悉尼等开设了品牌环球旗舰店，开设了国际独立站，亮相巴黎米兰时装周；URBAN REVIVO（简称UR）已在俄罗斯、伦敦、泰国、菲律宾、新加坡等开设了旗舰店，入驻亚马逊等第三方跨境平台，搭建品牌独立站，走"DTC"模式，并持续以多元化、趣味性的营销方式与海外消费者互动。

四、湾区合作

2019年2月，中共中央、国务院印发《粤港澳大湾区发展规划纲要》，提出粤港澳大湾区的战略定位，即建设充满活力的世界级城市群、具有全球影响力的国际科技创新中心、"一带一路"建设的重要支撑、内地与港澳深度合作示范区、宜居宜业宜游的优质生活圈。

广东省纺织服装外贸面临国内外市场挑战，泛大湾区产业合作的深入推进将为广东省纺织服装外贸带来新的发展机遇。

1. 打造世界级产业强省，成为全球供应链协同核心枢纽

落实广东省工业和信息化厅《关于进一步推动纺织服装产业高质量发展的实施意见》，推进省实施制造业当家的战略部署，推动全省纺织服装产业集群走时尚化、高端化、品牌化、数智化、低碳化、国际化和总部经济集聚地、创意设计策源地、服贸会展新高地的"六化三地"高质量发展道路，培育世界级先进纺织服装产业强省。

面向湾区、立足全国、服务全球，广东服装产业以广州、深圳为核心引擎，以珠三角沿海经济带、各特色产业集聚地为重点，以先进制造、供应链服务、数字贸易、现代物流、品牌零售为着力点打造先进制造基地网络。通过全国乃至全球范围内的资源整合与优化配置，逐步形成布局优化、分工有序、紧密协作、优势互补的服装产业竞争新格局，成为全球服装供应链协同的核心枢纽。

2. 周边区域积极向湾区靠拢，为产业优化升级提供支撑

近年来，广西、江西、湖南等周边区域积极向湾区靠拢。2019年6月，广西壮族自治区人民政府印发了《广西全面对接粤港澳大湾区实施方案（2019—2021年）》，提出要加大产业转移对接，全产业链承接大湾区纺织服装等产业。2019年广东服装大会上，江西省赣州市提出"融入大湾区、时尚新赣州"的建设目标，双方就赣粤服装产业签署了战略合作协议；2020年6月，江西省人民政府印发《关于支持赣州打造对接融入粤港澳大湾区桥头堡的若干政策措施》，推动赣州市与大湾区产业互补；其中于都县更是将纺织服装产业作为重点产业，包括赢家、汇美等多家广东龙头企业在此建立生产加工基地，构建了完整的产业生态，2020年于都县全行业产值达525亿元。湖南常宁建设湘南纺织产业基地，打造"千亿级"绿色纺织"航母"，对接大湾区纺织服装产业。

广西、江西、湖南与广东珠三角产业核心区形成六小时公路交通圈，区位交通便利；周边省份和粤西、粤北地区拥有丰富的土地和劳动力等产业资源，并且均在积极建设产业园区。依托这些地区的政策、土地资源和产业工人优势，鼓励珠三角产业集群的服装企业扩大企业生产规模，为产业优化升级提供产能支撑。

3. 湾区产业协同、融合创新更加紧密

随着粤港澳大湾区建设的深入推进，泛大湾区产业合作也呈现新的趋势。泛大湾区在纺织服装产业链上下游各环节均有深入合作，包括原料采购、研发设计、生产制造、市场营销等。合作模式多样，既有企业间的直接合作，也有政府间的政策协调与引导。例如，通过共建产业园区、设立研发中心等方式，推动产业链上下游企业间的紧密合作。

近几年湾区时尚产业协同更加紧密。中国纺织工业联合会将大湾区国际纺织服装服饰博览会设在深圳举办，香港时装推广机构Fashion Farm Foundation、澳门生产力暨科技转移中心等积极举办

"大湾区：时尚融合"、粤港澳大湾区婚纱设计比赛等活动，与广东服装行业深入合作，促进湾区时尚产业蓬勃发展。

广东时装周，作为"广东服装外贸基地转型升级成果展示发布推广平台"，开展外贸基地区域品牌宣传、企业产品展示和数字化转型成果推广等相关活动，同时设立湾区时尚发布板块，为湾区服装企业提供面向国内外市场的宣传推广、市场推介、商贸对接等专项服务，吸引了包括外贸基地、服装企业、设计机构、知名品牌、商业百货、专业市场、行业机构、买手组织、权威媒体、产业资本、电商平台等在内的全产业链的高度关注和踊跃参与。

五、趋势展望

当前，全球贸易环境仍面临复杂性、严峻性、不确定性上升等风险挑战，但在我国纺织行业加快建设高质量、有韧性的纺织现代化产业体系进程中，企业需要增强信心和底气，深度融入"双循环"格局，积极开拓国内国际两个市场，充分发挥自身优势，在日趋激烈的国际竞争中赢得主动。积极发展新质生产力，加快以科技创新驱动生产力向新的质态跃升，推动新技术、新设备、新材料、新工艺，带动产业转型升级。

低碳经济是当前世界范围内各行各业发展的必然趋势。纺织服装外贸企业要提高在国际市场上的竞争力，必须遵循低碳经济的指导，形成全新的低碳发展模式，提高企业自身核心竞争力。外贸企业应对自身发展现状进行分析，找出当前发展所面临的问题，积极探索绿色生产和可持续时尚的新途径，采用环保材料、优化生产流程、推广循环时尚，构建完善的时尚产业生态体系。

大湾区时尚产业将进一步深化合作，促进产业链上下游企业间的优势互补和资源共享，加快建设更具国际竞争力的现代化产业体系。未来，大湾区纺织服装产业将迎来更加广阔的发展空间和更加美好的发展前景。

集群创新

2023年广东省服装产业集群发展情况综述

一、集群概况

产业集群是广东省服装产业主要的产业组织生态及地域分布形态。截至2023年12月，广东省与中国纺织工业联合会建立纺织服装产业集群共建试点关系地区共计28个（名单详见本书附录一）。其中：中国纺织产业基地市3个，中国纺织产业特色名城5个，纺织产业特色名镇18个。2023年9月，中国纺织工业联合会在2023全国纺织产业集群工作会议上，发布了中国纺织行业年工业总产值超千亿及超百亿产业集群地区名单。其中，广东省普宁市、汕头市等2个地区年度工业总产值超过1000亿元；广东省汕头市潮南区的谷饶镇、峡山街道、陈店镇、两英镇，广东省东莞市的虎门镇、大朗镇，广东省佛山市的禅城区张槎街道、南海区西樵镇、南海区大沥镇，广东省深圳市龙华区大浪时尚小镇以及广东省博罗县园洲镇等11个镇街年度工业总产值超过100亿元。

此外，广州市的白云区、番禺区、增城区新塘镇等虽不在中国纺织工业联合会纺织服装产业集群共建试点名单之内，但其同样具备完整的服装产业集群形态及产业规模；清远市作为纺织服装产业转移全省一盘棋的重要落子，正在加快打造"万亩千亿级"纺织服装产业集群。

二、发展创新

2023年，得益于《关于进一步推动纺织服装产业高质量发展的实施意见》（粤工信消费函〔2023〕2号）的重磅出台，全省各地政府部门对纺织服装产业发展高度重视，在产业规划、扶持政策、数智化升级、产业空间载体、公共服务平台、市场拓展活动、区域品牌建设、区域协同发展等多方面集体发力，为产业集群的持续发展提供了有力保障和强大动力。

1.产业规划与扶持政策

2023年，广州市海珠区、白云区、增城区，深圳市龙华区、珠海市香洲区、汕头市、佛山市西樵镇、东莞市及虎门镇、清远市、普宁市等11个产业集群出台了针对纺织服装产业的专项产业规划或扶持政策。具体如下：广州市海珠区出台《中大纺织商圈发展规划纲要》，为商圈的再次跨越创新提供更明确、更清晰的"计划表"与"施工图"。广州市白云区启动《白云区时尚（皮具、箱包、服饰）全产业链策划项目》，通过系统科学的土地摸查和产业发展研究，明确白云区时尚（皮具、箱包、服饰）全产业链发展目标与定位、开发策略、实施建议等，推进土地收储、招商引资及开发建设工作。广州市增城区出台《增城区推动纺织服装产业高质量发展扶持办法》，通过资金奖励补贴，撬动全区纺织服装产业链各环节企业资源，带动纺织服装产业实现规模发展的企业扩大生产规模、加快技术改造。深圳市龙华区印发了《打造"升级版"大浪时尚特色小镇工作方案》和大浪时尚特色小镇三年行动计划印发了《龙华区关于支持大浪时尚特色小镇时尚产业发展的若干措施》，对企业发展、品牌推广、数字赋能、空间载体、人才培养、公共服务平台等方面提供相关支持。珠海市香洲区出台了《珠海市香洲区支持时尚产业高质量发展办法》，针对办公用房租金支持、时尚设计获奖支持、平台建设支持、经营拓展支持、重大活动支持、重点项目支持六方面，出台多项专项优惠政策。汕头市出台了《汕头市支持纺织服装产业发展若干措施》（"汕头纺织服装产业十条"），提出通过固定资产投资、企业快速入驻、企业经济贡献、高层次设计人才、总部企业落户等方面的奖励措施，以及企业免租补贴、行业展览展会补贴等。佛山市西樵镇推出纺织产业基地"改善基础设施和提升服务功能"十条措施，明确用专项政策和服务，大力改善园区住宿、医疗、休闲娱乐等配套设施，提升园区服务功能，营造一流营商环境，助力纺织业企业解决引才、留才难核心问题。东莞市出台了《东莞市支持纺织服装产业发展若干措施》，从品牌建设、设计创新、数字化转型、线上线下市场拓展和产业集群发展等11个方面为东莞纺织服装行业和企业进行赋能，进一步加强产业集群和生态建设，打造一批具有影响力的知名品牌和优质企业，推动纺织服装产业提质升级。东莞市虎门镇出台了《〈实施虎门服装服饰业"四名工程"推动产业高质量发展的若干措施（试行）〉实施细则》（以下简称《若干措施》），通过"名师、名牌、名企、名园"四大方面对服装服饰企业、个人等进行资助和扶持，实施细则明确了《若干措施》中各项政策措施的适用对象、申报条件、支持标准等，确保政策公开透明、执行到位，提高资金使用效益。清远市出台了《清远市扶持广清纺织服装产业有序转移园建设、培育现代轻工纺织战略性产业集群发展若干政策（修订）》（"清远纺织服装产业八条"），以及《清城区关于纺织服装技术技能人才招引稳岗的若干政策（试行）》《促进承接产业有序转移金融支持方案》等政策，有效激活企业发展动力。普宁市出台了《普宁市纺织服装业"四名工程"实施方案》，推动实施名师、名牌、名企、名园"四名工程"，加快推进普宁市纺织印染环保综合处理中心、东部创新城等服装产业集聚区建设，引进国内外知名企业，强化产业人才支撑，深化产业品牌内涵，夯实产业发展基础，拓展产业发展空间。

2. 数智化升级引领

2023年，在广东省工业和信息化厅等9部门印发的《广东省实施消费品工业"数字三品"三年行动方案》及《广东省纺织服装行业数字化转型指引》等政策的指导下，各纺织服装产业集群在数字化转型方面开展了大量探索，并取得一定的成效。例如，中山市沙溪镇龙头企业纷纷向数字化、智能化转型，是传统制衣小镇全面向"智衣"进军的标志，金鼎智造、元一智造分别入选2023年中山市制造业企业数字化智能化示范工厂培育名单和数字化智能化示范车间认定名单，连续拿下中山市第一、二批数字化智能化转型标杆的荣誉；佛山市顺德区与均安镇共建均安牛仔设计城，建设数字化中央板房、数字化服务平台。

3. 产业空间载体拓展

2023年，拓展纺织服装产业空间载体供给，得到了各产业集群地政府前所未有的重视，并取得实质性的进展。例如，位于清远市清城区石角镇的广清纺织服装产业有序转移园列入省重点支持建设主平台，规划面积约24平方千米，新增可使用建设用地面积11898亩，计划5~10年打造规模集聚、产业提质、产城融合、生态美丽的千亿级产业平台。园区已建成标准厂房100多万平方米，落户企业480家，加快棉纱交易市场、数码印花车间、共享车间、时尚创意园四个支点的建设。粤检集团、广州希音、致景科技等一批专业服务机构和知名企业签约落地，共享云仓+跨境仓储平台等项目全方位赋能，园区基础设施、生活配套日趋完善。广州市白云区规划建设"广州时尚之都"，园区以白云站为核心，规划范围约7.8平方千米，其核心区面积2.3平方千米，其石井启动区已正式启动，是时尚之都建设的主战场，占广州时尚之都规划面积的80.8%。广州市增城区整合了约200亩土地用于规划建设牛仔产业园区。汕头市由全球纺织品采购中心、智能化纺织工业产业园区、展会展览中心、产业总部大厦组成的纺织服装产业"四大工程"取得积极进展。佛山市张槎街道规划建设的佛山童装织梦基地开园，占地7.3万方平方米，分两期建设，总建筑面积约26万平方米，是一个集童装研发、跨境电商、网红摄影基地、童装展示、产业配套、人才培训交流于一体的童装产业国家级标杆示范基地。

4. 公共服务平台构建

2023年，产业集群在公共服务平台建设方面锐意创新，开始引入专业机构提供专业服务，将公共服务、区域品牌打造与支持企业市场拓展有机融合起来。例如，"大朗优选"是由东莞市大朗镇委镇政府牵头，大朗毛织行业五大协会、设界科技集团共同发起，在筛选出了30家"产品新颖、质量过硬、设计注重、工艺精良"的大朗毛织企业（产品），通过品牌孵化培育，以大朗优选品牌走出去，破解"规模天花板、价值在地板"瓶颈，开展集群区域品牌国内外营销推广计划，将"大朗优选"品牌打造成为著名的纺织产品区域公共品牌，共同推动大朗毛织产业发展。"均安牛仔设计城"是由佛山市顺德区和均安镇两级政府合作共建，项目一期规划面积为11403平方米，该园区联动全球优质资源，构建设计创新、技术研发、人才培养、品牌营销等核心平台，打造顺德首个牛仔面料图书馆、数字化中央板房、J&D趋势图书馆、洗水实验室等配套服务平台，推动牛仔服装与家电、家具、艺术、文化等产业跨界融合，为"均安牛仔"品牌走向国际提供新动能。

5. 国内外市场拓展活动

2023年，是行业活动恢复举办的一年，全省各纺织服装产业集群地政府及当地商协会，均积极响应企业市场拓展需求，牵头组织企业参加各类行业展会，助力企业拓展国内外市场。同时，积极在当地组织开展具有国际影响力的行业活动。例如，东莞市虎门镇举办的世界服装大会，以"全球合作，共创未来"为主题，采用"1+2+3+N"的架构模式，涵盖了科技、时尚、可持续、面料、色彩、品牌等众多议题，旨在全球范围内为世界服装产业的合作共赢构建长效沟通机制，为世界服装行业搭建共商、共建、共享、共赢的交流合作平台。国家相关部委、驻华使领馆的代表以及近20个国家和地区的海外组织、行业协会、领军企业的顶级学者、企业家等共计千余人参会。汕头市举办第二届中国·潮汕国际纺织服装博览会，规模、质量、形式和服务得到全面升级，展览面积从3万平方米扩大到5万平方米，吸引超500家国内外知名纺织服装企业、超10万件行业展品参展，期间将举办首届"红头船杯"国际贴身衣物设计大赛、四大主题论坛、9场大秀、20余场品牌发布秀，为行业呈献了一场丰富多彩的交流盛宴，全面展示出汕头纺织服装产业的风采。

6. 区域品牌建设

2023年，产业集群在区域品牌建设主要包含两个方面。一是重视区域公共商标注册及使用规范。例如，广州市新塘镇政府开展"新塘牛仔Logo及主题口号"全球征集及发布活动，致力塑造"新塘牛仔"的独特标识并对外宣传，提升新塘牛仔产品知名度和市场竞争力；佛山市顺德区纺织服装协会于2023年12月正式发布团体标准T/SDFZFZ 01—2023《"均安牛仔"集体商标管理使用规范》，标志着佛山市顺德区纺织服装产业的集体商标管理迈向更高水平的规范化发展进程；潮州市市场监督管理局启动注册"潮州礼服"地理标志证明商标。二是积极开展区域品牌宣传推广活动，例如，潮州市、广州市新塘镇、佛山市西樵镇、中山市沙溪镇等，均组团参加广东时装周，举办基地优势服装品牌联展，集中推广区域品牌。

7. 探索区域协同发展

2023年，区域协同发展成为广东省服装产业集群的一个新探索。随着产业转型升级的不断推进，相邻服装产业集群之间的产业协作日趋紧密，原有以地域为界限的产业集群边界限逐渐被打破。例如，佛山市禅城区"张槎针织"与"祖庙童装"强强联手，实现两大传统产业跨区域转移协作，共建佛山童装织梦基地，打造千亿产业集群。

三、发展成效

2023年，尽管广东省服装产业的产量、产值、出口额、规上企业主营收入、平均用工人数等指标均为负增长，但是利润总额比上年同期增长13.1%。这表明广东服装产业正在经历结构优化和附加值提升的过程。从产业高质量发展角度看，不仅要关注产量和产值的增长，更要注重单位产品的价值、技术创新和效率改善。企业在面临产量和产值下降的压力时，能够通过提高产品设计、采用更先进的生产工艺、提升品牌影响力或者有效控制成本做到即使总产出减少，利润仍然可以增加，这是企业转型升级，向价值链高端迈进的一个信号。

产业集群发展简况

（以行政区划为序）

一、广东省广州市越秀区

越秀区服装商贸名城的底蕴和优势集中体现在流花矿泉商圈。目前，商圈内聚集服装类专业市场39家，占地面积约23万平方米，直接从业人员近2万人。流花矿泉商圈在进一步强化贸易流通功能外，形成了集研发设计、展示交易、品牌建设、人才培育、国际合作等较完整的时尚产业链条，加强了服装产业的资源整合能力。白马服装广场、红棉国际时装城、壹马服装市场、广州UUS等4家服装市场成为国家7部委《商品市场优化升级专项行动计划（2021—2025）》中优化升级首批服装服饰行业试点市场，并将致力于打造服装服饰行业的国家级典型杠杆示范市场；红棉国际时装城获评工业和信息化部评选的纺织服装创意设计试点示范园区（平台）。

越秀区以构建产业链"链长制"为引擎，变"场主"为"链主"。从"坐收房租"到"躬身服务"，瞄准新市场、捕捉新商机，提升服装区域品牌影响力。整合省、市、区商协会的资源及各市场主体资源，打造服装节、时尚周、采购节等王牌营销活动，整合各大国内外时尚媒体资源，重塑流花矿泉时尚特区、国际时尚消费及采购中心的品牌内涵，提升"流花""矿泉"品牌的时尚影响力及国际影响力。

二、广东省广州市海珠区

位于中国纺织时尚名城—广州市海珠区的中大纺织商圈，经过多年发展和政企共同推动转型升级，已发展成为全国乃至全球最大的纺织面辅料交易基地，商圈也从单一的面辅料交易业态逐步扩展到时尚设计、时尚发布、直播电商、面料研发等业态。现有63个面辅料专业市场，经营品种超过10万种，产业链关联人群超过300万人，年交易总额超过2000亿元。

2023年4月，《中大纺织商圈发展规划纲要》（以下简称《规划纲要》）正式发布，为商圈的再次跨越创新提供更明确、更清晰的"计划表"与"施工图"；

2023年12月，全国首个纺织时尚中心正式落户广州市海珠区，中国纺织工业联合会流通分会携手广州国际轻纺城共建"中国纺织时尚中心"。海珠区紧抓广州建设国际消费中心城市的有利契机，进一步加快中大纺织商圈向中大国际纺织时尚中心发展目标迈进，持续做强擦亮"中国纺织时尚名城"品牌，向数字创意设计中心、科技面料研发基地、潮流趋势发布基地、品牌孵化总部基地转型升级，致力打造成为具有经典魅力、时代活力和全球影响力的现代化中心城区和消费示范区，成为广东省推动纺织服装产业高质量发展、广州市建设国际消费中心城市、打造国际时尚之都的重要载体、产业支撑和闪亮名片。

三、广东省广州市番禺区

服装产业是广州市番禺区传统优势产业，比音勒芬、谜底、达衣岩等知名服装品牌都位于番禺。截至2023年底，番禺已有服装企业3.4万余家，其中服装制造类企业超过7200家，服装销售类企业超过2.7万家，服装行业"四上"企业达172家，年产值超过150亿元，年纳税额约5.2亿元。

2023年，番禺区聚焦"四位一体"赋能时尚产业高质量发展，奋力打造第二个千亿级产业集群。按照广州市委、市政府赋予"智造创新城"的定位，番禺区坚持实体经济为本、制造业当家，深入谋划推进时尚产业质量发展布局，推动时尚产业集群协同发展，"四位一体"加快建成"草灌木林"共生蓬勃发展的产业生态，着力将时尚产业打造成为番禺区第二个千亿级产业集群。番禺区通过：强化政策支撑，激发创新"牵引力"；打造特色园区，提升区域"竞争力"；整合社会资源，凝聚发展"向心力"；擦亮时尚名片，扩大品牌"影响力"。2023年12月，广东省服装服饰行业协会、广东省服装设计师协会已落户番禺区巨大创意产业园，打造"广东服装产业会客厅"，共建"广东服装（番禺）大讲堂"；"广东时装周"落户番禺举办，打造快时尚服装产业生态，扩大番禺区纺织服装产业影响力。

四、广东省广州市白云区

皮具、箱包、服装等组成的时尚产业，是广州市白云区重点打造的六大千亿级支柱型优势产业集群中的现代都市消费产业。白云区规划建设的广州时尚之都，地处广州中心城区内西北部，园区以白云站为核心，规划范围约7.8平方千米，其核心区面积2.3平方千米，是广州市重点功能片区之一，是助力广州建设美丽宜居花城活力全球城市、国际消费中心城市，对标国际时尚中心的重要园区。

广州时尚之都以服装、皮具、化妆品等为主导产业方向，以研发设计、展贸、体验、个性定制等高端环节为价值导向，定位为大湾区国际时尚产业集聚区，打造时尚企业总部、国际潮流发布中心、亚洲消费体验中心。2023年7月，广州时尚之都石井启动区正式启动；2023年10月，白云区启动时尚（皮具、箱包、服饰）全产业链策划工作；2023年底，白云站完工并投入使用。白云区石井街位于广州时尚之都核心区，是时尚之都建设的主战场，占广州时尚之都规划面积的80.8%，目前辖区内有创意园区12个，建筑面积90万平方米；专业批发市场21家，建筑面积60万平方米；时尚类企业200余家，直播从业人数超2000人，年产值逾20亿元。

五、广东省广州市增城区新塘镇

新塘镇，位于广东省广州市增城区，是享誉国内外的牛仔纺织服装产业重镇。截至2023年，该镇汇聚了1968家牛仔纺织服装企业，其中规模以上企业达185家，注册牛仔服装品牌1000多个，牛仔服装集群产值突破100亿元。新塘云集VIGOSS、增致、米思阳、花间知音等多个知名牛仔服装品牌，龙头企业和品牌效应显现，形成了新塘牛仔服装产业的集聚效应并带动区域品牌影响力持续提升。通过技术创新与工艺流程优化，新塘镇产品智造水平不断提升，小单快反能力显著增强，满足了市场多元化需求。此外，新塘镇正积极构建"新塘牛仔优选"平台，利用直播电商等新兴渠道实现产销联动，推动产业迈向全国乃至全球市场。

2023年11月，在第十四届中国广州（新塘）国际牛仔服装文化节上，新塘镇发布了"新塘牛仔"Logo，标志着"新塘牛仔"区域品牌正式确立，并成立新塘牛仔服装产业促进会，整合资源，引领全产业链创新发展。同时，依托新塘镇纳入广州东部中心发展规划核心区的重要发展节点，广州市增城区整合了约200亩土地用于规划建设牛仔产业园区，并针对新塘牛仔量身定做出台了推动纺织服装产业高质量发展的扶持办法。

六、广东省深圳市大浪时尚特色小镇

作为深圳中轴的核心区域，大浪时尚特色小镇是"世界级时尚小镇"创建试点、龙华区七大重点片区之一，聚集大批中国头部女装时尚企业。2023年累计入驻时尚企业700余家，核心区内共规划22个产业园区，其中已建成玛丝菲尔、艺之卉、影儿、爱特爱、歌力思、梵思诺、卡尔丹顿、华兴等19个园区，超过八成的小镇时尚服饰企业拥有自主品牌，产值超百亿元，形成了以时尚产业为核心，集研发、设计、销售、消费等于一体的时尚创意产业聚集区。

在活动创新方面，"绿翼#东方"第十三届"大浪杯"中国女装设计大赛被誉为"改变中国服装史的'GPT时刻'"，是中国服装史上第一次由AI设计服装，对接工厂制造出来，再由模特穿着走上全国大赛T台，真正地将虚拟与现实完美融合。规划建设方面，龙华区印发了《打造"升级版"大浪时尚特色小镇工作方案》和大浪时尚特色小镇三年行动计划；政策配套方面，印发了《龙华区关于支持大浪时尚特色小镇时尚产业发展的若干措施》，为企业发展、品牌推广、数字赋能、空间载体、人才培养、公共服务平台等方面提供支持。

七、广东省汕头市

作为全国纺织服装规模最大、产业链最健全、内衣种类最齐全的地区之一，汕头坐拥中国纺织服装产业基地市、中国内衣家居服之都和中国工艺毛衫出口基地等多张"国字号"名片。2023年，汕头的纺织服装产业规模以上工业产值1118亿元，多个产业链上游锦纶项目开工投产，实现了50千米内从一滴原油、到一条纱线、再到一件成衣的全球最完整产业链条；由全球纺织品采购中心、智能化纺织工业产业园区、展会展览中心、产业总部大厦组成的汕头市纺织服装产业"四大工程"取得积极进展。

汕头纺织服装产业扎实推进新型工业化，奋力实现纺织服装产业基础的高级化、产业链供应链的现代化、价值链的延伸化与增值化，努力构建具备创新性、生态性、系统性、规模性的服装现代化产业体系。在产业扶持政策方面，汕头市人民政府办公室出台《汕头市支持纺织服装产业发展若干措施》（汕府办通〔2023〕23号，简称《汕头纺织服装十条》），提出通过固定资产投资、企业快速入驻、企业经济贡献、高层次设计人才、总部企业落户等方面的奖励措施，以及企业免租补贴、行业展览展会补贴等，助推汕头纺织服装产业高质量发展。

八、广东省佛山市张槎街道

张槎针织产业源于20世纪80年代初，历经40多年发展，已成为国内最大的针织服装产业集群，入选中国纺织工业联合会发布的中国纺织行业年工业总产值超百亿产业集群地区名单（乡镇/街道）。多年来，张槎四度获得"中国针织名镇"称号，已集聚针织服装生产企业5800家，针织产业工业园区40多个，针织大圆机超过3万台，厂房面积达到450多万平方米，日棉纱交易超10000吨，年棉纱交易量占全国1/4。

张槎街道以"坚持制造业当家，加速全域中心化"为新目标，在张槎北部片区约4.13平方千米打造"织梦小镇"。2023年，织梦小镇片区新增载体达70万平方米。"张槎针织"与"祖庙童装"强强联手，实现两大传统产业跨区域转移协作，共同打造佛山童装织梦基地。佛山童装织梦产业园区占地7.3万平方米，总建筑面积约26万平方米，按规划分两期建设，一期约12万平方米，二期约14万平方米。该园区既是产业集群中心，也是品牌孵化中心，将通过有效汇聚产业要素、持续赋能产业发展，引领佛山童装产业向集群化、品牌高端化、国际化发展。2023年，张槎街道还成功举办了中国·张槎针织服装产业链招商大会、佛山（禅城）纺织服装高质量发展大会、中国针织工业协会年会，获评全国首个"中国针织时尚创新示范区"称号。

九、广东省佛山市西樵镇

西樵作为"中国面料名镇"，集织造、印染后整理、服装、销售、物流于一体，是国内十大纺织产业集群之一，入选中国纺织工业联合会发布的中国纺织行业年工业总产值超百亿产业集群地区名单（乡镇/街道）。西樵纺织以休闲面料、特色牛仔以及家纺布艺为主，产品远销欧美韩日及东南亚。2023年，镇内有纺织企业840多家，规模以上纺织企业166家，纺织生产设备约3万台（套），从业人员超3万名，年产各类纺织面料40亿米，规模以上纺织总产值115.91亿元，同比增长13.1%。

西樵镇坚持以新发展理念推动纺织产业新发展，围绕"产业链条、创新驱动、区域品牌、交易市场、产业基地、平台体系"六方面推进纺织产业等级提升，2023年举办了"樵"起岭南·纺织服装时尚周、岭南国际时装艺术（邀请）双年展、香港牛仔节、西樵"新织造"联展、陈启沅继昌隆缫丝厂创立150周年纪念展等纺织行业盛事。在政策支持方面，西樵镇推出纺织产业基地"改善基础设施和提升服务功能"十条措施，明确用专项政策和服务，大力改善园区住宿、医疗、休闲娱乐等配套设施，提升园区服务功能，营造一流营商环境，助力纺织企业解决引才、留才难等核心问题。

十、广东省佛山市大沥镇

大沥镇素有"中国内衣名镇""中国时尚品牌内衣之都"之称，2023年入选中国纺织工业联合会发布的中国纺织行业年工业总产值超百亿产业集群地区名单（乡镇/街道）。大沥盐步拥有内衣生产及相关联企业900多家，从业人员超过5万人，自主品牌300多个，年产值超100亿元，已经成为全国中高档品牌最集中的内衣产业集群，在中国内衣15个消费主导品牌中，大沥盐步内衣的品牌占了7个。

2023年，盐步内衣抱团发展，在品牌建设、标准制订、研发设计、新材料应用、数字化转型、电商直播、知识产权保护等方面都取得了显著成效，产业集群的综合实力保持全国领先地位。探索"文化+产业"，2023年11月大沥镇在"网红之城 中心大沥"2023灯湖中轴音乐季稻田音乐节中举办"盐步内衣超模时尚秀"，发布"盐步内衣十大魅力品牌"，是一次"城市+产业+文化+时尚"的交融碰撞。加强版权保护，2023年12月佛山市内衣行业版权保护联盟成立，该联盟由盐步内衣行业协会和佛山市版权保护协会联合发起并组建成立，由佛山市内衣及上下游企业组成，是在自愿、平等、互利、合作的原则下，基于行业优势、版权资源整合与运用的产业协同发展的联盟。

十一、广东省佛山市均安镇

均安素来享有"制衣之城""牛仔之城""中国牛仔服装名镇"的美誉，目前区域内拥有纺织、服装制造以及配套加工、销售企业上千家，已形成集纺织、服装设计制造、印染水洗、贸易、检测于一体，具有完整产业链的牛仔产业集群。2023年，均安镇规模以上纺织服装业产值63亿元，拥有上下游企业近千家，年产牛仔服装1亿多件。

2023年9月，由顺德区和均安镇两级政府合作共建的均安牛仔设计城建成开园，项目一期规划面积为11403平方米。该园区联动全球优质资源，构建设计创新、技术研发、人才培养、品牌营销等核心平台，打造顺德首个牛仔面料图书馆、数字化中央板房、J&D趋势图书馆、洗水实验室等配套服务平台，推动牛仔服装与家电、家具、艺术、文化等产业跨界融合，为"均安牛仔"品牌走向国际提供新动能。开园同期，创办首届大湾区（顺德）牛仔创新设计周，发布系列创新项目及数字化服务平台，举办跨界论坛、音乐时装秀、跨界艺术展、购物节等多场活动，推动牛仔服装与新产业跨界融合、协同创新。2023年12月，佛山市顺德区纺织服装协会正式发布团体标准《"均安牛仔"集体商标管理使用规范》（T/SDFZFZ 01—2023），标志着佛山市顺德区纺织服装产业的集体商标管理迈向更高水平的规范化发展进程。

十二、广东省惠州市园洲镇

园洲镇是中国休闲服装名镇，目前已经形成了集纺织、印花、制衣、水洗、漂染及辅料于一体的完整产业链。2023年，园洲镇共有制衣及配套企业647家，纺织服装产业总产值约55.1亿元，同比增长2%；工业增加值12.1亿元，同比增长2%，年产各类服装3亿件（套），从业人员约2.3万人。其中，规模以上纺织服装企业40家，以纺织服装面料、新型材料、服装加工为主，工业总产值33.48亿元，同比增长11%；工业增加值7.3亿元，同比增长11%。

十三、广东省东莞市大朗镇

大朗毛织起源于1979年，经过40余年的培育发展，已成为全国范围内规模大、产业链完善的产业集群，是首批"中国羊毛衫名镇"，与中国纺织工业联合会共建"世界级毛织产业集群先行区"。2023年，大朗拥有毛纺织市场主体超2.5万家，从业人员超20万人，年产毛衣9亿余件，年销纱线超过100万吨，全产业链年交易额达到750亿元。大朗镇通过组织企业参加国内外展会，撮合订单约5亿元，举办多项活动吸引众多关注，中国（大朗）国际毛织产品交易会观众超6万人次，意向成交额达32亿元。在应对挑战方面，大朗镇克服后疫情时代困难，实现规模以上产值、限额以上批零指标转负为正，展现强劲发展势头。

"大朗优选"项目是2023年推出的综合性品牌推广计划，由政府牵头，大朗毛织行业五大协会以及设界科技集团共同发起。该项目从大朗本地评选出30家潜力大、优秀的企业，作为"大朗优选认定企业"，并评选出106家后备培育企业，进行梯队建设。此外，"大朗优选"还将在广东广州、浙江桐乡、黑龙江绥芬河、辽宁大连、四川成都布局飞地展馆，在全国范围内展示大朗毛织产品的风采。

十四、广东省东莞市虎门镇

虎门以中国女装名镇、中国童装名镇等荣誉闻名内外，已形成较为完整的纺织服装全产业链，涵盖企业集群、市场集群、品牌集群等发达的产业集群体系，面料、辅料、服装等众多专业市场，五金辅料、机械设备、绣花、印染、物流等完整的配套企业，构建了集研发、设计、生产、销售、服务于一体的，流程齐备、上下贯通的完整产业链，实现全环节生产销售与配套。虎门有服装服饰生产企业近3000家，从业人员超过20万人，配套服务机构共1000余家，服装服饰产业年工业总产值约420亿元。

2023年，虎门世界级服装产业集群先行区雏形初显，承办2023世界服装大会，携手中国纺织工业联合会向全球发布《世界服装大会虎门愿景》，"虎门服装"区域品牌价值达1782.81亿元，虎门服装企业信心大增。此外，虎门镇还举办了第26届中国（虎门）国际服装交易会、2023中国服装服饰印花发展大会和第三届中国（虎门）纺织面辅料交易会；推动名师、名牌、名企、名园"四名工程"实施；举办第22届及第23届"虎门杯"国际青年设计（女装）大赛和第11届中国（虎门）国际童装网上设计大赛，培育挖掘时尚创意人才。

十五、广东省中山市沙溪镇

沙溪镇是"中国休闲服装名镇"和广东省休闲服装外贸转型升级基地。经过多年的积累和沉淀，如今的沙溪服装产业已开辟4.0时代，拥有出色的生产效能和严格的品质控制。沙溪镇也正在打造服装高端制造业走廊，加快土地整备、项目建设步伐，推动高标准厂房建成投入使用，目前共有22个项目即将落地，为打造千亿级服装产业集聚区奠定坚实基础。

2023年，沙溪镇龙头企业纷纷向数字化智能化转型，成为传统制衣小镇全面向"智衣"进军的标志。金鼎智造、元一智造分别入选2023年中山市制造业企业数字化智能化示范工厂拟培育名单和数字化智能化示范车间拟认定名单，连续拿下中山市第一、二批数字化智能化转型标杆的荣誉。在产业空间拓展方面，沙溪镇通过"工改"整备出720亩用地，盛大纺织产业园、隆盛产业园、永伦童装产业园等一批现代化园区拔地而起，为服装制造等传统优势产业提供超250万平方米的产业空间，让智能化数字化转型热潮扩散至服装产业的上下游各类企业。在产业活动方面，沙溪镇成功举办2022年、2023年中山市工业设计大赛沙溪休闲服装设计专项赛，挖掘和培育设计创新人才；走进2023广东时装周—春季举办"沙溪日"系列活动，推广沙溪休闲服装区域品牌；举办"抖in·域见好货·中山沙溪T恤节"，为沙溪地域IP产品提供了巨大的展示空间和一线的流量资源。

十六、广东省中山市大涌镇

大涌镇是中国牛仔服装名镇，服装起步于20世纪60年代，牛仔服装产业在洗水工艺、产品质量、市场反应速度等方面仍处于国内领先位置。2023年，大涌镇人民政府按照"典型案例要整改、社会要稳定、产业要转型"的要求，依法依规、有序推进洗水企业违法违规整改以及摸排打击偷水偷排违法行为、规范洗水企业经营行为等工作，积极推动牛仔洗水服装产业转型升级，实现脱胎换骨、浴火重生、高质量发展。

在产业发展方向上，当前大涌镇空间和环境承载能力有限，大涌镇人民政府坚持推动牛仔洗水服装产业缩量提质、减污降耗，将有限的环保和土地资源集中支持牛仔服装企业做大做强做优。大涌镇积极推动园区集聚发展，通过低效工业园改造和村级集体工业用地的集约利用，建设牛仔绿色产业园，实现统一取水、统一治污、统一分片供热；优化后的废水处理、原水、蒸汽等价格将与周边产区相近，园区建设具备可行性和竞争力。

十七、广东省中山市小榄镇

小榄镇是中国内衣名镇，拥有内衣行业及上下游企业1000多家，行业从业人员10万多人。2023年，小榄镇商会内衣行业联会积极组织推进内衣产业数字化建设，举办内衣产品新材料应用及其检测技术交流活动、组织企业参加和参观行业展会等，推动小榄内衣行业加快数字化建设步伐，助力产业健康、科学、绿色、可持续发展。

十八、广东省清远市

2023年，清远市大力承接中大纺织产业和省内外纺织服装产业有序转移，加快建设"万亩千亿级"纺织服装产业集群，着力打造"中国快时尚智造基地"。广清纺织服装产业有序转移园位于清城区石角镇，规划面积约24平方千米，新增可使用建设用地面积11898亩，计划5~10年打造规模集聚、产业提质、产城融合、生态美丽的千亿级产业平台。该园区是清远市承接产业有序转移主平台园区之一，也是纺织服装产业转移全省一盘棋的重要落子。

园区已建成标准厂房100多万平方米，落户企业480家，棉纱交易市场、数码印花车间、共享车间、时尚创意园四个支点加快建设，粤检集团、广州希音、致景科技、深圳海柔等一批专业服务机构和知名企业签约落地，共享云仓+跨境仓储平台等项目全方位赋能，园区基础设施、生活配套日趋完善。2023年11月，广清纺织服装产业有序转移园管委会正式揭牌并进驻园区，国家服装产品质检中心清远基地正式成立。聚焦园区产业布局和企业需求，清远出台了"清远纺织服装产业八条"，以及《清城区关于纺织服装技术技能人才招引稳岗的若干政策（试行）》《促进承接产业有序转移金融支持方案》等政策，有效激活了企业发展动力。

十九、广东省潮州市

潮州市是"中国婚纱礼服名城"和省级婚纱礼服外贸转型升级基地，以生产婚纱礼服为主的服装生产企业600多家，年产婚纱礼服600多万件（套），婚纱礼服产业年总产值约40亿元。潮州婚纱礼服产品90%以上出口，主要销往美国、西班牙、智利、匈牙利、俄罗斯、芬兰和东南亚、日本以及中东等二十多个国家和地区，在国际上拥有"婚纱礼服制造出口基地"的美誉。2023年9月，作为2023广东时装周—秋季"外贸日"首场活动，潮州市婚纱晚礼服基地优势服装品牌联展在广州国际媒体港盛大举办，集结9个优质婚纱晚礼服品牌，向观众展示潮式时尚。

二十、广东省普宁市

普宁市是中国纺织产业基地市，辖区内流沙东街道为"中国内衣名镇"。纺织服装产业是普宁市首个产值超千亿元的工业产业，也是普宁市最有特色、最具优势的支柱产业。普宁纺织服装产业发展历史悠久、基础雄厚，产业链配套完整，共有纺织服装上下游企业6000余家，服装产业总产值突破千亿元，规模以上服装企业180家，主要生产内衣、T恤衫、家居服等。

2023年7月，普宁市出台了《普宁市纺织服装业"四名工程"实施方案》，成立了普宁市纺织服装内衣产业协会。依托纺织服装产业链条齐全、基础雄厚的优势，普宁市推动实施名师、名牌、名企、名园"四名工程"，加快推进普宁市纺织印染环保综合处理中心、东部创新城等服装产业集聚区建设，引进国内外知名企业，强化产业人才支撑，深化产业品牌内涵，夯实产业发展基础，拓展产业发展空间，逐步形成产业链完善、产业结构优化、行业创新能力较强、智能化水平较高、具有影响力的纺织服装产业集群，推动了全市纺织服装产业的高质量发展。

番禺专篇

▶高屋建瓴

以绣花功夫打造国际时尚品牌　再造一个千亿产业

中共广州市番禺区区委书记　黄彪

党的二十届三中全会胜利召开，擘画了进一步全面深化改革、推进中国式现代化的宏伟蓝图，对促进新质生产力发展作出全面部署。番禺闻令而动，重构发展新优势，注入数字、智造新要素，推动服装等时尚产业转型升级，构建"五外联动"❶新格局，以电商带厂商，商（协）会加展会，举全区之力打造千亿级时尚产业，奋力构建全区经济可持续高质量发展的"千亿矩阵"❷引擎。

忆往昔，看今朝！番禺服装服饰、珠宝首饰、灯光音响等时尚产业，在都市消费工业中举足轻重。历经多年发展，番禺服装产业已形成完整产业链闭环，既向上游设计、下游营销环节延伸，又集聚起完善的广告、咨询等配套生态。近年来，番禺服装产业高端化、智能化、绿色化水平持续提升，涌现出高尔夫服装龙头企业比音勒芬、高端商旅领导品牌博斯绅威、淘宝童装第一品牌辰辰妈、国内知名女装达衣岩和谜底，以及服装跨境独立站龙头企业希音、TEMU（拼多多海外版）等一批快时尚产业新兴龙头企业。同时，广东省服装服饰行业协会和广东时装周落户番禺，省服装服饰行业协会携手省服装设计师协会、巨大国际产业园、速卖通、领英科技共建"巨大数字时尚总部基地"，钻汇集团打造湾区珠宝·时尚产业生产性服务业聚集区，以企业、品牌和设计新锐力量为主角，共同在番禺打造国际化数字化时尚产业基地、产业链条、产业生态，服务粤港澳大湾区建设。目前，番禺有服装企业3.4万余家，其中服装制造类企业超7200家，服装销售类企业超2.7万家，服装行业"四上"企业达172家，年产值超150亿元。由原始设备制造商（OEM）到原始设计制造商（ODM）再到原始品牌制造商（OBM），企业转型升级、提质增效的内生动力不断增强，产业生态不断优化。

集众智，聚众力！番禺时尚服装产业欣欣向荣、未来可期。当前，番禺正聚焦"时尚六品"❸，抢抓机遇推进"万亩千亿"攻坚，持续整备产业用地，加快打造企业友好型城区，构建完善企业招引组建达产全生命周期闭环管理机制，进一步提升番禺区时尚产业品牌化、数字化、园区化、平台化水平，以服装时尚产业凝聚新质生产力，在千亿汽车产业的基础上打造世界级快时尚千亿产业集群，致力在广州"二次创业"，再造新广州中作出新贡献！

来番禺，正当时！番禺时尚服装产业热切期待您的到来。希望国内外服装行业同人与番禺服装产业一道，面向湾区、放眼世界，从面料设计到设计打板，从锁眼钉扣到品牌塑造，从智能智造到供应链管理，以工匠精神精益求精、精雕细凿，推动实现线上线下融合发展、国际化品牌打造以及产业数字化转型升级，借船出海、造船出海、编队出海，实现"番禺造 卖全球，广州造卖全球"，在省服装服饰行业协会、省服装设计师协会和广大企业家的共同努力下，聚力推动中国时尚在全球时尚格局中勇立潮头、蓬勃发展、生生不息！

---

❶ 五外联动，即外贸、外资、外包、外经、外智之间互联互动。
❷ 千亿矩阵，由千亿企业、千亿产业、千亿工业大镇、千亿园区、千亿跨境电商组成。
❸ 时尚六品，即服饰尚品、珠宝精品、化妆美品、声光潮品、定制佳品、皮具优品。

▶ 整体概况

番禺区聚焦"四位一体"赋能时尚产业高质量发展奋力打造第二个千亿级产业集群

番禺区以习近平新时代中国特色社会主义思想为指导，深入贯彻习近平总书记对广东、广州重要讲话和重要指示精神，按照市委、市政府赋予"智造创新城"的定位，坚持实体经济为本、制造业当家，深入谋划推进时尚产业质量发展布局，推动时尚产业集群协同发展，"四位一体"加快建成"草灌木林"共生蓬勃发展的产业生态，着力将时尚产业打造成为番禺区第二个千亿级产业集群。目前，番禺共有时尚产业相关的市场主体超5万家，四上企业382家，高新技术企业87家，专精特新企业64家，培育出希音、拼多多、谢瑞麟、APM、保伦电子等一批时尚类龙头企业。

一、强化政策支撑，激发创新"牵引力"

印发《广州市番禺区推动时尚产业高质量发展行动方案》，围绕服装尚品、珠宝精品、化妆美品、声光潮品、定制佳品、皮具优品"时尚六品"延链补链强链，加快发展时尚产业能级。组建时尚产业高质量发展工作专班，编制产业发展规划，促进全区时尚产业结构有序调整和优化升级，重点培育六大领域，推动传统产业新型化、支柱产业多元化、新兴产业特色化。谋划布局培育3~5个以时尚行业为主导的高质量发展园区，实施土地要素优先保障，开展标准厂房建设，吸引行业骨干、专精特新、高成长企业"拎包入住"集聚发展。瞄准世界500强、中国500强、民营500强及产业链主导型领军企业，着力引进一批支撑带动作用强、示范引领优势明显的时尚产业企业和项目，推动上下游资源加速汇聚。深入挖掘时尚产业上下游影响力较大的龙头企业、链主企业，形成全链条合力。做大做强龙头企业。鼓励行业龙头企业、品牌企业兼并重组，通过横向联合、纵向整合做优做强，培育一批具有国际竞争优势的集团企业。

二、打造特色园区，提升区域"竞争力"

加强与省服装服饰行业协会、省服装设计师协会合作，两协会已落户番禺区巨大产业园，打造"广东服装产业会客厅"，打造快时尚产服装产业生态，扩大番禺区纺织服装产业影响力。不断完善园区空间规划、产业链布局，生产性、生活性服务配套，推进城产人深度融合发展，推进时尚企业"个转企、小升规、规改股、股上市"，尤其是引导珠宝首饰加工企业开拓国内销售市场，培育"专精特新"企业，打造一批细分行业和细分市场领军企业，充分发挥园区"筑巢引凤"的效能。启动广东（番禺）服装大讲堂，邀请学者、龙头企业带来不同主题的专业培训，迎合行业发展需求，聚焦产业发展热点，促进上下游企业之间的交流合作，筑牢人才发展根基，推动产业蓬勃发展。共建巨大数字时尚总部基地，集企业总部、时尚产业供应链交易中心、数字运营中心、电商直播基地、商业配套、网红商业街等为一体，促进服装服饰企业间的交流与合作，推动服装行业的数智化发展，推动广东服装行业以及番禺时尚产业的持续发展。

三、整合社会资源，凝聚发展"向心力"

与北京服装学院开展战略合作，依托番禺服装产业聚集优势，利用高校优质资源，促进优势互补、资源共享，在实习实训教学基地、共建产学研合作平台、开展时尚文化活动、时尚产业项目孵化等环节优势互补、资源共享、共同发展，丰富时尚产业内涵，加快向高品质、时尚化、定制化、国际化转型，打造"服装+时尚创意"产业链。与中国科创服装研究院开展产业研究、时尚产业平台等全方位合作，构建数字经济时代协同创新的产业体系，共同推动番禺区时尚产业转型升级。共建中国服装产业高质量发展示范区。组织开展系列时尚产业跨境电商招商系列对接活动。以全球快时尚龙头品牌为牵引，聚力打造国际跨境电商大型企业集聚发展首选地，推动跨境电商龙头企业实现新的发展，组织举办番禺制造出海供需对接会、TEMU专场对接会、SHEIN 全国500城产业带出海计划（自营服装）广州站招商会，共吸引全区近1000家服装服饰行业的企业、贸易商和卖家参加。

四、擦亮时尚名片，扩大品牌"影响力"

举办国际珠宝首饰流行趋势发布会，并推动会址永久落户番禺，活动累计覆盖超1亿人次，打造世界看番禺的一扇闪亮窗口。组织珠宝企业以展团形式参加2023中国国际珠宝展和2023第23届深圳国际珠宝展，其中10月首次以"世界珠宝 番禺智造"区域品牌展团形式在2023中国国际珠宝展亮相，初步实现销售额约900万元，电商及工厂对接合作意向金额超过2000万元，"世界珠宝 番禺智造"区域品牌在业界的形象初步形成。举办2024广东时装周—春季，吸引了超过300家企业、上千个时尚品牌、500余名设计师和来自全国各地20个产业集群共同参与，合计发布上万件时尚新品，超31000名专业观众到主会场观摩。以全媒体矩阵纵贯央、省、市、区各级主流媒介，辐射港澳、海外媒体，串联社交媒体与行业媒体、自媒体等，官方联合直播平台观看量超1.82亿人次，全网触达人次超 5 亿，为番禺区打造时尚产业作为第二个千亿级产业集群发挥了积极的推动作用。

供稿：广州市番禺区科技工业商务和信息化局　姚景怡

▶创新案例

比音勒芬：打造全球百年知名奢侈品集团

比音勒芬服饰股份有限公司（以下简称"公司"）成立于2003年，以服饰研发设计、品牌运营及数字化运营、营销网络建设及供应链管理为主要业务，坚持高端时尚运动服饰品牌定位，深耕主业。公司以"专注本业、持续创新、有激情、有韧性、有担当"的"一专三有"作为企业核心价值观，以"国际化、高端化、年轻化、标准化"的"四化"作为公司新阶段的建设目标，以"高品质、高品位、高科技和创新精神"的"三高一新"作为产品研发设计理念，致力于满足精英人群多场景的着装需求和对精致美好生活的追求，坚持以"持续为消费者创造价值"为使命，立志成为全球百年知名奢侈品集团（图5-30）。

图5-30

公司聚焦于细分服饰领域，实施多品牌发展战略，依托品牌核心竞争力，打造细分服饰领域龙头品牌。目前旗下拥有比音勒芬主标、比音勒芬高尔夫品牌、威尼斯狂欢节品牌以及两个国际奢侈品牌切瑞蒂1881（CERRUTI 1881）及肯迪文（KENT&CURWEN）。

2023年，时值公司成立20周年。在这一年里，公司实现了跨越式发展，也为新十年的发展奠定了坚实的基础。图5-31为比音勒芬多品牌战略布局示意图。

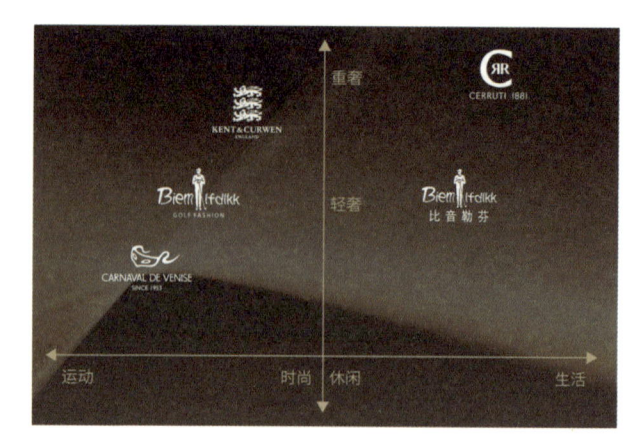

图5-31

一、公司战略升级，开启国际化里程碑

公司完成收购CERRUTI 1881品牌和KENT&CURWEN品牌的全球商标所有权。公司总部新设立国际事业部，在法国成立巴黎研发中心（图5-32），打造产品设计研发及品牌运营国际团队。完善了多品牌发展的战略布局，形成品牌矩阵。公司业务开始从国内迈向国际，正式开启国际化战略新篇章。

图5-32

二、持续加强企业文化建设，将"责任与极致"内化成行为指引和行为标准

公司将"成为全球百年知名奢侈品集团"作为企业的愿景，将"持续为消费者创造价值"作为企业使命，将"专注本业，持续创新，有激情、有韧性、有

担当"的"一专三有"作为企业核心价值观,"责任与极致"作为企业文化核心。报告期内,公司持续加强企业文化建设,将"责任与极致"内化成行为指引和行为标准,为公司长远发展奠定基础。

三、持续聚焦T恤,强化T恤小专家心智

公司持续从自身品类优势出发,以品类引导品牌,聚焦核心品类——T恤,强化"比音勒芬T恤小专家"的心智,将比音勒芬打造成为"T恤第一联想品牌",进一步打开市场空间。比音勒芬T恤的市场规模快速扩大,市场占有率进一步提升。根据中国商业联合会和中华全国商业信息中心数据统计,比音勒芬的T恤单品类产品已连续六年(2018~2023年)荣获市场综合占有率第一位,T恤已经成为比音勒芬品牌的超级品类(图5-33)。

图5-33

四、比音勒芬高尔夫快速发力,巩固高尔夫第一联想品牌

公司充分把握国内高端运动市场成为巨大的市场风口,通过丰富产品系列和加大品牌形象升级,高端时尚运动风格凸显,比音勒芬高尔夫业绩快速发力,抢占高端时尚运动市场,进一步巩固高尔夫第一联想品牌地位。据中国商业联合会、中华全国商业信息中心发布的全国大型零售企业商品销售调查统计结果,比音勒芬高尔夫服装荣列2023年度同类产品综合占有率第一位,比音勒芬高尔夫服装连续七年(2017~2023年)综合占有率第一位。比音勒芬助力中国国家高尔夫球队征战巴黎奥运会设计了五星战袍Ⅲ代。

五、持续与故宫宫廷文化战略携手,塑造品牌文化内核

自2020年开始,比音勒芬便与故宫宫廷文化展开合作,推出联名系列服饰。这一系列服饰以故宫馆藏文物为灵感,将传统元素与现代时尚完美结合,展现了中华文化的博大精深。报告期内,公司继续与故宫宫廷文化IP跨界联名,深度合作,以《千里江山图》与王羲之书法《十七帖》为灵感,创作出比音勒芬×故宫宫廷文化2023秋季千里江山主题系列产品(图5-34)。

图5-34

公司通过持续携手故宫宫廷文化推出联名系列,并和苏绣非遗的传承人张雪老师一起合作,以传统文化及宫廷元素为灵感源泉,打造极具东方韵味的国潮时尚服装,以衣为语、以国为潮,展现中华文化魅力,让消费者感受中华传统文化的同时,塑造比音勒芬品牌文化内核。

六、以工匠精神，打造三高品质和差异化的产品

比音勒芬自成立以来，始终坚持"三高一新"——高品质、高品位、高科技和创新的研发理念，整合国际优势资源，组建国际化设计团队，汇聚世界力量，做好一件衣裳。报告期内，公司继续坚持高比例研发投入，以工匠精神坚持每件产品的"高品质、高品位、高科技含量"，持续不断创新，打造产品的稀缺性、差异化和高端化（图5-35）。

图5-35

七、优化渠道布局，VIP精细化管理显著提升

公司实施"扩面积、移位置、换形象"的渠道策略，积极布局购物中心。线上渠道则通过天猫、京东、唯品会、抖音、微信小程序五大平台同时发力公域和私域。引入会员管理平台，推进分级管理和全域营销，VIP精细化管理显著提升，业绩稳步增长。

八、持续加大品牌建设力度，全面提升知名度与美誉度，进一步提升竞争力

公司持续聚焦国际化、高端化、年轻化和标准化的发展方向，通过事件推广、广告投放、明星名人助力等形式，深化品牌精神内核，进一步提升品牌知名度、美誉度和用户忠诚度，为新十年的发展拉开序幕。

1. 以情感与体验作为圈层枢纽，深化品牌精神文化

比音勒芬持续推出故宫宫廷文化联名系列，以中华优秀传统文化强化圈层枢纽，提升品牌文化属性。线下通过苏绣主题沙龙、掐丝珐琅等多种非遗活动与会员进行互动，让更多人体验到中国文化的魅力（图5-36）。

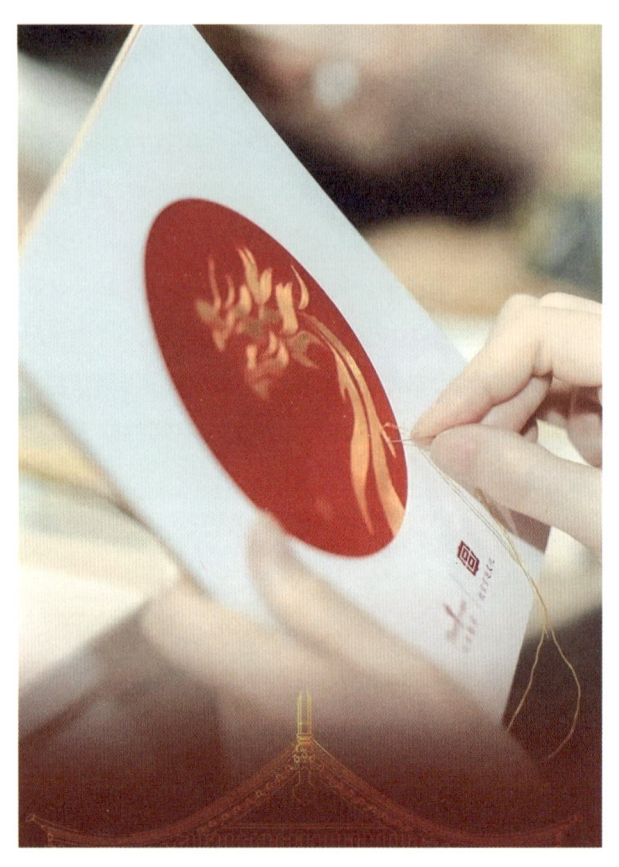

图5-36

2. 持续深耕高尔夫赛道，强化消费者心智

公司自2013年成为中国国家高尔夫球队合作伙伴，连续十年陪伴国家队南征北战。从亚太女子业余锦标赛到杭州亚运会，持续助力国家队在世界赛场大放异彩，夺得佳绩，为国争光。此外，公司还通过深度联动全国业余高尔夫精英赛等多个知名业余赛事、非凡玩家社群运营等，不断夯实品牌地位，强化品牌DNA。

2023年9月28日，杭州亚运会高尔夫球比赛在西湖国际高尔夫球场开赛，10月1日正式收官，其间中国国家高尔夫球队与来自亚洲45个国家和地区的126名运动员展开激烈的角逐，最终中国代表队以总分550杆，低于标准杆24杆的优异成绩获得铜牌。作为中国国家高尔夫球队合作伙伴，比音勒芬为国家队倾力打造了全新高科技"亚运战袍",助力国家队轻松挥杆勇创佳绩,向世界展示中国高尔夫的魅力。

3. 明星代言、活动迭代升级,品牌形象进一步升级

2023年,公司正式宣布国民男神吴尊为品牌全新代言人,延续品牌自律、进取的精神价值主张,共创精英格调生活。通过携手代言人吴尊及品牌挚友马天宇举办线下明星见面会,进一步提升品牌在年轻消费群体中的影响力与知名度。

4. 明星名人街拍全面开花,进一步提升品牌声量

公司继续携手一众名人、明星进行深度合作,并通过上城士、新旅行等知名时尚类媒体提升品牌知名度,传播精英着装文化。

5. 关键意见领袖(KOL)种草矩阵搭建,持续推动品牌种草

多维度、全渠道KOL种草矩阵搭建,聚焦知识博主与穿搭博主,持续推动品牌传播与种草。

希音：全球最受欢迎时尚品牌背后的新质生产力

2024年5月，全球数据和商业智能平台Statista引用ECDB网站最新数据显示，希音（SHEIN）位列亚马逊和沃尔玛之后，排在传统零售巨头梅西百货之前，成为美国第三大在线时尚零售商，也成为美国前五大在线时尚零售商中唯一的中国企业（图5-37）。

图5-37

此前，根据市场咨询机构艾意凯咨询公司（LEK Consulting）发布的《2024年LEK鞋类和服装品牌热度指数》，SHEIN再度获得美国休闲女装品牌热度第一名，连续三年位居榜首，这也意味着自该指数推出以来的三年时间里，SHEIN一直是全美热度最高的休闲女装品牌。

事实上，SHEIN在美国的表现，只是近年来SHEIN品牌在全球市场影响力持续增长的一个缩影。2022年，SHEIN就已经超越耐克等国际知名品牌，成为谷歌（Google）搜索量最大的服装品牌，并且取代飒拉（ZARA）成为全球最受欢迎的时尚品牌。这背后，是SHEIN践行新质生产力探索技术和模式创新、持续推动产业升级、走品牌化发展之路的结果。

一、以技术创新推动服装产业互联网升级

以自主品牌起家的SHEIN，在最开始进入时尚服装领域时，为了解决长期困扰产业供给端与需求端不匹配的问题，在"在线零售"的基础上创新了"按需生产"的柔性供应链模式，利用实际市场需求来预测和控制生产，最终减少生产过剩，SHEIN品牌可以在实时分析跟踪时尚趋势的前提下，针对所有库存量单位（SKU），都从非常小的订单开始，如果销售趋势好就立刻返单，否则就中止生产。

为了实现数字化柔性供应链的高效运转，SHEIN不断应用技术创新和数字化工具来赋能传统产业转型升级，这正是以新质生产力推动传统产业效率提升的典型代表。多年来，SHEIN持续深入赋能供应商的信息化、数字化转型，让整体信息的流转、匹配和协同变得更高效。经过产业互联网升级，这些传统的劳动密集型产业，完全变成了全链条现代化的数字化工厂，大幅提升了产业整体效率，使品牌可以在满足消费者时尚需求的同时，有效降低库存、减少浪费（图5-38）。

图5-38

基于按需供应，SHEIN能将品牌的未销售库存降低至个位数，而行业的平均水平为30%。同时，由于浪费减少、效率提升带来的成本降低，SHEIN能够将这些价值100%都回馈给终端消费者，与消费者分享创造的价值，大大地降低了商品的销售价格。

在业内人士看来，SHEIN凭借创新的模式以及牢牢掌握的技术、品牌、营销等优势，打破了过去国际时尚品牌和企业被欧美市场垄断的局面，SHEIN行业领先的创新柔性按需模式、不断提升的产品力与品牌力，是国内时尚产业不断向微笑曲线两端上升的体现，也是中国时尚产业在全球影响力不断提升的缩影。

二、发展绿色生产力引领可持续时尚趋势

众所周知，绿色生产力就是新质生产力。一直以来，SHEIN凭借行业领先与创新的柔性按需供应链模式，解决了困扰服装行业的库存顽疾，推动了产业的可持续发展。2024年，SHEIN在ESG领域也动作频频，持续引领可持续时尚发展。

近期，SHEIN致力于解决全球纺织废料管理和发展循环经济的SHEIN EPR（生产者延伸责任）基金正式选定UnTours基金会为其第二个受资助者，以支持推动纺织废料的循环利用。同时，SHEIN还推出"SHEIN X Rescued"可持续服饰系列，通过采用与可持续时尚企业Queen of Raw合作采购的行业过剩库存面料，再次利用进行SHEIN服饰的开发设计，让行业闲置的布匹焕发出新的光彩。此外，继在美国市场成功推出后，SHEIN Exchange也将陆续在欧洲各市场上线，目前法国用户已经可以使用二手交易平台，后续该平台将在德国和英国市场推出，助力循环经济。

事实上，SHEIN在产品全生命周期和全流程持续推进可持续战略，从环保原材料使用，再到研发、生产、制造、物流、再流通等全生命周期流程，SHEIN持续助力碳减排，将绿色发展深植生产运营的各个环节，这也成了SHEIN引领全球可持续时尚的"隐形法宝"。

在加快环保原材料使用方面，SHEIN推出"evoluSHEIN by Design"可持续服饰计划，符合该标准的产品必须包含30%以上可持续环保材料。在工艺技术方面，创新和推广使用数码热转印印花技术和数码冷转印牛仔工艺技术，极大节省了水资源消耗。同时，SHEIN还推进新能源电车、屋顶光伏等在仓储、工厂及物流运输中的应用。

三、建立创新研究中心助力产业高质量发展

为了推动产业升级，助力SHEIN生态体系服装生产制造工厂的综合能力提升，2023年，SHEIN宣布5年投入5亿继续深化供应商赋能工作，在技术创新、培训赋能、工厂扩建改造和社区公益服务等方面持续投入，特别是SHEIN将投入4000万美元，建立首个服装制造创新研究中心。

SHEIN服装制造创新研究中心占地近6万平方米，在创新打造数字化柔性供应链的基础上，SHEIN将其按需生产的创新实践与精益生产相结合进行前沿探索，并最终将精益生产解决方案与研究成果赋能供应商，打造输出行业柔性供应链标准，推动供应商工厂以更科学、更精益的方式持续经营。可见，随着按需柔性供应链已经逐渐成为时尚行业未来竞争优势的新源泉，SHEIN通过服装制造创新研究中心向着更加精益化、自动化、智能化的服装3.0时代继续探索，不断助力产业高质量发展的未来（图5-39）。

图5-39

事实上，作为广东传统优势产业的服装制造业，一直以来，在SHEIN等龙头、"链主"企业的带领下，探索实践产业转型升级。为了贯彻落实《关于进一步推动纺织服装产业高质量发展的实施意见》，广东省工业和信息化厅制定出台《2024年开展"穿粤时尚潮服荟"打造纺织服装新质生产力行动方案》，推动纺织服装产业提质升级，打造产业新质生产力。

随着SHEIN平台化战略深化，形成"自主品牌+平台"双引擎的发展战略，SHEIN也在带动更多的商家、品牌和产业带走向国际市场，实现内外贸一体化高质量发展。

北欧时刻：有趣、简约、可持续

北欧时刻是一个源自瑞典的服装品牌，其名称取自瑞典文"ogonblick"，意为时刻。品牌由创始人陈镇雄先生于2016年启动创立，以"时髦的新北欧生活方式"作为品牌理念，主营核心产品涵盖服饰、家居、餐饮、文化体验等各类用品。

北欧时刻是一个极具创新理念且时髦的新北欧生活方式品牌，契合当下年轻人的生活状态，秉持"有趣灵魂和简约生活"的品牌理念，运用色彩与趣味作为设计基调，构建起容纳时尚零售、艺术展览、社交活动等多种功能的商业空间，呈现出更具当代审美的零售形式，不断探索更多有关新北欧生活方式的想象（图5-40）。

图5-40

其以简约且有趣的斯堪的纳维亚美学作为调性，精心挑选出高品质且具设计感的商品，并联合当下具有特质和潜力的设计师、艺术家及团体，通过不同维度的合作来丰富商品的形态。北欧时刻的品牌Logo借由勤劳且智慧的燕子精心筑巢这一艺术表达，旨在引导客户用心经营自己的家，点点滴滴、每时每刻，用艺术丰富自己的家，并为美好生活注入更多的乐趣与灵感（图5-41）。

图5-41

北欧时刻对品牌商业模式进行了重新定义与品牌升级，在商业路径上实施了创新模式，且收获了市场的高度认可以及消费者的积极回应（图5-42）。

图5-42

数字化转型方面，北欧时刻强化线上销售渠道，通过构建自身的电子商务平台和与电商平台合作，拓展了品牌的覆盖范围，为消费者提供了更为便捷的购物体验。如此，消费者能够更轻松地购置到北欧时刻的产品，同时也提升了销售效率与客户满意度。此外，北欧时刻采用智能库存管理模式，利用大数据分析预测需求，精准控制库存，减少浪费，降低成本。

除了线上渠道，在线下体验店方面，北欧时刻继续开设或优化其线下体验店。通过营造舒适且具北欧特色的购物环境，吸引消费者前来体验。不同城市不定期开设的主题快闪店，也为品牌线下门店制造话题和新鲜感，吸引新消费者的同时打造品牌声量（图5-43、图5-44）。

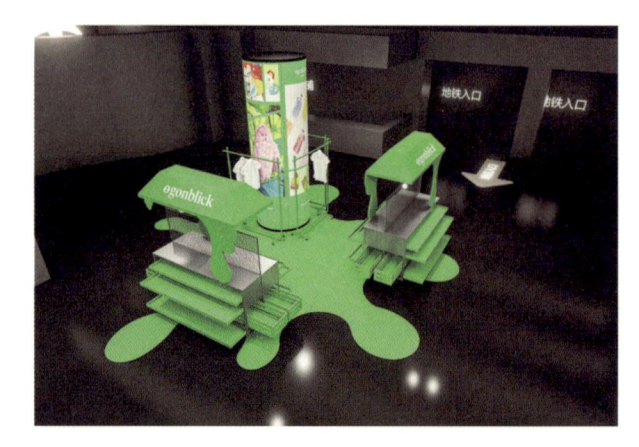

图5-43

图5-44

北欧时刻以有趣、简约为主调的新北欧风格呈现，为消费者带来别样的新北欧风产品，始终将产品创新置于品牌改革的首要位置。在保持服饰、香薰、家品的产品结构的基础上，最新的产品设计更深入挖掘了独特的北欧DNA元素的色彩图案、三色堇印花以及色彩组合，加以融合和创新，彰显出新北欧风格的趣味性与简约性。在产品质量把控上，延续对产品质量的严谨态度，注重细节设计，加以别致的剪裁、装饰或功能性元素，呈现产品的风格化和独特性。与此同时，北欧时刻为每个系列产品赋予灵感故事或背景，增强与消费者的情感连接和消费者的认同感（图5-45）。

图5-45

在全民倡导环保的大市场环境趋势下，北欧时刻亦将可持续发展理念融入其商业模式之中。其中包含推出环保面料服装系列、鼓励旧衣回收或升级改造、推广可持续生产实践、树立绿色品牌形象等。例如，在产品面料方面，不断探索、开发、创新，使用如有机棉、再生纤维或天然染料等环保面料，契合新北欧风格对自然的关注，为广大消费者提供舒适、耐用且环保的产品（图5-46~图5-48）。

图5-46

图5-47

图5-48

在更贴合个性化体验方面，品牌计划推出个性化的产品定制服务，可让消费者依据自身的需求与喜好选择服装的颜色、款式、尺寸等。这种个性化体验增强了消费者对品牌的参与感与忠诚度。

社交媒体营销方面，利用社交媒体平台展开品牌推广与营销活动是常见策略。北欧时刻计划通过与社交媒体影响者合作（如与时尚博主联名共创）、举办线上互动活动、在社群互动平台发布吸引人的内容等手段，提高品牌的曝光度并强化与消费者的互动。这种社交媒体营销有助于品牌建立更广泛的受众群体，并提升品牌知名度（图5-49、图5-50）。

北欧时刻通过产品创新以及对可持续发展等的关注，致力于为消费者提供独特而环保的新北欧风格产品，满足他们对有趣和简约生活的追求。相信在未来，北欧时刻将继续在市场上展现其独特魅力，成为更多消费者喜爱的时尚品牌。

图5-49

图5-50

朗蔻：挖掘传统文化创新性发展的时尚之美

鹿颜国际服饰（广州）有限公司（以下简称鹿颜国际）总部位于"花城"广州番禺的万博中心商务区，是广东省服装服饰行业协会副会长单位、广州市番禺区南村总商会理事单位。业务范围涵盖设计、制造、物流、贸易、零售及特许经营等全业务链，旗下品牌RMK诺曼琦®、RYK、朗蔻（LCOAMAXY），销售网络覆盖23个省市，VIP会员数累计逾150万，产品远销中东国家及地区。鹿颜国际坚持以市场多元化需求为导向，不断追求品质创新，让消费者获得品位优雅、完美舒适的产品体验，匠心制造率性洒脱、精致奢华的高级时装。

作为鹿颜国际高端线品牌，朗蔻创立于2013年，秉持对当代女性多重身份和多样生活的探索，朗蔻以独立的设计、出色的板型和优良的品质诠释对女性艺术、浪漫风光和悠远历史文化的思考。朗蔻讲述女性艺术与自然舒适的融合，演绎都市女性生活中的多样美好。

2024年，朗蔻焕新升级，运营中心由杭州转回广州番禺。朗蔻的品牌历程汇聚了岭南与江南的双重基因，近年来聚焦"文化与可持续"，与匠曼延、上久楷达成合作，以香云纱和宋锦面料为载体，以文化为引领，在传统文化元素和非遗技艺的时尚表达、融入现代生活方式方面做出更多积极探索，让纺织服装非遗时尚焕新。

2024年4月16日，2024广东时装周—春季开幕首日，朗蔻品牌特别策划的"岭南·江南非遗服饰展"在广州市番禺区四海城揭幕。展览聚焦岭南、江南两地，展示以香云纱、宋锦为代表的纺织服装非遗的传承与创新，展出作品近一百件，共分为三大展区，分别是以上久楷品牌为代表的宋锦服装服饰、以匠曼延品牌为代表的香云纱服装服饰，以及朗蔻品牌融入传统文化元素与非遗技艺的全新系列服装作品（图5-51~图5-53）。

本届广东时装周闭幕式上，朗蔻携手上久楷，以华丽大秀呈现纺织服装非遗的时尚焕新。朗蔻本季主

图5-51

图5-52

图5-53

题为"循环之舞"，以广东代表性非遗香云纱为载体，融入粤绣元素和岭南风物，讲述对女性艺术、自然规律和悠远历史文化的思考，轮廓线条与板型设计干净

利落,优雅又不乏张力,飘逸灵动,演绎着非遗元素创新性发展的时尚之美(图5-54)。

图5-54

蚕丝为坯,薯莨浸染,塘泥涂抹,日晒加工,香云纱的每一寸都有着时间沉淀的独特美感。大地泥土与植物阳光的气息,赋予布料每一处颜色和纹理以生命,展示着浑然天成的自然之美与东方气韵。取自泥土,归于泥土,大地之上的万事万物有着自己的运转规律与智慧,循环往复,生生不息。

质朴自然的大地色系沉静温暖,又饱含生命力,就像女性自经历而产生的富足平和,与自然紧密相连的自信优雅。未来,朗蔻将继续以文化为引领,聚焦"文化与可持续",融入现代女性生活方式,挖掘传统文化元素创新性发展的时尚之美(图5-55)。

图5-55

欧定：将衬衫做成科技单品，新消费品牌"换道超车"

近年来，国家大力提倡科技创新，"智造中国"战略下各种高新技术被应用到传统消费品领域，各行各业开始被重塑，人们衣食住行的商品也迎来了更新迭代。

一众新消费品牌的诞生革新了中国本土的市场格局，也升级了人们的消费观。有人认为，新消费品适应消费者不断升级的诉求，提升了本土品牌的市场竞争力，甚至赋能升级了原本"不够酷"的传统制造业，营销出圈+品牌爆红+制造实力使得中国新兴品牌获得了机会与风口。

相比玩转流量的餐饮、新能源车等行业，商务男装企业们在这场新游戏的竞争中显得过于沉默，新锐独角兽品牌欧定（OWN DREAM）以市场空白的男士科技衬衫起家，率先提出"不塌领，穿欧定"的概念，更具科技含量的产品让"老态龙钟"的中国商务男装行业眼前一亮，面向"Z世代"精英正式宣告了"新一代科技衬衫"的诞生（图5-56）。

图5-56

一、差异化"破圈"，把一块布做成科技单品

做生意还是做颠覆，对欧定来说，从来都不是一个问答题而是必须做对的战略选择题。中国报告大厅网讯，随着商业的复苏，全球衬衫市场规模增长惊人，截至2022年价值已达5000亿美元。而相较巨大的增长体量，低价竞争和头部品牌虹吸效应不仅限制了国内衬衫市场的活力，甚至演变为静水无波的品牌红海。2018年以来，中国规模以上企业衬衫产量连年下降，少数企业抢走了大部分的份额。举例来说，衬衫市场500~1500元定价区间，雅戈尔以近600万件的销量独占4%左右的份额，七匹狼、九牧王等品牌紧随其后。作为新兴品牌，如何成为脱颖而出的1%，从统计报表的"其他"中挣脱出来，欧定选择以差异化"出圈"开辟第二战场。

欧定创始人朱家勇是衬衫科技研发出身，拥有近20年衬衫产业研发和供应链管理经历。早期创立了从消费者到生产者（C2M）定制生产的新型产销模式并取得了成功，欧定是其连续第二次创业年销过亿的品牌。在深度洞察了3D打印、人工智能、物联网等科技在衬衫生产中的运用以及面料纱线技术、编制工艺领域的创新成果之后，欧定决定从衬衫行业长久以来视而不见的消费者体感痛点着手，用新科技切实解决并提升他们的穿着体验。

几乎每一位男士，都体会过衬衫不合体带来的拘束、紧绷的压抑感。抬手弯腰不易活动的僵硬、软趴飞边的衣领、大肚子撑掉纽扣的尴尬……欧定以让人人尽享个性化的高品质生活为使命，将品牌定位为新一代科技衬衫，创始人历时10年研发科技高弹亲肤面料、人工智能算法+大数据模型的在线量体定制系统和多项符合人体工学的科技结构升级，塑造了欧定衬衫科技单品的DNA，品牌热销的基本款白衬衫带有强烈的性格、先锋、"黑科技"气质，从战略层面和其他衬衫品牌形成差异，用科技打开了新赛道，开启了对产业"变道超车"的升级突围之路。

诸多品牌也在挖掘这种产品价值化重塑的新趋势，但在功能性与设计感之间取舍、达到极佳平衡是难题，或者缺乏科技面料与人性化设计打磨的经验，多以哗众吸睛的设计感取胜；要么虽有深厚的供应链和制造经验，但在质感、设计感方面，往往不尽如人意。欧定创始人朱家勇先生在业内素有"衬衫科学家"的美誉，专注衬衫行业20多年，拥有科技研发、面料工艺、原料种植优选和产品设计开发等全价值链专业经验。据哈佛大学一项长达30年的跟踪研究表明，全球25~55岁男性一周穿衬衫的天数和成功的概率成正比，而其中衬衫体验舒适不紧绷的受访者更擅长处理工作中的矛盾，事业更加顺遂。在长期的商业观察和研究中，朱家勇在业界首次提出了"像乘坐飞机头等舱一样合体舒适"的衬衫体感新标准，将AI智能技术和百万级男性体型大数据整合进设计、生产，结合个性化定制让高弹面料适合每一位用户的体型身材，弥补市场的空白，线上渠道一经推出很快成为现象级单品（图5-57）。

准。"高弹领不塌""新一代科技衬衫"的概念一出现便引得传统衬衫行业沉寂的红海泛起汹涌的波涛。从传统衬衫到新一代衬衫，升级的是科技，而用户真正买单的是前所未有的舒适体感。秉承战略理念，品牌集合研发成果创新开发了"MOTION CLONE"体感科技系统，AI自适应智能科技针对每一位用户精准定制板型，借助在线小程序1分钟就能轻松智能量体下单，实现"克隆级合体"；而"S"型纱线编织技术和高织高密的工艺，带来多种不同强度的"最适弹度护体"，贴身舒适、塑型合体，上身体验亲肤有质感（图5-58）。

"机翼动力学科技领型"作为用户最直觉化的价值卖点，帮助品牌成功打动消费者心智，奠定了品牌独树一帜的产品观，成为坚实的品牌护城河，而"AI自适应智能科技"和品牌独有的"伞兵高弹纱线"技术则通过实践结合其他与形体科学相关的超前服装设计理念，被广泛应用于品牌旗下的POLO衫、夹克、西服、裤子等全品类产品中。同时，品牌深化运用科技、艺术、人文设计等整体的要素，夯实了其重新定义科技与美学的男装赛道新物种的地位（图5-59）。

凭借出色的运作，2020年底新生的欧定，仅用12个月即实现了0到1亿元营收的增长，用户量突破50万，成为线上500元以上衬衫品类销售"TOP1"，在

图5-57

二、硬核科技塑造超级符号，创造超级单品

沿着战略定位，在产品和研发上，欧定坚定地将科技落到实处。作为品牌核心的衬衫品类按照人体舒适弹度"A/C/E/S"级别体现产品达到的体感升级标

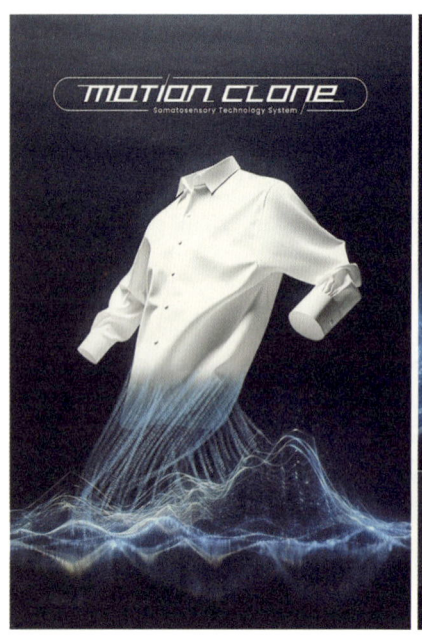

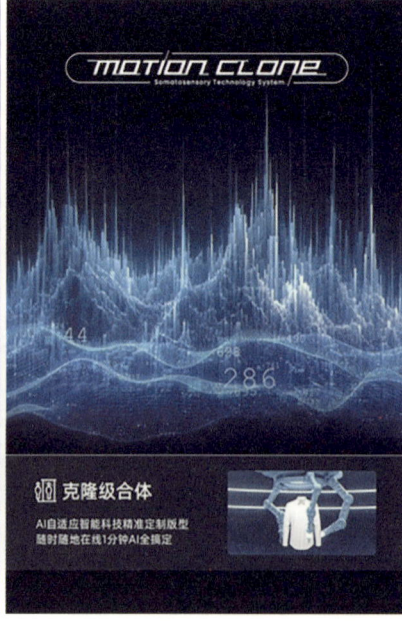

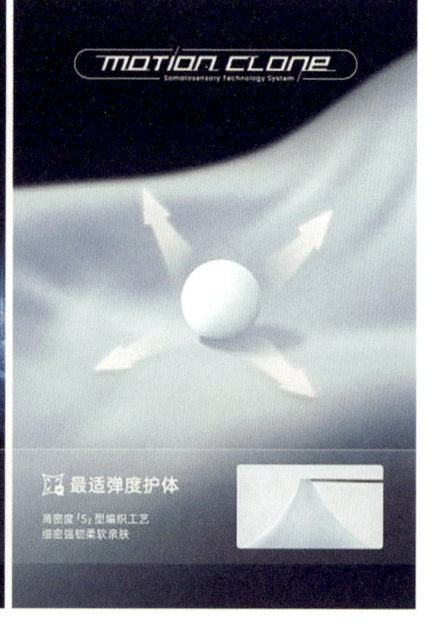

图5-58

| 机翼动力学科技领型 | AI自适应智能科技 | 伞兵高弹纱线 |

机翼动力学科技领型
告别不塌"不可能"
以机翼结构为灵感的科技领型
符合人体工学久穿久洗"真不塌"

AI自适应智能科技
智能在线量体,"拒绝差不多"
你说的和你没说的
交给人工智能搞定

伞兵高弹纱线
"不拘束"是底线
科技高弹纱线解锁束缚禁区
体感哇噻上身秒懂

图5-59

2023下半年,欧定实体店开始陆续进驻一二线城市核心商圈。

三、新商务时代,欧定如何"出圈"破局

2024年春夏季,欧定继续围绕以新一代商务精英用户为中心,解决他们紧绷难受、久穿久洗塌领的衬衫穿着痛点,同时推出"伊丽莎白"系列,从设计、面料质感和体感上进一步升级了高弹衬衫的产品体验,也巩固和延续了自身对高弹衬衫品类的引领。

当前消费者需求越来越多样化、个性化,新商务也随之进入细分市场抢位竞争,品牌们开始意识到风格穿搭无法更有效地激起男性消费者的购买意愿。具备鲜明差异化的功能性面料的"独特质感",兼具科技、板型、细节等多种魅力,打破传统设计的限制,带来全新穿着体验,引领着用户对高价值爆品的消费热情。

男士衬衫量体定制不仅能更加适应消费者的身材板型,带来更佳的着装体验,也是高级男装品牌独有的尊贵贴心服务。而传统定制因为面对面量体存在效率低、时间慢、用户到店耗费精力等问题,欧定自研的AI自适应智能科技依托品牌自建的百万级全球男士体型大数据和当下移动互动技术的发展,在小程序上1分钟、1个点击,只需填写3个信息就可以轻松实现在线人工智能体型测算,针对每一位用户定制衬衫板型,并且每位用户的衬衫在工厂都拥有专属的定制生产特权,能为每一位"欧定先生"带来极致的合体穿着体验,更显外形尊贵、气质不凡。

欧定"头等舱高弹衬衫"的科技硬核实力和领先的穿着体验,使"高弹衬衫"不断流行,越来越受到市场的青睐,成为销量最高的衬衫单一细分品类,欧定将以这款"衬衫新王者"继续巩固在新商务衬衫市场的引领品牌地位。"头等舱高弹衬衫"作为新商务风格的细分,也有着成为主流的趋势,欧定率先对趋势进行敏锐洞察,并对风格加以引领和升级,承载创新科技和舒适、魅力的同步升级,必将进一步引领新高弹衬衫市场的爆发式增长。

四、旧的战场,新的机遇,布局线下

作为品牌与用户"双向奔赴"的重要阵地,直营线下渠道是线下从0开始的新消费品牌当前的趋势,欧定也不例外。店内的设计、氛围、陈列、店员皆是消费者感知欧定的触点,通过品牌的严格把控,保障用户体验不打折扣,欧定坚持以直营店打板形成有一线实战力的经验后,再快速标准化放开加盟复制经验,循环验证。例如,欧定非常重视为店员做产品包装故事相关的培训,确保他们在掌握基础的产品信息外,还能将产品背后的文化和内涵,借助故事化的话术即时传递给用户(图5-60)。

欧定产品力核心差异的科技高弹和AI定制板型则是从用户需求出发,直面用户喜好、升级消费习惯的

图5-60

"核武器"。每家欧定男装的线下门店为了让用户对科技的力量"眼见为实",都在店内布置了AI智能量体体验机,实时1分钟AR量体,用户只需要简单一步:输入身高、体重、年龄,大数据就会实时生成对应的定制板型,还可在现场的定制角选择喜欢的领型、袖扣,甚至个性化刺绣纹样。这种结合用户需求并带有数智化洞察的升级体验,正是欧定从线上渠道经验中传承下来并带到线下新零售中的差异化创新体验。

借助差异化策略和新零售的打法,欧定线下布局初战告捷,接下来将是空间换时间、数量与质量同步并举的高速扩张期。未来,品牌不仅持续扩充在一二线城市核心商圈的直营门店数量,秉承人人尽享个性化的高品质生活的使命,以珠三角为出发点,以高弹不止的品牌魄力布局线下,在未来3年内将斥资10亿元,以300家店共盛的姿态,致力于为全球男性群体提供尊享级男装体验。预计在2023~2024年铺开800~1000家线下门店的布局。

量品：革新定制风尚，开启个性化商务男装新纪元

自2015年成立以来，作为国内专注于商务男装定制的品牌，量品始终坚持独特的经营理念和以人为本的服务方式，在行业内开辟了一条独具匠心的个性化定制之路。其核心价值在于传递"有温度的定制"，让每一位消费者都能体验到一对一的专业定制服务，尽享个性化定制带来的高品质生活（图5-61）。

图5-61

一、上门量体服务与个性化裁剪工艺的融合

"苟日新，日日新，又日新。"量品的发展历程犹如一幅绚丽多彩的创新画卷，一笔一画地勾勒出品牌从初创到成长，再逐渐壮大的过程。初创时期，量品以产品为基石、服务为纽带，以"温度"为核心理念，凭借在线预约、上门量体的一站式服务，深度渗透全国一二线城市，累计配置千余名专业量体师（图5-62）。

图5-62

每一位专业的量体师犹如移动的私人裁缝，精准把握每一位消费者的个性需求，坚守一人一版的理念，确保每一件衬衫、西装或其他品类的男装均能贴合个人身型，实现真正意义上的个性化定制服务（图5-63）。

图5-63

二、品质面料与匠心工艺铸造品牌基石

2019年，量品实现了从衬衫、裤子的传统定制，向西服、POLO衫、夹克等全品类男装市场的战略拓展，满足消费者多元化的穿搭需求，并提供全套穿搭解决方案。这一重大突破标志着量品由单一产品策略迈向全方位商务定制男装品牌的崭新篇章，展现了品牌紧跟时代潮流、把握市场需求的新风采（图5-64）。

深耕男装定制行业八余载，量品深知产品品质是立足市场的基石。品牌始终坚守高水准、严要求，每一件服装不仅有技巧，也有匠心。从衬衫到西服，从面料到制作工艺，确保从源头至成品的每一个环节都达到极致考究。

品牌旗下的"商旅、精英及CEO"三大系列，精准定位不同消费群体的需求，不仅展示了优雅都市风的产品风格，更是在功能性、舒适度与奢华质感上做出了全新诠释（图5-65）。

其中，"商旅系列"选用功能性出众的面料，充分考虑到了经常出差旅行的商务人士对于服装舒适度、

图5-64

图5-65

实用性和易打理性的需求，设计上注重舒适合体，使穿着者在忙碌的行程中也能始终保持得体整洁的形象；"精英系列"则瞄准了追求生活品质与职业形象并举的都市精英，精选世界各地的优质面料，以卓越的选材和工艺为基础，每一处细节都承载着对高品质生活的解读，无论身处何种正式场合，都能展现出精英人士应有的从容自信与优雅气度；而"CEO系列"作为品牌的旗舰之作，牵手国际大牌面料，赋予产品奢华的质感与非凡的品位象征，不论是商务洽谈还是社交盛会，都能助力着装者展现卓尔不群的气场与格调，无疑是对个人品位与身份地位的最佳诠释。

通过这三个系列的精彩演绎，量品将商务男装的实用功能、高品质面料与个性化设计融为一体，全方位满足了商务人士在不同场景下的着装需求（图5-66）。

图5-66

三、C2M模式驱动高效供应链与全方位服务体系

在产品服务层面，量品践行C2M（Customer to Manufacturer）商业模式，直接连接消费者与工厂生产端，大幅削减中间环节，使得高性价比的定制男装成为可能。同时，依托设立在佛山高明的自有智能工厂，可快速响应客户需求，提供大规模个性化定制的能力。

工厂占地面积超过5万平方米，拥有无尘车间和工业4.0智能柔性生产线，实现了定制订单的快速响应和零库存管理，从而将大规模个性化定制的高效运作真正落地，不断夯实"高效便捷""无库存""低成本运营"的品牌基础（图5-67）。

图5-67

量品凭借其坚定的品牌使命、清晰的品牌定位与深厚的品牌精神，通过不断地创新探索与实践，荣获"寻找独角兽亚军""新零售创新TOP奖""新锐商业模式奖"等多项荣誉，并于2020年被评为广州市"定制之都"示范企业。这不仅是对量品品牌实力的肯定，更是对其持续创新精神的认可（图5-68）。

图5-68

未来，量品将以更加开放的姿态拥抱变化，用创新驱动发展；同时，继续深化产品和服务的升级，致力于让更多消费者享受到更高品质、更贴心的个性化定制男装体验，在服装定制行业书写更多"有温度"的新篇章。

丽晶软件：搭建全链路产业互联网

广州丽晶软件科技股份有限公司（以下简称丽晶），初创于1995年，是资深的时尚行业信息化解决方案供应商，拥有涵盖数智门店、智慧营销、智能制造、企业中台、ERP的全链路产品矩阵（图5-69）。

图5-69

深耕服饰行业28载，针对企业同质化严重、数字化不足、协同迟缓等痛点，丽晶致力于通过大数据、AI、云计算等新一代信息技术，在销售端打造数智门店私域运营，在供给端打造B2B全链路产业互联网；将设计师、原材料商、加工厂、物流商等供给角色链接，全面打通各个环节的信息流和业务流，让前端需求驱动商品供给，帮助众多企业实现C2M产销协同，提高库存效率，优化门店坪效。目前，共有"1万+"品牌、"20万+"终端正在体验丽晶系统。

丽晶凭借领先的产品和服务，多次获得业界的高度认可和肯定，获颁"广东省专精特新中小企业""广州市优秀软件企业""广州市四化赋能重点平台""广东服装名牌名企·优质服务商"等多项殊荣。先后获得"60+"项软件著作权及多项发明专利。

截至目前，丽晶先后与影儿、歌莉娅、伊芙丽、伊美源、富安娜、比音勒芬、卡尔丹顿、劲浪体育、鸭鸭（YAYA）、ABC KIDS、露露乐蒙（lululemon）、由彼ubras等服饰品牌达成合作，共同携手客户奔赴数字化转型的星辰大海。

一、商业模式创新

面对行业变革和客户需求变化，丽晶软件不断重塑业务模式：从传统ERP服务商转型至中台服务企业，再到全链路产业互联网科技公司。

在服饰行业，库存积压与缺货并存是一个永恒的矛盾。丽晶致力于赋能每个时尚企业成为一个产业互联网公司：聚焦产业互联网的关键环节，融合大数据、人工智能和算法，帮助产业链各个角色之间完成高效的链接和协同，实现"人货场"的精准匹配，赋能众多知名品牌成功落地"预售+试销+快反"C2M模式，助力歌莉娅实现了面辅料齐套库存预售，售罄率从63%提升至96%，预售占比提升至30%；助力伊芙丽实现了生产线在制品预售，门店销售同比增长37%，客单同比提升44%；助力影儿智慧门店导购实现了线上代客下单，小程序全年GMV破40亿，预售金额占比超37.5%；从供应链降本提效，在销售端提质增效，实现以销定产、产销协同，从而驱动整个企业效益的提升（图5-70）。

二、产品创新

丽晶创新性地在时尚行业引入云计算、SaaS（软件即服务）部署、智能终端部署等新概念模式；借助物联网、AI、SaaS等新技术，打造产品服务矩阵，在国内同行中居领先水平。

产品技术已先后通过了华为云鲲鹏技术认证、华为云GaussDB技术认证、麒麟软件NeoCertify认证、腾讯云产品技术认证和信息安全管理体系认证，实现了信息国产化，保障信息安全，同时通过了第三方检测机构检测，系统具备功能性、安全性、可靠性、维护性、易用性、可移植性，达到系统功能要求。目前，已经申请了发明专利3项，授权发明专利1项，各功能模块申请了软件著作权65项（图5-71）。

三、管理创新

丽晶软件秉承渴望与尊重的人才观，网聚来自清

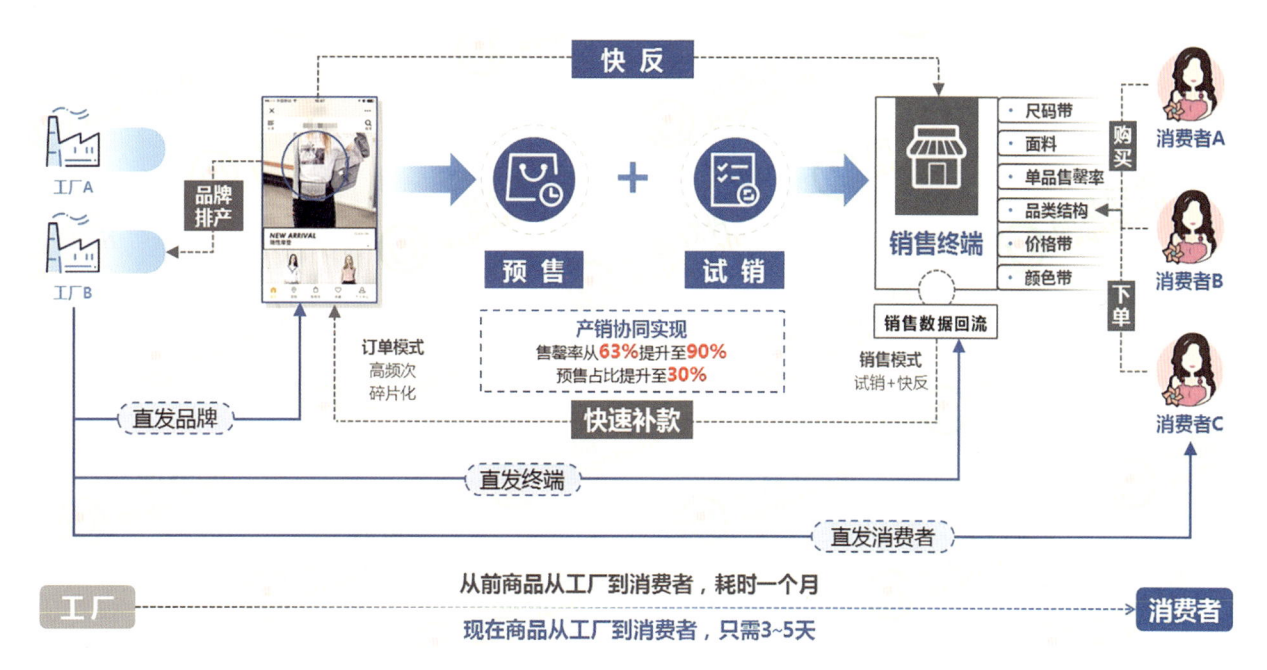

图5-70

图5-71

华大学、北京邮电大学、华南理工大学、中山大学、香港中文大学以及英国伯明翰大学、华威大学等知名高校人才，进行产品的研发与开发，建立横跨零售行业与IT互联网行业的人才架构。

我司于2012年成立技术研发中心，CEO江旭东担任负责人，中心下设 e-MBS移动协同、e-POS智慧零售终端、e-SCM云供应链、Nebula星云以及企业中台等5大分部，与清华大学等院校开展产学研合作，就"产业互联网""数智零售"等关键项目开展深度合作研究。为规范研发费管理，制订了《研发项目财务管理制度》，对研发费的使用范围、拨付比例、完结验收或中止等均有明确规定，研发费专款专用，单独建账、单独核算。为鼓励研发人员积极性，设有研发中心制定绩效管理方案，把公司的战略目标、经营目标转化为详尽的可评估的标准，使企业宏观的营运目标细化到员工的具体工作职责中，也为制订执行员工薪酬激励机制提供工具。

四、营销和服务创新

丽晶已建立一套以客户为中心、以效果为导向、线上与线下相结合的全域数字营销矩阵。在线上，以官网、公众号、视频号、头条号为矩阵，以优质内容为钩子吸引客户留资。在线下，以各类活动为触点，依靠精细化运营提升线索获取效率。同时，通过销售开发（SDR）进行线索培育孵化、提升线索转化率、缩短成交周期。

在服务方面，丽晶为客户提供专业一站式企业服务，包括专业的售前购买咨询服务，以及完善的售后技术服务。丽晶在全国各地设立八大分公司：深圳分公司、广州分公司、福建分公司、上海分公司、华中分公司、华东分公司、华北分公司、杭州分公司，由专人负责不同区域的市场推广和销售，并设立了10多家渠道代理，进一步拓展市场。以区域为模式的销售网络，可以保证方便准确快捷的解决客户的问题，有效提升销售和服务的效率。

广州柚凡：SaaS模式，驱动横向一体化

广州柚凡信息科技有限公司（以下简称"公司"），以"成为服装企业首选的供应链数字化服务商"为愿景，率先提出以SaaS模式进行服饰供应链管理，致力于为企业提供产品从无到有的整个业务周期的全链路协同管理平台，以及完整的柔性供应链解决方案。帮助企业构建"高效、信任、共赢"的协同网络，快速驱动企业的价值流动。

一、产品创新

领猫服饰供应链协同管理平台（以下简称领猫SCM），按SaaS模式架构，该平台集PLM、ERP、SRM于一体，将服装行业传统"纵向一体化"的营销模式，转向"横向一体化"的供需平台，以品牌方为切入点，帮助企业实现产品从无到有整个业务周期的全链路协同。实现商品企划、样衣管理、样衣评审、服饰BOM、订单需求、吊牌打印、物料MRP、物料采购、成品采购、外发加工、生产进度跟踪、仓储管理、财务管理等全流程管理环节的数字化。打破原有业务部门、各系统数据及供应链资源之间相互闭塞的状态，以商品和订单为核心将企业内、外部资源统一链接起来，通过与上下游企业的协助，实现对市场的快速响应，满足"小单快返，柔性定制"的供应链需求（图5-72）。

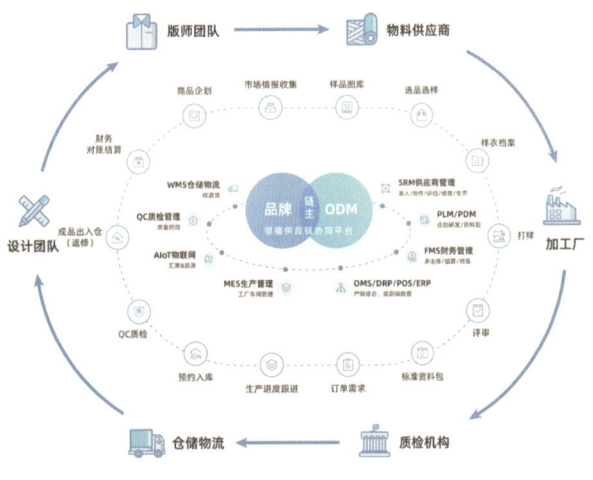

图5-72

产品Web（浏览器）端与移动端页面互联互通，实现随时随地实时协同办公，可视化报表让审批更高效。同时，SaaS模式可随时迭代升级而无须担心基础架构，复用性较高且系统更加稳定可靠。用户可以在线申请账户或由技术人员开通账户即可完成一套系统的成功部署；同时，针对不同的客户可以在线配置适用于该客户的对应业务流程节点。实施过程仅需要针对不同的业务人员进行操作培训即可完成用户实施工作，简单便捷。

二、营销创新

领猫SCM以服饰行业品牌方为切入点，实现产品全流程业务协同、数据协同，由品牌方对整个系统进行评价，可快速完成产品迭代和市场宣传。产品客户包括：一是传统线下品牌，亟须供应链升级的品牌方；二是上新快、订购频繁，要求更丰富供应商资源的品牌方；三是收入增长迅速、供应商更换频繁，亟须更多供应商的品牌方。公司采用直接销售、代理销售和网络销售相结合，公司销售团队具备服装行业资深经验，具有巨大优势；通过参加行业论坛、展会等方式提升公司品牌声量；通过部署产品打造样板客户，由示范效应来引发平台的推广。产品现已赢得600+客户的战略合作与好评（图5-73）。

图5-73

三、数智转型

领猫SCM以云计算技术为基础，采用SaaS模式

架构，适应多租户、多主题模式，所有客户都运行在软件的同一个版本上，而且任何定制化都可通过修改配置来实现，操作灵活易维护。基于公有云或私有云部署，使用.NET Framework+SQL Server 为技术栈，MVC+EF 为技术搭建运行框架，对接钉钉、微信等移动端，实现消息通知即时性，支持移动端操作，对接OSS文件储存技术，保证文件安全私密性。

该平台以品牌方为切入点，帮助客户搭建平台级产业链协作中心，将品牌的供应商和服务方纳入平台系统中。快速将全流程数字化并反哺品牌方，打通全产业链，形成正向循环。

平台打破品牌信息流、资金流、物流等信息孤岛问题，实现了整个服装生产环节链路可视、透明可控、协同高效和业务数字化。支持多端应用，对接财务、ERP、MES、PLM及WMS等后端系统，通过数据、技术和集成夯实了客户中台能力，加速产品的智能化。

该平台采用SaaS部署方式。实施和使用的成本低，简单易操作，而快速实现降本增效；另外，通过对系统大数据的深度学习和持续迭代升级，整个平台将会进化为真正的智慧系统，形成传统软件无法超越的竞争优势。

四、品牌创新

公司计划将专业的研发设计和优质的技术服务打造成核心竞争力，不断提高管理水平，并加强自主知识产权和品牌建设，在行业里形成服饰供应链品牌效应，提高行业竞争优势，满足服饰产业链不断发展的市场需求，为公司"缔造全球智慧供应链，让协同更卓越"的伟大愿景共同努力（图5-74）。

目前，通过优秀的产品已逐渐建立公司品牌，为进一步开拓市场和提高客户满意度，本公司制订了几大推广计划：积极参加行业大型展会，对公司服饰供应链协同管理平台进行宣传；在行业重要杂志和网站上发布广告和技术文章；加强品牌建设工作，设计公司产品宣传册，加强公司网站建设及网络推广；举行行业技术峰会、论坛，邀请全国知名专家共同研讨服饰供应链技术，推广公司产品。

图5-74

五、服务创新

公司为客户提供"重交付、重服务、重口碑"持续为客户提供价值的综合服务，具体包括三大模块：增长服务，包括但不限于优秀的高潜力品牌资源对接、优秀的供应链管理最佳实践模式、众多高潜ODM/OEM等资源对接、商机对接、权威的趋势分析报告、行业经验的沉淀互换（向传统品牌学精细化，向电商学快反）等；实施服务，包括但不限于业务梳理、蓝图绘制、岗位说明、驻场培训、定期回访、线上客服、专家答疑等，咨询和规划，包括业务咨询、IT\DT架构咨询与落地、行业最佳实践交流学习等。

目前，公司还在积极研发升级可实现数据分析的产品"领谋"，一系列数字化产品将为服饰行业注入发展新动能。期待AI等新技术的加入和赋能，让整个服饰供应链协同一致，共绘更加数字化、智能化的行业图景。

易改衣：在番禺的创新之旅与未来展望

在番禺这片充满活力的土地上，易改衣，一家国内领先的移动互联网线上高端无痕改衣品牌，正在书写着它的创新故事。今天，我们将深入探讨易改衣在番禺的发展轨迹，以及它如何成为推动当地时尚产业高质量发展的重要力量。

一、易改衣的总部迁移：战略选择

易改衣的总部迁移并非偶然。梁仕昌董事长表示，选择番禺，是基于这里优越的地理位置、雄厚的产业基础、良好的营商环境和强大的消费市场。这一战略选择，标志着易改衣对未来发展的高度自信和对番禺发展潜力的充分认可（图5-75）。

图5-75

二、校企合作：共育技术人才

易改衣与番禺区的教育界建立了紧密的合作关系。通过与新造职业技术学校和番禺区工商职业技术学校的合作，易改衣不仅为学生提供了实践的平台，也为自己培养了稳定的技术人才队伍。这种校企合作模式，是易改衣创新人才培养战略的具体体现。

三、跨界合作：探索无限可能

易改衣并未局限于传统的改衣服务，而是积极拓展跨界合作的可能性。与广东省珠宝玉石交易中心合作，探索高端服饰与珠宝玉石的结合；与勃耀集团合作，研发高端服装面料和AI智能量衣间。这些跨界合作，不仅为易改衣带来了新的业务增长点，也为整个时尚产业的发展提供了新的思路。

四、金融服务：解决融资难题

面对企业融资难题，番禺区投资促进中心发挥了重要作用。通过组织番禺融资担保公司、番禺农商行等金融机构与易改衣的对接，提供了一系列金融服务，有效解决了易改衣的资金需求，为企业的快速发展提供了坚实的金融支持。

五、人才服务：打造安居乐业环境

人才是企业发展的核心。番禺区投资促进中心在人才服务方面也做出了积极努力。通过协调解决易改衣高管子女的入学问题，为易改衣的高端人才提供了良好的生活保障，使他们能够安心在番禺工作和生活。

六、业务扩展与上市计划：展望未来

易改衣计划在全国开设300家衣物综合服务智慧门店，预计年营收超过1亿元，并计划上市，成为高端衣物服务市场的第一股。这一宏伟蓝图，不仅展现了易改衣的远见卓识，也为番禺区的经济发展注入了新的动力。

七、结语：易改衣与番禺共成长

易改衣在番禺的发展，是企业与地方政府合作共赢的典范。在未来，我们期待易改衣能够在番禺这片热土上继续创新成长，成为引领时尚潮流的标杆企业，为番禺乃至全国的时尚产业发展贡献更大力量（图5-76）。

图5-76

钻汇集团：革新服装时尚产业的先锋篇章

自20世纪90年代起，依托国家政策的春风与自身深厚的行业积淀，钻汇集团在番禺区迅速崛起，不仅见证了中国时尚产业的蓬勃发展，更以其独特的创新模式，成为推动区域产业升级的领军者。

一、产业园区：时尚产业的沃土

走进钻汇集团精心打造的珠宝服装服饰产业园，一幅现代化、国际化的时尚产业画卷徐徐展开。这里不仅汇聚了珠宝产业园、服装服饰产业园、饰品（跨境）产业园及钻汇国际创展汇等多个园区，更拥有5A甲级写字楼、电商直播间、选品中心、会展中心等一应俱全的硬件设施。园区内，海关、检测检验、物流、智能云仓等配套设施完善，为入驻企业提供了全方位、高效率的服务保障（图5-77）。

在这片充满活力的土地上，数百家优秀的时尚生产性及原创品牌竞相绽放，它们或深耕传统工艺，或勇于创新突破，共同编织着中国时尚产业的璀璨未来。钻汇集团以其优秀的运营管理能力，为这些企业搭建了一个展示产品、交流合作的广阔平台，让时尚之花在番禺这片热土上绚丽绽放。

二、千亿平台：数字化转型的引擎

面对时尚产业数字化转型的浪潮，钻汇集团紧抓"十四五"时期的发展机遇，倾力打造千亿级的珠宝、服装服饰时尚产业服务平台。该平台以"渠道、数字化、供应链、人才、运营、金融、配套"七大赋能体系为核心，全面整合行业内的优质资源，深化产业链上下游的数字协同合作，为番禺时尚产业注入了强劲的动力。

通过这一平台，钻汇集团不仅帮助传统企业实现了从线下到线上的无缝对接，更推动了整个行业的数字化转型和升级。平台提供一站式的全流程产业服务，覆盖从产品设计、选品交易，到供应链整合、内容营销，再到直播运营、人才培训，以及质检物流等多个方面，为品牌商家提供精准且高效的选品支持，为产品供应商提供产品展示、高效接单以及生产指导等服务，助力企业实现可持续发展（图5-78）。

图5-78

图5-77

三、多渠道拓展：赋能商家的桥梁

在助力服装企业拓展市场方面，钻汇集团同样不遗余力。钻汇集团积极探索电商平台渠道赋能服务，已成功获得京东、淘宝直播、亚马逊、TIKTOK（海外版抖音）、希音（SHEIN）、小红书、得物等多家龙头电商平台的服务商资质，并与阿里巴巴国际站、速卖通、TEMU（拼多多海外版）、天猫、抖音、哔哩哔哩、快手等20余家国内外电商平台建立了紧密的合作关系。通过定期联合举办招商活动及培训服务活动，钻汇集团为商家提供了丰富的市场资源和专业的运营指导，帮助商家在全球范围内获得更多的销售机遇及市场份额。

以淘宝服饰春夏双选会为例，钻汇集团与淘宝服饰共同举办了这一盛会，活动汇集了广东核心优质服装源头货主、产业头部商家及杭州淘系直播头部达人团队。通过现场趋势讲解和深度交流，活动不仅推动了广东服饰产地源头货主和杭州淘系直播头部达人的深度合作，更促进了两地资源的深度对接和互利共赢（图5-79）。

图5-79

四、生态链接：时尚资源的共享

除了电商平台渠道拓展外，钻汇集团还积极为商家提供时尚生态资源的链接。在番禺区服装服饰行业协会会员大会暨理事会就职典礼上，钻汇集团当选为常务副会长，这一任命不仅彰显了其在行业内的重要地位，更为其在行业规范管理和资源整合方面提供了更多支持和合作机会。

同时，钻汇集团还与广东省服装服饰行业协会、广州服装行业协会、广州市十三行商会、计文波（湾区）时尚设计学院（筹建）、北京服装学院、广州番禺职业技术学院等建立了紧密的合作关系。通过这些合作，钻汇集团为商家提供了业务交流、产品展示、行业信息交流、人才培养等全方位的资源支持。这些资源不仅有助于商家了解行业动态和趋势，更能为商家提供更多的合作机会和业务拓展空间（图5-80）。

图5-80

五、直播赋能：新零售的先锋

在直播电商风起云涌的今天，钻汇集团也紧跟时代步伐，积极打造自营的直播业务。目前，钻汇自营珠宝、服装两大品类直播间已初具规模，单场商品交易总额超过3000万元。这背后离不开专业的直播团队、领先的设备以及功能完备的直播间。钻汇集团深谙直播带货之道，可为企业产品量身打造最佳卖货方案，助力商家实现销售突破。

除了硬件设施外，钻汇集团还提供了专业的运营赋能服务。团队针对直播账号相关数据进行分析，给出修正方案；从产品定位、直播间搭建到团队建设、营销推广策略等各个环节都提供全方位的指导和服务。此外，钻汇集团还定期举办培训活动，帮助商家了解平台规则、玩法解读及活动参与技巧等内容，让商家在直播带货的道路上少走弯路、快速成长（图5-81）。

图5-81

六、数字化驱动，柔性生产新生态

钻汇服装服饰产业园正引领着服装产业的新一轮变革。该产业园聚焦于服装小单快返及电商领域，深度融合数字化技术，打造出一个集直播电商、面料超市、打版中心、数码印花、智能制造、检测检验、智能云仓等功能于一体的柔性供应链生产基地。这里的每一件服装的生产都融入了科技的智慧。客户可以通过"面料馆"小程序在线选购全国优质面料。智能量体技术仅需10秒完成量体，30秒建模，大幅缩短了定制周期。而智能制造车间的引入，则让生产更加高效灵活，满足市场快速变化的需求（图5-82）。

图5-82

七、未来展望：湾区时尚，走向世界

广东省作为时尚与制造业的璀璨明珠，正以其深厚的产业基础和蓬勃的创新活力，引领着时尚产业的潮流。钻汇集团以此为契机，携手多元化合作伙伴，共同推动湾区珠宝服装服饰时尚产业生产性服务业的聚集与发展。通过七大服务赋能引擎，集团致力于将番禺珠宝服装服饰打造成为国际一流的现代服务业标杆项目。

展望未来，钻汇集团将不断推动时尚产业的创新与发展。通过融合民族特色与国际潮流，培育新锐品牌，提升设计、品质与营销水平，推动番禺乃至广东的时尚产业实现从"制造"到"创造"、从"本土"到"国际"的跨越。我们坚信，"湾区时尚"将成为引领全球潮流的新名片，让世界听见中国时尚的声音。这不仅是一场产业升级的革命，更是文化自信与国际影响力的双重提升。

巨大国际产业园：构建时尚生态链，打造广州番禺国际化数字时尚产业基地

广州巨大国际产业园设立于2009年，位于番禺"万博长隆—广州南站"核心商圈，地铁2号线会江站上盖。园区占地面积约12.3万平方米，规划建筑面积约58万平方米，以"数字时尚+数字贸易+数字科技"为主导产业，致力于打造"粤港澳大湾区数字产业园标杆"。目前已引入企业超600家，其中上市挂牌企业8家，高新企业52家，"四上"企业48家，专精特新企业25家，创新型中小企业32家，带动就业人数近8000人，园区企业总产值超百亿元（图5-83、图5-84）。

图5-83

图5-84

巨大国际产业园开园至今荣获了国家级科技企业孵化器培育单位、广东省级文化产业示范园区创建单位、广州市特色产业园区、广州市产业园区提质增效试点园区、广州市番禺区专精特新产业园区、广州十佳优秀产业园等数十项荣誉。

与时代同行。近年来，巨大国际产业园始终紧跟趋势风潮，着眼于市场营商环境，优化园区发展战略，加强产业引导、助力产业转移承接、拓展产业园区发展；加强上下游对接合作，加速产业聚集；推进品牌化建设进程，加强品牌建设，促进产业园及入驻企业高质量发展。

一、夯实"数字时尚总部基地"载体建设，加快产业"固链"

位于番禺服装产业热土的巨大国际产业园，已成功运营14年，园区入驻的服装企业超70家，其中包括领英科技集团、诗蒂兰集团、纺一时尚等一批知名服装企业。近年来，巨大国际产业园积极整合各方资源，致力于聚集服装类电子商务、跨境电商、创意设计产业，打造时尚产业名片；积极联动跨境电商资源，推动园区跨境电商企业创新驱动发展；发挥园区自身产业基础优势，在拥有一批已入驻知名服企的基础上，吸引更多服装产业链上下游优质企业集聚到园区，结合政府相关政策，服务企业高质量发展（图5-85）。

图5-85

2023年底，广东省服装服饰行业协会、广东省服装设计师协会正式入驻巨大国际产业园。巨大国际产业园与广东省服装服饰行业协会携手共同建设"巨大数字时尚总部基地"，基地位于产业园三期·巨大智汇港内。该项目旨在推动广东服装产业的数字化转型和升级，将充分利用巨大国际产业园的资源和优势，与广东服装服饰行业协会，合力共同打造一个国际化数字时尚产业基地（图5-86、图5-87）。

图5-86

图5-87

2023年12月28日，广东服装行业迎新交流会上举行了广东省服装服饰行业协会与广州巨大国际产业园"巨大数字总部基地"共建战略签约仪式和广东（番禺）服装大讲堂启动仪式。

2024年3月1日，大石街高质量发展大会上举行"巨大数字时尚总部基地"和"广东（番禺）服装大讲堂"揭牌仪式（图5-88）。

图5-88

随着两协会的入驻，由广东省服装服饰行业协会、广东省服装设计师协会、广东省时尚服饰经济产业经济研究院共同打造的"广东服装产业会客厅"也在巨大国际产业园开门迎客。未来，它将在产业发展中承担行业交流场所、服务支持平台、行业创新窗口、数据系统分析等重要功能（图5-89）。

图5-89

二、创新服务模式，推动质量品牌双提升，加快产业"强链"

2024年6月，在中共广州市番禺区委员会、区人民政府的指导下，巨大集团与全球知名品牌阿里巴巴全球速卖通平台达成合作意向，共同建设"巨大—阿里巴巴全球速卖通（广州）跨境电商产业园"。园区内设立巨大跨境电商高质量发展服务中心、全球速卖通（广州）卖家服务中心、巨大跨境出海联盟、巨大跨境电商产业孵化器及巨大跨境电商学院（图5-90）。

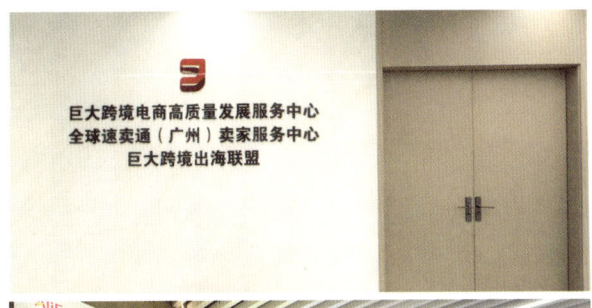

图5-90

同时，园区依托中国产学研合作创新示范基地、广东省科技企业孵化器、广东跨境电商高质量发展服务中心、商标品牌指导站、知识产权工作站、金融工作服务站、人才服务工作站、中小企业服务站、公共法律服务站等公共服务平台，为入驻企业提供更加优质、高效的支持和服务，加快产业集群高成长企业发展，促进制造业与现代服务业深度融合，数字经济与时尚产业深度融合，打造全球跨境电商集聚地，推动名牌抱团出海，引领国际时尚潮流，共同擦亮番禺时尚产业名片，推动巨大国际产业园成为国内外时尚产业的新高地。

三、构建时尚发布平台，打造时尚产业名片，加快产业"延链"

巨大国际产业园整合多维元素，盘活各方资源，组织参与和策划各类时尚活动和展览，提升园区的国内外影响力和竞争力，共同打造全球跨境电商集聚地和国际时尚潮流风向标。自2023年1月至今，巨大国际产业园已承、协办行业竞赛、多个头部电商平台的出海政策宣讲会、时尚产业相关跨境电商卖家产业带招商选品会、卖家培训会、企业交流研讨会、广东（番禺）时尚大讲堂系列活动等，合计超过30场。

2023年8月19日由广州市总工会、香港工会联合会、澳门工会联合总会、广州市商务局、广州市人力资源和社会保障局联合举办的首届电商直播大赛——粤港澳大湾区直播电商技能交流营暨"羊城工匠杯"广州市劳动和技能竞赛启动仪式在巨大国际产业园举行。广东省跨境商品贸易协会、广州电子商务行业协会、北京快手科技有限公司、广东今日头条科技有限公司、辛选集团等相关时尚产业商协会、电商平台共同参与，活动旨在促进穗港澳三地时尚产业人才创新创业，用直播助力时尚产业数字化升级（图5-91）。

2023年12月6日，由广东省服装服饰行业协会、拼多多TEMU女装、广州巨大国际产业园共同策划举办的TEMU时尚大讲堂日前在广州巨大国际产业园开讲，首期内容以2024女装时尚春夏企划发布会为主

图5-91

图5-93

题，帮助广东服装企业、出海商家紧抓新年消费旺季机遇，提供贴心服务，助力广东服装出海，实现新增长、新发展。本次培训受到了全行业热烈关注，超过千人报名（图5-92）。

电商平台、服务商、行业专家和供应链企业代表，深度分享跨境电商新机遇，探讨行业发展趋势、技术创新和跨境电商运营等问题，进一步助力企业布局跨境电商新赛道，搭建国际贸易新通路，更好地推动广东服装跨境电商高质量发展，助力"广东时尚"出海（图5-94、图5-95）。

图5-92

图5-94

2024年3月25日，由广州市番禺区科技工业商务和信息化局指导，拼多多TEMU主办，广州巨大国际产业园、广州市番禺区厂商会协办的广州市番禺区TEMU番禺时尚品类资源对接大会在广州巨大国际产业园举行。活动吸引了女装、男装、珠宝、家居等四大番禺特色行业近500名行业代表和企业代表参会（图5-93）。

2024年4月18日，"2024广东时装周—春季活动系列之广东服装跨境电商大会"在巨大产业园国际会议中心召开。本次大会借助2024广东时装周—春季活动在番禺举办的契机，针对服装产业特点，以"平台赋能·时尚出海"为主题，集结阿里巴巴全球速卖通、SHEIN、TEMU、亚马逊、美客多等服装跨境

图5-95

四、坚持产教融合，全链条护航时尚产业专才培养

巨大国际产业园携手广东省服装服饰行业协会、广东省服装设计师协会，聚焦时尚设计研发和消费服

务领域，以品牌运营为核心搭建时尚教育交流平台，建立"产业园区+行业协会+专业院校"三者深度融合的长效机制，通过对时尚产业创意设计链、品牌运营链、时尚服务链、展示传播链的岗位群和职业特性开展深入调研分析，整合形成时尚产业专业群的人才培养定位，深入推进校企协同育人和人才培养模式改革、优化专业设置，为时尚快消产业培养集创新型、复合型、应用型于一体的高素质高技能人才，辅助企业打通产品创新开发、服装创意设计、供应链服务、数字化营销等方面的壁垒。

2024年1月6日，由广东省服装服饰行业协会与番禺区人力资源和社会保障局、广东省服装设计师协会，联合巨大国际产业园等机构共同发起的广东（番禺）服装大讲堂在巨大国际产业园首次开讲，本次以"AI赋能服装行业学习会"为主题，广东省服装服饰行业协会副会长专职副会长何志康，德永佳集团总经理吴武平，广州汇璟裤业有限公司董事长汤正荣等60人参加本次学习会（图5-96）。

2024年6月21日，为深化校企合作、促进产教融合，由广东省服装服饰行业协会、广东省服装设计师协会组织策划的广东服装行业产教融合交流会在巨大国际产业园顺利召开。会上，巨大国际产业园与广东省服装服饰行业协会、广东省服装设计师协会、广东服装院校、服装企业代表针对校企合作的形式、内容、模式、载体等方面开展深入交流，探讨教育创新资源和产业实践经验有机结合的新模式，合作研发新技术、新材料、新工艺，共同培养行业紧缺的高端技术技能型人才（图5-97）。

图5-97

未来，巨大国际产业园数字时尚新业态将更加丰富多元，并凭借精准的产业定位、强大的产业整合能力和优质的营商环境，吸引更多知名品牌企业及服装产业链上下游优质企业集聚到园区。同时，瞄准前沿消费升级趋势与产业升级方向，延伸发展更多的智慧科技、商务服务、零售餐饮、文化体验等创新资源和商业配套，满足高端人才、时尚人群、年轻新生代等人群对工作场景、生活场景、休闲场景的需要，实现产业业态和经营品质的协同提升，不断推动产业品种、品质、品牌迭代升级，推进时尚产业强链拓链固链，实现高质量发展。

图5-96

▶产业政策

广州市番禺区推动时尚产业高质量发展行动方案

为贯彻落实省委、市委、区委经济工作会议精神，对照省委"1310"具体部署、市委"1312"思路举措，聚力"十二个之进"，夯实"智造创新城"战略定位，锚定"五个再造"千亿矩阵，加速"智造+智核"深度耦合，推动企业友好型城区建设，着力将时尚产业打造为番禺区第二个千亿级产业集群，结合本区实际，特制定本行动方案。

一、总体要求

1.指导思想

以习近平新时代中国特色社会主义思想为指导，深入贯彻习近平总书记视察广东、广州重要讲话和重要指示精神，坚定不移全面深化改革扩大开放，构建现代化产业体系，推动时尚产业集群化发展，深入实施以数字化、智能化、网络化、绿色化为引领的创新驱动发展战略，进一步提升番禺区时尚产业品牌化、数字化、园区化、平台化水平，持续巩固提升传统优势产业链群，培育壮大新型消费，打造第二个千亿级产业集群。

2.发展现状

番禺区时尚产业集群包含国民经济行业分类中的纺织业，纺织服装、服饰业，化学纤维制造业，皮革、毛皮、羽毛及其制品和制鞋业，电气机械和器材制造业，计算机、通信和其他电子设备制造业，通用设备制造业，文教、工美、体育和娱乐用品制造业，化学原料和化学制品制造业，专用设备制造业，家具制造业等11个大类32个中类中的88个小类以及与服装、皮具、美妆日化、珠宝首饰、灯光音响、定制家居相关的服务业及商贸业上中下游企业。我区时尚产业基础较好，在服装、皮具、美妆日化、珠宝首饰、灯光音响、定制家居等细分领域具有较好品牌效应和产业规模。在南村、大石、洛浦、石碁形成了纺织服装产业集群；在沙湾、沙头形成了珠宝首饰产业集群；在南村、石碁、石楼形成了灯光音响产业集群；其中，灯光音响产业集群获评全国中小企业特色产业集群，具有较强的国际竞争力。

3.发展目标

到2026年，形成产业特色鲜明、创新要素集聚、网络化协作紧密、生态体系完整、区域根植性强、开放包容，具有全球影响力和竞争力的时尚产业集群。

（1）产业能级高质增长

全区时尚产业规模达到千亿级，力争培育出1家营业收入超100亿元、5家营业收入超50亿元、10家营业收入超10亿元的行业龙头企业。培育一批专精特新时尚企业，孵化一批高端时尚品牌，引进一批全球或全国头部企业职能性总部，推动可持续发展。

（2）创新能力明显增强

时尚产业创新体系逐步完善，建成一批技术研发、创意设计公共平台，培育一批时尚产业创新人才和高新技术企业，推动时尚产业高新技术企业集群化、规模化发展。

（3）布局优化集聚成势

打造国家级行业特色区域和产业集群，建设3~5个以时尚产业为主导的高质量发展园区，发展以"产业上楼""前店后厂"为特征的精品园区、时尚创意示范空间、特色消费街区等新型产业集聚模式。

二、重点领域

瞄准前沿消费升级趋势与产业升级方向，聚焦"时尚六品"，面向新需求推动产业品种、品质、品牌升级，进一步推进时尚产业强链补链固链，满足终端消费者需求，实现高质量发展。

1.服饰尚品

重点领域包括男、女服饰，儿童服饰，休闲服饰，牛仔服装，内衣，个性化定制，高端纺织面料等。重点培育服装产业跨境电商，提升产业数字化能力，搭建时尚发布平台，培育和引进顶级设计师等。（牵头部门：区科工商信局。配合部门：区贸促委、区投资促进中心、南村镇、大石街、洛浦街、石碁镇、沙湾街）

2. 珠宝精品

重点领域包括黄金珠宝、钻石、翡翠、玉石、银饰、珍珠、日用饰品等。重点打造国家级钻石交易中心、珠宝交易中心，做强珠宝玉石交易市场等。加快建成中国广州番禺（珠宝和动漫）知识产权快速维权中心，面向区内珠宝和动漫企业提供集外观设计专利快速预审、快速确权、快速维权为一体的一站式综合服务。（牵头部门：区贸促委。配合部门：区市场监管局、区科工商信局、南村镇、沙湾街、沙头街）

3. 化妆美品

重点领域包括化妆品、日化、香料以及配套产业等。重点培育一批知名品牌，引进一批国际知名品牌落户，利用第三方技术力量提升化妆品生产环节质量管理，加强化妆品产品抽检，发挥化妆品协会桥梁纽带作用，助推"化妆品"产业高质量发展。（牵头部门：区市场监管局。配合部门：区科工商信局。区投资促进中心、化龙镇、南村镇）

4. 声光潮品

重点领域包括舞台灯光音响、景观照明、影院音响、家用智能灯光音响、汽车音响、电教声光电设备、会议扩声等。重点培育一批行业龙头企业、专精特新企业，壮大行业规模和品牌影响力。（牵头部门：区科工商信局。配合部门：区市场监管局、区投资促进中心、南村镇、石碁镇、石楼镇）

5. 定制佳品

重点领域包括定制家具、红木家具、智能家具、厨具等。重点培育定制家居龙头企业、专精特新企业及高新技术企业等。（牵头部门：区科工商信局。配合部门：石楼镇、化龙镇、石碁镇）

6. 皮具优品

重点领域包括箱包、皮具、皮鞋、皮衣，皮具皮革高端原辅料、配饰件等。重点培育中高端品牌，推动直播+实体融合发展等。（牵头部门：区科工商信局。配合部门：大龙街、南村镇、石碁镇、石楼镇）

三、重点任务

1. 组建时尚产业工作专班

组建时尚产业高质量发展工作专班，主任由分管副区长担任，常务副主任由区科工商信局局长担任，副主任由一名区政府办副主任和区科工商信局分管副局长分别担任，各成员单位分管领导任组员。专班负责时尚产业高质量发展工作的综合协调、指导推进及日常工作。（牵头部门：区科工商信局。配合部门：区政府办、区发改局、区投资促进中心、区贸促委、区市场监管局、市规划和自然资源局番禺区分局、区文广旅体局、区土发中心、区城市更新局、区财政局、区统计局、区税务局、广州南站管委会、区企建中心，相关镇街）

2. 编制产业发展规划

通过顶层设计，促进全区时尚产业结构有序调整和优化升级，重点培育六大领域，推动传统产业新型化、支柱产业多元化、新兴产业特色化，使规划成果切实指导番禺区时尚产业高质量发展。（牵头部门：区科工商信局。配合部门：区发改局、区投资促进中心、区贸促委、市规划和自然资源局番禺区分局、区文广旅体局、区土发中心、区城市更新局、区财政局、区统计局、区税务局、广州南站管委会、区企建中心）

3. 出台专项扶持政策

充分发挥财政资金的激励和引导作用，用好上级政策，同时谋划制订时尚产业专项扶持政策，市区协同，区镇（街）联动，实现资源有效调配。从企业落户、成长、数字化改造、园区运营、要素保障等方面给予大力支持，完善产融对接机制，加强企业上市服务，构建多元化、多层次、多渠道的投融资体系。鼓励各类金融机构为企业提供特色化服务。提升番禺区时尚产业竞争力。（牵头部门：区科工商信局。配合部门：区发改局、区投资促进中心、区贸促委、市规划和自然资源局番禺区分局、区土发中心、区财政局、区统计局、区税务局）

4. 夯实空间载体建设

谋划布局培育3~5个以时尚产业为主导的高质量发展园区，实施土地要素优先保障，开展标准厂房建设，吸引行业骨干、专精特新、高成长企业"拎包入住"集聚发展。梳理园区载体，摸查优质企业厂房需求，构建区镇（街）联动多部门协调机制，加强工业载体精准供给，推动时尚产业企业向产业区块汇集、产业区块向主导产业集聚、主导产业向优势领域集中。鼓励区属国有企业建设运营创意时尚行业高质量发展园区。加快建设"孵化器—加速器—产业园区"企业培育体系。在长隆万博商务区建设集时尚商品展贸展销、文化旅游、综合娱乐、数字创意于一体的时尚智慧商圈，遴选一批优质的时尚产品入驻商圈，连片建设时尚集聚区域。牵头部门：区科工商信局、区财政局（区国资局）。配合部门：区贸促委、市规划和自然资源局番禺区分局、区住建局、区投资促进中心、区土发中心、区企建中心，相关镇街。

5. 聚焦聚力链式招商

瞄准世界500强、中国500强、民营500强及产业链主导型领军企业，着力引进一批支撑带动作用强、示范引领优势明显的时尚产业企业和项目，推动上下游资源加速汇聚。（牵头部门：区投资促进中心。配合部门：区科工商信局、区贸促委，相关镇街）

6. 精准发力扶持企业

深入挖掘时尚产业上下游影响力较大的龙头企业、链主企业，形成全链条合力。做大做强龙头企业，鼓励行业龙头企业、品牌企业兼并重组，通过横向联合、纵向整合做优做强，培育一批具有国际竞争优势的集团企业。支持成长型企业发展，鼓励中小企业专注于特定细分产品市场、技术领域和客户需求，走"专精特新"的发展道路，持续提升技术创新能力和生产工艺水平，培育一批"单项冠军"和"小巨人"企业。（牵头部门：区科工商信局。配合部门：区贸促委、区财政局、区工商联，相关镇街）

7. 提升产业生态效能

培育优质平台型企业。引培时尚产业公共服务机构，完善一批技术创新、研发设计、知识产权保护和运用、产学研合作、检测认证、信息检索与咨询、展销及物流、质量品牌、标准化等公共服务平台，运用信息化手段，探索异地服务资源共享。培育供应链协同信息化平台型企业，引导生产端优化生产资源配置，赋能产业发展协同创新。支持希音、TEMU、欢聚时代（SHOPLINE）、虎牙、广州钻汇·国际创展汇等数字化平台赋能焕发传统产业新生活力，带动上下游企业集聚集群发展。（牵头部门：区科工商信局。配合部门：区贸促委、区市场监管局，相关镇街）

8. 打造时尚产业名片

大力整合时尚展会、时尚发布、时尚商圈、时尚论坛、时尚传媒等多维元素，打造潮流风尚标杆、时尚制造名片。支持开展机会清单发布、供需资源对接、项目打磨路演等新场景挖掘，鼓励商协会开展时尚"名师""名品""名店"等评选活动，推动番禺知名时尚企业"携手参展""抱团出海"参加中国国际时装周、中国国际服装服饰博览会、国际时尚生活博览会、香港国际珠宝展、GET Show以及米兰、伦敦、巴黎、纽约时装周等境内外知名时尚展会。支持举办国际性会议、行业会议和国际珠宝首饰流行趋势发布会等时尚产业发布活动。（牵头部门：区科工商信局。配合部门：区贸促委、区财政局、区民政局、区企建中心，相关镇街）

四、保障措施

1. 加强组织领导

依托"时尚产业高质量发展工作专班"，制订年度工作计划，抓好重点工作督促协调。围绕"时尚六品"，建立市、区、镇（街）、协会、企业多方联动机制，协同推动重大规划、重大政策、重大工程、重点项目、重要资源和重要工作的配置及落实。（牵头部门：区科工商信局。配合部门：区发改局、区贸促委，相关镇街）

2. 优化营商环境

深化国家营商环境创新试点城市建设，推进我区营商环境6.0改革。完善及落实用地、用电、融资、吸引外资、人才引进等方面政策措施。组织骨干企业与高校、职业院校和培训机构对接，产学研合作培养高素质专业人才。（牵头部门：区发改局。配合部门：区科工商信局、区贸促委、区财政局、区人社局、区教育局、区住建局、区工商联、区政数局、大学城管委会、区企建中心、区土发中心、区总工会，相关镇街）

3. 夯实资金支撑

通过政府投资基金等手段，鼓励和引导风险投资等社会资本投入时尚产业发展领域，支持优质企业并购重组、挂牌、上市。鼓励银行等金融机构开发符合时尚产业特点的多元化投融资产品，通过贴息贷款、并购贷款、担保贷款、银团贷款等途径支持时尚产业企业发展。进一步健全市场化的技术交易服务体系，加速创新成果知识产权化。（牵头部门：区发改局。配合部门：区科工商信局、区财政局、区贸促委，相关镇街）

4.培育消费理念

顺应消费升级趋势，加大番禺精品、名品宣传力度，引导和培育市民树立绿色消费、品质消费、健康消费的时尚消费理念，充分激发时尚消费潜力，营造时尚氛围，打造城市时尚文化名片。（牵头部门：区市场监管局。配合部门：区委宣传部、区发改局、区科工商信局、区贸促委、区文广旅体局，相关镇街）

重大活动

2023广东时装周—春季

2023广东时装周—春季于2023年3月17~28日在广州国际媒体港圆满举办。作为《关于进一步推动纺织服装产业高质量发展的实施意见》发布后的首个时装周，本届时装周由广东省服装服饰行业协会、广东省服装设计师协会、广州纺织工贸企业集团有限公司、广州广播电视台等单位共同举办，以"实用商业、接地气"为特色，充分挖掘、展现广东服装时尚产业优势，全力打造具有前瞻性的产业特色IP，成为广东在高质量发展中为时尚行业打造话语权、定价权与影响力的重要平台（图5-98）。

围绕"做大做强广东时装周品牌 推动建设世界级先进纺织服装产业强省"目标，12天里，本届广东时装周为观众呈现了T台大秀、潮流资讯、静态展览、巅峰论坛等超过58场活动，过百家企业、上千个时尚品牌、200余名设计师直接参与，发布了上万件产品，累计超过1.45亿人次在线观看，全方位展现了广东服装的产业实力和时尚魅力。

以"致敬梦想"为主题，中国商务休闲男装领军品牌迪柯尼以"然"为源，运用全新时装语言，构建出中国男士新式优雅风尚；百年老字号"利工

图5-98

民"正式推出轻奢女装品牌LIGOMIN，秉承"匠心制造"的精神，不断焕新品牌内涵，打造老字号新风尚；"柯桥优选 万物新生——2023新材料流行趋势发布"联合了35家柯桥优秀材料企业带来新材料流行趋势发布；独推的"沙溪日"备受重视，集结各方力量，共话"中国针织服装之都"新未来，以系列活动展现沙溪时尚智造魅力；优布携手经典故事、FOREVER21、利工民呈现数码印花大赏；回应新时代的设计命题，FASHION FUSING大湾区联合时装秀首站登陆，HUAWEI P60系列跨界时尚、ESMOD呈现新生代力量，云思木想、铠琪、诺曼琦、关雎记、柯莱丽思、悟蓝手作、云水芳华、摩迪莲姿、骏盛织带·李小裁等品牌首发首秀，无不展现了一个万象更新、蓬勃向上的时尚行业新生态，也推动着中国时尚品牌和时尚设计师不断求新求变，一路向前。

以时尚为载体，活化城市文化，焕新品牌价值，在新时代讲好非遗时尚化品牌故事，是广东时装周一直以来践行的初心使命，已成为标识性的内在基因。本届广东时装周向现场观众展示了瑶族刺绣、广绣、潮绣、小榄刺绣、珠绣、香云纱染整技艺、抽纱、墩头蓝纺织技艺、麒麟舞、英歌舞、剪纸、钉金绣裙褂制作技艺、潮州金漆画、手工缠花等非遗项目，并带来一场场惊艳四座的非遗时尚大秀。过百套设计精美、工艺精湛的秀款服装，将传承与创新演绎得淋漓尽致，呈现出超高艺术水准的服饰系列，展现了非遗文化融入当下生活方式的极致魅力。

秉承"即时性、广泛性、深度性"的宣传概念，本届广东时装周以"精准集客"为落脚点，构建全媒体传播体系。恰逢春日潮流上新，广东时装周继续联动淘宝、天猫官方主流电商平台，共同举办"粤贸全国·云逛时装周"——2023广东时装周线上展销系列活动，为上千个参与品牌带来数亿消费流量，打造秀场同频购物的新消费模式。此外，得益于广州广播电视台的倾情加盟，本届广东时装周刷屏"新闻联播"，城中盛会时尚声量实现新突破，让更多人通过时装周认识服装服饰时尚魅力的同时，促进服装产业在新时代的传播推广及商业转化（图5-99）。

图5-99

时尚无界，砥砺向新。面对继往开来的新时代，广东时装周继续发挥平台优势，不断探索创新，开创服装时尚行业更加坚韧恢宏的新局面。

一、迪柯尼（DIKENI）2023秋冬新品发布秀

开幕首日，中国商务休闲男装领军品牌迪柯尼以2023秋冬新品发布秀拉开秀演序幕。迪柯尼以"然"为源，运用全新时装语言构建出中国男士新式优雅风尚，DIKENI×国家宝藏IP联名系列"金秋桂鹊"首发。本季，基于品牌现代、简约、优雅的基因和高端商务印象，迪柯尼为都市语境下的现代男士着装融入高级与质感，通过标志性的字母组合——双D图案与千鸟格纹的结合，兼顾先锋革新与隽永经典，增添男性的精致魅力，为全新一季带来革新的时尚生命力，并围绕"微户外"为核心设计理念，与盟可睐（Moncler）前设计师Enrico.C联名合作设计象征着品质、时尚、科技的专属三角标，演进人、服饰与环境之间的关系，呈现出都市、户外多元融合的时装语言（图5-100）。

图5-100

二、致景科技"咫尺计划":纺织女工的T台梦

2023年3月17日,2023广东时装周—春季现场,一场不寻常的走秀——"纺织女工的T台梦"吸引线上线下观众聚焦目光,五名纺织女工经过精心打扮,身穿致景天工设计师量身定制的专属走秀时装走上T台,她们自信大方,在广东时装周舞台上"致敬梦想",通过一场走秀,掀起了一场跨界热潮,展现了纺织女工不一样的美。而这场专属于纺织女工的时尚大秀起源于致景科技发起的"咫尺计划",以公益时刻将纺织女工的梦想和时尚背后的无尽魅力连接起来(图5-101)。

图5-101

三、大湾区:时尚融合2023FASHION FUSING大湾区联合时装秀

2023年3月17日,由香港特别行政区政府"创意香港"赞助,并由香港非营利时装推广机构Fashion Farm Foundation主办的第三个大湾区大型时尚项目"大湾区:时尚融合2023 GBA: Fashion Fusion 2023"迎来首个重点活动"FASHION FUSING大湾区联合时装秀"。香港理工大学时装及纺织学院、澳门生产力暨科技转移中心、KEVIN HO、ESA LIANG梁冰琴集结,一众大湾区设计新锐透过展示强而有力的设计作品,演绎专属的故事(图5-102)。

图5-102

四、侠影霓裳|云思木想·丹丹仙(王丹红)

2023年3月17日,原创设计品牌云思木想作为2023广东时装周—春季的专场首秀品牌,以"侠影霓裳"为主题,用50套摩登国风时装惊艳全场,围绕"武侠"这一中国非常具有代表性的文化为载体,用时尚诠释国风新潮之美,在纷扰的武侠世界里,感受英雄侠义的家国情怀,以及追寻自由、洒脱的生活态度,传统与现代碰撞,掀起了一场强烈的视觉盛宴,一段侠骨柔情的江湖故事开始了,用时装致敬和传承中华文化(图5-103)。

图5-103

五、诗画同源|国风关雎·关亚争

2023年3月18日,关亚争·诗画同源专场发布在2023广东时装周—春季主会场举办。本次趋势发布的灵感源自设计师关亚争对中华优秀传统文化的艺术提炼及中华服饰时代发展的传承与创新。关雎

（GUANJU）品牌系列国风礼服运用中国现代织锦创立人、"国礼大师"浙江理工大学李加林教授的科研成果——现代织锦艺术，以宋代画卷——《千里江山图》与《瑞鹤图》为设计灵感（图5-104）。

图5-104

六、十二花神主题秀｜锦裳玉衣

2023年3月18日，原创国风高级定制品牌"锦裳玉衣·王聪"精彩发布，在悠扬的国风音乐中，十二花神童模身穿各色花神国风高定礼服开场，轻盈浪漫的设计，渐变飘逸的裙摆，再现国风盛世华章。本次设计以清代李汝珍《镜花缘》书中的故事"百花仙子及十二花神"为灵感，以中国"四大名杯"——康熙"十二月花神杯"每月指代历史上的著名女性及名人为花神原型，每一个花神代表一个历史上著名的女性。在设计上，通过不同层次、质感的面料，体现虚实、明暗的东方色彩美学，以春、夏、秋、冬四个篇章，将十二花神系列逐一呈现，讲述了一段瑰丽奇妙的中国神话故事（图5-105）。

图5-105

七、吉兔仙踪｜吉兔仙

2023年3月18日，在2023广东时装周—春季上，儿童礼服品牌吉兔仙（JITOO FAIRY）上演了一场童话故事里的时尚大秀。本次秀场主题为"吉兔仙踪"，设计师运用了绚丽缤纷的色彩，把儿童带入浪漫美好的童话世界，清新甜美的春日色系，犹如打翻了春的调色盘，热烈张扬地挥洒涂抹，开启了一段奇妙梦幻的童话之旅（图5-106）。

图5-106

八、《中国男装四十年（1979—2021）》新书首发式暨"智"男而尚中国男装文化时尚高端论坛

2023年3月19日，作为2023广东时装周—春季的重磅活动之一，《中国男装四十年（1979—2021）》新书首发式暨"智"男而尚中国男装文化时尚高端论坛在广州中大门举行。《中国男装四十年（1979—2021）》由熊兆飞、卜晓强、张庆辉共同编制，依托中国男装高级定制研究中心的专家团队，对国内重点男装产业集群及品牌企业进行深入调研，梳理了改革开放以来中国男装行业的发展与政治、经济、文化、社会生活等因素之间的关系，是国内首部男装研究巨著。以本书的出版为契机，依托中心的产学研资源优势，引导企业运用到设计研发和品牌培育中，加速男装产业时尚创新能力和国际竞争力的提高（图5-107）。

图5-107

九、"世艺会·年轻态"第六届世界夫人模特大赛

2023年3月20日,"世艺会·年轻态"第六届世界夫人模特大赛在2023广东时装周—春季主会场举办,100位优雅华贵的夫人模特和超萌劲酷的小童模,从5~65岁,携手演绎了一场精彩绝伦的视觉盛宴。本次大赛,世艺会模特艺术团完美演绎了中国著名时装设计师计文波老师的高端定制品牌JIWENBO,红、白、黑设计师品牌服饰像春天怒放的玫瑰,在光影里摇曳生香(图5-108)。

图5-108

十、广州时尚艺术设计职业教育集团高峰论坛暨2023年广州市纺织服装职业学校学生优秀作品展演

2023年3月20日,作为2023广东时装周—春季的精彩内容——广州时尚艺术设计职业教育集团高峰论坛暨2023年广州市纺织服装职业学校学生优秀作品展演活动在广州国际媒体港珠江之眼演播厅成功举办。活动由广州时尚艺术设计职业教育集团高峰论坛、广州纺织服装职业学校专业建设顾问受聘仪式、2023年广州纺织服装职业学校毕业生作品展三个部分组成。展演环节,广州纺织服装职业学校师生团队深入研究岭南文化,将传统服饰元素重新定位与整合,结合时尚流行和年轻人的审美态度,多元地与现代社会交流融合,创造了2023"匠心·绽放"传统服饰创意系列作品(图5-109)。

图5-109

十一、铠琪(KAISERIN)

2023年3月21日,铠琪品牌发布会在2023广东时装周—春季主会场举行。本次发布是由品牌总监张荣带领铠琪设计师蔡琦琪、冯沛铃、李慧创作的高级定制系列。设计主题为"光",以"站在那里,你就是光"为核心,以潮州金漆画为灵感,中国传统缠花工艺为表现形式,用梅、兰、竹、菊、牡丹,诠释现代职业精英女士的高贵品质。在中国传统文化中,梅象征坚强高洁、兰象征香雅怡情、竹象征正直不屈、菊象征清馨淡泊、牡丹象征国色天香(图5-110)。

图5-110

十二、利华（leverstyle）

2023年3月21日，电商新潮时装领导品牌——利华集团首次登陆广东时装周。本次发布，利华展示了行业领先的产品系列，包括一系列男女服装产品类别，涵盖梭织和针织产品，兼顾舒适性和功能性，以应对多变的气候，在工作、休闲不同场合自由转换，充分满足不同的健康生活需求（图5-111）。

图5-111

十三、王雨画帛（WANG YU PAINTING SILKS）

2023年3月21日，一方丝巾连接世界，原创设计师品牌——王雨画帛首次登陆广东时装周，带来惊艳的品牌首秀。画家、设计师王雨，擅长运用手绘、插画、素描等技巧，融合中国传统文化元素，来表达丰富的色彩语言体系，使其作品体现出独特的原创设计价值。创始人王雨的传奇人生形成了她独特的个人魅力。她的作品，传递了浓郁的民族自信，受众在作品中能找到内在共鸣和对生活的热爱，并增强自信。同时，其作品表达着对生命的理解和实现自我认知的内涵，深受用户粉丝的喜爱，被誉为"能让人涅槃重生的作品"（图5-112）。

图5-112

十四、千玉香约

2023年3月21日，"千玉香约"高订品牌惊艳亮相2023广东时装周—春季，在主会场为观众呈现了一场古韵金风的香云纱时尚大秀。"千玉香约"品牌服装高定创始人千玉设计师从事服装设计20多年，其服饰设计融合了东西方文化内涵。其香云纱品牌服饰品牌以"自然为色，草木为本，国潮元素，非遗传承，讲好中国的故事"作为设计理念（图5-113）。

图5-113

十五、芸想（LAFAVEUR）

2023年3月21日，芸想登陆广东时装周，带来主题为"芸"之知性美的惊艳首秀，新中式旗袍演绎古典与现代的美学碰撞。本次首秀，以非遗潮绣、手工钉珠绣为特色，将传统旗袍形制与现代款型相结合，将晚礼服加入传统工艺等古典元素，通过图案、工艺、配色的变化，呈现女性自我意识从觉醒到成长的历程（图5-114）。

图5-114

十六、NOROOTS

2023年3月21日，先锋设计师品牌NOROOTS首次登上广东时装周，品牌创始人魏王荣呈上了独一无二的小黑裙系列。在设计师的精灵世界，"精灵骑士"带着浪漫与爱，一路披荆斩棘、长途跋涉，凭借高洁英勇的骑士精神，讲述一个跨时空的当代神话故事，给每位女性创造出独一无二的"小黑裙铠甲"，让她们在生活中无畏前行（图5-115）。

图5-115

十七、骏盛织带·李小裁

2023年3月21日，骏盛织带作为一直深耕服装领域的制造企业，首次登上广东时装周，此次携手工创作设计师李小裁，以"奇遇"为主题，突破对织带的传统观念，献上实用"织带"与时尚"设计"相结合的"奇遇"大秀，突出"自然·成长·喜悦"的品牌风格，在超模的领衔演绎下，引领现场观众进入织带与时尚奇幻连接的全新世界，感受骏盛织带的品牌文化及产品魅力（图5-116）。

图5-116

十八、悟蓝手作·瞿德刚

2023年3月21日，悟蓝手作2023春季新品发布会在2023广东时装周—春季主会场举办。本次发布主题为"自由自在"，从中国传统吉祥图案鱼中获取灵感，中国的"鱼文化"博大精深，源远流长。鱼在中国文化的语境中有生殖繁盛、福泽绵绵的含义，在文人士大夫的心目中，鱼悠游自在，是精神自由的象征。鱼的造型、纹路以及鱼鳞、鱼尾的造型，不仅生动有趣，洋溢着对生活的热爱，并且寓意美好，是吉庆、富裕、前途美好和幸运的象征。整个系列运用鱼作为情愫贯穿始终，结合悟蓝品牌基因将蓝染结合扎染、蜡染、枫香染等印染工艺表现在产品的服装工艺上（图5-117）。

图5-117

十九、盈云科技·张玉容

2023年3月21日，圣东尼、盈云科技、宝娜斯三大针织龙头企业倾力打造28针无缝超细针织智造系列大秀，结合欧洲的前沿针织制造技术、时尚理念，将针织制造向产业智造升级，帮助企业实现更高效能，全品类制造，覆盖全年产品，练好针织企业既快又好的产品内功，研发拥抱智造，开创针未来（图5-118）。

图5-118

二十、"生之喜粤"高级定制联合秀

2023年3月22日,"生之喜粤"高级定制联合秀在2023广东时装周—春季秀场隆重举行。本季特别邀请到备受瞩目的高级定制设计师品牌：章镇布艺、布艺布然、著衣、CIMEN.LIU、托尼宝拉、MSV六大高级定制新锐品牌设计师联合为大家带来"生之喜粤"主题系列高级定制联合大秀，先锋潮流与非遗文化的灵感碰撞，中国时尚的百花齐放，精彩荟萃的时尚盛宴，共同展现出中国设计的别致魅力，为大家呈现了一场美轮美奂的视觉盛宴（图5-119）。

图5-119

二十一、ESMOD广州法国高等服装设计学院2022毕业作品秀

2023年3月22日，ESMOD广州法国高等服装设计学院2022毕业设计及优秀作品发布会在广州国际媒体港上演。本次是ESMOD广州与广东时装周的首次携手，以"OPEN开·放"为发布主题，学子们以服装为载体，以中国古典的建筑元素为灵感，结合新型材质的面料再造，借由现代高级成衣，从而赋予古典文化以新的表现形式，表达了对多元文化的探索，展示了年轻设计师们的设计创意及工艺功底（图5-120）。

图5-120

二十二、诺曼琦·侯东美

2023年3月23日，诺曼琦（RMK）品牌2023春季时装发布会在广州国际媒体港上演，品牌以"为寻找时尚的生活态度而设计"为理念，持续提升产品研发能力。塑造"女权主义的天使"，打造多元时尚衣橱。此次诺曼琦的设计师团队倾力呈现黑白经典系列，旨在向经典致敬并传递永恒、乐观、独立、自由的理念（图5-121）。

图5-121

二十三、珂莱丽思·严碧虹

2023年3月23日，珂莱丽思2023春季新品发布会在2023广东时装周—春季主会场举办，以"都市节拍"为主题，以"轻松自在"为设计核心，应对都市女性对生活和工作场合的着装要求不断提升，而选择了一种更加舒适和轻快的设计元素。珂莱丽思在产品款式以及面料选择方面追求环保、轻盈感，为女性提供更为彰显个性和营造轻松的生活、工作氛围感（图5-122）。

图5-122

二十四、云水芳华·张语惜

2023年3月23日，时尚国风原创设计师品牌云水芳华女装首次登上广东时装周。来自十三朝古都西安的设计师惜子，以中国元素为灵魂，将中国古典文化与时尚相结合，顺应全球时尚趋势，满足现代人对舒适、随性、典雅的服饰需求。遵循东方女性的气质及形体特征，注重传统服饰元素的融合以及素雅自然色系的运用，材质上讲究穿着的舒适性，突出服装的品质感、舒适感，使其作品体现独特的原创且务实的设计价值（图5-123）。

图5-123

二十五、摩迪莲姿·李填

2023年3月23日，广州市工贸技师学院踏上广东时装周舞台，发布了产教融合原创设计品牌"摩迪莲姿"高定作品，是首个在广东时装周上发布原创品牌校企合作成果作品的技工院校。本次发布了"时尚优雅""时尚甜美""高级定制"三个系列的服装设计作品，服装线条简洁流畅、质感细腻优雅，简约中彰显知性大气，清新中展现个性活力，将意式浪漫风情与传统的东方韵味风格相结合，休闲与甜美并存，迎合都市时尚女性的审美品位，体现她们甜美、知性、优雅与感性的本色，满足她们在不同生活方式中的着装需求（图5-124）。

图5-124

二十六、广东服装外贸数字化转型升级研讨会之2023沙溪服装产业高质量发展论坛

为促进沙溪镇优质服装品牌企业和高端制造企业参与高水平的对外交流与合作，加快推动沙溪服装产业转型升级，3月23日，作为2023广东时装周—春季的重磅活动之一，广东服装外贸数字化转型升级研讨会之2023沙溪服装产业高质量发展论坛在主会场召开，政府、行业专家、企业、服务商等各方代表齐聚，围绕沙溪服装高质量发展问题建言献策（图5-125）。

图5-125

二十七、沙溪休闲服装外贸转型升级基地品牌展和高端制造企业展

沙溪休闲服装外贸转型升级基地品牌展和高端制造企业展在"2023广东时装周—（春季）·沙溪日"主会场举办，中山市沙溪镇党委书记徐成彬带来了"湾区核点 时尚沙溪"的重磅推介。元一、通伟、莉星、

巨邦、波特邦威、唯希、鱼跃、俊怡、荣德杰、筑帝、因诺威、女神战袍、锐城、凯施迪、华人礼服等沙溪优秀品牌及制造企业集结，共同展现了沙溪服装的魅力和沙溪时尚的风采（图5-126）。

图5-126

二十八、TIT品牌时装秀

2023年3月24日，TIT品牌时装秀在第31届广东时装周上闪亮登场。作为联合主办方，广州纺织工贸企业集团有限公司（其为广州轻工集团重点子企业）携下属中华老字号"利工民"T台首秀绽放时尚魅力，惊艳全场。恰逢中华老字号"利工民"品牌诞生100周年，百年品牌秉承"匠心制造"的精神，坚持"生活在美好的时刻"的理念，不断焕新品牌内涵，打造老字号新风尚。顺势推出轻奢女装"LIGOMIN"，品牌以品质为核心，注重消费者体验感，传递健康、自信、时尚的生活理念。本次"LIGOMIN"推出了"都市新风尚"和"简繁party"两大系列。"都市新风尚"系列，以女性视角出发，营造出一种现代女性理想的生活状态。服装整体以简约时尚为主，融合流行色彩，通过不同色彩搭配，碰撞出不一样的时尚效果，使着装者在不同场合都能够成为人群中的小焦点（图5-127）。

图5-127

二十九、HUAWEI华为时尚美学品鉴会

2023年3月24日，2023华为春季旗舰新品携手2023广东时装周—春季、INSDAILY开展"华为时尚美学"视觉盛宴，首次登陆广州国际媒体港"珠江之眼"演播厅，带领现场嘉宾感受科技跨界魅力。本次活动以华为时尚美学为主题，携手最新发布的HUAWEI P60系列及HUAWEI Mate X3等全场景新品开展首席品鉴会。现场由华为产品经理带来HUAWEI P60系列全新配色设计美学分享，同时携手逸尚创展POP全球趋势首席时尚产业趋势专家张巍展望2023科技时尚流行趋势，以及中国十佳服装设计师屈汀南Gary Wat时尚大秀，展示创新时尚融合，华为时尚美学（图5-128）。

图5-128

三十、星梦传说·港岛七公主Lucky Seven

在2023广东时装周一春季的舞台上，高级儿童礼服品牌港岛七公主Lucky Seven精心推出的星梦童话大秀"星梦奇缘"完美落幕。港岛七公主Lucky Seven是一个充满梦想与爱的高级儿童礼服品牌，致力于为全球儿童打造一个华服的童话世界，"每个女孩都是公主"。本季秀场主题为"星梦传说"，主打流光溢彩金、星辰大海蓝、月光女神白三色系列（图5-129）。

图5-129

三十一、智·作 | 优布·元设纪

2023年3月27日，以优布公司为主牵手时装原创设计机构、品牌渠道两端的"智·作"时装秀，是一次服装柔性供应链企业服务、赋能新锐服装设计师，提升品牌活力的大胆创新与尝试。这场大秀的参与方广州元设纪文化传媒发展有限公司是一家初创的集设计、品牌孵化为一体的综合性设计师服务平台，拥有丰富的设计师资源及为品牌孵化成长提供有力支持。品牌方经典故事、FOREVER21均为女性消费者非常熟悉的服装品牌，利工民作为一家拥有悠久历史的知名品牌今年也迎来了百年华诞。这次走秀的服装均是新锐原创设计师团队为品牌定向开发，以设计师与品牌联名款的方式推向市场（图5-130）。

图5-130

三十二、"柯桥优选 万物新生"趋势发布

2023年3月28日，作为2023广东时装周一春季的压轴大秀，"柯桥优选 万物新生"趋势发布联合35家柯桥优秀材料企业，通过POP服装趋势时尚资讯平台数据化市场洞察和消费者分析，经YIWAY-Xlab新品制造局进行企划策划、面料甄选和设计成衣，将科技、绿色、环保的理念与创新面料相结合，以"LAGOM平衡"科技通勤、"交融边际"再造国风、"标清回溯"经典复古、"COSMOS宇宙"科技街潮四大主题诠释了未来消费者的生活方式与时尚穿搭，呈现出一场关于新材料创新的完美发布，获得了现场观众的极高赞赏（图5-131）。

图5-131

2022中山市工业设计大赛沙溪休闲服装设计专项赛

2023年3月3日，2022中山市工业设计大赛沙溪休闲服装设计专项赛决赛在沙溪盛大举办，最终"The Past Record"揽得金奖（图5-132）。

为充分发挥服装设计对中山服装产业转型升级的推动作用，集聚创新型人才，根据"2022中山市工业设计大赛方案"的工作部署，本次大赛由中山市工业和信息化局、中山市沙溪镇人民政府指导，广东省服装服饰行业协会、广东省服装设计师协会、中山市沙溪镇工业信息和科技商务局共同主办，以"潮"未来为主题，旨在打造为服装设计人才提供展现时尚态度及设计哲学的平台，以服装设计推动沙溪服装产业转型升级，强化沙溪镇休闲服装外贸转型升级示范基地，培育出具有国际知名度的沙溪时尚品牌。

沙溪镇党委委员、副镇长黎宇彬在致辞时表示，沙溪服装产业链条完整，共有服装企业5000多家，配套近600家上下游企业，产业规模和制造水平享誉全国。沙溪镇坚持制造业当家，坚定不移以"现代时尚产业集群舰队"领航制造业高质量发展，瞄准"中山西城市新中心 深圳西产业首选地"战略定位，坚定不移走好高质量发展之路。沙溪将大力推动产业时尚化、品牌化升级，提升产品"硬实力"，不断提高时尚产业数字化融合能力，提升创意设计水平，增强区域品牌影响力，加快推进形成"沙溪设计""沙溪品牌""沙溪产品"的高端供给新格局，建成具有国际竞争力和市场影响力的现代时尚产业集群。

本次大赛全面升级，作为政府与行业协会联合主办的专业赛事，呈现出影响力强、参赛规模大、参赛主体广、参赛作品优的特点。自2022年9月启动以来，得到了社会各界的高度关注和高校学生的积极参与，共收到来自全国24个省份、109家院校的813份参赛作品，经过层层评审，最终有20组作品晋级决赛。

秉承"高规格、专业性"的原则，本次决赛的评审团由顶尖设计大咖和知名企业代表组成，其中中国服装设计最高荣誉"金顶奖"获得者、广州芳芳服饰设计有限公司设计总监李小燕担任评判长，中国十佳时装设计师、华南农业大学艺术学院院长金惠，中国十佳时装设计师、中山市卓尔特时装有限公司董事长兼创意总监董怀光，中国十佳时装设计师、门神时尚文化（广州）有限公司品牌创始人兼创意总监林进亮，中山市服装设计师协会会长、中山市波特邦威服饰有

图5-132

限公司董事长陈锦康担任评委。

经过一番精彩展演和激烈角逐,"The Past Record"以亮眼的巧思赢得评审团的高度认可,夺得金奖,"极致""逆光影像"获得银奖,"CYBER·CHINOISERIE""未""禁止飞行"获得铜奖,其余进入决赛的作品获得优秀奖(图5-133)。

图5-133

比赛现场,莉星、锐城、唯希等代表企业特别呈现了一场精彩的联合发布大秀,展现了沙溪服装的时尚设计及精细工艺(图5-134)。

当前,沙溪坚定"高端服装"产业定位,全镇上下凝聚共识积极行动,力争打造"中国针织服装之都"。在《关于进一步推动纺织服装产业高质量发展的实施意见》重磅发布的背景下,作为省内产业集群举办的重要设计大赛,中山市工业设计大赛沙溪休闲服装设计专项赛将持续发挥平台作用,为沙溪培养、造就一批具备较强实际动手能力和较高综合职业素质的高端设计人才,为沙溪服装高质量发展提供人才支撑。

广东省服装服饰行业协会执行会长刘岳屏,中山市工业和信息化局生产服务业科科长侯国强,沙溪镇党委委员、副镇长黎宇彬,沙溪镇工业信息和科技商务局局长陈海涛,广东省服装设计师协会专职执行会长温静华,中山市沙溪理工学校党委书记冯子川,中山职业技术学院艺术设计学院副院长、沙溪纺织服装学院院长刘周海,中山市沙溪理工学校校长卢永辉,中山市服装设计师协会常务副会长兼秘书长刘亮等领导嘉宾出席大赛(图5-135)。

图5-134

图5-135

2022中山市工业设计大赛沙溪休闲服装设计专项赛获奖名单：金奖The past record（图5-136），银奖《极致》《逆光影像》（图5-137），铜奖《CYBER·CHINOISERIE》《未》《禁止飞行》（图5-138），优秀奖《乌兰巴托的印记》《东方之"境"》《追光逐影》《东方腔调》《嗅异世间香》《VERTICAL AND HORIZONTAL》《霸王别姬》《时·刻》《英歌魂》《旧衣改造局》《视界》《数境》《沙丘》《今天不似预期》（图5-139）。

图5-136

图5-137

图5-138

图5-139

第22届"虎门杯"国际青年设计（女装）大赛

2023年3月22日晚，作为第26届中国（虎门）国际服装交易会一大重头戏的"锦绣山河"——第22届"虎门杯"国际青年设计（女装）大赛总决赛在服装交易会主会场时尚发布厅举行。

国际纺织制造商联合会主席、中国纺织工业联合会会长孙瑞哲，中国纺织信息中心党委书记、中国纺织工业联合会社会责任办公室主任阎岩，中国服装协会顾问蒋衡杰，中国纺织工业企业管理协会常务副会长谢青，中国纺织信息中心副主任李波，中国纺织工业联合会纺织服装品牌工作办公室副主任屈飞，中国家用纺织品行业协会副会长刘兆祥等国家纺织服装及相关行业协会领导，广东省服装服饰行业协会会长卜晓强、广东省服装服饰行业协会执行会长刘岳屏、广东省服装设计师协会专职执行会长温静华等协会领导，虎门镇党委书记蒋亚军、虎门镇党委副书记、镇长吴庆球等虎门镇委及镇政府主要领导出席并为获奖者颁奖（图5-140）。

"虎门杯"国际青年设计（女装）大赛，由中国服装协会、中国服装设计师协会、广东省服装服饰行业协会、广东省服装设计师协会、东莞市虎门服装服饰行业协会联合举办，是大湾区（虎门）时装周的重头戏之一，2023年已迎来了第22届。本届大赛组委会共收到来自俄罗斯、马来西亚、泰国、乌克兰、斐济共和国、日本、莱索托、中国等8个国家的2235份参赛作品。经过初赛严格筛选后，来自斐济、泰国及中国的30组选手的优秀作品进入了决赛。

为体现大赛的权威性，总决赛特邀多位重量级评委，评判长由中国服装设计师协会原主席、清华大学美术学院教授、博士生导师李当岐担纲，评委包括广东省服装设计师协会终身荣誉会长、广州刘洋艺术创作有限公司设计总监刘洋，中国服装设计师协会副主席、广东省服装设计师协会会长、JIWENBO时尚机构艺术总监计文波，中国服装设计师协会副主席、上海服装设计协会副会长、"金顶奖"设计师、上海田时服装科技有限公司艺术总监武学凯，中国服装设计师最高荣誉"金顶奖"获得者、广州芳芳服饰设计有限公司设计总监李小燕，中国服装设计最高荣誉"金顶奖"获得者、合集置和设计师艺术生活平台创始人张义超，上海翼舍文化传播有限公司创始人、法国品牌Ébahir设计总监李春江（图5-141）。

图5-140

图5-141

经过激烈角逐，最终广东选手宋祖耀以作品"城南花已开"一举夺得金奖（图5-142、图5-143），刘怡的"篌"（图5-144）和代骏頔/吴健仪组合的"无所为而为"（图5-145）获银奖，黄光辰、高磊、黄淑娟/肖琪组合分别以作品"未知链接"（图5-146）、"月破松梢晓"（图5-147）、"醒视"（图5-148）获铜奖。此外，10个优秀奖也名花有主（表5-1）。

图5-142

图5-143

图5-144

图5-145

图5-146

图5-147

图5-148

表5-1 第22届"虎门杯"国际青年设计(女装)大赛决赛获奖名单

奖项	姓名	地区	作品名称
金奖 Gold Prize	宋祖耀 Song Zuyao	中国(广东) China(Guangdong)	城南花已开 Flowers are in Bloom in the South of the City
银奖 Silver Prize	刘怡 Liu Yi	中国(重庆) China(Chongqing)	筬 Bamboo Weaving
	代骏顿/吴健仪 Dai Jundi/Wu Jianyi	中国(广东) China(Guangdong)	无所为而为 Process Aesthetics
铜奖 Bronze Prize	黄光辰 Huang Guangchen	中国(广东) China(Guangdong)	未知链接 Unknown Links
	高磊 Gao Lei	中国(江西) China(Jiangxi)	月破松梢晓 The Moon that Breaks the Treetops Knows the Sunrise
	黄淑娟/肖琪 Huang Shujuan/Xiao Qi	中国(广东) China(Guangdong)	醒视 Awaken
优秀奖 Excellence Prize	梁恂 Liang Xun	中国(广东) China(Guangdong)	山的那边 The Other Side of Mountain
	顾乃盟/刘明津 Gu Naimeng/Liu Mingjin	中国(陕西) China(Shanxi)	边际 Margin
	孙博轩 Sun Boxuan	中国(黑龙江) China(Heilongjiang)	枘凿万端 Incompatible Such
	格根塔娜 Gegentana	中国(内蒙古) China(Inner Mongolia)	哇!奶味儿 Milk Scent
	江文卓 Jiang Wenzhuo	中国(北京) China(Beijing)	一年纸间 Wishes
	柳猛 Liu Meng	中国(广东) China(Guangdong)	俯瞰万疆 Overlooking the Mountains and Rivers
	杨岳/吴文基 Yang Yue/Wu Wenji	中国(河北) China(Hebei)	"小春庄"的幻想 The Imagination of a Small Village
	周嘉祎/乔婷 Zhou Jiayi/Qiao Ting	中国(辽宁) China(Liaoning)	锦绣云间 Cloud Pattern
	杰丁·怀特赛德 Jadeine Whiteside	斐济 Fiji	家外之家 Riviera
	张真真 Zhang Zhenzhen	中国(湖北) China(Hubei)	隔壁黑岭 The Black Mountain

据了解，金奖得主宋祖耀为一名职业设计师，已创立个人定制品牌。其作品有两大特色，一是一衣多穿，二是将中国非遗广东香云纱与竹编技艺相结合，通过碰撞，演绎多元的文化、美丽的国土，以诠释大赛的主题"锦绣山河"，致力打破"香云纱只适合年长的、有一定阅历的人"的固有观念，体现香云纱的包容性，让年轻人也喜欢上香云纱，从而推广中国本土的非遗。值得一提的是，其之前已参加过"虎门杯"大赛，认为每一次参赛对设计师都是一种锻炼，感觉自己此次的作品比上一次参赛时更精练简洁、工艺更成熟。未来会更加用心地研究中国文化、中国元素。他认为"虎门杯"国际青年设计（女装）大赛非常专业，高手如云，设计师一定要做自己，设计要有个人风格，在兼顾市场需求的情况下，不做一些过于"套路"的作品，要做属于自己的特色设计，有自己的标记。

赛后，评委们均对本届"虎门杯"给予了高度评价。多次担任"虎门杯"大赛评委的李春江表示，"虎门杯"国际青年设计（女装）大赛是一项成熟、权威的服装设计大赛，其连续举办对推动虎门服装交易会的成功举办、提振虎门服装行业发展信心和培育虎门本土服装品牌成长起到重要作用。2023年的大赛让人们欣喜地看到选手们的进步、中国青年设计师的成长，如作品中中国元素越来越多，选手们更关注市场需求。

2023中国（广东）大学生时装周

始于2006年的中国（广东）大学生时装周，以"实现梦想的天桥"为主题，是国内首创、规模最大、规格最高，专门为广东省内各高校服装设计专业学子打造的大型公益性时尚盛会，是纺织服装行业一年一度人才交流、产学研用成果发布、供需对接的重要平台。创办至今，中国（广东）大学生时装周十八载始终如一，全方位构建起行业先锋设计、人才精准对接和产学研用一体的产业化支撑体系，每年为广东乃至全国纺织服装产业培育孵化超过20000名创新型设计人才。

芳华十八，追光前行。2023年5月19~29日，由广东省教育厅指导，广东省服装服饰行业协会、广东省服装设计师协会、广州国际轻纺城主办，凯华公益·真爱梦想专项基金全程支持的2023中国（广东）大学生时装周在广州国际轻纺城盛大举办（图5-149）。

图5-149

为期11天的精彩日程里，超过22所参与院校呈上了集聚新锐创意、前沿趋势、精致工艺的新一代时尚潮流表达，院校毕业设计展演、指定面料团体创意设计大赛、广东大学生优秀服装设计大赛总决赛、大咖论坛、对接交流会等丰富多彩的主题活动轮番上演。纺织服装新材料、新技术与新功能的碰撞，传统文化与设计未来的共振，设计创意与潮流文化的交汇，以及各个院校在"政、产、校、企"资源深度融合的教学及设计实践成果展示，共同托举出一个新生代设计师时尚征程的新起点，为广州打造时尚之都、广东打造世界级先进纺织服装产业强省提供人才支撑。

一、2023"广州国际轻纺城杯"指定面料团体创意设计大赛

2023年5月19日，备受瞩目的开幕大秀——"广州国际轻纺城杯"指定面料团体创意设计大赛在广州国际轻纺城举办。作为中国（广东）大学生时装周的重要组成部分，本届的指定面料团体创意设计大赛得到了宇桐纺织、骏成纺织、润沣纺织、彬发·三义、永嘉发、和利达环保皮草、卓悦纺织、hello APM等8家来自广州国际轻纺城内优质品牌商户的鼎力支持，携手作为本届大学生时装周的官方指定面料供应商，为入围参赛的院校设计团队提供高品质的流行面料产品。经过刘洋、陈志光、曲晶、王丹红、朱颖洁的专业评审后，hello APM战队广东白云学院作品《澜夜风花》获得最具市场价值奖，永嘉发战队广东职业技术学院作品《横跨》获得最佳舞台效果奖，彬发·三义战队湛江科技学院作品《向"氧"而行》获得最佳面料运用奖，宇桐纺织战队中山职业技术学院作品《生生不息》获得最佳工艺制作奖，彬发·三义战队广州市白云工商技师学院作品《亦瑶之上》获得最具时尚风潮奖（图5-150）。

图5-150

二、2023广东纺织服装产业供应链对接交流会

2023中国（广东）大学生时装周开幕首日，广东纺织服装产业供应链对接交流会在广州举办。作为大学生时装周针对供应链协同打造的面对面交流平台，本次交流会整合供应链上下游企业，汇聚行业领导、服装企业、设计师、面辅料企业、院校代表及服务平台，就行业共同关心的热点问题进行专题交流、研讨思辨（图5-151）。

图5-151

三、北京理工大学珠海学院服装设计毕业作品展演

2023年5月20日，北京理工大学珠海学院设计与艺术学院服装与服饰设计专业2023届优秀毕业设计专场发布会举办。26位设计师发布了87套服装作品，既有舒适的休闲装系列，也有璀璨夺目的礼服系列；既包含了运动机能的设计点，也涵盖了创意概念的变装设计；既考虑设计的主题与风格，也能细心地考量各元素在服装的色彩、材料、廓型、装饰工艺、缉缝工艺、妆容造型等层面的关系和联动（图5-152）。

图5-152

四、私立华联学院服装设计毕业作品展演

2023年5月20日，2023私立华联学院服装设计毕业作品展演举办。本次毕业设计作品展演以"破茧成蝶，放飞梦想"为主题，28个系列超100套作品争奇斗艳。设计师们用他们独有的灵感，从面料的选择、工艺上设计出天马行空、极具创意的作品，在中国（广东）大学生时装周舞台上大放光彩，受到各界广泛关注（图5-153）。

图5-153

五、广东科技学院服装设计毕业作品展演

2023年5月21日，2023广东科技学院服装设计毕业作品展演举办。本次毕业设计主题为"衍"，四季韶华，服装人共同走过千余个日出日落，时光凝结成服装人的件件作品。作品中的一针一线，不仅诠释着他们过去的坚持与执着，更衍生出他们对未来的憧憬与希望（图5-154）。

图5-154

六、广东工业大学艺术与设计学院服装设计毕业作品展演

2023年5月21日，广东工业大学艺术与设计学院服装设计毕业作品展演举办。本次毕业作品展演以"未·时尚23"为主题，围绕传统文化传承、时尚都市潮牌、时尚科技创新三大设计主题展开设计畅想，整个秀场以"持续先锋·时尚涌动""生生不息·文艺相传"和"远走高飞·归来仍是少年"构成三大篇章（图5-155）。

图5-155

七、广东文艺职业学院服装设计毕业作品展演

2023年5月22日，广东文艺职业学院设计与工艺美术学院服装与服饰设计专业2023届毕业生作品展演举办。本次展演中，京剧、醒狮、道家文化、三星堆等中华传统文化瑰宝及非遗大放光彩；其中，作品《戏中角》灵感来源于京剧脸谱，它不仅是中华民族的精神象征，而且是世界文化遗产中的灿烂瑰宝；作品《黎·狮》以中华民族文化"醒狮"为主题，把传统文化和现代运动风格相结合，在保留运动休闲风格的同时，增添舞狮的色彩和元素，体现独具一格的传统美（图5-156）。

图5-156

八、东莞职业技术学院服装设计毕业作品展演

2023年5月22日，东莞职业技术学院服装设计毕业作品展演举办。本次展演以"美美与共，焕彩重生"为主题，发布了20组毕业生服装设计作品以及大朗毛织产业学院产教融合毛织设计作品18套。通过创意的服饰造型、色彩展现了青春无畏，用创新时尚点燃了秀场，设计师用巧手编织的霓裳展现了独特的设计理念和无限的创造能力（图5-157）。

图5-157

九、东莞市技师学院服装设计毕业作品展演

2023年5月23日，东莞市技师学院服装设计毕业作品展演举办。本次展演的作品由学院2019级中澳服装201班和2021级服装301班的学生设计和制作，共18个系列，以各自独特的视角诠释时代风格、民族元素和都市时尚，充分展示了东莞市技师学院新生代设计师们扎实的设计功底和娴熟的工艺水平，充分彰显

了学院服装设计专业的国际化理念，体现了新时代、新风貌的教学成果（图5-158）。

图5-158

十、广东轻工职业技术学院服装设计毕业作品展演

2023年5月23日，广东轻工职业技术学院服装设计毕业作品展演举办。本次毕业作品展演以"共融·至美"为大主题，"共融"是这个世界的基本特性，它无处不在，深刻影响着服装行业。只有相互融合，才能得到至真至善的发展，服装也在相互融合中达到"至美"，至美无形，而无处不形。本次展演共包含了25个系列118套服装。每个系列的服装都具有独立的设计理念和视觉效果，搭配不同的材质、造型、色彩，展现了每个设计师精妙的想法和独特的思想表达，以及三年努力学习的成果（图5-159）。

图5-159

十一、广州工程技术职业学院服装设计毕业作品展演

2023年5月23日，广州工程技术职业学院服装设计毕业作品展演举办。本次展演主题为"设计·向未来，技艺·在传承"，展示的毕业设计成衣系列作品共24个系列88套服装，分为两个部分——虚拟时装展和大学生时装周成衣展。其中，虚拟时装展采用了"元宇宙"设计技术，为大家呈现了一个高度沉浸式的时装展示体验（图5-160）。

图5-160

十二、广州市工贸技师学院服装设计毕业作品展演

2023年5月24日，广州市工贸技师学院服装设计毕业作品展演举办。本次毕业作品展演以"承·创无限"为主题，旨在让学生们感受传统文化的魅力。让传统与时尚碰撞，通过中国文化来表达对世界时尚潮流的设计畅想，寸步千里，咫尺山河，学生们用独特的服装语言向传统文化致敬（图5-161）。

图5-161

十三、中山职业技术学院服装设计毕业作品展演

2023年5月24日，中山职业技术学院服装设计毕业作品展演举办。本次展演以"重构·未来"为主题，由22位设计师精心打造的22个系列作品组成，是2023年中山职业技术学院沙溪纺织服装学院依托专业镇产业学院协同育人平台取得产教融合办学成果的集中展示，是莘莘学子用花样年华编织的创意之梦，用火红青春谱写的辉煌诗篇，用坚定脚步探寻的时尚之旅。学生玩转面料、色彩、廓型的奇妙组合，探索设计创意呈现的无限可能，尽情展现了中国服装新生代对时尚与艺术的多元理解与个性化追求（图5-162）。

图5-162

十四、广州大学美术与设计学院服装设计毕业作品展演

2023年5月24日，广州大学美术与设计学院2019级服装设计毕业作品展演举办。本次毕业作品展演以"向上的力量"为主题，展示了18位设计师的89件作品，万物皆有裂痕，那是光之来处。在这次毕业设计中，设计师将心底的力量与服装融合，呈现出百花齐放的景象。既有磅礴大气的中国风，也有机械未来的科技感，既有清新梦幻的自然之景，也有个性时尚的现代潮流。经过材料创新、色彩碰撞、款式分解及纹样重组等手段，从文化、美学、功能等多维度诠释设计师们对传统文化与现代结合的理解和感悟，力求通过追寻服饰语言呈现蕴含时代背景与个人特色的精湛设计（图5-163）。

图5-163

十五、广州南洋理工职业学院服装设计毕业作品展演

2023年5月25日，广州南洋理工职业学院服装设计毕业作品展演举办。本次展演以"数智绿动"为主题，即在时尚行业数字化、智能化升级发展的大背景下。以环保绿展动感节拍，以数字智能赋创新时尚，从48个系列的服装作品中，精选出20个优秀学生的系列作品，共计100套服装，按照色彩、风格等分为4个大的主题系列，即时尚成衣系列、国风系列、创意潮系列、浪漫风系列等，充分展现出学生设计创意的多元性（图5-164）。

图5-164

十六、五邑大学艺术设计学院服装设计毕业作品展演

2023年5月25日，五邑大学艺术设计学院服装设计毕业作品展演举办。本次毕业作品展演以"创新·赋能·聚变"为主题，共展出19个系列服装作品。这些

作品是新时代下设计师们对时尚与科技、传统与潮流的设计创新与思考，为现场来宾及观众呈现了一场精彩的视觉盛宴（图5-165）。

图5-165

十七、广州广播电视大学纺织服装分校服装设计毕业作品展演

2023年5月25日，广州广播电视大学纺织服装分校服装设计毕业作品展演举办。本次展演共呈现了20个系列100余套系列服装作品，在发挥创意的同时，能够贴近市场趋势，又高于市场流行前沿。虽是学生作品，但从设计落脚点已能看出学生们的专业功底扎实，设计思路成熟实用（图5-166）。

图5-166

十八、广州科技贸易职业学院艺术设计学院服装与服饰设计专业2023届毕业设计作品展演

2023年5月26日，广州科技贸易职业学院艺术设计学院服装与服饰设计专业2023届毕业设计作品展演举办。本次毕业设计作品展演以"蔚·未来"为主题，《广雅·释训》曾释："蔚蔚，茂也。"《汉书·叙传下》曾释："蔚为辞宗。"蔚，释之，茂密苍劲、进取勃发、文采飞扬，同时亦兼具对未来美好期许的希望。展演共展出22个系列100余套作品，设计师们秉持着对专业知识的探索与钻研，结合自身专长选取不同题材进行设计和创作，由心出发，尽情绽放真挚的情感，在设计理念上吐故纳新，在设计方法中迭代演进，并融合多元化的表现形式，用设计诠释未来新价值，用设计传递新时代的温度和信息（图5-167）。

图5-167

十九、华南理工大学设计学院服装设计毕业作品展演

2023年5月26日，华南理工大学设计学院服装设计毕业作品展演举办。本次展演共展出24个系列作品，学生们用服饰的语言呈现出对时尚与服装设计的思考，展现出当代青年对传统文化和科技未来的探索，体现综合院校文理并重、学科交叉和协同创新的办学特色，巧思妙想的创意设计打动了现场嘉宾（图5-168）。

图5-168

二十、广东技术师范大学美术学院服装设计毕业作品展演

2023年5月27日，广东技术师范大学美术学院服装设计毕业作品展演举办。本次展演以"元宇宙·连接"为主题，元宇宙概念的核心是无限创造与连接，而时尚作为表达个性和追求美的载体，与元宇宙的理念不谋而合。展演分"运动未来""赛博未来""活力未来""国风未来"和"魔幻未来"5个篇章，展示了26个系列共130套风格各异、个性鲜明的服装。设计师们将元宇宙概念与时尚相结合，不仅展示了他们对时尚的独到理解，更融入了当代科技与未来梦想的碰撞，让更多人看到了时尚界无尽的可能性（图5-169）。

图5-169

二十一、广东职业技术学院服装设计毕业作品展演

2023年5月27日，广东职业技术学院服装设计毕业作品展演举办。本次展演的主题为"氢·动力"，共展出27个系列139套优秀服装设计作品。"氢"是最轻的气体，它是清空，是重启，是新的开始和新的征程。成绩和经验已成为过往，在快速迭代更新的今天，面向未来，设计师和消费者都充满了忐忑和不安。全新的商业模式、更新的生产技术，科技复古、民族未来、数字生活，设计师用材料语言、结构语言以及他们的"行动力"来回答他们对未来的信心和期待（图5-170）。

图5-170

二十二、华南农业大学艺术学院服装设计毕业作品展演

2023年5月27日，华南农业大学艺术学院服装毕业设计作品展演举办。本次展演以"你的·我的·大家的"为主题，共展出33个系列作品，既强调设计与艺术的结合及多元文化的融合，更强调个人的、多元的基调。通过更富层次感与设计感的方式使不同元素打破服装的廓型与体积，将美学价值转化到服装设计中，在包罗万象的形式中找到合适的位置，形成了更加独特的趣味服装，达到一种新境界即"你的，我的，大家的"（图5-171）。

图5-171

二十三、广东白云学院&广州市白云工商技师学院服装设计毕业作品展演

2023年5月28日，广东白云学院、广州市白云工商技师学院两校联合举办服装设计毕业作品展演。本次展演以"匠·新"为主题，表达学生们在2023年

这一历史性的新时代里对匠心创造的追求与非遗传统文化传承的热情，展现原创设计以及对时尚元素的灵活运用、非遗文化与现代设计的转化和服装搭配技巧（图5-172）。

图5-172

二十四、"广州国际轻纺城杯"2023广东大学生优秀服装设计大赛总决赛

2023年5月29日，"广州国际轻纺城杯"2023广东大学生优秀服装设计大赛总决赛在广州国际轻纺城举办，张肇达、刘勇、张义超、邓兆萍、林进亮组成顶级评委团，经过层层选拔和激烈角逐，最终华南农业大学艺术学院的李万里以作品《港城掠影》、广州市白云工商技师学院的陆津津和骆瞳清以作品《凤吟》分别夺得本科组、专科组金奖。随着"广州国际轻纺城杯"2023广东大学生优秀服装设计大赛系列奖项及面料创新应用奖、最佳网络人气院校奖、最佳融媒体推广奖、TOP引力创作奖等各大奖项重磅揭晓，2023中国（广东）大学生时装周圆满落幕（图5-173）。

图5-173

第十届红棉国际时装周×云尚周

2023年5月26日至6月13日，第十届红棉国际时装周采"十全十美"的美好寓意，以"拾光咏叹"为主题，汇集在创意风格、商业表现等方面具有代表性和影响力的原创设计师品牌、新锐潮牌和中高端商业品牌发声共鸣。

本届时装周由中国纺织工业联合会、中国纺织工业联合会流通分会、中国服装协会、中国服装设计师协会指导，由广东省服装服饰行业协会、广东省服装设计师协会主办，红棉国际时装周组委会、广州中大门、广州红棉国际时装城共同承办，并作为唯一一个地方时装周，被列入国家商务部"棉纺消费季"重点活动，提振时尚消费，助力行业复苏。

作为本土原创力量的摇篮，红棉国际时装周致力培育更多具有潮流引导力的设计力量。经过十届匠心打造，红棉国际时装周不断创新升级，从本土到海外、从新锐到成熟……参与品牌愈加丰富多元，设计品质与创意传达也呈现不断改进的趋势。依托广州中大门的纺织时尚生态港优势，红棉国际时装周将聚合全产业链资源，全力构筑中国时尚产业的高质量发展高地。

一、设计师女装 REJJ

REJJ 2023秋冬发布会主题为"DARK WONDERLAND"，概念是暗黑童话。将童话故事还原成最初的样子，与恶魔、巫女等黑暗元素结合在一起，通过混合现代和古老元素，将传统童话世界和现在都市故事完美结合，强调社会背景与流行元素融合，使整个系列更加前卫、先锋，充满现代感（图5-174）。

图5-174

二、设计师女装 YEEIOU

YEEIOU 2023秋冬系列的主题围绕着"记忆容器"展开，时间像一块相互交错的织物，那些已经发生的事情都会以记忆的形式被编织其中，每一截原本相同的时间便拥有了不同的体积、容量和质量。YEEIOU将极具浪漫复古的魔幻基调、超现实的主题内容以及独特的色彩感和充满童趣的插花图案贯穿于整体设计与造型中（图5-175）。

图5-175

三、设计师女装 NSW

逆思维（NSW）2023秋冬全新系列以"映像"为主题，运用裁剪、面料填充、抽褶、拼接等多种工艺设计表达手法，从不同维度塑造出时尚运动、摩登都市女性的多面形象风格，让女性看见"映像"中不一样的自己（图5-176）。

图5-176

四、设计师女装 RONG RONG

抖音头部女装品牌溶溶（RONG RONG）在广州中大门国际时尚发布中心以"溶曜"为主题举行新品发布秀，全新演绎新一代时尚独立女性的力量，以秀场联动直播间的"即秀即播即卖"模式，在秀场展演与品牌主理人的实力带货下，直播间人气爆满，热度持续升级（图5-177）。

图5-177

五、香港设计师女装 LAFAVEUR

中国香港设计师品牌芸想（LAFAVEUR）亮相第十届红棉国际时装周x云尚周，在广州中大门国际时尚发布中心带来主题为"自然之约"的2023秋冬系列发布会。本次发布的系列女装晚礼服，灵感源自大自然的美妙与神秘，设计师以大自然的元素为灵感，致力于打造一系列充满生机和优雅的晚礼服。设计理念是邀请穿着者在穿越时空的旅程中感受大自然的美妙与宁静（图5-178）。

图5-178

六、设计师女装 LIDISHA

丽迪莎（LIDISHA）以"奇思妙想的童话世界"为主题，在广州中大门国际时尚发布中心发布2023秋冬新品系列，森系少女游走在天马飞鸟之间，带领我们进入梦中的童话世界。本季系列作品沿用复古浪漫的色彩风格为基调，融合服装面料让品牌更具故事性；通过展示服装的多元搭配，为女孩们构建尊重服用多样性，同时强调保留个性的万能衣橱（图5-179）。

图5-179

七、设计师女装 QINGMU

倾慕（QINGMU）以"心之所向"为主题呈献2023秋冬新品发布大秀。从初心旷野到谧境海岸，用松弛自由的情绪和丰富的创造力，构建出一个更具内在力量的崭新世界，以心之所向恭候同行人，丰盈一段欢愉路程，共抵身之所往。QINGMU 2023秋冬女装系列倾情打造工艺精良、材质永续的不朽经典，用低调奢华且历久弥新的精心设计，为当代女性铸造舒适悠然的心之所向（图5-180）。

图5-180

八、韩国设计师女装 LEAVOLU

韩国设计师品牌LEAVOLU以"NEW CLASSIC"为2023AW发布会主题，秀场时装以立体宽肩西装廓型为主，运用立体裁剪、解构、镂空等多种设计手法呈现；品牌从不同维度拓宽时尚的边界，提倡女性追求独立自信，在轻熟知性与优雅之间把握平衡（图5-181）。

图5-181

九、中国香港设计师女装 DNCY

中国香港设计师女装潮牌DNCY以"第三视觉"主题，举行2023秋冬新品发布会，以街头玩味和复古新趣的秀场呈现，刻画了品牌标志性的自我不羁、多元自信的风格形象。在本季发布会上，DNCY将材质碰撞与玩味艺术融合的设计思路融入秀场，混搭出时尚玩味的年轻形象，演绎个性与自信，坚持潮流多变、风格永存的穿衣方式（图5-182）。

图5-182

十、设计师男装 FACEON LAB

新锐设计师潮牌FACEON LAB以"INTERFACE"为发布主题，并邀请坐拥千万粉丝，曾受邀登上纽约、巴黎时装周的国际超模、时尚先锋陆仙人领衔开场，以强烈的设计感、结构重组的设计手法及后朋克的艺术理念与金属材质相结合，将复杂的意识形态用简约美学的方式呈现，塑造迷人反派、富有矛盾的形象，看似反传统的"离经叛道"蕴藏着对主流文化的全新定义（图5-183）。

图5-183

十一、原创联合秀 KAVA BANG × SHOUKE

KAVA BANG×SHOUKE在广州中大门国际时尚发布中心联手打造一场个性十足的男装潮流先锋大秀。KAVA BANG是高街潮流的"玩家"，以高创设计展现潮牌男装最新风格款式，演绎与众不同的酷性潮流。兽客（SHOUKE）品牌创立于2016年，是来自广州的独立原创设计品牌，致力发展户外文化与城市出行相结合的服装品牌。无论国籍还是性别、年龄、身份地位，将会玩的、想玩的人聚集在一起创造一个有爱的平台。让每粒孤独的沙子凝聚起来形成一个个高塔，彼此簇拥，形成一个热爱生活、彼此分享、互助友爱的群体（图5-184）。

图5-184

十二、韩国设计师男装 ASPESI blu

韩国设计师品牌ASPESI blu围绕主题"Return to 1990"展开2023秋冬全新系列发布，在广州中大门国际时尚发布中心带大家近距离感受传统古典风尚大秀。ASPESI blu主打旧时代的传统古典服装风格，以军装风服装、休闲生活的户外服装为基础，在系列发布秀中，将收集到的复古产品通过仔细观察、拆卸、重组，在尽可能不损伤原型的范围内，对产品进行再次创作，并且最大限度地考虑实用且舒适的穿着感，保留服装轮廓和细节（图5-185）。

十三、设计师面料品牌 HENGRONG NYLON

恒荣锦纶（HENGRONG NYLON）发布秀主题为"自然·无界"，在广州中大门国际时尚发布中心拉开帷幕，以自然为出发点，运用大量的绿植装点秀场，让观众与大自然建立连接，探索生活回归本质。系列发布作品整体风格简约，配色大胆鲜艳，舒适透气的面料在模特身上自带律动感，完美的设计和优雅的线条展示了运动的艺术思维，精湛的工艺和独特的面料代表了品牌的时尚典范，彰显了积极的生活态度和高雅的运动艺术（图5-186）。

图5-186

图5-185

2023广东时装周—秋季

广东时装周始于2002年，中国三大时装周之一，始终坚持立足于中国第一服装大省雄厚产业基础及粤港澳大湾区的蓬勃发展大舞台，对答国际时尚。2023年9月15~22日，以"致敬梦想"为主题，2023广东时装周—秋季（第32届）在广州国际媒体港盛大举办。

8天的时尚日程再次聚焦行业目光，通过新品发布、品牌订货、时尚展览、经贸交流、会议论坛、展贸展销和颁奖盛典等超过50场官方主题活动的吸睛效应，过百家企业、超过1000个时尚品牌、200余名设计师参与了广东时装周发布，抖音、淘宝、小红书、快手、太平洋时尚网、央广视讯、华数TV、中国网、"南方+"等平台梦幻联动转播，为广东省纺织服装时尚产业的高质量发展新篇章写下一个重要的注脚。

粤贸全国，力促消费。作为全国棉纺消费季暨广东服装服饰促消费活动系列活动的重要组成，本届时装周将"促消费"写进首秀活动日程，开幕当日来自广州白马服装市场的原创服饰品牌联袂越秀中港皮具城呈现"起势·2023白马×中港原创品牌联合发布秀"，展现专业市场的新风采，并凭借发布品牌独特个性的设计风格自带话题流量，成功出圈。此外，本届时装周还联合淘宝天猫、抖音、快手等主流电商平台开设广东时装周专区，时装周发布品牌及广东省服装服饰行业协会、广东省服装设计师协会会员企业上新秋冬新品和优价好物，平台亿级流量导向链接消费者，共建全民宝藏衣橱，打造秀场同频购物的新消费模式，在提高商家的商誉和影响力的同时助力品牌和企业在全国范围内获得新的商机。

名牌名企，书写新篇。作为形式多样、内容丰富的时尚产业"首发、首秀、首展"发布平台，广东时装周充分彰显广东时尚的国际话语权。国民休闲服品牌真维斯以全新姿态回归大众视野，通过对中国传统文化元素的挖掘，对服装的质感和层次进行精彩演绎，诠释了"名牌大众化"的经典理念，在颠覆与坚守中开启年轻态新旅程；以与时俱进的优雅格调与独树一帜的品牌哲学而备受都市职场人士喜爱的G2000，在今秋广东时装周同样带来更百搭、更好穿、更自信的轻商务Young Business系列，宽松的剪裁和弹性面料相得益彰，简约摩登设计理念极具品牌辨识度；成立于1923年的利工民，以热爱为针，将信念作线，铸就了传承百年的中华老字号经典品牌，在100周年庆典上隆重推出TIT系列品牌时装，以独特的设计、明亮的色彩、动感的演绎和囊括牛仔、针织毛衫、LIGOMIN新中式系列的多元产品展现了中华"老字号"的风华正茂。而期间举办的2023广东服装名牌名企表彰大会上，一批广东服装产业杰出代表的"领军品牌""成就品牌""供应链标杆品牌""数字化优质服务商"共67家企业入库2023年广东服装名牌名企项目，通过树立榜样，推动发挥入库企业自身优势，通过科技创新、管理创新、商业模式创新与供应链协同创新，促进产业协同发展，稳步实现品牌化、专业化、高端化和集聚化发展。

"链"接全国，瞄向全球。作为广东服装外贸基地转型升级服务平台，广东时装周积极联动广东和全国各地重要的源头纺织品生产基地和服装产业集群，赋能时尚产业链的各个环节，在新的发展时期为纺织服装产业探寻增值空间、提升企业竞争力创造有利条件。本届时装周中，潮州市婚纱晚礼服基地优势服装品牌联展将传统潮绣工艺和现代科技、现代时尚有机结合，展现潮式时尚新魅力，持续引领全球婚纱晚礼服潮流；新塘国家外贸转型升级基地（纺织服装）品牌联合发布会则向观众展示了一批设计独特、品质优良的"爆款产品"，充分彰显新塘牛仔的特色和优势；佛山市南海西樵纺织基地名优品牌联展聚集"西樵面料"名优品牌，以一场新织造大秀展现"西樵面料"绿色织造的技术实力和时尚魅力。

非遗新造，文化引领。作为"非遗新造"项目的重要展示平台，本届时装周有墨话带来的将中国风音乐演奏和京剧脸谱与品牌扎染服饰巧妙结合的非遗时装秀；邓雄华、江小云、陈乔、陈一然、何莲、李曼娜、叮噹（张秋婵）、罗兆荣、蔡彪等9位获颁"第四届广东纺织服装非遗推广大使"荣誉称号，并通过兼具文化内涵和市场价值的秀演发布，将粤绣（广绣）、粤绣（潮绣）、粤绣（珠绣）、瑶族刺绣、香云纱染整技艺、香云纱（坯纱）织造技艺、蓝靛靛染工艺、侗族织锦技艺等非遗项目推向市场；开幕秀品牌铠琪（KAISERIN）以《千里江山图》为灵感，并用绣花工艺为表现形式，将其融入服装设计中，鼓励每一个人关注环保议题；决意联合、AMLM、Chilly Sweet Pie、MEXG、Ori Frederiqo和GGA Holiday等广东本土潮流品牌汇聚广东时装周特设的潮流IP"花生情报局"潮流大爆炸之夜，通过深度挖掘优秀民族文化、创新传承时尚精神，反映出广东设计师们对于时尚和国潮的独特见解；潮主张（CHAOZHUZHANG）品牌结合激光、数码打印、涂层抛光等新技术创造出牛仔服装高科技的质感；原创设计师品牌其用秋冬发布从自然万物汲取灵感，抵达平凡日常，致意浪漫美好；EIWE 2023秋冬新品婚纱发布以时尚浪漫为基调，满足现代女性追求时尚浪漫以及对未来生活充满美好愿望的期待……这些独立设计师及品牌的集体亮相，或从古典文学、历史典故出发，或以前卫思潮与传统美学交相辉映，共同推动中国时尚向文化引领的高地迈进。

一、绿美中国·铠琪KAISERIN

2023年9月15日，作为备受瞩目的开幕大秀，铠琪品牌高级成衣发布会在2023广东时装周—秋季主会场隆重举行。本次发布是由铠琪品牌总监张荣带领设计师蔡琦琪、冯沛铃和设计助理廖珈禧创作的铠琪品牌高级成衣系列。设计主题"绿美中国"，以"绿水青山就是金山银山"为核心思想，强调人与自然是生命共同体，尊重自然、保护自然、顺应自然是我们每一个中国人的担当（图5-187）。

二、2023广东时装周—秋季促消费系列首秀活动：广州白马服装市场×中港皮具城原创品牌联合发布会

广东时装周—秋季促消费系列首秀活动上，广州白马服装市场联袂越秀中港皮具城呈现"起势·2023白马×中港原创品牌联合发布秀"，展现专业市场的新风采，促进时尚消费焕发新活力。设计谷、异闻、阅前、言午木木、痕迹、草堂等来自广州白马的原创品牌展示的系列成衣以颠覆传统、打破陈规的原创先锋之势和不被外界所定义的独特风格为设计主调，同时兼顾专业市场量产成衣的实用性与时尚的艺术理念，摩登演绎现代女性的百变形象。来自中港皮具城的蒽薆、睐可、帕摩百迪、秀蔻、子种等原创箱包品牌以绚丽的色彩和纷繁的图案点缀其中，服装与箱包在匠心巧思的搭配下相得益彰，为观众呈现完美秀场（图5-188）。

图5-187

图5-188

三、"盛泽织造 飞粤绽放"区域品牌趋势发布

2023年9月15日,"盛泽织造 飞粤绽放"区域品牌趋势发布强势登陆2023广东时装周,"盛泽织造 飞粤绽放"区域品牌静态展同步举行,全面展现"盛泽织造"区域品牌的建设成果和盛泽纺织全产业链的强劲实力。发布现场,来自盛泽的设计师以及盛泽品牌企业携话东方、新通勤、可持续、现未来四大系列流行面料,涵盖了功能科技类、差别化纤维、真丝醋酸、时尚通勤、优雅新中式、运动户外等多个领域,全方面展示盛泽面料的功能性、时尚性和科技性(图5-189)。

图5-189

四、纺华织梦20载 链接美好向未来——纺织20周年&利工民100周年庆暨TIT品牌时装秀

2023年9月16日,纺织20周年&利工民100周年庆暨TIT品牌时装秀在广东时装周主会场广州国际媒体港盛大举办。广州纺织工贸企业集团有限公司再次以联合主办方的身份携属下广州纺织品进出口集团有限公司、广州市利工民针织有限公司的系列新品登上秀场。设计师们匠心独运,展现了创意设计和国潮的完美结合,为观众们带来一场别开生面的时尚体验,传递了纺织公司对时尚和品质不懈追求的理念(图5-190)。

图5-190

五、花生情报局"潮流大爆炸之夜"

2023年9月16日,作为广东时装周首创的潮流IP活动——"花生情报局"正式亮相,以"潮流大爆炸之夜"点燃全城,Tucool×Mosmark首款联名潮玩重磅发布,决意联合、AMLM、Chilly Sweet Pie、MEXG、Ori Frederiqo和GGA Holiday等广东本土潮流品牌则呈上了令人惊喜的新品发布。活动现场还设置了潮人打卡派对,来自广州、东莞等地的潮人交流时尚见解、共享潮流盛宴,共同为广东潮流文化发声,超过328.7万人通过直播共赏潮事,将广东潮流魅力推向新的高度(图5-191)。

图5-191

图5-193

六、2023世界夫人模特大赛国风服饰盛典

2023世界夫人模特大赛国风服饰盛典延续了夫人模特的专业和高雅风格，经典诠释了中国风服饰品牌。本次大秀分为四大篇章：春江花月夜（改良汉服）、岭南风情画（传统旗袍）、水墨江南韵（国风定制）、少年中国说（国风亲子），百位夫人模特和小童模携手登场，组成世界文化艺术的生力军，在边走边秀中展示自己的魅力和风采，传扬中国品牌文化（图5-192）。

八、CHAO ZHUZHANG潮主张·李欣

2023年9月17日，在广东时装周主会场，潮主张品牌上演首秀，尽情释放丹宁文化时尚轻奢的潮流新主张。潮主张品牌围绕"探索丹宁、重塑丹宁、环保丹宁"的理念，极致地从吊磨、破洞、烧花等工艺上重新勾画了牛仔服装独特的新型怀旧感，结合激光、数码打印、涂层抛光等新技术创造出牛仔服装高科技的质感，采用弹力、抗菌、冰丝等新型面料为消费者提供更多穿着选择（图5-194）。

图5-192

图5-194

七、MOHUA墨话非遗时装秀

2023年9月17日，MOHUA墨话非遗时装秀以"穿在身上的文化故事"为主题，在2023广东时装周—秋季主会场广州国际媒体港发布了一场绝美的非遗文化时装秀，仿佛穿越了时空的长河，与千年前的美丽对话。每一套华服都凝固了历史的记忆，诉说着一段段瑰丽的故事，指尖的细腻、心中的热情，与非遗文化的精神内涵交相辉映，令人陶醉（图5-193）。

九、潮州市婚纱晚礼服基地优势服装品牌联展

2023年9月18日，作为2023广东时装周—秋季"外贸日"首场活动，潮州市婚纱晚礼服基地优势服装品牌联展在广州国际媒体港盛大举办，名瑞、金潮、璐卡思、明珠、国色、智丽、靓丽、芭凡朵、拉宝丽等潮州优势品牌共同呈上潮州市婚纱晚礼服基地品牌

大秀，将传统潮绣工艺和现代科技、现代时尚有机结合，向过百万观众展现潮式时尚新魅力，持续引领全球婚纱晚礼服潮流（图5-195）。

图5-195

十、G2000 2023"时尚探索"秋冬新品发布会

2023年9月18日，通勤商务服装品牌G2000 2023"时尚探索"秋冬新品发布会在2023广东时装周—秋季主会场举办。G2000借由现代舞者的职场情景舞蹈演绎，以服装为载体，传达职场人追求自信、探索自我空间、平衡职场与生活的期待。本季系列以"时尚探索"为主题，推出多元化、功能化与时尚感交织的多款服饰，为顾客提供更高价值感，宣导打破都市职场的冰冷边界，让不同岗位的职场人可以找到平衡工作和生活的方式和态度，穿上舒适得体的通勤服（图5-196）。

图5-196

十一、MEXG·刘佳鑫

2023年9月16日，MEXG秋季新品发布会在2023广东时装周—秋季主会场进行，同时进行云直播。MEXG"活着"秋冬新款系列由MEXG品牌方负责人刘佳鑫提出，以"生而为赢（BORN TO WIN）"为灵感，想要通过每一件产品的设计理念向社会传达正能量。心中向阳，胸怀大志，未来有光才是年轻人应该有的潮流时尚（图5-197）。

图5-197

十二、DMDT

2023年9月18日，DMDT（DuoMi Design Trend）品牌发布会在2023广东时装周—秋季主会场举办。品牌主理人多米女士领衔创作的DMDT品牌羽绒高定系列，设计主题为"无限主义"，运用弧形的立体裁剪、大胆的撞色拼接，冲突而和谐的材质碰撞，打破世俗、观念、风格的禁锢，解构重塑固有限定，触碰无限边界；诠释了一种反思态度，一种实验精神，一种柔软的反叛，一种拒绝无聊的幽默，一种独立思考的能力，带着理性却又感性的姿态去审视时髦的定义（图5-198）。

图5-198

十三、真维斯JEANSWEST·黄国东

2023年9月18日，真维斯商品开发部总监黄国东带着作品《国潮·无限》登上广东时装周舞台。真维斯在本季设计中融入多种中国传统元素，以国潮姿态颠覆传统，开启年轻态新旅程。系列设计运用扎染、吊染、黄泥染等中国传统染色工艺与现代数码印花、手绘、烫金时尚牛仔相结合，在面料上多选用生物基纤维、GRS认证再生环保纤维等环保材料，以表达传统与现代的碰撞、东方与西方相融合的设计理念（图5-199）。

图5-199

十四、广州国际轻纺城"时尚源创平台"特约第四届广东纺织服装非遗推广大使联合发布会

2023年9月19日，广州国际轻纺城"时尚源创平台"特约第四届广东纺织服装非遗推广大使联合发布会在2023广东时装周一秋季主会场华丽绽放。发布会上，邓雄华、江小云、陈乔、陈一然、何莲、李曼娜、叮噹（张秋婵）、罗兆荣、蔡彪等9位获颁"第四届广东纺织服装非遗推广大使"荣誉称号，向观众们展现了一批兼具文化内涵和市场价值的非遗时尚产品，巧妙融合了非遗传统技艺、创意时尚与现代生活方式，体现了非遗对当代美好生活的深度浸润（图5-200）。

图5-200

十五、ESMOD广州法国高等服装设计学院2023毕业作品秀

本次ESMOD广州毕业设计主题是"UNPREDICTABLE"（不可预知）。时尚是无限可能、创新和变化持久奏响的主旋律，同学们的毕业设计是奏响这一旋律的第一个音符。鼓励学生充分发挥创造性，拥抱变化与挑战，创作出不设限、不被定义、忠于自我、独树一帜的优秀作品，是ESMOD广州的执着和愿景（图5-201）。

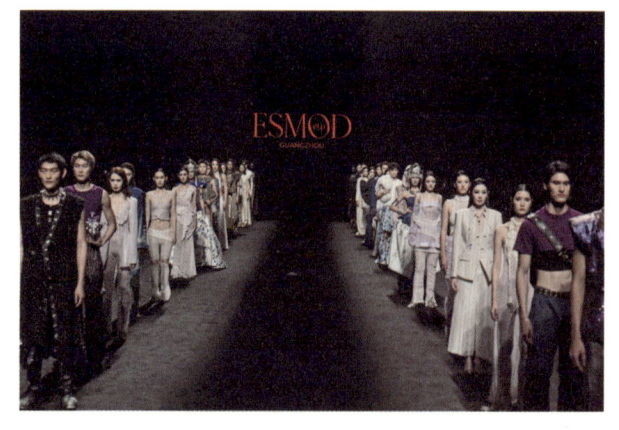

图5-201

十六、新塘国家外贸转型升级基地（纺织服装）品牌联合发布会

2023年9月20日，作为2023广东时装周一秋季"外贸日"的重磅活动，新塘国家外贸转型升级基地（纺织服装）品牌联合发布会成功举办，芞莯、明社、重制、蓝古威、倬丰、长泓、欢格、单频道、喱啰、广州立大、潮典、华夏儿女、Stinkybaby、

DSQCIFND2、DISQUNEW等15个优质品牌联袂发布，向观众展示了一批设计独特、品质优良的"爆款产品"，充分彰显新塘特色和时尚魅力（图5-202）。

图5-202

十七、佛山市南海西樵纺织基地名优品牌联展

2023年9月20日，佛山市南海西樵纺织基地登陆广东时装周，聚集了"西樵面料"的名优品牌，靛蓝纹学、名杰纺织、意大宏利服装、豪启服装、杰之启、华康纺织、杰森纺织、晗阳等西樵优质品牌进行新品发布，以一场新织造大秀展现了"西樵面料"的技术实力和时尚魅力，擦亮"西樵面料"区域品牌（图5-203）。

图5-203

十八、快手电商×广东时装周——"快风尚"服饰盛典

2023年9月20日，广东时装周携手快手时尚、快手电商，推出了广东时装周"快风尚"服饰盛典，快手电商商家发展部女装行业运营专家伍承海就快手电商秋冬服饰销售趋势及品类做了分享。同时，在TRIPHOP、鹿向南、韩风年间多家原创品牌潮流时装展示期间，广东时装周联合快手打造秀场"边看边买""秀后即买"的新消费模式（图5-204）。

图5-204

十九、Songdaoqi®松岛崎·杜韵淇

2023年9月20日，Songdaoqi®松岛崎品牌新品发布会在2023广东时装周—秋季主会场举办。松岛崎为中山市富韵服饰有限公司旗下一个以创新、大胆、色彩绚丽为风格的原创设计服装品牌，由品牌创始人杜韵淇（Vicky）及其设计师团队共同研发。本次发布，松岛崎共展示了3个主打系列新品90套新品，分别是轻奢礼服——色彩系列、璀璨人生——璀璨系列、轻奢童装——优雅童趣系列（图5-205）。

图5-205

二十、2023广东服装名牌名企表彰大会

2023年9月21日，在广东省工业和信息化厅的指导下，由广东省服装服饰行业协会主办的2023广东名牌名企表彰大会隆重召开，比音勒芬等67家入库企业正式接受表彰。本次名牌名企评价，在全省高质量发展的背景下具有特殊意义，是广东服装在新的历史时期展示行业力量、重塑产业优势的重要举措。"2023广东名牌名企项目"特别整合广东时装周、媒体力量等对入库企业进行广泛推介发布，并充分发挥《广东服装年鉴》作为全省服装高质量发展的载体的作用，全方位展示广东服装发展成果，多角度推介广东优质企业、优势品牌（图5-206）。

图5-206

二十一、"绣梦向粤"高级定制·时尚推动力品牌联合秀

2023年9月21日，"绣梦向粤"高级定制联合秀在2023广东时装周—秋季主会场举行，旨在推动高级定制行业新生代力量的崛起，特别邀请到高级定制设计师品牌茶蜜、Alice Design以及来自内蒙古锡林浩特的设计师们携作品联合展演。绣一场烟雨纷纷，绣一轮旭日辉映，绣一片大好河山，将传统的浪漫与细腻，藏在一针一线的细节里，是敬意，是传承，也是先锋潮流与传统服饰文化的灵感碰撞（图5-207）。

图5-207

二十二、产教融合、协同创新——广州市纺织服装职业学校校企合作作品展演

珠江之滨共同演绎时尚之歌，校企携手共奏育人新篇章。2023年9月22日下午，广州市纺织服装职业学校校企合作作品展演暨"香云纱非遗时尚中心"建设立项启动仪式在广州国际媒体港珠江之眼演播厅成功举办，为现场观众带来了一场古典与现代、传统与时尚、教育与产业交织共振的视觉盛宴（图5-208）。

图5-208

二十三、其用·蒋淑倩

2023年9月22日，设计师蒋淑倩携手"其用"品牌，在美轮美奂的广州国际媒体港珠江之眼演播厅，上演了一场盛大的视觉盛宴。"其用"是针对富于知性、有精神内涵的现代女性而塑造的都市轻文艺风格的原创设计师品牌。本次发布的秋冬系列以"万物可候"为主题，从自然万物寻取灵感，流水、繁花、松尖、丛林、飞鸟……这些跨越时空的事物，也能化形于服装，经由舒展的廓型、柔软的触感、和谐的色调、典雅的印花，抵达平凡日常，致意浪漫美好（图5-209）。

图5-209

二十四、EIWE·曾发隆

2023年9月22日，EIWE"时尚浪漫"2023秋冬新品发布在广东时装周主会场浪漫上演。EIWE在设计上吸取了传统婚纱的廓型，又增加了现代女性追求时尚浪漫以及对未来生活充满美好愿望的期待。同时，EIWE把女性极为关切的斜肩、粗手臂、小肚腩，采用修身及上窄下宽的鱼尾板型进行设计，利用泡泡纱、一字肩及极其复杂的拉褶工艺，把现代女性对身材的精致管理及落落大方呈现给大家（图5-210）。

图5-210

二十五、Sourire Polly 松品.方×盛煌

2023年9月22日，松品.方×盛煌联袂呈现的牛仔、毛织交织时尚大秀在广东时装周上演。这场引人瞩目的创意大秀活动展示了铨城服饰在牛仔时尚设计和制作方面的卓越成就，让观众们领略到了牛仔与毛织相结合的独特魅力。本次牛仔毛织结合时装创意大秀由铨城服饰和盛煌服饰首次联合呈现，尝试将牛仔和毛织融合设计。通过独特的工艺和精心制作，牛仔面料与毛织面料完美结合，展现出了别样的时尚风潮（图5-211）。

图5-211

二十六、2023广东时装周—秋季闭幕颁奖晚会&芸想·关淑敏

闭幕大秀由荣耀V Purse×LAFAVEUR芸想呈现旖旎之约，荣耀V Purse基于对消费者时尚需求的深入洞察与大胆创新，打破科技与时尚边界，打造出独一无二的钱包折叠屏，每个细节都在彰显轻薄科技实力，为消费者带来全新生活方式，搭配芸想品牌"旖旎之约"Rendaz-Vous with Chic系列服饰，奢华耀眼，典雅与现代的风格结合，探索时尚搭配新方式，展现都市女性优雅、从容、自信和知性之美，刷新美学认知（图5-212）。

图5-212

2023中国纺织工业联合会大湾区国际纺织服装服饰博览会

立足湾区、辐射全国、链接全球，2023年11月6~8日，2023中国纺织工业联合会大湾区国际纺织服装服饰博览会（以下简称"大湾区纺博会"）在深圳国际会展中心（宝安新馆）正式启幕，携手纺织行业人站在更高起点上，务实创新、开放包容，奋力在"大湾区"创造"大未来"（图5-213）。

图5-213

本届大湾区纺博会集结大湾区国际纺织面料及辅料博览会、大湾区国际纺织纱线博览会、大湾区国际针织博览会三个产业链上下游品牌展会在深圳同期同地举办。此外，大湾区国际时尚设计博览会首次加入，四大专业展会集结纺织行业人，踏上深圳这片创新沃土，感受产业磅礴巨变，探寻创新密码，收获未来发展。

近1600家来自产业链上下游的优质纺织企业同台亮相、一展风貌，纤维/纱线、面料及辅料、服装成衣、纺织配套等各类新品云集荟萃。三天时间里，流行趋势发布、论坛研讨交流、商贸洽谈活动轮番举行。

一、大湾区国际纺织面料及辅料博览会："粤"览全球 万千四季新品同台绽放

本届大湾区国际纺织面料及辅料博览会四馆同开，集结海内外优质面辅料商，展品涵盖女装、牛仔、运动、休闲、正装等多个大类及其细品品类，万千四季新品同台绽放，为大湾区时尚产业注入核心能量（图5-214）。

图5-214

展会国际性也再度升级，来自全球14个国家的优质参展企业汇聚鹏城，包括阿根廷、丹麦、德国、意大利、日本、韩国、土耳其、英国、美国、越南、奥地利、瑞士、印度尼西亚以及中国等展商聚力，彰显展会国际视野与市场全览优势，其中日本和韩国参展商以国家展团形式集中展示。

中国内地展团方面，绍兴、盛泽、湖州等地区的面料企业以展团形式集体参展。值得一提的是，12家极具创新力、竞争力和先进生产力的中国纺织工业联合会产品开发基地企业再次以"中国纺织工业联合会产品开发基地展团"的形式闪耀登场，"中国流行面料入围企业展团"也汇聚了19家优秀面料企业，成为此次大湾区面辅料展上的人流汇聚中心（图5-215）。

与光同行系列的轻薄梭织防晒面料，科技保暖的"棉月纺"石墨烯热感烫金膜面料，彰显环保可持续理念的植物染、无水染色牛仔，让舒适升级的"云朵绒"等特色产品纷呈……美德雅线业、耀莱（SPARKLINE）牛仔、南希丝麻、CLO、双日时装、Lintin Tweeds等行业大牌云集。可谓一步一惊喜，全方位、一站式满足专业买家2023年秋冬补货、2024春夏/秋冬季度新品开发需求，助力品牌、设计师开发出顶级审美之作，让买家不虚此行（图5-216、图5-217）。

图5-215

图5-216

图5-217

155

2023 intertextile大湾区国际纺织面料及辅料博览会围绕"流行趋势""数字化""创新科技""可持续发展"等四大主题展开趋势发布、论坛研讨，多场活动现场轮番上演（图5-218）。

图5-218

二、大湾区国际纺织纱线博览会：助力产业链　决胜全年红

2023大湾区国际纺织纱线博览会分为创意花式纱、奢华羊绒纱、品质毛纱、绿色麻纱、流行棉纺、功能化纤、国际展区7大专业展区，集合康赛妮集团、吴江京奕、南通双弘、山东三阳、桐昆集团、太极石股份、青岛源海等海内外近100家优质纤维纱线企业，带来了高科技功能性纤维、天然纤维、循环再利用纤维等高颜值、高性能、绿色低碳、时尚的最新纤维纱线，向全球展现来自纺织源头的创新活力，共享湾区经济发展红利的良好机遇（图5-219）。

2023 yarnexpo大湾区纱线展为帮助采供双方精准对接，主办方组织专业参观团到场参观，为专业观众一站式匹配源头展商，并在展会现场专设"贵宾买家区"，通过商贸配对活动增实效、谋共赢。参观团包括服装设计师、贸易商、纺织生产企业等专业买家，他们带着最新的采购需求，详细走访每一家纤维纱线

图5-219

企业展位，寻求心仪的产品。

中国纤维流行趋势主题区，集中展示入选中国纤维流行趋势2023/2024的新型纤维，31家企业共计30种入选纤维产品。纤维新视界—纺织材料创新论坛分"中国纤维流行趋势""新'纤'世界，价值重塑""纤链美好生活—纤维材料应用与设计创新"三大主题，20余场次，邀请高校教授、企业大咖、行业专家对中国纤维流行趋势2023/2024入选产品、可持续及功能性纤维等高端产品进行详细解读。线上直播活动将邀请桐昆集团、安徽丰原、浙江汇隆、青岛源海、太极石纤维等企业亮相直播间，上百种高端新品通过直播平台重点推荐（图5-220）。

图5-220

三、大湾区国际针织博览会：无限精彩新潮纷呈

2023 PH Value大湾区国际针织博览会，以打造优质纺织服装供应链为目标，集中展示趋势设计、服装服饰和针织品。

展会现场集合了大朗针织产业集群和蒂维、M.ORO、蓝美、中国针织时尚创意中心、圆融、织幸、金利等众多优质参展企业，涵盖针织时装、定制服装、高端纱线、创意机构、设计品牌等领域。全成型无缝产品、可追溯高奢纯绒、创新针织花型、天丝羊绒打底等众多针织新产品、新技术、新趋势纷呈展出，以无限精彩、前瞻潮流书写针织时尚未来景象（图5-221）。

图5-221

2023 PH Value大湾区国际针织博览会，充分发挥专业实力与丰富办展经验，有效激活买家资源，为新老参展商与海内外买家提供"一站式"全方位综合服务。展会首日，应邀而来或自发前来的专业买家和时尚买手们，活跃在各个展位上选品、看款，感受下一季的趋势（图5-222）。

图5-222

区别于PH Value品牌上海展，华南特有的成衣品牌、电商品牌、独立设计师品牌、高定品牌、小型工作室等专业观众群体，在本届PH Value大湾区展上踊跃出镜。有备而来的针织展商们也信心应对，双方畅所欲言，供需对接直达核心、精准高效。

四、大湾区国际时尚设计博览会：设计资源汇聚 非遗传承创新

以"设计创新"与"商业落地"为核心定位，DPARK大湾区国际时尚设计博览会集设计精品展示、趋势发布、商贸洽谈、渠道拓展、国际交流、跨界融合于一体，分设时尚先锋、匠心工艺、时尚链群、时尚科技等主题内容，与大湾区国际纺织服装服饰博览会其他展会进行多展联动，集中展现原创设计的开拓精神以及非遗传承创新的别样魅力（图5-223）。

图5-223

步入展区，几十家行业优质企业悉数亮相，勾勒出品质与品位兼具的原创服装服饰品牌及机构的新时代群像，很快便凭借新颖的设计、多元的风格、丰富的色彩，吸引了行业上下游企业、机构、市场、集群的目光（图5-224）。

图5-224

本届博览会参与品牌及机构可谓丰富多元,哇吆、SCOOME、海宁市赢嘉时尚设计有限公司、北京汉锦文化传播有限公司、北京酷极之衣服饰有限公司、嘉兴市顶度服饰有限公司、韩国品牌RHIZOME FOLLOW THE ARROWS等时尚专家"各显神通",呈现众生相。他们或聚焦前沿设计,或关注非遗创新,或精通智能织造,或为集群招商引资,都展示出最为新颖、卓越的原创设计产品及匠心服务,映射出后疫情时代时尚企业及机构奋发有为、昂扬向上的精神风貌。

大湾区国际时尚设计博览会不仅是时尚盛宴,更显示出强大的商贸溢出效应。在一场场洽谈、一次次签约中,让合作春风扑面而来,商业落地激越加速。展会以高效精细的专属服务深度助推商贸落地,不仅为有需求的展商推荐精准买家,还组织邀请了重磅专业买家、采购团到场接洽采购,为业界展现了一场时尚创新、渠道拓展、国际交流、跨界商机交融的商贸盛宴,收获了展商与买家的双重好评,让采与供实现双向奔赴,为现场展出的匠心产品提供广阔的转化空间(图5-225)。

图5-225

2023世界服装大会

2023年11月16~18日，由中国纺织工业联合会、东莞市政府主办，中国服装协会、中国纺织信息中心、虎门镇政府、虎门服装服饰行业协会承办的2023世界服装大会在东莞虎门举行。来自中国、意大利、法国、英国、西班牙、德国、韩国、越南、柬埔寨、孟加拉国、缅甸、印度尼西亚、巴基斯坦、马来西亚、摩洛哥等近20个国家和地区的国际组织、行业协会和企业的千余名嘉宾齐聚一堂，共同谋划行业发展（图5-226）。

图5-226

服装是永恒事业，时尚是全球语言。大会以"全球合作，共创未来"为主题，旨在全球范围内为世界服装产业的合作共赢构建长效沟通的平台和机制。大会内容丰富、精彩纷呈，先后举办了圆桌会议、开幕大会、主题论坛、时尚盛典、卫星会议等活动。

一、海内外行业嘉宾共商世界服装未来发展

11月16日下午，2023世界服装合作发展圆桌会议、2023世界服装大会意大利专场交流会在东莞迎宾馆举行，以交流对话的形式开拓视野、增进交流，千余名嘉宾齐聚虎门，谋划行业发展（图5-227）。

11月17日上午，2023世界服装大会开幕大会在虎门会展中心开幕。来自海内外的国际组织、行业协会和企业代表共聚一堂，推动合作，探索发展路径。开幕大会以主旨演讲、圆桌对话等形式进行，中国纺织工业联合会会长孙瑞哲，广州粤港澳大湾区研究院理事长郑永年，意大利时尚工业联合会执行主席、意大利皮具制造商协会主席、联合国意大利道德时尚倡议部战略总裁里卡尔多·布拉恰里尼（Riccard·Braccialini），韩国纤维产业联合会会长崔炳五，意大利时尚工业联合会副主席埃琳娜·萨尔瓦内斯基（Elena Salvaneschi）等，就"全球合作 共创未来"这一主题，分享他们对世界时尚服装产业形势和未来发展方向的观点，共同探讨当前时尚产业的热点话题以及产业发展方向与规划。

11月17日下午，2023世界服装大会的三场专题论坛在东莞迎宾馆举行（图5-228）。中外服装行业大咖聚焦行业核心议题，围绕服装行业的时尚、科技、可持续等话题展开探讨，多维度探索服装纺织行业发展新方向。

图5-227

图5-228

11月17日晚，作为2023世界服装大会重要活动之一，"虎门之夜"时尚创造力盛典在东莞虎门海战博物馆广场绚丽上演。活动围绕"无界·共生，无限·超越"的主题，以文艺表演、国际国内顶尖时装设计师联袂发布的形式，传达了时尚文化多元、包容与融合，更将激发时尚产业的无限活力与无尽可能（图5-229）。

图5-229

时尚面料主流趋势是什么？色彩灵感来源有哪些？纺织服装品牌价值在哪里？2023世界服装大会系列活动于11月18日继续进行。当天上午，中外纺织服装行业协会专家、领军企业家、时尚精英等汇聚一堂，就时尚面料创新、色彩创新、品牌发展等当下热点话题展开深入探讨，共话行业未来大势，为世界服装业界搭建共商、共建、共享、共赢的时尚平台（图5-230）。

图5-230

11月18日下午，来到东莞的海外嘉宾踏上了2023世界服装大会时尚创造力之旅，参观虎门太平手袋厂陈列馆及大湾区东莞数字科技创新企业VIVO总部，以深入了解东莞创新创业历程，感受东莞时尚创造魅力（图5-231）。

图5-231

二、《世界服装大会虎门愿景》隆重发布

在11月17日举行的2023世界服装大会开幕大会上，隆重发布了《世界服装大会虎门愿景》，即凝聚发展共识，激发创新活力，推动相关方持续开展积极的变革，共同开创发展新机遇、谋求发展新动力、拓展发展新空间（图5-232）。

图5-232

据悉，"虎门愿景"的最终目标是，树立合作共赢思想，倡导共商、共议、共享原则，以实现世界平衡发展与人类共同繁荣作为行业共同的目标。

三、"虎门服装"区域品牌价值1782.81亿元

服装产业是虎门镇的一张亮丽名片，在11月18日举行的2023世界服装大会纺织服装品牌发展会议

上，中国纺织工业联合会发布"虎门服装"区域品牌价值为1782.81亿元。中国纺织工业联合会副会长杨兆华向虎门镇党委副书记、镇长吴庆球颁发了品牌价值证书。

当前，虎门镇正全力打造"虎门服装"区域性品牌、地理性标签，以扩大虎门服装在国内外的影响力和美誉度，促进服装产业高质量可持续发展。通过推动实施虎门服装服饰业"四名工程"、推出虎门服装区域品牌示范区项目、推动"虎门服装"在《商标国际注册马德里协定》相关国注册国际商标帮助虎门服装走向世界等举措，虎门镇大力推动"虎门服装"品牌价值提升及行业高质量发展。

此外，在2023世界服装大会科技论坛上，还举行了虎门服装产业数字创新公共服务平台战略合作签约仪式和时尚产业数字技术创新联合实验室启动仪式，这意味着虎门服装产业将进一步插上科技的"翅膀"，向数字化和智能化阔步前进。如图5-233所示，吴庆球（右）代表虎门镇与中国纺织信息中心签订虎门服装产业数字创新公共服务平台战略合作协议。

图5-233

四、大会成为虎门服装走向国际的新平台

除了一张张实实在在且亮眼的成绩单，举办2023世界服装大会，世界多了一个了解虎门服装的窗口，虎门服装多了一个走向世界、与世界接轨的平台。

2023世界服装大会期间，众多中外重磅嘉宾对虎门有了新的认识，他们非常看好虎门整体的服装产业市场，认为虎门有非常多的服装企业，且拥有完善的服装产业全供应链，2023世界服装大会在虎门举行，可以促进更多服装行业企业聚在一起、更多相关企业链接一起。虎门也可以利用得天独厚的天时、地利、人和的优势，慢慢走向世界。

不少企业对这次大会给予好评。他们表示，感谢政府提供这么好的平台，让他们与世界潮流时尚有一个零距离接触和学习的机会。卡蔓国际时装有限公司总经理叶晓军表示："我相信随着科技面料的发展，一定会带来更多的不同的款式，而且功能性、实用性、美观性等方面，一定会给我们的设计师更多的想象和发挥的空间。"东莞市奔踏尚品服饰有限公司设计师李高峰听了时尚论坛演讲后表示，中外重量级嘉宾的分享对企业今后开发产品有很大的启发，"我们后期可能会在款式和面料上会去做一个全面的规划"。

五、世界服装大会将产生深远影响

2023世界服装大会这场千人盛会虽已圆满闭幕，但其在国际、国家和行业三个层面产生的深远影响还在持续发酵。

国际层面，"开放合作"是本届大会上达成的广泛共识，正如主宾国意大利服装产业代表所言："全球时尚界彼此互相依存、开放合作，是未来的必然。"大会也以自身影响力呼吁全球同业者"共同应对挑战，共享发展机遇，打造产业命运共同体"（图5-234）。

图5-234

国家层面，中国本土从业者以时尚为桥梁，在这里讲述中国故事、传播中国声音。从数字化时尚、AI驱动，到中国文化、东方美学，再到绿色循环、可持

续理念，他们为全球时尚注入了中国力量。

行业层面，大会构筑会展高地，促进了产业联动，提升了城市能级。来自全球的服装行业人齐聚东莞虎门，推动东莞虎门与国内外时尚产业的融合，为城市未来的发展创造更加广阔的空间，也为服装产业区域发展打造了开放、创新、协作的良好范例（图5-235）。

东莞虎门的生动实践不仅是中国服装产业高质量发展的一个缩影，凝聚着过去、现在，还代表了世界服装产业可持续创新的未来。站在2023世界服装大会构筑的新起点上，全球服装同人必将弘扬伙伴精神，携手应对各种全球性风险和挑战，将愿景转化为现实、理念转化为行动，共创行业美好未来（图5-236）。

图5-235

图5-236

第十一届红棉国际时装周

2023年11月,延续以往十届国际先锋新潮,第十一届红棉国际时装周涵盖趋势发布、品牌大秀、高端论坛、全品订货、时尚沙龙等一系列活动,在广州中大门、广州红棉国际时装城两大时尚地标接力上演,共同诠释新潮代时尚的先锋本格。

科技正在深刻改变人们的生活,那些从前认为不可能实现的事情正在逐一发生……数智化、虚拟时代的到来让网络与现实的界限越来越模糊。本届时装周以"造境未来"为主题,鼓励设计师尝试新技术和新媒介,营造突破想象的秀场发布和展贸空间,将时尚融入数智化浪潮。

从"未来已来"到"造境未来",红棉国际时装周始终游走在时尚最前沿,以其丰沛的创新能量聚集业界目光,捕捉先机,开启新潮。

一、丛时(SHOWROOM)

中大门联合丛时,携手11家原创设计师女装品牌,首启T11服装设计师品牌中心的音乐喷泉广场,创新打造三大先锋时装秀场,引发全城热话,为潮流新季一起按下快进键。三大先锋时装秀场轮番上演,聚焦当代时髦女性日常、职场与运动等场景的多元时尚需求,演绎2024春夏女装潮流风尚(图5-237)。

图5-237

二、陈列共和

主题为"面对消费趋势的变化服装行业如何应对"的讲座在广州中大门国际时尚发布中心举行。中大门首次联动陈列共和以论坛形式赋能服装同仁、品牌决策人,陈列共和创始人、著名视觉营销专家钟晓莹提出了"一切都是在卖感觉"的营销概念——极具说服力的店铺装饰能刺激人们的消费欲望,比起售卖衣物,我们还应售卖感觉,即"我憧憬的这种生活方式"。优质、一体化的销售体验才是这个消费时代的主题(图5-238)。

图5-238

三、2023中国时尚产业数智融合发展大会

11月18日,2023中国时尚产业数智融合发展大会在广州中大门举办。大会以"数智赋能 融合创新"为主题,对当前时尚产业数智化趋势进行了一次深度剖析,也为业界专家提供了一个讨论和展示创新成果的平台。经中国纺织工业联合会流通分会研究决定,与广州市中大门时尚港产业科技有限公司共建广州中大门时尚港产业数智化平台,通过夯实平台建设、发挥平台优势,致力推动时尚产业的数智化升级向更高层次、更广领域发展(图5-239)。

图5-239

四、第十一届红棉国际时装周时尚盛典

11月18日,第十一届红棉国际时装周时尚盛典在广州中大门华丽奏响。本次秀场以音乐喷泉广场为视觉重心,融合具有时尚性、艺术性的T11艺术中心为背景,并以国际级秀场灯光音响效果突袭视听,同步开启VR秀场直播,打造更具可塑性与创造性的时尚场景生态,全方位刷新观秀体验。由NONHUMAN、JTK ZHENG、UNIX_T联袂呈现的国际设计师品牌秀,展现着国际先锋时装美学将东方与西方、传统与现代融会贯通的不竭灵感与当代魅力,将观众带入一个充满英雄浪漫主义的未来世界(图5-240)。

图5-240

五、NONHUMAN

发布会上,NONHUMAN本季秀款运用了夸张大胆的调色盘、另类的西装与蕾丝搭配、简洁的解构针织套装等设计,淋漓尽致地向观众介绍了NONHUMAN风格的丰富面貌,极大地拉升了时尚的趣味性(图5-241)。

图5-241

六、JTK ZHENG

新季系列,JTK ZHENG凭借创意视角和独到审美,将"黑衣军团"的暗色大衣与皱褶、金属、皮革造旧元素和谐相融,颓废却拥有强烈的张力与风格魅力(图5-242)。

图5-242

七、UNIX_T

本次发布会,UNIX_T以建筑线条般粗犷的廓型作为服装框架,服装就如透视的几何结构,完美融合工业美学与未来科技感于一体,简洁、直接的手法打造了极简主义和虚实相生的先锋美学(图5-243)。

图5-243

八、达仕琦(DSQDASHIQI)

11月19日,达仕琦在红棉国际时装城国际时尚艺术中心解锁牛仔不朽魅力。达仕琦从2006年开始经营牛仔系列,经过这些年的不断努力和创新,品牌已实现产品升级全域化、价格低中高全频化、市场年轻化。达仕琦在服饰上添加各种符合不同年龄段的元素,

更推出不同板型的牛仔服饰去适应不同年龄段的用户（图5-244）。

图5-244

九、减界（JIAN JIE JEANS）

11月19日，减界在红棉国际时装城国际时尚艺术中心诠释新潮代时尚本格。减界为快时尚男装品牌，伊蒂森服饰有限公司于2015年创建，是一家集设计、研发、生产、销售为一体的公司，以时尚、个性化款式为产品格调，承接贴牌与连锁并进发展，逐步将品牌影响提升，引领时尚男装潮流。本季系列进行了大胆、前卫的尝试，从解构、撞色拼接到大面积印花，都标志着减界打破传统的创意（图5-245）。

图5-245

十、大G哥（BIG G BROTHER）

11月19日，大G哥在红棉国际时装城国际时尚艺术中心带来一场打破传统、创意无限的视觉盛宴。大G哥男装，始创于2015年，秉承"青春，时尚，激情，奔放"的产品开发理念，结合高科技新型牛仔功能性面料和超前创新的设计理念匠心开发。大G哥以前卫创新的思考方式在24春夏系列上进行了大量改革，包括在面料上的"划痕"代替传统的破洞，以及在外套上附加不同形状与材质的布料（图5-246）。

图5-246

十一、唯洛伊

唯洛伊在红棉国际时装城国际时尚艺术中心发布品牌大秀，引领观众以崭新视觉回溯浩瀚的历史，邂逅东方服饰华彩。唯洛伊选择柔和有形的花卉纹饰图案与充满传统色彩的几何纹图案，令每个元素各展其长，在花型绣线随光影变幻色泽的同时营造出动态美感（图5-247）。

图5-247

2023中山市工业设计大赛沙溪休闲服装设计专项赛

12月1日,"Go Wild"摘获金奖,2023中山市工业设计大赛沙溪休闲服装设计专项赛也正式落下帷幕(图5-248)。

图5-248

以广东省纺织服装产业集群《关于进一步推动纺织服装产业高质量发展的实施意见》为指引,本次大赛以"源·起点"为主题,由中山市工业和信息化局、中山市沙溪镇人民政府指导,广东省服装服饰行业协会、中山市沙溪镇工业信息和科技商务局主办,广东省服装设计师协会承办。

一、大赛双质提升　设计策源集聚创意人才

本届大赛呈现出四个特点:一是热度高,大赛广泛受到社会各界的高度关注,参赛作品数量较征稿目标增加了50%;二是年轻化,大赛选手大部分来自国内知名服装学府,以"00后"青年设计师为主力;三是作品好,参赛作品立意新颖独特,紧扣时下社会实时动态,国潮、环保、数智等行业热点在作品中有新的时尚表达,入围决赛的20份作品更是优中选优,兼具创新呈现和市场价值;四是评委强,大赛评委均是时尚产业大咖,凸显高规格、权威性、专业性的格调,阵容体系完整,可以多维度、多角度审视设计价值。

总决赛由"金顶奖"获得者、广州芳芳服饰设计有限公司设计总监李小燕担纲评判长,中国十佳时装设计师、门神时尚文化(广州)有限公司品牌创始人、创意总监林进亮,中国十佳时装设计师、中山市卓尔特时装有限公司董事长、创意总监董怀光,中国十佳时装设计师、今日青年FACEON LAB品牌创始人、设计总监黄光辰,中山市服装设计师协会会长、中山市波特邦威服饰有限公司董事长陈锦康共同组成评审团(图5-249)。

图5-249

从前期稿件质量到后期成衣制作质量及舞台呈现效果,参赛作品"双质提升"明显,中国新生代设计师正以独特的思维方式,描绘未来时尚轮廓。

二、垒实产业基础　打造高端纺织服装集群

中山市沙溪镇党委副书记、镇长黄景辉致辞表示,沙溪是"中国休闲服装名镇",服装产业历史悠久、链条完整、基础雄厚,兼具工业制造硬实力与设计研发软实力。在制造端,涌现一批数字化、智能化水平高,生产质效一流的企业,成为国内外超百家知名品牌的合作伙伴;在设计端,连续举办三届休闲服装设计专项赛,联动院校、企业共建产教联合体,吸引人才、培养人才,为打造沙溪服装区域品牌提供助力。在镇党委政府的全力支持、省服协等行业协会的关心关爱

以及企业家们日夜兼程的奋斗之下，沙溪服装一步一个脚印逐渐走到舞台中央。

未来，沙溪将立足大湾区立交桥的区位优势，紧紧抓住深中通道通车在即的历史战略机遇，加大资源倾斜和政策支持力度，以"强制造""塑品牌""优链条""拓空间"四大举措做大做强服装制造矩阵，同时向全国各地的客商与人才抛出橄榄枝，诚邀大家一起投身沙溪服装产业的建设发展。

广东省服装服饰行业协会执行会长刘岳屏认为，作为广东省最健全、最成熟的服装产业集群之一，沙溪政府率先响应高质量发展号召，不仅全力推动产业数字化转型升级，抢抓电商直播发展风口实现新增长，更高度重视产业人才尤其是设计人才的培养和发展，坚持连续举办沙溪休闲服装设计专项赛，通过大赛积蓄设计力量，发挥设计推动产业转型升级作用，打造沙溪时尚闪亮名片，助推制造业高质量发展。沙溪政府对服装产业的重视之高、支持之深，正是行业的所望所需，沙溪时尚，未来可期。

三、锤炼智造利器　沙溪时尚品牌林立国际

"制造业当家"是广东高质量发展的"利器"，作为数字化供应链企业高度集中的核心区，沙溪智能制造底气十足，作为"中国休闲服装名镇"，沙溪服装起源早，产业基础雄厚，"沙溪设计""沙溪品牌""沙溪产品"享誉全国，在建设纺织现代化产业体系过程中不断扎实推进纺织服装产业数字化转型。

在国货崛起的新时代，沙溪通过举办广东时装周沙溪日、参与澳门服装节、持续举办中山市工业设计大赛沙溪休闲服装设计专项赛，组织沙溪智造企业参加全球性展会及纺织服装商贸活动等重要举措，高频次、全方位发声，推动新一代沙溪品牌走进国际视野。

本次大赛上，通伟、俊怡、巨邦等一批智能化、数字化水平高，拥有全国领先的针织服装制造能力的沙溪本土企业共同上演一场时尚大秀（图5-250）。

作为沙溪高端服装产业的代表企业，中山市通伟服装有限公司旗下ANIFA品牌于1984年在澳门成立，现已发展成为澳门实力品牌，ANIFA认为时尚一直受到科学发现的影响，涤纶和尼龙等合成纤维的发现改

图5-250

变了整个时尚概念，如今已成为现代运动服现象。中山市俊怡服饰有限公司先后引进自动裁床、自动数码印花线、智能吊挂系统等一系列智能智造智能化设备，专注潮流针织男装研发生产25年，与国内外多家一线男装潮流品牌合作，旗下渡渡鸟（DUDUNIAO）、男孩布朗（BOYBROWN）先后获得"中国著名品牌"等多项荣誉。中山市巨邦科技集团成立于2006年，作为中山首家服装行业的国家级高新技术企业，拥有先进完整的大型实验检测中心、服装技术研究院，专注于新型服装功能面料设计、研发以及智能服装设计、研发等（图5-251）。

图5-251

位于广东省纺织服装产业集群高质量发展的产业发展核心区，沙溪将积极带动自身及湾区服装产业的加快发展，以打造综合实力国际先进的高端纺织服装集群作为时尚愿景，为广东培育世界级先进纺织服装产业强省的核心目标贡献力量。

四、2023中山市工业设计大赛沙溪休闲服装设计专项赛获奖名单

1. 金奖（图5-252）

设计师：张津　作品名称：Go Wild

2. 银奖（图5-253）

设计师：宋莉　作品名称：81192

设计师：胡小磊　作品名称：远山岱

3. 铜奖（图5-254）

设计师：张钰华　作品名称：Energy Fusion（能量融合）

设计师：吴嘉涵　作品名称：融

设计师：黄伶玲　作品名称：山止川行

图5-252

图5-253

图5-254

4.优秀奖（图5-255）

设计师：谭宏莉	作品名称：客陀僧
设计师：蓝　星	作品名称：空间闪烁-元文化
设计师：蒙春妮	作品名称：褶束
设计师：黄滢盈	作品名称：绿榴
设计师：郑实秋	作品名称：独行者
设计师：何欣阳	作品名称：淬墨染衣
设计师：马丽亚	作品名称：08/24
设计师：吕一朗	作品名称：过洋牵星
设计师：何妍瑶	作品名称：见山
设计师：刘凯烨	作品名称：云雾里
设计师：朱佩玲	作品名称：自成焦点
设计师：纪懿真	作品名称：半屋顶立
设计师：郭梦瑶	作品名称：万·共生
设计师：申　锌	作品名称：涅槃重生

图5-255

2023南沙榄核香云纱时尚文化节

2023年12月8日，2023南沙榄核香云纱时尚文化节在云纱星韵（香云纱）非遗文化园开幕。

2023南沙榄核香云纱时尚文化节（以下简称"时尚文化节"）由广州市南沙区文化广电旅游体育局、广州市南沙区榄核镇人民政府指导，广东省服装服饰行业协会、广东省服装设计师协会、云纱星韵（香云纱）非遗文化园主办，旨在弘扬优秀传统文化，营造非遗融合发展生态圈，推动榄核乡村振兴，促进南沙时尚文化产业发展（图5-256）。

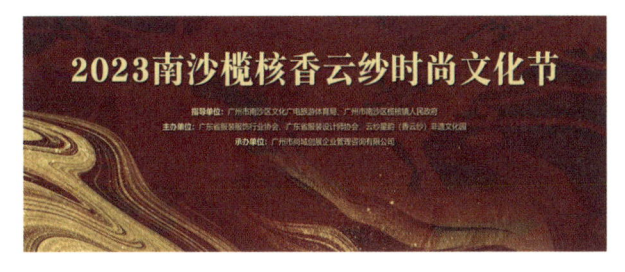

图5-256

本次时尚文化节为期4天，广东知名服装设计师香云纱作品场景秀、广东香云纱时尚设计交流会、服装行业网红直播揭秘香云纱等活动，带领观众零距离接触香云纱服饰之美；香云纱染整技艺亲子研学活动、国潮时尚亲子服装秀，让市民亲身体验香云纱"九煮十八晒"的制作过程，传承非遗技艺；特色南沙非遗美食节、首届涟湄灯光节、"云纱星韵"杯音乐节贯穿活动全程，力求让大众在星海故里尽情品尝美食，感受音乐之妙、非遗之美（图5-257~图5-259）。

图5-257

图5-258

图5-259

一、广东省非物质文化遗产工作站（服装服饰工作站）香云纱展示中心正式揭牌

文化节开幕首日，广东省非物质文化遗产工作站（服装服饰工作站）香云纱展示中心揭牌仪式率先举行，开启榄核香云纱与时尚产业融合发展的新篇章。广东省文化和旅游厅非遗处处长武晨、四级调研员丁艳，广州市文化广电旅游局非遗处处长何菲、副处长许莉，广州市南沙区文化广电旅游体育局局长鲁辉，

广州市南沙区榄核镇党委副书记潘武扬，广东省服装服饰行业协会会长卜晓强、执行会长刘岳屏，广东省服装设计师协会专职执行会长温静华，云纱星韵（香云纱）非遗文化园总经理罗兆荣等嘉宾，以及服装高校代表、服装企业家、设计师超过百人共同出席仪式（图5-260）。

图5-260

云纱星韵（香云纱）非遗文化园总投资超3000万元，园中设立了香云纱文化馆、香云纱非遗体验馆、科普馆、香云纱研发中心等系列配套设施，是榄核镇第一个国家AAA级旅游景区，有力有效地推动了香云纱非遗产业化。揭牌仪式上，云纱星韵（香云纱）非遗文化园总经理罗兆荣作为园区建设者首先发言。他提道，作为广东纺织服装非遗推广大使，深感责任重大，接下来将继续专注于榄核香云纱的传承、传播与发展、创新，发挥好园区的作用，通过香云纱展示中心整合更多力量，开展更多活动，推动传统手工艺与现代时尚设计的结合，让更多年轻人了解香云纱制作流程，让更多消费者知道香云纱各方面的好处。

香云纱产业是具有悠久历史的地方特色文化产业，是传承和传播岭南文化、广府文化和推广粤港澳大湾区的最佳载体。榄核镇党委副书记潘武扬指出，2023南沙榄核香云纱时尚文化节的举办和香云纱展示中心的揭牌对于榄核非遗香云纱产业发展具有十分重要的意义，通过整合香云纱设计力量，积极营造非遗融合发展的生态圈，有利于榄核红色基因传承创新，进一步推动时尚文化产业发展。

广东省服装服饰行业协会执行会长刘岳屏表示，香云纱展示中心的揭牌是一个新阶段的起点，将在三个方面发挥作用：一是搭建服务平台，为榄核香云纱的展示、推广和创新提供载体，让非遗为时尚加分、让时尚助非遗落地，真正推动传统优秀文化在当代时尚实践中实现创造性转化和创新性发展；二是提供展示空间，中心将精选代表性非遗时尚服饰进行长期展览展示，开展主题展示活动，并通过云平台、视频等多种展示形式，让更多人深入了解榄核香云纱的时尚魅力，促进非遗价值转化，引领非遗时尚新消费；三是建立协同机制，发挥南沙作为大湾区中心的辐射作用，深化粤港澳时尚文化产业全面合作，携手港澳联合举办多种形式的文化艺术活动，引导青少年积极参与文化遗产保护，不断增强其认同感和凝聚力，从湾区层面发展时尚产业、讲好非遗故事，推动非遗工作创新，促进非遗创新成果应用转化，带动经济发展。

二、广东知名服装设计师香云纱作品场景秀精彩上演

时尚文化节开幕日上，中国纺织非遗推广大使、华南农业大学艺术学院院长金憓，国家非遗项目广绣代表传承人、汀南服饰"GARYWAT"品牌创始人屈汀南，广东纺织服装非遗推广大使、CHENGXIAOQIN品牌创始人成晓琴，广州美术学院副教授、工业设计学院服装与服饰设计系副主任陈嘉健，广东纺织服装非遗推广大使、匠曼延创始人李曼娜，广东纺织服装非遗推广大使、云纱星韵香云纱非遗文化园创始人罗兆荣，南沙区知性翰林文化交流促进会会长、妇联兼职副主席、非遗生活美学独立原创设计师拾尘（谌启菊），花城时尚新锐设计师吴限等8位设计师联袂在博物馆及香云纱晒场献上香云纱创新作品场景大秀，并获得主办方颁发的"香云纱时尚设计推动奖"（图5-261~图5-264）。

图5-261

图5-262

图5-263

图5-264

三、广东香云纱时尚设计交流会共话榄核香云纱的新发展

榄核镇是文化魅力小镇，是广州市的革命老区、广东省最早的农村党支部诞生地之一、伟大人民音乐家冼星海的故乡，榄核镇拥有非物质文化遗产香云纱以及悠久的疍民文化、星海红色文化和岭南水乡文化等丰富文化资源。

广东香云纱时尚设计交流会围绕香云纱非遗项目传承与创新，香云纱服饰时尚化、年轻化设计，园区研学实践推动产业人才培养等话题展开深入交流（图5-265）。

图5-265

2023珠海时尚周

在珠海市人民政府指导下，2023珠海时尚周于12月15~19日在海韵城日月贝南广场成功举办。本届时装周以"绿色风尚 万物潮生——传承创新 可持续的未来"为主题，汇聚了十余个代表中国高端设计水准的时尚品牌、众多重量级设计"大咖"，这是一次对绿色健康生活理念的礼赞，更是一次突出珠海现代化国际化经济特区城市定位的时尚盛会，为繁荣发展珠海文化事业和文化产业、激发全市人民文化创新创造活力、努力建设更高水平的文化强市提供了坚实的文化支撑。

2023珠海时尚周为期5天，共16场时尚活动，包括13场大秀、2场会议论坛、1个大咖对话等活动。活动主要内容包括欢迎晚宴、开幕式、中国丝绸跨越太平洋开幕秀、时尚可持续生活方式焦点对话、湾区时尚设计产业大会、珠海本土系列时装品牌发布秀、湾区系列时装发布秀、中国十佳系列时装发布秀、非遗与时尚融合大秀、广东高校服装设计获奖作品巡演及系列城市地标快闪活动、闭幕式晚会暨金顶奖设计师大秀、时尚主题论坛等。2023珠海时尚周脱颖而出，形成独具特色的"时尚风向标"。紧扣"现代化国际化经济特区"的城市定位和"青春之城、活力之都"的城市基因，突出人与自然和谐共生、倡导绿色健康生活理念，体现传承创新、国际风尚，展示可持续的美好未来。

2023珠海时尚周最终呈现出一个"重点聚焦：传承与创新、自然与协调、绿色与开放、文化与产业"的具有浓厚珠海城市基因的时尚周。以时尚之名，展青春活力。一个领略城市文化脉络、聚合时尚文化产业的珠海时尚文化品牌正在形成，一个越来越现代化、"国际范"的时尚珠海正展示出高质量发展的美好未来。

一、开幕大秀：中国丝绸×张肇达"跨越太平洋"珠海秀发布会

时尚风潮吹拂青春之城，熠熠星光点亮璀璨夜色。12月15日晚，以"绿色风尚 万物潮生——传承创新 可持续的未来"为主题的2023珠海时尚周开幕式在海韵城日月贝南广场举行。中国著名服装设计师张肇达呈上了开幕大秀——中国丝绸×张肇达"跨越太平洋"珠海秀发布会，以太平洋文化元素、珠海本地时尚元素、国潮元素等融合传统与现代的设计元素为基础创作灵感，既展现了泛太平洋地区的文化多样性和自然之美，也展现了珠海作为湾区时尚文化和泛太平洋文化的桥梁和窗口作用，同时带来融合艺术性、年轻化的国潮流行新趋势（图5-266）。

图5-266

二、时尚可持续生活方式焦点对话

12月16日，时尚可持续生活方式焦点对话活动在珠海市香洲区举办，设置了主旨演讲、圆桌对话等环节，邀请了国内外时尚设计领域领军人物、业内专家，围绕生态环保、绿色健康生活理念在服装及其他时尚产业中的应用开展对话与讨论，为中国时尚产业的可持续发展贡献了来自珠海的智慧和力量（图5-267）。

图5-267

图5-269

三、珠海本土系列时装品牌发布秀

1. 奥伦提（oritick）

12月16日，奥伦提品牌以"时代之印·刚柔美学"为题揭开2023珠海时尚周首场品牌大秀序幕。大秀展出职场商务新格调、摩登极简、都市轻奢三个系列，通过对"基础款"的演绎再创，给新时代女性提供更多的穿衣灵感来源；同时，进一步探索人、衣与都市之间的生态本质，响应自然与万物生生不息的归属（图5-268）。

3. 卡索（Castle）

12月16日，卡索（Castle）"都市探索"主题大秀在珠海时尚周主会场——海韵城日月贝南广场浪漫上演。"都市探索"以城市为背景，展开人生主题秀场，记录行走轨迹，以行动探寻城市回声，倾听城市活力，探寻建筑城市记忆，留下一个故事，带走一个故事，在探寻步伐与回声中体会内心自我（图5-270）。

图5-268

图5-270

2. 1015私人定制

12月16日，珠海本土品牌1015私人定制在2023珠海时尚周主会场上演一场东方雅文化大秀，现场发布【知竹】·东方、【怡然】·自得两大系列订制服饰，旨在讲述当代都市，以雅文化为主导，重塑中式新美学，遇见并传承华夏五千年的祥瑞和美好（图5-269）。

四、非遗时尚融合大秀

12月17日，在广东省服装服饰行业协会、广东省服装设计师协会组织下，屈汀南、林栖、蔡彪、李曼娜、瞿德刚、陈一然等致力于非遗新造的设计师登陆2023珠海时尚周，联袂呈献了一场精彩的非遗时尚融合大秀，广绣、潮绣、香云纱、马面裙、汉服、扎染蜡染等非遗时尚作品惊艳发布，用中式美学传递东方之美、展现技艺之精、奏响文化华章，让非遗文化穿越千年焕发璀璨之光（图5-271）。

图5-271

五、广东高校服装设计获奖作品巡演

12月17日，广东高校服装设计获奖作品巡演大秀在2023珠海时尚周主会场——海韵城日月贝南广场精彩上演，北京师范大学未来设计学院、华南农业大学艺术设计学院、北京理工大学珠海学院、广东白云学院4所广东知名服装设计学府携13位新生代设计师惊艳亮相，集中展现了广东地区高校学生在服装设计领域的新成果，以及新生代设计师对时尚的全新理解和创意理念，旨在为新生代设计师提供交流平台，为大湾区时尚产业高质量发展提供了更多机遇（图5-272）。

图5-272

六、广东十佳服装设计师作品发布

1. 涂月（TUYUE）·杨盈盈

12月17日，广东十佳服装设计师作品在珠海时尚周主会场璀璨发布。大秀上，涂月（TUYUE）呈现了"一点新，一点旧"系列作品。"一点旧"的灵感来自设计师杨盈盈的故乡，她从小看到的、了解的、体验的、感知的潮汕，将祈福仪式中使用的灯笼和标旗等很多潮汕传统物件提炼成各种创作元素，揉入整个系列里（图5-273）。

图5-273

2. 女哲（NUI CHOICE）·彭佩宜

女哲（NUI CHOICE）品牌用新系列"凌霄·志"，以服装明志，借设计抒情，大量运用忍冬纹、缠枝纹等寓意高尚的中国传统装饰纹样，结合现代设计手法，古今碰撞，迸发出新的艺术美感。其廓型华美绚丽，而图纹怒放不息，枝叶缠绕，四季生动，昂扬绝俗，循环往复，生生不息（图5-274）。

图5-274

3. 爱唯（EIWE）·曾发隆

爱唯（EIWE），寓意爱就唯一，来自维多利亚女王与阿尔伯特亲王的爱情故事，品牌以都市女性对爱追求、为爱展现自我为核心，利用现代板型工艺及时尚元素设计，让浪漫挣脱传统束缚，为爱坚守、奔赴。

本季作品，设计师曾发隆吸取了传统婚纱的廓型，利用修身及上窄下宽的鱼尾板型设计，配合泡泡纱、一字肩及极其复杂的拉褶工艺，满足现代女性对身材精致管理的需求，彰显追求时尚浪漫以及对未来生活充满美好愿望的期待（图5-275）。

图5-275

七、中国十佳时装设计师作品发布

1. MACK ZHENG·郑伟

12月17日，中国十佳时装设计师郑伟带来MACK ZHENG2024"山间"春夏系列，以当代艺术风格的新中式贯穿整个系列，采用龙、植物、水、山脉，一系列国风的艺术装饰元素，运用提花、刺绣、拼接、印花各种工艺，塑造东方的神秘魅力。通过山间的神话传说与现代文明之间的碰撞，简与繁的矛盾烘托，传达出内心的力量情感，以一种抽象思维的形式，让人感受到东方的极简主义而不简约的浪漫复古文艺气息（图5-276）。

图5-276

2. HUANG GANG·黄刚

12月17日，中国十佳时装设计师黄刚同名品牌HUANG GANG联合中国首个百万量级服装数据集CHIMER AI与瑞鑫纺织潮牌针织惊艳亮相，黄刚坚持"非遗+科技+时尚"的设计理念，以可持续时尚发展为核心进行设计创造。运用全球领先的3D针织技术选用获得全球有机纺织品标准（GOTS）认证的有机棉、麻、丝、生态再生羊绒，以及获得全球回收标准（GRS）认证的再生聚酯纤维等面料和纱线与中国传统面料香云纱、壮锦等材料相结合进行设计创作，呈现出设计师对非遗文化的热爱与表达（图5-277）。

图5-277

八、"传承创新 可持续的未来"圆桌对谈

12月17日，作为2023珠海时尚周的重要活动之一，"传承创新 可持续的未来"圆桌对谈在珠海市香洲区举办。本次圆桌对谈由珠海市香洲区人民政府指导，珠海传媒集团、正方集团主办，广东省服装服饰行业协会、广东省服装设计师协会协办，高校教师、行业嘉宾在轻松的氛围中进行有趣的行业知识分享，深刻剖析时尚行业可持续发展的现状与未来（图5-278）。

图5-278

九、湾区时尚设计力量

1. 香港

12月18日，2023珠海时尚周主会场，Fashion Farm Foundation携香港设计师品牌ARTY：ACTIVE、SZMAN、TIMBEELO、VINCENT LI带来湾区时尚设计力量发布大秀。在充满活力的色彩、流动变幻的闪光面料、偏锋另类的都市风格和禅意哲思之间，四位香港的独立设计师向世界展示了自己的时尚理念和环保实践（图5-279）。

2. 澳门

12月18日，湾区时尚设计力量发布在2023珠海时尚周精彩上演，由澳门生产力暨科技转移中心组织，陈淑贤、丁珍、陈兰等三位澳门设计师共同登陆，以最新力作展现澳门时尚风貌，让观众感受澳门服装设计师的创意魅力和湾区时尚的锐意创新（图5-280）。

图5-279

图5-280

3. 深圳

12月18日，由Esa Liang、一叁饰品品牌的创始人兼设计总监梁冰琴，the hanah品牌创始人兼艺术总监韩银月，DAQINGLIU品牌创始人大庆3位深圳原创设计师带来的湾区时尚设计力量发布系列活动深圳大秀在2023珠海时尚周主会场海韵城日月贝南广场动感上演。本次发布，深圳服装设计师结合了传统元素和现代廓型，采用可持续材料，指明了以时尚产业的创造力和想象力为引领潮流的发展方向，为时尚产业带来了新的动力和机遇（图5-281）。

图5-281

十、湾区时尚设计产业大会

12月19日，作为2023珠海时尚周的重磅活动，湾区时尚设计产业大会成功召开。本次大会由中共珠海市委宣传部、珠海市香洲区人民政府指导，珠海传媒集团、正方集团和广东省服装设计师协会共同主办。大会围绕传承、创新、可持续三个维度，通过主题演讲、主题对话和项目推介等内容，充分探讨新时代下时尚产业发展的新定位，展现珠海时尚产业的集聚优势和跨界融合，深入推动湾区时尚设计树立文化自信、厚植价值之本、融汇资源之力，共创可持续发展未来，为珠海时尚产业高质量发展创造新机遇、开拓新境界（图5-282）。

图5-282

十一、YVONNE·CHÒI

12月19日，伊文·蔡（YVONNE·CHÒI）"与内心的那个她对话"，在2023珠海时尚周主会场正式发布2024春夏系列新品。在繁华都市忙碌的生活中，女性往往隐藏了内心多面、多维度的真实自我，YVONNE·CHÒI 2024春夏系列希望让每一位女性更多关注自我内心真正的所思、所想、所求，唤醒内心的自我（图5-283）。

图5-283

十二、中国时装设计"金顶奖"设计师闭幕大秀

12月19日晚，2023珠海时尚周最后一场重磅活动——中国时装设计"金顶奖"设计师闭幕大秀在海韵城日月贝南广场举行。闭幕大秀由两位中国时装设计"金顶奖"获得者计文波、李小燕携手呈现现代与古典交融之旅。流光交错间，具有东方神韵的高定时装在灯光勾勒出的蜿蜒秀道上隆重登场，计文波与李小燕两位设计大师在珠海时尚周舞台上发出自身对于泱泱中华文化传承创新的感悟与共鸣，以现代设计手法表达城市魅力与品牌精神，带来了一场现代与古典交融的新品发布，充分展现了本届珠海时尚周的主题"绿色风尚万物潮生"（图5-284、图5-285）。

图5-284

图5-285

第23届"虎门杯"国际青年设计(女装)大赛

12月20日,第23届"虎门杯"国际青年设计(女装)大赛总决赛在虎门会展中心时尚发布厅举行。经过激烈角逐,来自中国江西的选手洪诗怡以作品《内心独白》一举夺得金奖(图5-286)。

图5-286

"虎门杯"国际青年设计(女装)大赛,由中国纺织信息中心、中国国际贸易促进委员会纺织行业分会、中国服装协会、中国服装设计师协会、广东省服装服饰行业协会、广东省服装设计师协会、东莞市虎门服装服饰行业协会联合举办,这是虎门时尚界的一大盛事。本届大赛,组委会共收到来自俄罗斯、马来西亚、泰国、乌克兰、斐济、日本、莱索托、中国等8个国家和地区的2015份参赛作品。经过初赛的严格筛选后,来自斐济、泰国、俄罗斯及中国大陆的30组选手的优秀作品进入了决赛。

为体现大赛的权威性,总决赛特邀多位重量级评委,评判长由中国服装设计师协会原主席、清华大学美术学院教授、博士生导师李当岐担纲。评委包括:广东省服装设计师协会终身荣誉会长、中国服装设计师最高荣誉"金顶奖"获得者刘洋,中国服装设计师协会兼职副主席及常务理事、两届中国服装设计师最高荣誉"金顶奖"获得者、BEAUTYBERRY品牌创始人王钰涛,广东省服装设计师协会会长、中国服装设计师最高荣誉"金顶奖"获得者李小燕,香港理工大学时装及纺织学院院长、教授赵艾琳(Erin Cho),俄罗斯伊万诺沃州理工大学服装系讲师、设计师马克西姆·克雷洛夫(Maxim Krylov),ESMOD广州法国高等服装设计学院资深设计教授、国际知名设计师安杰尼(Evgeny)(图5-287)。

图5-287

中国选手洪诗怡以作品《内心独白》获金奖(图5-288、图5-289),陈炳旭的《大地红装藏锦绣》(图5-290)和刘洁林的《镜花水月》(图5-291)获银奖,袁迪、郭泽宇、庾心洋/黄栎潼组合分别以作品《消费主义》(图5-292)、《映墨痕》(图5-293)、《重现》(图5-294)获铜奖。此外,10个优秀奖也名花有主(表5-2)。

图5-288

图5-289

图5-290

图5-291

图5-292

图5-293

图5-294

表5-2 第23届"虎门杯"国际青年设计（女装）大赛决赛获奖名单

奖项	姓名	地区	作品名称
金奖 Gold Prize	洪诗怡 Hong Shiyi	中国（江西） China（Jiangxi）	内心独白 Inner Monologue
银奖 Silver Prize	陈炳旭 Chen Bingxu	中国（黑龙江） China（Heilongjiang）	大地红装藏锦绣 The Tibetan
	刘洁林 Liu Jielin	中国（江西） China（Jiangxi）	镜花水月 Flower in the Mirror, Moon in the Water
铜奖 Bronze Prize	袁迪 Yuan Di	中国（山东） China（Shandong）	消费主义 Sale
	郭泽宇 Guo Zeyu	中国（广东） China（Guangdong）	映墨痕 Reflecting the Traces of Ink
	庾心洋/黄栎潼 Yu Xinyang/Huang Litong	中国（广东） China（Guangdong）	重现 Reappear
优秀奖 Excellence Prize	白洁 Jadeine Whiteside	斐济 Fiji	上升之海 Rising Sea's
	李玲玲 Li Lingling	中国（江西） China（Jiangxi）	现实世界与虚拟世界 Two Worlds
	杨峰 Yang Feng	中国（江苏） China（Jiangsu）	07号幻想社区 Fantastical Community Station 07
	唐文政、琚小芬 Tang Wenzheng/Ju Xiaofen	中国（广西） China（Guangxi）	时空旅客 Spacetime Traveller
	王畅悦 Wang Changyue	中国（福建） China（Fujian）	未来之境 Future Realm
	杨诗琳、杨悦 Yang Shilin/Yang Yue	中国（广东） China（Guangdong）	寻找乌托邦 Looking for Utopia
	杨丹 Yang Dan	中国（山东） China（Shandong）	未来AI Future AI
	庾潮祥 Yu Chaoxiang	中国（广东） China（Guangdong）	"AI"你千百"回" Love You a Thousand Times
	郭思羽/刘子维 Guo Siyu/Liu Ziwei	中国（内蒙古）、 中国（上海） China（Inner Mongolia） China（Shanghai）	栖息地女孩 Habitat Girl
	谭咏仪、张勇 Tan Yongyi/Zhang Yong	中国（广东） China（Guangdong）	消失的它 Disappearing

金奖获得者、来自江西的6号选手洪诗怡表示，这次参加"虎门杯"国际青年设计（女装）大赛并获得金奖感到特别开心。她的服装设计理念是在运动和卫衣的结合中注入时尚气息，这是一种创造。她说："我既是创造者，也是被创造者，这幅作品以'我'为出发点，从心出发创作出时尚潮流的作品。'虎门杯'是我参加过的比赛中规模最大的一次，这项赛事让我收获颇多。"作为一名大四学生，她表示毕业后通过几年的沉淀，会将虎门作为就业的首选，努力成为一名优秀的时装设计师。

银奖获得者，来自黑龙江的17号选手陈炳旭和来自江西的23号选手刘洁林，铜奖获得者，来自山东的11号选手袁迪，来自广东的13号选手庾心洋、黄栎潼，来自广东的27号选手郭泽宇表示，虎门连续举办23届"虎门杯"国际青年设计（女装）大赛，展示出了虎门这座城市的时尚高度。这一届的赛事起点很高，呈现出来的效果非常好，对选手们来说是一次非常难得的展示机会。虎门作为国内著名的时尚名城，对他们有着很大的吸引力。他们中的多数选手表示，以后会考虑在虎门工作，在这里大展身手。

此次比赛的金奖奖金丰厚，高达15万元。据了解，金奖得主洪诗怡作为一名在校学生，在设计作品中表现出了很高的创意能力，实属难得。

赛后，评委们均对大赛给予了高度评价。评委们表示，"虎门杯"国际青年设计（女装）大赛作为国内最具影响力的国际设计大赛之一，搭建了国内外服装设计思维交流和碰撞的宝贵平台，成为年轻设计师展现设计创意、实现时尚梦想的舞台。20多年来，赛事挖掘和培育了大批优秀的女装设计人才，为国内外女装行业的发展作出了重要贡献。同时，赛事也见证了中国服装产业特别是虎门服装时尚产业的成长，对服装行业有着特殊的意义。

对于参赛选手的作品，评委们强调，艺术与市场相结合非常重要，因为服装设计要回归到生活，只有将实用性和艺术性巧妙地结合才更有生命力，希望选手在这方面多下功夫。

在评分环节，由虎门女装品牌亮点国际（LIVE WIRE）、幻走（MOVEUP）、纽方（NEW FOUND）为现场观众联袂带来了一场别具虎门特色的时尚秀（图5-295）。

图5-295

第六部分

年度创新案例

产业项目创新案例

广清纺织服装产业有序转移园：
新质生产力赋能产业焕发活力

一、2023年园区发展建设的整体情况

清远全力打造承接珠三角产业有序转移的主战场、首选地，高水平规划建设广清纺织服装产业有序转移园，加快打造"中国快时尚智造基地"。2023年，园区建设各项工作已跨入发展轨道并取得明显进展，首批基础设施建设项目已全面启动；首期2000亩产业用地已建成标准厂房100万平方米，落户企业480家；二期2600多亩产业用地持续推进"四通一平"（图6-1）。

图6-1

2023年1~12月，广清纺织服装产业有序转移园实现全社会固定资产投资26.39亿元，其中，设备投资额3.74亿元；规上工业产值409.07亿元，同比增长28.1%；规上工业增加值73.91亿元，同比增长26.4%。

二、主要做法

1. 坚持"规划为先"

充分发挥规划引领作用，出台《广清纺织服装产业有序转移园概念规划》《广清纺织服装产业有序转移园控制性详细规划修编》《广清纺织服装产业有序转移园产业发展规划》等，明确"中国快时尚智造基地"定位，规划2个快时尚组团、2个产业发展组团和1个乡村振兴组团，以明确的规划引领清远时尚产业向高端化、智能化、绿色化、融合化发展。

2. 坚持"项目为王"

着力谋划招引一批具有示范性和引领性项目，推动时尚产业"破局"蝶变。塑强产业优势，紧盯纺织服装前沿产业和先进技术，着力招引主导产业和重点产业链企业入驻，时尚头部企业希音、致景科技、戴世拉链、诚鸿纺织等陆续签约落户。抓实以链招商，瞄准头部企业、关键配套企业，推动一批补链、强链、延链项目落地，物流巨头普洛斯落户建设大型物流园，电商巨头拼多多石角物流仓投入运营，国家服装产品质检中心（广东）清远基地、广清中大检测研究院等多家专业服务机构落户园区。突出以商招商，发挥龙头企业牵引作用，开展市企一体招商，带动上下游企业向清远集聚，园区入驻企业480家，包括时尚鞋服、大美妆、珠宝饰品及皮具箱包等产业，集聚效应显现。图6-2为中大时尚科技城航拍图，图6-3为时尚秀台。

图6-2

图6-3

3. 坚持"创新为重"

坚持以新质生产力牵引赋能传统产业，以创新驱动纺织服装产业集群高质量发展。一方面，创新纺织服装产业发展模式。建立"领导小组+管委会+平台公司"三级架构管理模式，具体开展园区投融资、产业导入、运营管理、公共服务、基础设施建设等工作，创新打造"入驻即开工"的标准厂房，提供自动裁剪缝纫等生产服务的智能制造共享车间，采取"拿地即开工"的供地模式等，为企业加快落地投产提供保障。另一方面，加大对企业创新和应用新技术、新设备的扶持力度，全方位引导金融资本、产业资本、地方资本等加大投入，支持转移落户企业技术迭代、设备更新，同时积极搭建中小企业信息服务平台和技术创新平台，着力培育孵化一批管理数字化、产品迭代化、理念国际化、技术先进化的创新企业。

4. 坚持"服务为本"

持续通过"夜班车""现场会"等工作模式跟进解决企业落户发展各种问题。强化跟踪服务，坚持"重点抓项目、抓重点项目、抓项目重点"，强力推进"工作项目化、项目责任化、责任人头化"，落实"五个一"（一名领导、一批项目、一份推进表、一张问题清单、一套协调机制）项目落地机制和"四定要求"（定任务、定人员、定责任、定时限），聚焦招商、土地报批、厂房装修、工人培训等12个方面工作，建立市领导带头包干制度，确保项目落地见效。强化要素支持，充分利用省支持资金联合粤财控股、粤科金融集团组建超50亿元规模的产业投资基金，重点支持主平台基础设施建设和产业项目。制订《低效工业用地盘活利用实施方案》，加快推进企业清退转型、回收低效用地、搬迁相关企业等工作。强化人才培育，利用省职教城优势，引导6所职业院校新开纺织服装专业，首批招生逾千人，建立15家"一针一线"纺织服装技能人才培训基地，累计培训5281人次（图6-4）。

图6-4

5. 坚持"配套为要"

完善的政策配套、设施配套、生活配套是提升园区吸引力和承载力的关键。精准出台招商引资优惠政策。发布"清远纺织服装产业八条"，制订技能人才招引稳岗、低效工业用地升级改造、人才建设、金融支持等多项优惠政策，给予企业固投、租赁、招工等补贴，设立管委会企业服务中心，实现企业全生命周期审批事项园区内"一站式"办理。提升园区配套水平。突出"大配套"，强化"全链条"，加大原材料、设计、物流、检测检验等企业招引力度，持续丰富园区及周边餐饮、生活等功能，着力提升园区产业链配套和生活配套水平。完善基础设施配套。大力推进园区"四通一平"，依法依规加快推进标准厂房及配套基础设施项目建设。

三、发展规划

2024年，广清纺织园管委会将深入贯彻落实省市部署，聚焦"中国快时尚智造基地"定位，争当产业有序转移示范区。

1. 抓规划强理念

紧密围绕园区定位，进一步完善和细化《广清纺织服装产业有序转移园产业发展规划》，奋力打造"中国快时尚智造基地"。一方面，聚焦"快时尚"，着力构建纺纱、织布、制衣、数码印花、展销等全产业链一体化、数字化智能制造产业生态，实现纺织服装产业发展快速化、个性化、定制化，依托完备的供应链条，培育快速、稳定、柔性的综合制造能力。另一方面，聚焦"智能制造"，通过数字化赋能加快传统产业转型升级，推动清远市纺织服装产业集群走时尚化、高端化、品牌化、数智化、低碳化、国际化和总部经济集聚地、创意设计策源地、服贸会展新高地的"六化三地"高质量发展道路。

2. 抓龙头强业态

精准对接企业需求，大力引进龙头企业强链、补链、延链，推动签约项目尽快落地投产，建设一批投资规模大、技术水平高、产业链长、符合环保要求和行业标准的项目，以龙头企业带动上下游产业串珠成链。深化与希音、拼多多等跨境电商平台的合作，依法依规为园区企业争取订单，带动供应链、生产制造、物流、电商等上下游产业与人员就业的发展，引领产业集群发展，实现多方共赢的良好产业生态。

3. 抓孵化强创新

利用好产业基金和各项政策性金融工具，充分发挥政府、行业协会的支持和服务作用，全方位、多层次引导金融资本、产业资本、地方资本等加大投入力度，加强对企业创新和应用新技术、新设备的扶持力度，组织实施一批产、学、研联合攻关重点项目，为中小企业提供信息服务平台和技术创新平台，积极培育一批管理数字化、产品迭代化、理念国际化、技术先进化的创新企业。

4. 抓服务强环境

立足清远资源禀赋，发挥区位优势，精心筑巢引凤，对标珠三角地区营造一流的营商环境。坚持以企业需求为导向，聚焦土地、金融、科技、人才等方面开展调查研究，依法依规提高惠企政策精准性；建立招商引资项目跟踪服务工作机制，实行"一个项目、一个专班、一跟到底"的模式，持续优化招商引资优惠政策，为企业提供"保姆式""一站式"服务，推动政企合力攻坚克难，争取项目早日落地投产、发挥效益。

5. 抓人才强培育

要用好省职教城重大平台，加强政企校三方合作，加大力度培养高技能人才。强化市场化招聘工作指导，动态对接企业用工需求，确保企业用工需求与培训人员供给精准匹配，开展技能人才"订单式"培训，加快解决招工难问题。坚持创新思路、因地制宜，积极探索"一针一线"培训基地、卫星工厂、"妈妈岗"等用工形式，大力培育电商人才、设计人才、纺织工人，不断充实纺织服装产业的人才队伍。

6. 抓配套强基础

全力做好园区顶层设计工作，不断提升园区整体配套服务功能。强化园区生活配套。坚持问题导向，持续丰富园区及周边餐饮、生活等功能，突出"大配套"，强化"全链条"，着力提升园区产业链配套和生活配套水平，营造良好的营商环境。完善基础设施配套。整合各方资源，科学有序地安排产业用地，不断完善园区配套基础设施建设，大力推进园区"四通一平"，依法依规加快推进标准厂房及配套基础设施项目建设，助力园区拓展空间。

广清纺织服装产业有序转移园管理委员会

2024年7月5日

广州中大门：打造纺织服装4.0产业综合体

广州中大门，由广州市中大门时尚港产业科技有限公司运营管理，于2022年1月由广州轻纺交易园更名而成。中大门致力于推动纺织服装向时尚产业高质量发展，为纺织服装企业提供展贸、设计版坊、原创品牌、潮流发布、数智化等一站式服务，构建中大门时尚港产业数智化平台；打造纺织服装4.0产业综合体；创新时尚产业与生活美学商业街区融合发展；旨在提高"东方设计"的国际时尚市场份额，构建国际时尚发布中心。设有T11服装设计师品牌中心、纺织总部BASE、UOMO男装面料、ICON潮牌针织、SOHO中央版坊等，以及生活美学商业街区城市之丘THE HILLS（图6-5）。

图6-5

项目位于中大商圈核心位置，占地面积超15万平方米，吸引商户约1350家、服装及轻纺面料设计师逾3500名，拥有完善的纺织服装时尚产业服务运营体系。集聚面辅料总部、高级制板师工作室、原创品牌服装总部等全供应链与数智化资源。获得国家工信部授予的"纺织服装创意设计示范平台""全国十大著名品牌市场""综合百强市场"等荣誉称号，联手中国服装设计师协会、武汉纺织大学成立"中国男装高级定制研究中心"，与中国服装设计师协会一同设立"大湾区新锐设计师联盟"，与中国纺织工业联合会流通分会共建"中大门时尚港产业数智化平台"（图6-6）。

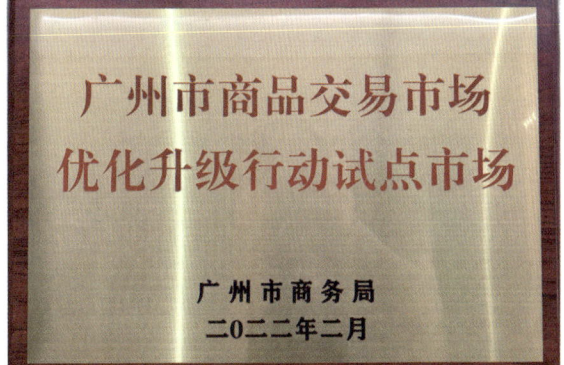

图6-6

一、以空间焕新推动产业革新，增强多元时尚新体验

2023年，广州中大门继续推动经营空间的优化升级，相继完成了包括ICON潮牌针织、纺织总部BASE等产业功能载体的改造，落成并开放使用T11服装设计师品牌中心、音乐喷泉广场、东门广场等产业配套时尚场景；升级中央空调节能改造、LED节能照明和光伏发电，打造绿色低碳环保园区；创新时尚产业与生活美学商业街区融合发展，建设城市之丘THE HILLS生活美学街区，营造充满生机活力的城市社交空间和丰富多元的场景，满足人们全新的商办、社交、生活需求。至此，广州中大门产业功能区域升级改造全面完工，一批批现代、前卫、时尚的外观设计和国际顶级水准的硬件设施焕新登场。通过持续释放新场景、新活力、新元素，打造集美学生活商业、社区、办公空间、面辅料总部、设计师品牌中心、艺术空间、时尚秀场、买手店等多元业态为一体的新概念产业和商业社区，广州中大门不断打破和重构整个纺织服装时尚产业创新生态体系，以空间形象的焕新引领产业模式的全面革新，成为中大纺织商圈转型升级标杆和城市时尚地标。

二、创新为核、科技为擎，探索数智化赋能服务新模式

当前，时尚产业正面临一个由科技革命、数智化转型和市场适应性驱动的新发展阶段。围绕"中大门时尚港产业数智化平台"这一发展目标定位，2023年，广州中大门在完善服务器、光纤宽带、通信基站等硬件设施设备的基础上，开发了广州中大门自有小程序，提供包括停车缴费、物业管理、AR导航等一站式商业管家服务功能；对接抖音、小红书、淘宝、腾讯等头部电商平台，成功引进全国首家华南选品中心，通过产业资源助力抖音金产地计划推进工作；精准优选数智化服务商进驻，与供应链、头部平台深度合作，推动纺织服装商户、直播团队更有利地获取资源、拓展经营，实现数实融合。图6-7为华南选品中心。

图6-7

11月18日，2023中国时尚产业数智化融合发展大会在广州中大门国际时尚发布中心召开。会上，中国纺织工业联合会流通分会与广州中大门共建"中大门时尚港产业数智化平台"，通过夯实平台建设、发挥平台优势，不断增强广州中大门数实融合创新能力，实现全产业资源的开放融合、互利共赢，推动时尚产业的数智化升级向更高层次、更广领域发展。

三、"链"上发力，提升运营，推动纺织服装时尚产业高质量发展

广州中大门持续推进纺织服装时尚产业的垂直纵深和跨界延伸发展，构建完整的时尚产业生态体系。目前中大门内具有自主研发设计实力商户占比已达90%，并形成了面料品牌总部、原创品牌服装总部及高级制板工作室集聚。同时，广州中大门全新升级的T11服装设计师品牌中心率先在中大纺织商圈导入服装展贸业态功能，设有设计师品牌总部近500家、原创品牌旗舰店近400家，定位成为中国原创品牌服装源头地和交易中心，以原创设计为内核，创新"前店

后厂"服装企业总部模式，与广州中大门内的中央版坊、面料总部以及数智化平台形成深度链接，提供设计版坊、展贸、集中订货、互联网渠道商对接、时装周、国际时尚合作等一站式专业服务，支持24小时营业（图6-8、图6-9）。

图6-8

图6-9

同时，广州中大门依托红棉集团强化与国际时尚设计的紧密联动，与意大利权威时尚机构共同打造HIVE SHOWROOM，携中国设计师品牌参加巴黎时装周官方女装展——TRANOI展，并受邀在米兰鼻祖级买手店10 Corso Como开展快闪项目，为中国服装设计师提供深度接轨海外市场的平台，助推中国时尚新生力量飞跃发展。

广州中大门创新全产业链运营模式，通过产业链条的强链、补链、延链，引导纺织服装产业时尚化、品牌化、国际化发展，加快推进纺织服装时尚产业全产业链供应链、价值链的提质增效和高质量发展。

四、科产商文旅融合，打造纺织服装4.0产业综合体

2023年，以空间场景的形塑为契机，广州中大门继续强化"红棉国际时装周"品牌势能，接力举办了第十届和十一届时装周活动，策划了国际设计师品牌大秀、原创设计师品牌联乘发布等活动，吸引了上千名产业集群服装公司代表、品牌主理人、服装设计师、时尚买手、时尚达人等到场观秀和采购对接；全新引进国内知名原创设计师品牌买手平台——丛时（CONGSHI SHOWROOM），以秀导流、动静结合，开展了多场新品联合订货会；引进中国第一家零售品牌视觉营销服务商——陈列共和，组织包括陈列设计和视觉营销等培训课程；年度组织举办包括2023中国时尚产业数智融合发展大会及中国男装文化时尚高端论坛、时尚讲座等多场丰富多元、大咖云集的精彩活动。全新升级城市之丘（THE HILLS）生活美学街区，构建广州中大门时尚港产业数智化平台，实现时尚场景、时尚消费、时尚IP、时尚体验、时尚人群与时尚文化的多元融合；拓展新渠道、开辟新赛道，推动时尚艺术与产业、商业价值落地的互生共荣，打造纺织服装4.0产业综合体，引领纺织服装产业创新模式。

2023年11月，经广东省工信厅推荐、专家评审和网上公示等程序，广州中大门获国家工信部确认为"纺织服装创意设计示范园区"。从试点园区升级为示范园区，说明广州中大门的创新升级成果，以及"中大门时尚港产业数智化平台"发展模式受到了国家的高度肯定和支持（图6-10）。

图6-10

广州红棉国际时装城：发力新质时尚，打造商贸升级"新市场"

2023年，我国纺织服装专业市场普遍面临国内需求不足、消费复苏乏力的巨大压力。广州红棉国际时装城（以下简称"时装城"）作为中国服装专业市场升级发展的先行者，坚持稳规模、调结构、提质效的发展基调，积极践行市场焕新和商户创新理念，在转型升级、高质量发展的道路上取得亮眼成绩。

广东省服装服饰行业协会执行会长、红棉国际时装城总经理卜晓强表示，2023年时装城整体运行情况良好，与2022年整体相比实现了成交额的恢复性增长。时装城现有商户900多家，其中自主品牌占比超过80%，聚集原创品牌设计师近2000名，30%以上设计师拥有海外留学背景，是全国的国际时尚流行趋势风向标，也是最受海外市场认可的中国时尚与国际时尚深度接轨的商贸交流产业服务平台。

2023年上半年，时装城5~8楼完成了重装升级，实现时尚焕新。简洁明亮的室内布局、紧跟国际潮流的陈列设计，为商户及买手营造出充满潮流活力的商贸氛围；"千店千面"的提档升级进一步解锁舒适采批新体验，以更舒适雅致的采购环境迎接秋冬旺季，传达出时装城的时尚品位和创新经营理念（图6-11、图6-12）。

图6-11

图6-12

除了硬件全面优化升级，时装城秉承颠覆创新的时尚基因，带来了一系列别开生面的重磅活动，留下多个时尚"名场面"，在形式上既有精彩纷呈的时装周、采购节，还有专业化、高水平的论坛、国际会议等，内容上涵盖了产学研合作、数智化升级、绿色发展、自主品牌建设、供应链融合等行业高质量发展的重要课题。

3月19日，作为2023广东时装周—春季的重磅活动之一，《中国男装四十年（1979—2021）》新书首发式暨"智"男而尚——中国男装文化时尚高端论坛召开，与会行业领导、专家学者共同探讨消费升级下的男装设计创新与产业生态塑造。会上，广州红棉国际时装城—西安工程大学教学实习基地、广州红棉中大门—西安工程大学教学实习基地、广州红棉国际时装城—武汉纺织大学就业创业实习基地、广州红棉中大门—武汉纺织大学就业创业实习基地正式揭牌，为创新校企合作不断探索新模式，加快实现校企互惠共赢、协同发展。

2023年，时装城持续深耕一年两届的"红棉国际时装周×云尚周"IP，在结合数智化浪潮与实体经济的基础上，深度聚焦互联网背景下的时尚商贸升级路径，持续打造品牌与消费者互动交流空间。

6月11日，作为唯一一个被列入国家商务部"棉纺消费季"重点活动的地方时装周，第十届红棉国际时装周时尚盛典隆重举行，以国际秀演、潮流发布、商贸对接、全品订货季、产学研合作等一系列活动提振时尚消费、助力行业复苏。时装周通过云上秀场、线上直播、全媒体推广等数智化形式，为全网观众第一时间送上最新、最潮的潮流趋势视觉大赏，全网观看超1000万人次，平均场次全网观看超100万人次，让全国服装人第一时间捕捉国际前沿潮流趋势；线下参与走秀及订货活动的服装品牌数量超过500家，为品牌商户及本土设计师品牌打造国际化、个性化、高水平的展贸平台，对品牌宣传推广起到了积极有力的作用，在时装城内乃至全行业引发集聚效应。

同期，北京服装学院—科技研发实习基地、东华大学服装与艺术设计学院教学实习（实践）基地、上海技术工程大学产教融合实习基地也正式揭牌，落户红棉国际时装城。越来越多的基地项目落地，进一步夯实时装城的产学研协同发展体系，通过不断深化与全国高校院所的对接合作，带动人才、院校、市场、企业等多方力量的创新协同，为提升行业的整体竞争力与创新能力提供土壤。

11月18日，第十一届红棉国际时装周时尚盛典再次华丽奏响，以"造境未来"为主题，涵盖趋势发布、品牌大秀、高端论坛、全品订货、时尚沙龙等一系列活动，鼓励设计师尝试新媒介、新技术，营造突破想象的秀场发布和展贸空间，将时尚融入数智化浪潮。同期，又携手中国纺织工业联合会流通分会等共同举办2023中国时尚产业数智融合发展大会，通过夯实平台建设、发挥平台优势，致力推动时尚产业的数智化升级向更高层次、更广领域发展。

卜晓强表示，服装专业市场不仅要持续为中低端消费群体提供高质量的商品，更要通过专业化的精准服务，提升品牌的原创设计水平，打造适应新消费需求的新市场、新模式，满足不同层次消费者的供需链条，进而带动供给端升级。

回顾2023年，时装城紧紧抓住广州培育建设"国际消费中心城市"、加快构建时尚大湾区等契机，以推动传统商贸和专业批发市场向品牌化、体验化、数智化、文商旅融合功能转型为宗旨，着力打造广州时尚产商融合的高地。

一方面，持续修炼内功，大力推进市场创新升级、融合发展，在消费疲软的经济环境下展现出稳定的复苏态势；另一方面，积极对外交流，举办丰富多样的行业活动，点燃商贸热情，提振行业信心。为提高广州国际知名度、消费繁荣度、商业活跃度发挥"红棉力量"，为广东建成具有国际竞争力和市场影响力的现代时尚产业集群贡献"红棉智慧"。

广州国际轻纺城：
以中心之为先立后破，助推时尚新质生产力加速培育

全球纺织看中国，中国纺织看中大。作为国家级纺织品交易枢纽——中大纺织商圈的核心龙头，广州国际轻纺城汇聚近3000家国内有实力的服装面辅料品牌供应商，常年展示逾百万最新、最潮的面辅料产品，目前已发展成为中国纺织服装行业内最具影响力及展贸交易量最大的纺织服装面辅料主题商场之一，是中国服装面辅料潮流时尚趋势发布和交流中心，是当下众多国内外服装采购商、时装设计师和服装买手采购、消费的优选之地，也是中国纺织工业联合会流通分会特别授予的全国首个纺织时尚中心。

一、荣膺流通大奖"时尚引领"特别创新奖

2023年4月11日，以"新经济 新模式 新发展"为主题的中国纺织工业联合会流通分会四届七次理事会议暨2023中国纺织服装市场商圈物流升级峰会在浙江省桐乡市濮院镇隆重举行。会上，2022"纺织之光"纺织服装流通创新成果推荐发布暨中国纺织服装流通大奖颁奖典礼同期举行，广州国际轻纺城荣获由中国纺织工业联合会流通分会颁发的2022中国纺织服装流通大奖"时尚引领"特别创新奖，以肯定其在基础管理服务、数智化建设、新型商业模式应用等方面取得的多项创新成绩（图6-13）。

为适应个性化、定制化、高品质的消费习惯与消费方式变革，广州国际轻纺城近年紧抓数字时代的发展机遇，持续借力新一代信息技术的广泛应用，加速推动数智化演进，大力通过数实融合构建"数字轻纺城"，形成自身与数字经济耦合驱动的新型发展模式，同时挖掘适应消费潮流的新渠道、新场景、新业态与新体验。2023年3月28日，广州国际轻纺城与广州科拓科技有限公司正式签署战略合作伙伴协议，双方将在纺织品数字孪生、短视频营销推广、面辅料数字门店等方面开展深度合作，逐步推出秒布SaaS系统、秒布视频、秒布商城等多款数智化产品和服务，共同推进纺织品营销数字化升级新浪潮（图6-14）。

图6-13

图6-14

二、高质量共筑世界级纺织时尚商圈

2023年4月13日，由中国纺织工业联合会、广州市商务局、广州市工业和信息化局指导，广州市海珠区人民政府主办，广州市海珠区科技工业商务和信息化局、广州市海珠区凤阳街道办事处、广州市海珠区新港街道办事处、广州市海珠区瑞宝街道办事处、广州市海珠区中大国际创新生态谷纺织产业联合会承办的构筑世界级纺织时尚商圈——中大纺织时尚产业高质量发展论坛在广州国际轻纺城7楼1号展馆隆重举行。

中大纺织商圈经过多年发展和政企共同推动转型升级，已成为全国乃至全球重要的纺织面辅料交易基地，也从单一的面辅料交易业态逐步扩展到时尚设计、时尚发布、直播电商、面料研发等业态，2021年广州市海珠区更获评"中国纺织时尚名城"称号。论坛上，《中大纺织商圈发展规划纲要》（以下简称《规划纲要》）正式发布，为商圈的再次跨越创新提供了更明确、更清晰的"计划表"与"施工图"。《规划纲要》明确提出，中大纺织商圈将探索产业上楼化、品牌化以及消费业态激活等创新路径，进一步转型升级为中大数智时尚创新港；同时，中大纺织商圈未来还将重点打造时尚设计先锋区、产学研智造区、时尚产业服务区、时尚消费体验区以及数字时尚展贸区等五大区块（图6-15）。

三、市场优化升级工作获权威表彰

2023年5月30日，"加快市场优化升级促产业高质量发展"——2023中国·广州市场产业发展大会在广州创投小镇成功召开。会上，广州国际轻纺城荣获广州市首批商品交易市场优化升级试点市场表彰（图6-16）。

扩大内需、发展产业、造福民生、解决就业等，处处都离不开市场。优化升级专项工作一直是广州市场行业助力国际消费中心城市培育建设，加快产业与消费互动，进一步谋求更高水平发展、体现广州商贸发展特色的重要机遇。2022年以来，广州在七大优势行业领域精选16家市场作为优化升级试点，培育一批商品经营特色突出、产业链供应链服务功能强大、线上线下融合发展的示范市场，取得了阶段性成效，形成了可复制推广的经验模式和典型案例，大力推动广州市场行业优化升级驶入快车道。目前，包括广州国际轻纺城在内的一众试点市场正持续优化提升，积极发挥示范引领带头作用。

图6-15

图6-16

四、溯源而创，秀出"岭南衣"的时代新彩

2023年9月19日，作为一年一度备受瞩目的非遗时尚推广盛会，由广州国际轻纺城"时尚源创平台"独家特约支持的第四届广东纺织服装非遗推广大使联合发布会在2023广东时装周—秋季主会场盛大开秀。发布会上，邓雄华、江小云、陈乔、陈一然、何莲、李曼娜、叮噹（张秋婵）、罗兆荣、蔡彪等九位获颁"第四届广东纺织服装非遗推广大使"荣誉称号。大秀期间，组委会还特别向广州国际轻纺城颁发"纺织服装非遗卓越推动奖"，以肯定其在推动纺织非遗保育与创新可持续发展上的不凡贡献。

文化是纺织服装产业的标识属性，是产业内涵价值的创造之源。作为提升生产力的关键一环，面辅料设计均蕴含文化价值、美学价值，融合技术价值、生态价值，创造商业价值、社会价值，是激发灵感创意、构建创新链条、革新生产方式、提升产品质量的活力源泉。此次广州国际轻纺城以"时尚源创平台"之名，与"第四届广东纺织服装非遗推广大使"活动携手溯源而创，不仅是对中华文脉的崇高致敬与传承赓续，也是对"时尚源创平台"概念与内涵的再次延展、超越与升华，希望共同回到源点、汇聚资源，在传承保育经典精髓中探寻灵感，从源头把更多融合共生的文化元素焕发为推动时尚产业发展的永续力量，助力推动中华优秀传统文化在传承创新中走向更广阔的舞台，被世界更多人们看见和热爱（图6-17）。

图6-17

五、织就"中国纺织时尚中心"新图景

2023年12月9日,向潮而生,消费焕新——中国纺织工业联合会流通分会携手广州国际轻纺城共建"中国纺织时尚中心"活动在广州国际轻纺城1层中庭广场隆重举行。活动上,中国纺织工业联合会流通分会向广州国际轻纺城授予"中国纺织时尚中心"牌匾,标志着全国首个纺织时尚中心正式落户广州市海珠区,作为贯彻落实"百千万工程"的一项重要举措,将有力助推中大纺织商圈转型升级。此次双方启动的"中国纺织时尚中心"共建计划,旨在推动线上线下融合化、供应链协同化、内外贸一体化进程,创新时尚消费场景,全面丰富市场供给、激发内外消费潜力,务求以更高效优质的产品供给满足更多个性化、多元化、时尚化、定制化的消费市场需求,进一步将广州国际轻纺城打造成为引领我国时尚产业高质量发展与时尚消费升级焕新的都市窗口、产业平台和行业标杆(图6-18)。

活动现场,作为广州国际轻纺城升级消费基础设施的最新成果,全面焕新后的AB区2层盛大启业。该区域被命名为"AB2·潮玩力量",首创定位为电商服装潮品牌面料采购专区,兼具批发与零售功能,整体采购及消费体验更零售化、潮流化、年轻化,其将成为新一代时尚潮流的先锋策源地。此外,广州国际轻纺城全新品牌标识ONEFABA正式发布。该标识由鲜明的中英文设计字标组成,色彩上以充满高端科技感的大气蓝为主导,更显年轻、时尚与国际范。标识中的英文"ONEFABA"灵感源自ONE(统一)、FABRIC(布料)、ALLIANCE(联盟)三个英文单词的缩写,寓意广州国际轻纺城将继续凭借自身的平台势能,将上下游产业链、商户及每一位到访的人连接起来,生动演绎"一城链时尚"理念的同时,在新的时代方位下,携手构筑品牌集聚、产业集群、要素集约、服务集中的现代化纺织时尚产业生态联盟与消费中心。

图6-18

六、三度斩获"中国纺织工业联合会产品开发推动奖"

2023年12月19日,在2023年中国纺织大会盛大召开之际,2023中国纺织创新年会同期在湖北武汉举行。期间,"2023年度中国纺织工业联合会产品开发贡献奖"颁奖典礼在会上举行,经资格审查、专家初评和终评,包括广州国际轻纺城在内的3家单位荣获"2023年度中国纺织工业联合会产品开发推动奖"称号(图6-19)。

作为中国纺织行业产品开发领域最具权威的奖项之一,"中国纺织工业联合会产品开发贡献奖/推动奖"自1999年举办以来,一直秉承着强化科技创新、时尚创意、绿色发展对纺织产品开发的支撑引领作用,树立了一批批具有创新产品开发管理模式、拥有卓越产品开发能力的先锋企业典范,持续助力产业升级与纺织强国建设。据统计,本次是继2015年、2019年后,广州国际轻纺城第三次荣获"中国纺织工业联合会产品开发推动奖"称号,这无疑是对广州国际轻纺城近年在加快构建创新发展范式,促进各类创新资源要素高效衔接与集成,提升产品开发创新效能等方面取得成绩的再次权威肯定。

值得一提的是,2008年开始,广州国际轻纺城联合中国纺织信息中心、国家纺织产品开发中心,已连续15年举行面辅料流行趋势发布,连同超过60家协(商)会共同举办不同形式的讲座、沙龙400多场,累计20000多人次参加交流、学习,帮助广大商户、服装企业、设计师、消费者等准确把握未来时尚趋势,为未来季节的产品特色及面辅料开发指明重点与方向。与此同时,广州国际轻纺城也积极鼓励城内商户参加各类相关的全国性面料比赛,近3年已有累计121个商户成功入围中国国际面料大赛优秀奖。

图6-19

七、携手祁刚联名大秀卷动东方时尚美学新潮

打造"时尚之都"是提升广州国际知名度、消费繁荣度、商业活跃度的重要抓手,是广州培育建设国际消费中心城市的题中之义。近年来,广州的时尚能级从一城拓展到多城,从一地辐射到多地,时尚消费核心引擎进一步升级,呈现出充满活力的时尚消费新态势,助力湾区时尚产业高质量发展。

2023年12月27日晚,2023中国(广州)国际时尚产业大会首秀——"花城时尚之夜"在广州海心沙星光大道华丽绽放。为积极助推广州"时尚之都"建设与时尚产业高地打造,赋能重要时尚活动,提升显示度与影响力,广州国际轻纺城持续身体力行,携手中国服装设计最高奖"金顶奖"设计师祁刚的联名大秀压轴登场,"卷书"主题新作花城首发,再度刷新现代东方时尚美学的风向标与国际范。文人墨客常常不经意从衣襟之间飘落书卷,恰巧汇聚成了本次新作的灵感之源。以新中式的演变结合片层结构,以及从中国传统肚兜形式演变而来的高级时装,精致裁剪出中国独有的文化内蕴与时尚韵味。据统计,这是广州国际轻纺城在时尚产业大会上,继计文波、张肇达后,第三次携手顶流金顶大咖联合发布。活动期间,包括广州国际轻纺城在内的来自六大时尚产业的64家企业,更被授予"广州时尚产业生态主力阵容"称号,以肯定其重要的产业价值与市场地位(图6-20)。

继往开来,作为连接生产端、紧贴消费端的重要一环,广州国际轻纺城将携手城内商户及产业链上下游各方力量,不断拓展消费新场景、打造消费新模式、丰富消费新体验、释放消费新潜力,以更多高质量供给,引领与创造市场消费的新需求,努力打造成为我国纺织服装面辅料流通型消费基础设施的示范区、先行区与引领地,为赓续广州"千年商都"金字招牌,助力广州加快培育建设国际消费中心城市、时尚之都等扛起更多新担当、贡献更多新力量。

图6-20

广州白马服装市场：变革时代拥抱数智，重构专业市场新优势

我们正身处一个变革的时代，数字技术与经济社会各领域深度融合，数智化转型成为各个产业链关心的话题。专业市场作为我国商贸流通的重要载体，随着数字经济时代的到来，其发展面临着严峻的考验。如何使专业市场转型升级为新型流通平台，真正实现对客户的赋能，是影响专业市场未来发展的关键。

一、专业市场开展数智化转型的背景及挑战

说到专业市场的数智化转型，通俗地讲，就是"旧瓶装新酒"。就其产业特点而言，专业市场是以批发为龙头、零售为辅助的"坐商式"专业交易市场；从发展背景来看，专业市场从马路市场到大棚市场、室内市场，再到专业市场综合体，不同时代有着不同的变化。专业市场数字化转型在"互联网+"、大数据等新技术和产业深度融合时代大趋势下应运而生，对于有一定历史包袱和管理比较粗放的产业来说，为了适应数智化变革，应更好地了解市场需求、做好采购商画像分析，提升产业服务能力，提升市场的竞争力，借助数字化手段完善市场发展空间和提高市场经营效能，当下也面临诸多挑战。

1. 资产资源整合面临的挑战

在过去，传统专业市场主要满足业内需求，消费群体相对固定，目的性较为明确。然而，随着市场环境和消费者理念的转变，批发与零售逐渐融合，体验和服务的重要性日益凸显。在这种背景下，市场资产资源的重新整合与转型已成为一种新趋势。例如，市场中开始引入餐饮、打造网红景点、建立直播基地等。因此，如何迅速且全面地完成资产重新定位与评估、新投资收益预测、项目资源再规划与分配等任务，成为一项新的挑战。

2. "保租安商"面临的挑战

专业市场的经营主体多为小微企业和个体工商户，这些企业规模普遍偏小，产品同质化严重，导致市场竞争异常激烈，盈利空间受到严重挤压。同时，传统专业市场在管理、信息化和体系建设方面存在诸多不足，导致市场内部运作效率低下，增加了商家的隐性成本。市场的信息传递、资源配置及政府政策落实的调控功能未能得到充分发挥，进一步加剧了市场吸引力和影响力的下滑，租户流失率不断攀升。

3. 数智化转变的挑战

互联网技术的广泛应用，不仅极大地拓展了专业市场的边界，降低了交易成本，还催生了电子商务、直播带货和网红经济等新型商业模式，对传统专业市场的经营模式产生了深刻的影响。数字化转型并不仅是简单的线上线下交易模式的变革，还是一场全方位的变革，涉及技术平台、数据平台和业务平台等多个方面。如何正确认识技术、有效运用数据、深入分析数据，以数字化手段引领业务发展，是一项极具挑战的任务。

4. 市场智能化挑战不容小觑

在当前的数字化商业环境下，传统的专业市场面临着一系列的挑战。技术的快速更新和普及对传统市场提出了更高的要求，传统市场在智能化场景构建上明显不足，导视系统和智能设备的互动体验有待提升。此外，市场需要专业的IT团队进行技术支持和内部优化，以应对这些挑战并推动市场向智能化方向发展。

5. 内部系统"烟囱化"所面临的挑战

传统专业市场内部的信息化系统普遍呈现简单、单一的特点，导致数据孤岛现象严重，系统间缺乏有效的联系。同时，缺乏统一规划和底层数据链的架构思路，使整个系统难以实现高效的数据共享与利用。

在过去的阶段，传统专业市场在促进地区经济增长、保障政府税收和增加就业机会方面，具有举足轻重的地位。然而，随着市场发展模式的转变，从粗放式经营向精细化运营过渡，各专业市场都需要重新思考自身的数字化转型之路。这一转型不仅是对市场发

展趋势的适应,更是对市场转型具体影响的积极应对。因此,各专业市场不得不思考自身未来数字化转型之路如何走。

二、白马公司数智化发展情况

数字化能力既是技术能力,也是业务运营能力的一部分,数字技术也可以转变为市场发力竞争的新优势。广州白马商业经营管理有公司(以下简称白马公司)作为业界翘楚,在运营管理专业市场业态方面一直发挥着引领作用。旗下的广州白马服装市场和越秀中港皮具城两大项目,无论是在硬件设施、渠道拓展,还是在产业服务与运营方面,均展现出持续投入与升级的态势,有力地推动了整个市场的转型升级(图6-21)。

图6-21

在数字化与智能化的发展趋势下,白马公司始终站在时代前沿,积极探索未来转型升级的新方向。公司坚定地以打造"中国领先的时尚产业地产运营商"为目标,秉持"数智赋能新流通,融合引领新变革"的核心价值观,积极主动地拥抱数智化转型。勇于面对并解决各种问题,善于整合各类资源,时刻关注客户需求,以业务需求为首要任务,充分发挥自身优势,进一步巩固了其标杆市场的地位。

1. 数智化过程中面临的核心问题

对于市场方而言,数字化转型的核心目标在于释放市场经营发展潜能、提升市场运营效率。在白马公司探索数智化的过程中,专业市场是否需要数智化、能否实现数智化,以及数智化是否会对实体市场运营产生冲击等疑虑浮现。此外,数字化转型并非孤立存在,而是需要与业务运营紧密结合。在数据的收集、分析和应用方面,投入大量的人力和物力资源成为必要。因此,在推进数字化转型时,保持理性和审慎的态度至关重要,以确保数字化转型真正为市场经营发展带来积极影响。那么,驱动专业市场数智化转型的核心问题点是什么?

一是搭建信息系统,收集经营数据。应从市场需求出发,深入理解客户痛点。在资金投入方面需谨慎,确保系统适配企业需求,并注重对投入产出比的分析。

二是抓取有效经营数据,精准分析经营数据。为有效抓取经营数据并精准分析,需合理设置组织架构,促进各部门业务协同。加强客户教育,确保采集到有效的经营数据。通过数据筛选与分析,形成闭环管理,进而提高市场运营效率。

三是全方位分析经营数据,形成闭环,提高市场运营效率:在全方位分析经营数据的过程中,应充分运用数据化应用,搭建数据筛选、分析、应用的全流程体系。加强数据管理、分析、决策的力度,为企业生产运营提供有力指导。

2. 白马公司的数智化实践

白马公司致力于数智化转型的探索与实践,从1998年传统PC端、移动端商城、会员社群赋能,不断拓展业务领域,逐步实现全域、全渠道运营。坚持借助数智化力量赋能市场运营,不断提升市场的经营效率和管理效率,以适应日益变化的市场环境。通过多年的努力与实践,其已建立起一套完善的数智化运营体系,在激烈的市场竞争中赢得优势(图6-22)。

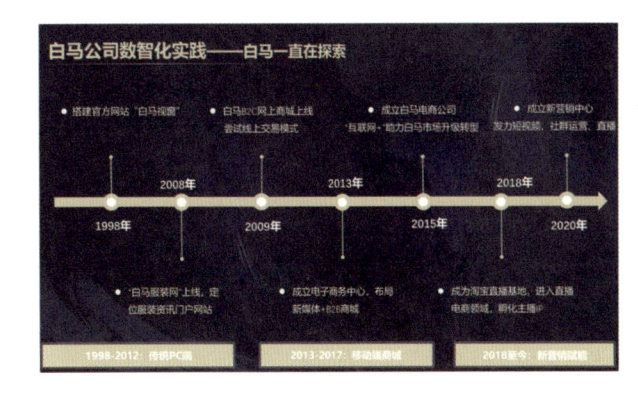

图6-22

对于市场方而言,如何抓取有效数据,收集沉淀多个维度的经营数据,基于数据分析赋能市场营运是必须经历的一个过程。近年来，白马公司自主研发专业市场用户信息化管理工具，拥有9个软件的著作权，借助"白马严选相册"小程序，实现品牌相册展示、会员积分兑换、悦停车、商户管理、经营数据获取及分析等功能。为进一步优化实体市场的管理模式，实现了从人工管理到数字化管理的转型升级，以降低运营成本，提升管理效能。通过科学的管控手段，全面掌握市场现场的经营信息，为科学决策提供有力支撑。同时，我们将着力打造线上蓄水引流平台，以扩大市场影响力，进一步推动市场的多元化发展。

建立品牌管理、采购商会员、营销推广、市场运营、产业服务"五位一体"的数字化营运体系，搭建专业市场数字化管理十大系统，各个系统互为支撑、互为协同，确保市场运营的高效与稳定。通过多渠道采集数据，挖掘市场动态，洞悉潜在机遇。数据已成为市场发展的基石和决策的核心依据。借助数据分析，能够及时发现问题，精准把握市场趋势，从而优化业务布局，降低运营成本，提升整体的管理和运营效率。这一数字化营运体系的建立，标志着白马公司在市场管理领域迈出了坚实的一步，以科技力量驱动市场持续发展，为各方参与者创造更多价值（图6-23）。

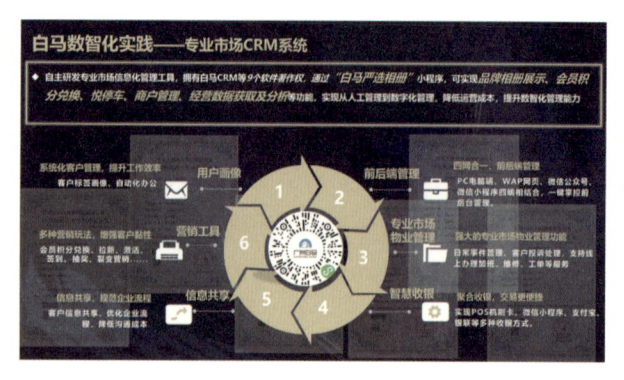

图6-24

基于白马CRM系统与"白马严选相册"小程序数据源，成功构建了白马营销数字看板2.0版本。从全局视角把控经营大盘，实时追踪市场动态与各业务线的运营状态。通过对业务、经营问题及未来趋势深入剖析，为提升业务效能和解决现存问题提供了有力支持。此外，还对关键指标进行了持续监控，及时发出预警。在数据体系构建方面，涵盖了商户分析、营运分析、会员运营、多场景数据及现场管理等多维度分析，通过多维度分析采购商与商户画像、产品策略、多平台媒体效能及社群运营策略等，以进一步优化营销效率、提升管理效能、解读市场流行趋势并深化私域对接（图6-25）。

图6-23

"白马严选相册"小程序是采购商信息管理与数据沉淀的关键途径，致力于为采购商提供优质的货源、专业的咨询服务及最新的产品资讯，已成功积累了超过70万的精准采购商会员信息，不仅在信息收集方面发挥了巨大的作用，还为市场运营提供了强有力的信息支持。也成为商户进行品牌推广和对接的重要平台之一（图6-24）。

图6-25

3. 数智化进程中存在的问题

在当今数字化时代，企业数智化转型已成为必然趋势。然而，在实施过程中，商户接受度的提升却成为一大难题。由于传统经营思维的惯性，许多客户对于新技术的接纳显得犹豫不决，思维转变的难度颇大。同时，专业市场运营所需的技术人才匮乏，这无疑增加了转型的难度。尽管长期来看，数智化转型能够带来可观的投资回报，但短期内投资回报成效缓慢，这也让一些市场方对转型投入望而却步。

三、专业市场数智化未来的发展路径

专业市场的数智化是一个循序渐进的过程。在当下数据要素的各方驱动下，数据就是未来公司业务运营的核心资产，白马公司坚持数智化不等于做电商的观点，在数智化转型中已经踏出一条具有自身特色的路径。然而，国内标杆专业市场也在陆续打造新的商业模式和成功范本，也是我们需要持续关注和借鉴的方向。

1. 打造产业服务平台，构建全产业数字化生态体系

在数字化转型浪潮下，专业市场不应再坐等"收租子"，而应从房东变成服务者，即从单一功能性、面向批发中间环节、依靠低小散商铺招租的模式向"多元化一站式产业服务平台"转变，从传统的交易场所和流通渠道向产业链、供应链的服务平台转变，通过不断服务创新和资源整合，建立以专业市场为中心，连接上下游供应链的数字生态体系。找钢网是国内率先成立的钢铁全产业链电商平台，作为国内钢铁电商的头部平台，精耕于钢铁全产业链数字化转型，为有着万亿级市场规模的钢铁行业提供交易、物流、仓储加工、供应链金融、大数据和SaaS等全产业链服务，致力于以"科技+服务"来赋能钢铁产业，借助数字化转型提升整个行业的效率。

2. 推动线上线下融合，搭建全渠道一体化业务体系

专业市场数字化转型并不意味着线上完全取代线下，而是要立足于服务实体市场，实现线上线下融合发展。实体市场拥有多年积累的商户、商品、服务、品牌等优势，通过建立"信息+交易+服务"的线上平台，可以摆脱专业市场受制于物理空间和时间限制的发展天花板，实现产品信息、企业信息、订单信息的精准对接。通过"线上+线下"两者合力，专业市场能够扩大商品辐射范围，拓展市场服务边界，从而提升专业市场对广大商户的吸附力和依赖度。义乌小商品城打造"Chinagoods"，融合线下所有业务板块的线上功能，从生产、销售、到物流、金融等贸易节点，致力于通过"线下实体批发市场+线上数字化贸易平台"联动发展模式，实现线上线下全渠道一体化发展。

3. 发展新业态新模式，探索全方位创新化服务体系

专业市场应把握发展趋势和契机，寻求自身与新业态新模式的结合点和着力点，创新线上消费激发方式，深度挖掘消费潜力，提升客户购买转化率和用户体验，实现"人""货""场"与数字化的无缝对接。海宁皮革城与淘宝直播合作建立电商直播供货中心，打造"淘宝直播第一楼"，为商户提供零门槛免费开通直播服务，"一键"入驻，让更多商户搭上"云卖货"的东风。与此同时，陆续与1688、抖音、快手、拼多多等电商平台达成战略合作，相应的产业带直播基地也纷纷落地，使海宁皮革城市场功能从原来的服装商贸交易场所向全品类供应链基地、网红孵化基地、直播电商服务中心等多功能商业综合体转变。

总之，专业市场数智化转型是未来发展的必然趋势，也是提升市场运营效率和竞争力的重要手段。白马公司将继续坚持以市场为导向、以客户为中心、以数据为基础、以创新为动力的发展理念，探索数智化转型的方向和路径，实现市场的长续发展，为行业的可持续发展贡献更大的力量。变革时代、拥抱数智，让我们共同努力，重构专业市场的新优势！

供稿单位：广州白马商业经营管理有限公司

广州北·中大时尚科技城：
全产业链集群创新一体化、数字化智能制造平台

广州北·中大时尚科技城位于广清接合片区——清远市清城区石角镇，由忠华集团有限公司和广东云尚智城集团有限公司倾力打造。项目占地约2000亩，其中一期占地约600亩，建筑面积100万平方米；二期占地约1400亩，建筑面积约260万平方米。项目是"万亩千亿"大平台广清纺织服装产业有序转移园的核心区、启动区，中国快时尚智造基地，大湾区产业转移首选地，打造以纺织服装为主导的时尚产业集群（图6-26）。

图6-26

一、政府牵引，企业主导，双引擎推动

广清纺织服装产业有序转移园用地规划超10000亩，广州北·中大时尚科技城作为其中的核心区、启动区，是纺织服装全省一盘棋的重要落子，承接包括广州海珠中大布匹市场在内的有关产业有序转移，由广东省委省政府亲自部署、顶层设计，清远市、广州市人民政府合力谋划推动，以面向世界的战略定位，高起点、高标准、高质量建设广东省产业有序转移新样板，建设面向世界的现代纺织服装产业集群。

2022年12月20日，广东省委书记黄坤明，省委副书记、省长王伟中，省人大常委会主任黄楚平前往广州北·中大时尚科技城调研，黄坤明要求当地坚持高水平规划，细致做好对接，主动靠前服务，强化要素保障，完善配套设施，加快推动优质企业落地投产、扎根发展，全力打造产业有序转移示范项目。希望入驻企业瞄准市场、抓住机遇，大显身手、大有作为，用足用好园区便利条件和产业链配套优势，进一步拓展发展空间、加快转型升级；相关商协会发挥好密切联系企业的桥梁作用，引领带动更多龙头企业落户园区。

二、破解产业困局，全产业链闭环盘活升级

围绕广州海珠中大布匹市场企业转型升级面临的卡点、问题点，并借鉴其中的成熟经验，创新升级，打造全产业链智能制造平台，为纺织服装企业提供一个环境好、空间大、全产业链、产业集群发展的全新升级版时尚产业基地，助力企业降本增效、转型升级。

项目着力构建纺纱、织布、制衣、数码印花、展销等全产业链生态，通过数字化赋能，加快传统产业转型升级。项目全力打造的"一馆一中心四平台"已逐步落地［东方国际面料馆、中联品检（清远）检测中心、云纱网产业互联网平台、绿色环保数码印花云平台、共享云仓+跨境仓储平台、阿米巴柔性生产纺织服装智能制造平台］，实现产业链、供应链数据闭环（图6-27）。

项目二期，定位为中国快时尚智造基地，规划有新疆棉花、棉纱、棉布大卖场、面辅料展示区、服装产业园、美妆产业园、智能制造、家具、珠宝饰品、箱包皮具云仓中心、跨境仓储中心、城市物流配送区。其中，一楼规划为东方国际面料馆，引进越南、印度、巴基斯坦等国家的进口面料，对接新疆、山东、河南等地棉花、棉纱、棉布及面料，一站式为园区企业快速提供接轨国际的面辅料；二楼以上，规划打造5~8层的高标准厂房，全面满足纺织服装等时尚产业生产制造、行政办公、商务接待、时尚设计、直播展销等功能需求，开启工业上楼新模式，全方位突破产业发展的空间局限（图6-28）。

图6-27

图6-28

三、独树一帜，首创全国花园式时尚产业园

区别于传统产业园，广州北·中大时尚科技城拒绝一成不变的钢筋水泥建筑，以媲美高端住宅的园景标准打造园区环境，一期大城已成，最美4千米景观带、时光水镜广场、光之礼堂近30处网红打卡点，不仅有效提升入园企业品牌形象，同时为产业工人提供休闲的好去处（图6-29）。

项目二期，打造时尚中国展示中心，依托现有水库的生态环境，以全新的模式，打造人与自然和谐共融的时尚典范，景观节点涵盖时尚中轴景观带、体育公园、文化公园、时尚T台公园、时尚商业广场、时尚音乐喷泉、九曲桥、城市会客厅"吾园"等时尚配套；特别绕湖边打造长达2千米的环湖碧道，并以纺织服装为核心元素，设置特色小品雕塑、场景化景观等，打造纺织服装迭代成长的时光历史长廊，建设别具一格、独树一帜的时尚产业园（图6-30）。

图6-29

图6-30

四、数字化赋能，构建产业高效协同服务生态体系

目前，项目一期已有超50家企业投产，未来全部建成后将可容纳近5000家企业，为了把企业引进来、留得住、发展好，园区全力构建产业高效协同合作的大时尚产业生态体系，打造多功能云尚数智中心、企业总部基地中心、品牌发布中心、产业金融中心、互联网运营中心、创客创业中心、时尚智能制造中心、青创服务中心、数智中心（双T台，分别可容纳600人/1500人）、时尚产业数智化协同创新中心；同时大力发展创意设计、检验检测、时尚传播、时尚科技、现代物流、现代金融及时尚展贸等六大时尚生产性服务业，为入园企业高质量赋能（图6-31）。

项目整合时尚产业链，涵盖金融、招聘、工商、环保、税收、政策等六大政务中心服务平台，对标全球时尚产业的数智中心、园区服务中心、中央生活餐厅、时尚街区、公园式生态环境等配套服务平台，从硬件到软件全面助力大湾区时尚产业的全面升级；更创新打造超越琶洲国际会展中心的集展贸一体的时尚科技数智中心，接驳天猫、1688、京东、唯品会、拼多多等中国和全球电商服务平台，成为集研发、生产、展示、销售、品牌发布为一体的时尚产业超级引擎，实现从生产到销售24小时营销闭环，全方位赋能，助力入园企业降本增效、创新创造、转型升级。

图6-31

企业创新案例：品牌创新

广州纺织工贸企业集团有限公司：
拥抱绿色时尚，解锁牛仔可持续发展之路

流行瞬息万变，牛仔永不过时。在时尚界的舞台，牛仔凭借独特的魅力，跨越性别、季节、时代变迁，历经百年，始终屹立于潮流的顶端。但众所周知，传统的牛仔产业以往一直被认为是高污染、高排放的产业，绿色和平组织（Greenpeace）的数据显示，每年生产的20亿条牛仔裤需要170万吨化学物质，从棉田、棉布到染色洗水，每条牛仔裤的耗水量最高可达到7000升。随着全球绿色生态发展理念的日益增强，如何权衡牛仔产业可持续发展成为业界共同关注的焦点。广州纺织工贸企业集团有限公司（以下简称"纺织公司"）作为广州纺织服装龙头国有企业，始终坚定做"绿水青山就是金山银山"的践行者，站在人与自然和谐共生的高度谋划发展，大力推进拳头产品牛仔服装系列的绿色可持续发展之路，塑造高质量发展新动能。

一、从研发到成品，将绿色与时尚完美融合

牛仔产品如何接轨绿色元素？在这个命题上，纺织公司近年来持续探索绿色发展新路径，积极引进新材料、新工艺、新方法，以环保为底色，擦亮产品成色，成功打造国际化的牛仔服装单品。产业升级，源头先行。早在2009年，纺织公司就创建了TIT国际品牌研发中心，作为设计研发基地，近年来，品牌中心积极接轨国际，注重将绿色环保理念融入时尚元素中，推出多款既符合潮流又环保的牛仔产品，在国内乃至国际上屡获大奖。最新推出的零染功能性风衣，斩获"广交会设计创新奖（CF奖）"，产品采用黑科技冰氨面料，结合"零染锁色"技术制作而成，产品外观采用可拆卸式设计，能随意变换穿着风格，在产品后背还设计了隐藏收纳袋，把风衣折叠收纳后，则转变为一款便携式手提包，让消费者在享受时尚的同时，也能感受到环保带来的舒适和便捷。而不久之前，公司匠心打造的环保抗菌外套，采用纯天然艾草纤维面料，主线产品采用纯天然艾草纤维面料及竹纤维抗菌面料，不添加任何化学物质，其不仅具有良好的环保性能，还独具质感和风格，荣获"德国当代好设计奖"，成功迈向国际舞台，链接更广阔的国际市场。2022年秋季广东时装周，牛仔系列亮相秀场，以个性色彩和独特纹路获得观众高度关注，荣获"产业推动奖"（图6-32）。

图6-32

二、从生产到回收，打造绿色低碳供应链

德勤调研显示，超过60%的消费者愿意为绿色产品支付溢价，有66%的消费者愿意为绿色的服装鞋帽支付溢价。因此，绿色可持续发展必然是行业未来的消费新风向。纺织公司把握时代变迁，致力打造全链条绿色低碳供应链，主动对牛仔服装进行全流程绿色再造，目前已搭建起从面料研发、款式研发到服装生产一站式服务的优质绿色生产供应链，最大程度减轻牛仔服装生产对地球生态环境的影响。从纸样、裁

床、缝制、包装，到工艺、喷马骝、洗水、脱水、烘干、激光、环保……纺织公司让一条牛仔裤的生产工序处处绽放"绿色"光芒。在废旧纺织品的循环利用上，我们也进行了大力度的探索，采用废弃牛皮纤维与棉交织的创新型面料，经回收后再编织进行重组，形成生物基可纺胶原纤维，纺织成牛仔布，变"废"为"宝"，最终蜕变成环保型牛仔服饰系列产品，备受消费者欢迎（图6-33）。

图6-33

三、从企业到行业，拥抱绿色低碳未来

党的十八大以来，在习近平生态文明思想的科学指引下，生态环境保护进入了快车道。纺织行业是国民经济与社会发展的支柱产业，而中国的牛仔服装作为细分品类，在全球牛仔供应链中举足轻重，作为产业链的一分子，纺织公司以实际行动积极践行ESG理念，争当行业可持续发展的先行者。下属广州纺织品进出口集团有限公司、广州康德斯贸易有限公司相继通过全球回收标准认证（Global Recycle Standard, GPS），成为GRS认证绿色供应链的一分子，有力提升公司参与再生纺织品服装的市场竞争力。通过标准的认证，不仅对我们自身生产流程进行全面优化，同时借助对供应链的管理，确保回收材料来源的合法性和可追溯性，从而携手产业链上下游合作伙伴，共同打造可持续发展闭环经济。在引领行业发展方面，去年我们也参与了广东省纺织工程学会和中山市纺织工程学会联合提出的团体标准《牛仔服装洗水厂管理评价》制订工作，积极与行业共同推动牛仔服装的规范化发展。

时尚不停，"碳"索不止。在"双碳战略""发展新质生产力"成为时代关键词的当下，绿色可持续早已成为当代企业的一张重要名片，让我们努力续写牛仔服装时尚发展的永恒篇章，奔赴绿色美好未来！

广州纺织工贸企业集团有限公司

2024年5月29日

广东佛伦斯集团有限公司：双发展动力业务格局，搭建百亿时尚产业集群

广东佛伦斯集团有限公司（以下简称"佛伦斯集团"），2000年创建于广州，主营核心服饰品牌佛伦斯（FOLUNSI）。集团总部坐落于中新广州知识城，2019年升级成为一个跨纺织服装、投资、视光学产业服务、数字技术与工业设计领域的多元化集团公司，聚焦智造时尚、科技时尚、文化时尚，发挥大湾区"时尚智造中心"的核心引擎作用，继续行走在行业前沿。集团公司始终秉持着创新、合作、共享的理念，推动集团可持续发展。旗下业务涵盖时尚品牌、产业园开发运营、产业投资、数字技术与工业设计四大核心业务模块（图6-34）。

图6-34

在服装版块方面，佛伦斯集团自1999年创建高端商务男装品牌"FOLUNSI"。FOLUNSI以东方文化为品牌成长基因，结合全球时尚设计的创新理念，将东方非遗文化与服饰美学、新潮流生活方式相互融合，为全球精英男士提供高品质、高品位的生活着装。在中国，FOLUNSI传承中国国粹，以新简中、新商务为品牌风格定位，推动国潮新文化，让新时代男性更注重自我感受和精神自由的生活追求得到价值认同，让其成为自己的生活艺术家。在我国文化生态发生巨大变化的氛围下，非物质文化遗产受到越来越大的冲击，许多传统技艺濒临消亡，加强我国非物质文化遗产的保护已经刻不容缓。鲁迅先生说过一句名言：越是民族的东西越容易走向世界，越容易被世界所接受。作为一个具有社会责任感且坚持以中西结合为产品调性的高端男士服装品牌，有义务将民族文化推向世界。

25年来，FOLUNSI品牌逐步构建了完善的管理服务体系，如以产品发布会形式的产品分析、数据模式的订货管理、终端店铺培训体系、形象策划设计体系、全国调配的快速物流机制、产品售后服务体系、全国性VIP客户服务活动管理体系等。公司注重人才的培养、产品的研发及营销服务系统的建设，实行人才本土化，邀请了行业优秀的高端男装管理精英加盟企业团队，推动FOLUNSI在中国市场的快速稳健发展。到目前为止，品牌门店总数超过100家，在国内的大中城市基本建立起了较为完善的市场网络，如高端大型购物中心（Shopping mall）、高档百货商场、五星级商务酒店、枢纽空港机场等，并在上述网点创造了雄踞高端男装榜首的良好销售业绩，奠定了同类品牌中的领先地位，成为国内最具品牌价值的高端时尚商务休闲男装品牌之一。

在产业开发和运营版块，佛伦斯集团近年来凭借产业园区运营服务核心优势业务，形成了"服装+产业服务"的双发展动力业务格局，打造了"粤港

澳大湾区时尚智造中心"及"港澳青年创新创业创造基地"等平台。持续实现以产业发展导向为基础，市场化运作手段规划培育主题园区，打造企业发展的资金平台、技术平台、人才交流平台、市场交易平台，为园区入驻企业提供全面的产业服务，包括从项目规划、高标产品开发建设到专业运营的全方位支持，为合作伙伴提供优质的营商环境和投资条件。2020年，佛伦斯集团携手世界五百强的卡尔蔡司光学通过推动光学科技全产业链落户黄埔区，成为粤港澳大湾区眼视光学大健康产业高地。2024年，佛伦斯集团计划打造"粤港澳大湾区时尚智造中心（番禺园区）"，一个以服饰产业为核心、时尚智造产业全生态聚集的示范园区，是融合创意创新、数字科技于一体的国际化、创新型的现代时尚产业综合体。该项目将围绕"时尚智造"产业主题，以顶尖科技赋能，以定制开发、产业链集聚效应吸引等模式，搭建百亿时尚产业集群。届时将发挥粤港澳大湾区服装产业的优势，以服饰品牌总部经济和智能制造为牵引，培育和提升以番禺为代表的粤港澳大湾区服装产业的国际竞争力，助力广东省培育世界级先进纺织服装产业强省，打造一座以服装产业为核心、时尚智造产业全生态聚集的示范园区，成为拉动广州经济发展新增长极和服装产业转型的新引擎（图6-35、图6-36）。

图6-35

图6-36

赢家时尚集团：数字化赋能时尚业务价值共创的创新实践

赢家时尚集团创立于1994年，主要从事服装研发设计、渠道管理以及品牌运营，是一家具有独特的品牌文化理念、先进的研发设计中心、健全的营销服务系统、高效的物流配送和网络管理体系的著名时尚服饰集团。

赢家时尚集团自成立起深耕中国高端女装服饰行业并于2014年在香港主板上市（03709.HK）。目前集团旗下共有珂莱蒂尔（Koradior）、拉珂蒂（La Koradior）、珂思（Elsewhere）、娜尔思（NAERSI）、娜尔思.灵（NAERSILING）、奈蔻（NEXY.CO）、卡迪黛尔（CADIDL）、仿佛（FUUNNY FEELLN）等八大自主品牌，全国目前共计超过2000家店铺，广泛分布于各大国内高端精品百货、购物中心、奥特莱斯、机场、天猫旗舰店等，整体市场零售规模位列全国中高端女装行业前三。

数字化赋能时尚业务价值共创的创新实践是赢家时尚集团面对行业现状、消费者需求变化、渠道多元化、商品运营效率低，结合信息技术发展，推动企业内部全流程数智化的转型升级，实现管理创新变革的成果。

为了满足消费者多样化、个性化需求，赢家时尚集团通过推进合作工厂智能化生产改造，实现上下游供应链协同管理，缩短了产品研发周期，提升上下游协作效率，实现定制大货混合生产，定制订单交货期从30天缩短到7天。

为了解决渠道间存在壁垒，商品运营效率低，渠道流量不足的现状，赢家时尚集团推进全渠道中台建设，实现了全渠道商品通、会员通、支付通、服务通，通过空销寻源、智能配补大幅提升商品运营效率，通过智能营销管理实现精准营销，有效地提升了会员回购率。

管理创新主要做法：数字化赋能时尚价值共创需求驱动的快速定制模式，包括部件化研发快速定制模式创新、智能化生产模式创新（图6-37）；数字化赋能时尚价值共创需求驱动的供应链协同模式，包括需求驱动上下游资源整合、全流程系统对接无纸化作业（图6-38）；数字化赋能时尚价值共创需求驱动的运营模式，包括顾客需求驱动商品高效运营、顾客需求驱动会员精准营销（图6-39）。

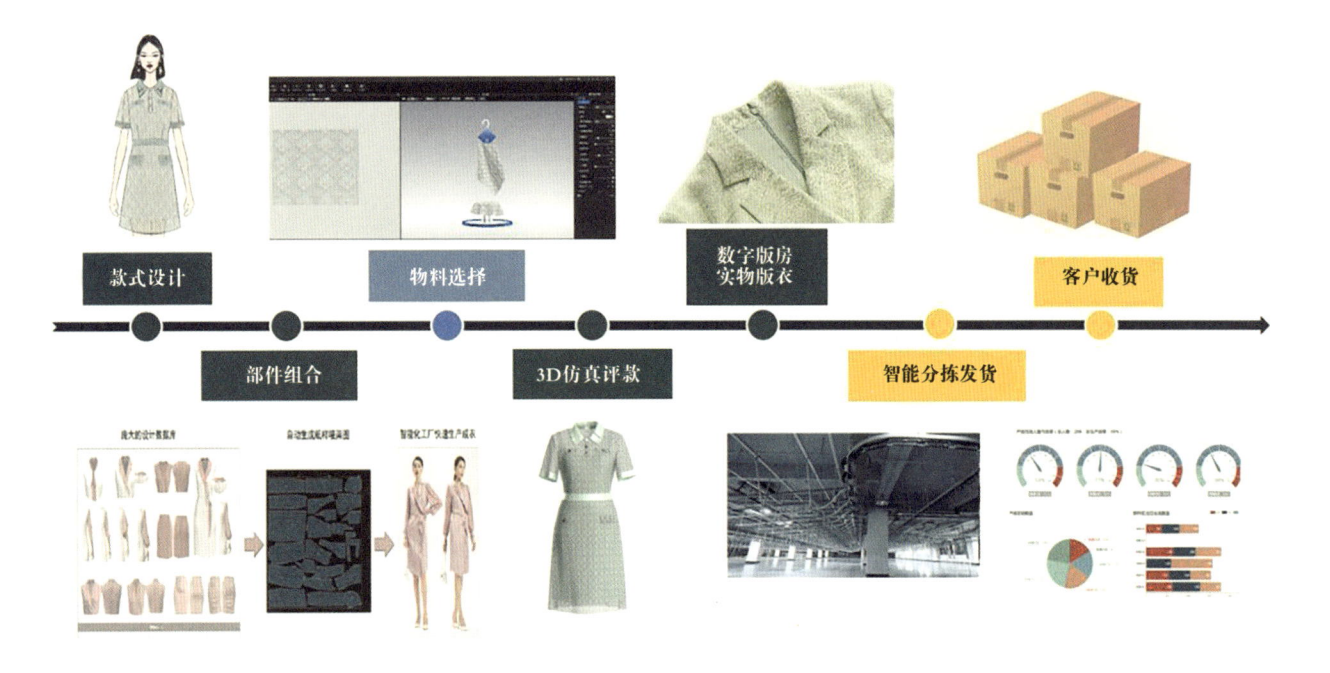

图6-37

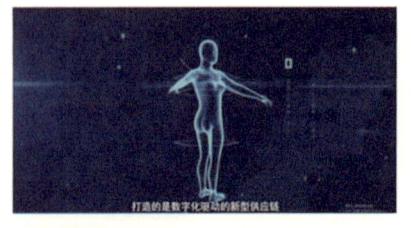

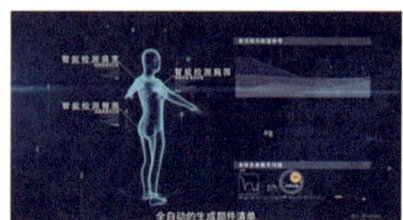

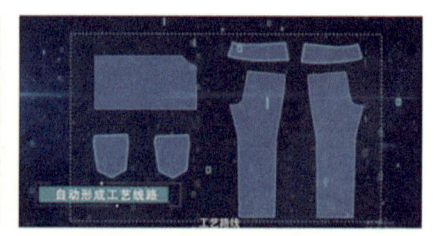

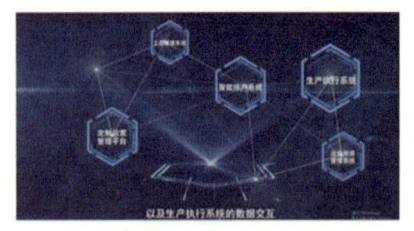

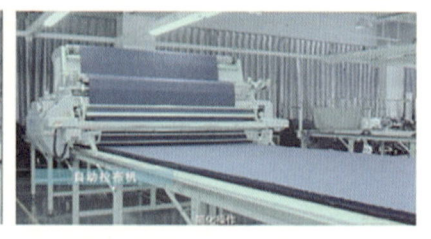

图6-37

品牌采购订单	送货质检入库	上传发票审核
品牌通过系统下单生产，系统结合库存生产采购订单传到供应链中台。	供应商送货，仓库质检入库。送货单、质检、收货单系统呈现。	供应商根据对账单上传对应电子发票，经过费控系统验真后财务审批。

供应商接单	月结对账	出纳付款
供应商通过供应链中台接单签订电子合同，按订单提供原材料。	供应商每月6~12日发起上月对账结算，如果正常，当天即可确认对账单。	财务完成审批后集中付款。

图6-38

多年来，赢家时尚集团非常重视品牌及国际化影响力打造，旗下多个品牌先后受邀登陆米兰时装周，纽约时装周，展现中国品牌魅力。赢家时尚集团始终坚持品牌是根，创意是魂，以顾客生活方式研究、品牌文化塑造为根基，聚焦产品的创新开发和品牌传播推广，持续引领顾客着装和生活文化。内部管理创新上，借助互联网和信息化技术升级，推动智能化供应链平台和全渠道数智化建设，提升对顾客的服务能力和丰富的顾客体验，实现企业快速成长。

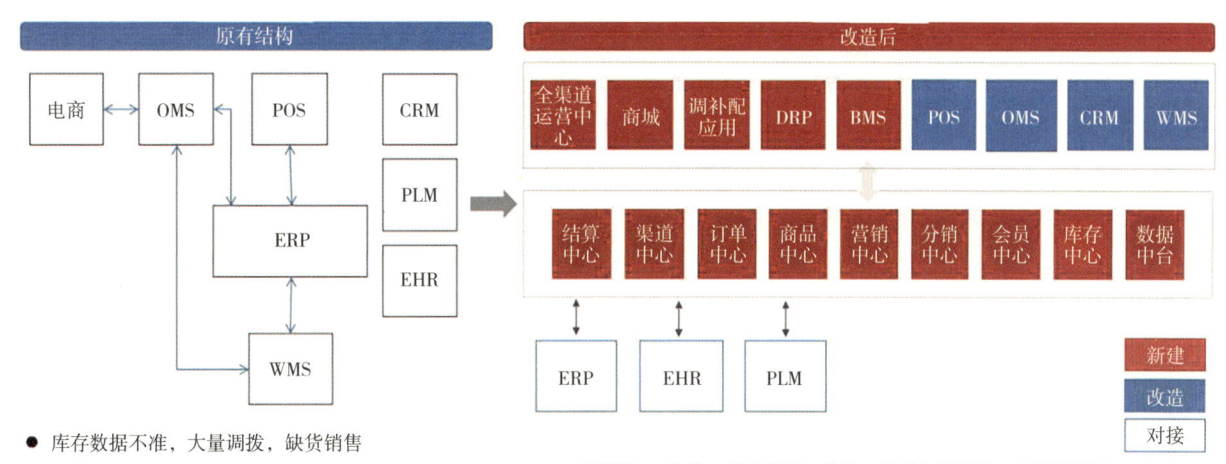

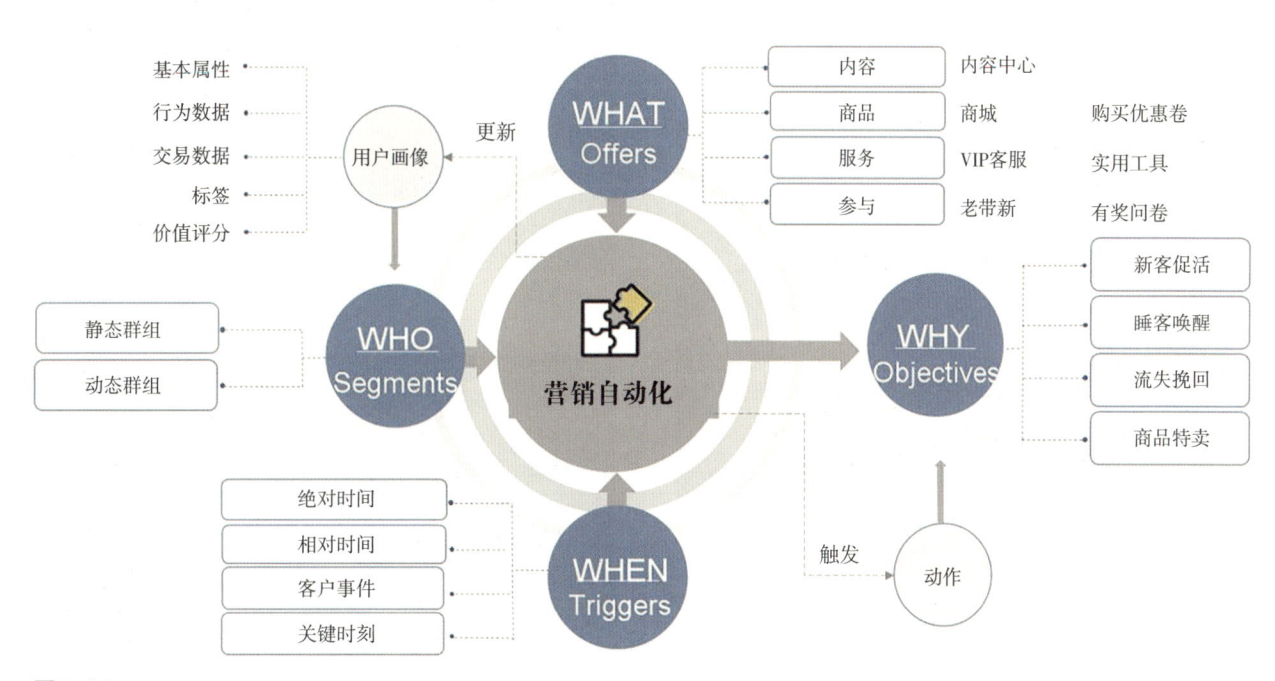

原有结构

- 库存数据不准,大量调拨,缺货销售
- 区域商品调动难,效率低
- 数字触点不足,系统割裂,信息无法沉淀,缺乏决策依据
- 严重依赖导购,对客户洞察不足

改造后

- 全渠道+一盘货,线上线下一体化,实现空销寻源、邮寄等场景。
- 从全供应链角度,重构分销、商品管理、商品智能调补、会员营销,提升自动化运营,沉淀数据资产全局调优。
- 实现企业核心数字资产沉淀,快速支撑多变的业务场景。

图6-39

例外：再造当代东方美学新气象

何为经典，何为现代。衣服如何与永恒挂钩？例外（EXCEPTION de MIXMIND）一直在寻找这个问题的答案。在快速运转的社会生活中，人被时间裹挟，而当我们以衣为纽带，超越衣服的表象，将它与历史、文化乃至我们的生命的本源深度连接，可以看到更广阔的精神图景。

作为诞生于广州、国内现存时间最长亦是最成功的设计品牌，例外坚守在制造中活化、在使用中传承的品牌理念，把中国的世界观和传统审美寄托于工艺与服装，让东方美学由衣而生，在传袭再造中敬启美学新知（图6-40）。

图6-40

一、"中国视角"全然的叙事

设计是情感的载体，也是心意的体现。例外擅长从源远流长的中国文化中汲取灵感，通过独树一帜的艺术形式，将传统东方美学融入现代时尚设计。2024年例外"大观·定觉"服装系列，从宋代定窑与缭绫的精神延伸，将传统与新生巧妙糅合，赋予其全新内涵。通过精湛的原材料、工艺与剪裁，将富有生命力、文化力的东方美学融入现代生活方式，为现代女性创造身心合一的体验（图6-41）。

例外从很早期就开始在中国传统文化和工艺中寻找创作灵感和品牌基因。品牌创始人毛继鸿曾说："我一直不认为服装是一个简单的、物质层面的东西。服装是文明的纽带，寄予了我们每一个时代不同的人对美好生活的愿望和寄托。"

"大观·定觉"是中国人面对日月运行、天地恒常的一种生命观。大观，即非凡的洞察力和智慧。定觉，即极致的专注与觉知。本系列遵循例外品牌所倡导的"友好、平等的现代设计观"，将传统工艺与东方美学微妙地融入强大的现代制造技术，寄意当代女性用东方哲学智慧向内专注、笃定自我（图6-42）。

图6-41

图6-42

光影之间隐约可见面料独特的肌理和色泽，延续了例外女装自然简约、淡雅含蓄的风格；简单色彩下的细节，于无声处惊雷，恰恰反映了寂静中暗涌流动的生命力；纷繁细腻，行云流水，盘旋于身的精细图腾，即是高雅的中国精神。

在色调上，"大观·定觉"系列以空色白、玉子黄、建盏黑、青云蓝、浮烟青等色彩，唤醒人们对东方的诗意想象。自然主义的设计理念与超然大方的轮廓精简至极，仅余核心。在面料上，例外擅长让原材料回归自然姿态，并融入现代日常着装。雨时醋酸、冉竹丝麻、轻舟丝毛、子也提花、临灵丝、素初牛仔等精致面料，在如东方蕾丝般编织的锁链绣和盘绳绣的点睛下，塑造出如软雕塑一般的立体造型，呈现出别具一格的简约新中式女装（图6-43）。

西方剪裁重在"塑形"，是形体的解码与重组，强调"我"为独立个体。东方剪裁大象无形，一气呵成，意在如"是"。例外始终追求更自然、全然的风格叙事，从纤维、织法就开始设计，贯穿整个供应链上下游，为整个品牌的设计生态服务。在现代时装设计的语境中，传统文化内涵被重新修复、考量、思索、直面。当被延伸至秀场上，传统与创新、民族与世界的含义经受审视——通过"我"去感知"是"，通过个性去感知共性，通过有形去感知无形，通过民族去感知世界（图6-44）。

传统与新生，舒展与内凝。随着宏观与微观视角的不停切换，让观者洞见宇宙万象大观，达到"入定与出定"的平衡，为两股对立气场产生的能量赋予了一种笃定而松弛的自信，让无形的文化自然流淌于有形的衣装。

二、"美学先驱"恒然的探索

如今，设计被重新带到行业思考的层面上来。中国服装要在国际市场形成强有力的竞争格局、追寻更大的时尚话语权，就必须重视设计、不断提升产品附加值。

例外坚守着独立品格和自由精神，以长期主义的坚定与热情，在深知深觉中走过了27年，彰显着中国

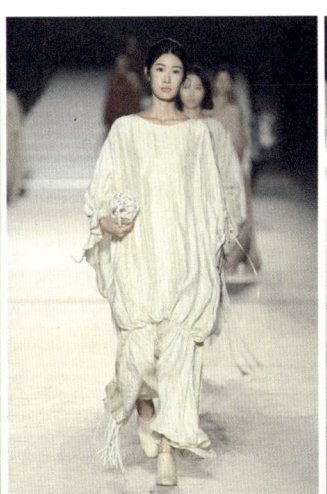

图6-43

图6-44

服装设计力量的崛起和先锋价值,也为业界带来了深刻洞察,即在设计上真正地做减法需要充分的自知、自信(图6-45)。

图6-45

当下,"90后""00后"对中国传统文化高度认同并充满热情。面对这个更年轻、更自信的群体,服装人真正需要传习的是什么?再造什么?毛继鸿认为,就是把中国作为礼仪之邦、服装大国的文明纽带延续下去,为社会输出独属于中国文化的正念关怀。这也是例外一直恪守的自然主义与简约主义美学,通过中国视角去完成一种历久弥新、有风骨的现代服装——让伟大融入日常,让瑰丽自然习得(图6-46)。

传统与创新、民族与世界、人文与自然,例外经由服装对生活方式、生命本真进行无限探索和持久追求。

从更高的文化价值和产业立意展开,例外长期探究的东方意蕴,源于其对中国精神的延续与传承。作为东方美学的当代发现者,它不只是一个服装品牌,更是一个"生而例外"的中国文化美学品牌,启发着"当代中国生活美学的自我觉醒",并不断重构、引领中国服装行业的发展格局,用设计找回与人的连接,以珍贵美好作回馈,由内至外,深入人心(图6-47)。

图6-46

图6-47

歌中歌15周年共鉴"鎏金时代"

2023年9月20日,歌中歌(Song of Song)15周年"鎏金时代"发布秀,于厦门Lohkah七尚酒店揭幕。黑、白、金、银色系的华美时装,融于石井绣石、古厝红砖、琉璃万寿墙与垂花木不同材质交织谱写出建筑之曲,在多元包容、美美与共的文化背景音之下,更凸显中国高定令人心醉神驰、旖旎而又不失磅礴的浓郁意境(图6-48)。

秀场从内廷延展开来,到中央水池、园林长廊。霓裳摇曳、空间绵延,内外衔接,连通海湾景致,营造出"歌中有歌,诗中有诗"的超现实空间。于落日的溢彩波光之间,于悠扬的琴音回荡之间,于迷蒙的水色倒影之间,人与衣、衣与自然、自然意境与建筑景观交相辉映,在鎏金光景中重塑经典的时装新貌。

本次"鎏金时代"发布秀系列以好莱坞黄金时代为灵感,回望星光闪耀的1930年代。银幕上的耀眼明星象征着此时独特的时尚魅力,电影产业与高级时装紧密相连,引领当下的风格潮流。落日熔金,暮云合璧,淡金色与玫瑰金色共同组成这个奢华而浪漫的节日金色系,在夕阳映衬下的一池金水间,更流变出一派金风玉露的富雅绮丽;转动的胶片投映隽永的黑白色彩,将白日繁华与夜幕光晕交织其中,寓意着昼与夜的邂逅;银盐粒子堆积而成的虚幻影像投射出光彩夺目的银幕世界,流动扑朔的星光创造了奢华浓烈的鲜活景象(图6-49)。

图6-48

金银丝混织的轻量针织料、浪漫精致的半透明欧根纱、高亮的真丝缎面,精细的绣线串起层叠亮片,飘逸衣肩的羽毛、缀满长裙的珠钻……精致而绚丽的装饰结合结构化的利落剪裁,无一不在显现属于女性独有的"鎏金时代"正在到来(图6-50)。

待日落时分,温润的霞彩照耀蔚蓝海岸,金色的余晖洒落曳地的裙裾,日与夜轮转的华彩,为绚烂的礼服氤氲一层淡淡的光晕。伴随琴音的脉脉低语,发布秀精彩落幕,留下树影霞光重叠于碧水之中,那是Song of Song歌中歌的细腻笔触与绵延针脚之下"鎏金时代"内蕴的无限想象。

发布会特别邀请演员海清、谭卓,资深时尚媒体人晓雪,精彩演绎Song of Song歌中歌"鎏金时代"高定系列,共鉴Song of Song歌中歌15周年璀璨时刻。

图6-49

图6-50

名瑞：首家荣获"中华老字号"荣誉的婚纱晚礼服制造企业

名瑞（FAMORY）源于1955年，由13家绣庄组成丝绸顾绣组，1956年实行公私合营改为潮州市公私合营丝绸顾绣管理部，1958年转为地方国营潮州市顾绣厂，1962年改为地方国营潮州市潮绣厂，1993年3月12日，改名为广东名瑞（集团）股份有限公司（图6-51）。

图6-51

20世纪70年代初，潮绣厂一度濒临窘境。1984年，蔡民强走马上任之后，根据他对潮绣深厚历史文化底蕴的研究，集刺绣、钉珠、机绣及各种中国的传统工艺之大成，并在手法和工艺上加以提升和创新，注入现代西方的艺术时尚元素，创立了现代设计理念与中国元素相结合的名瑞钉珠婚纱晚礼服（图6-52）。

图6-52

名瑞遵循着两条腿走路的方针：一条是从传统绣品上，保持原有的特色发展下去，将刺绣文化与婚庆等时尚产业相结合，成功打造了"中国嫁衣"的时尚概念，实现了非物质文化遗产的生产性保护与产业化传承，探索出一条传统工艺可持续的传承与创新之路。

另一条是闯新路，打出国际市场，植根于潮绣，并将潮绣的艺术注入现代西方的艺术时尚元素，创立了现代设计理念与中国元素相结合的名瑞钉珠婚纱晚礼服。名瑞把逐渐走向下落的潮州刺绣发展成为时尚的婚纱晚礼服产业，不但创造了一个国际化的"名瑞"，同时也使潮州的婚纱晚礼服做大做强，成为一大新兴产业。

名瑞年产婚纱、晚礼服30多万件套，窗饰及蕾丝花边1000万码以及其他种类服装、刺绣品、机绣品、珠绣品，远销欧美和世界各地，占据了国际婚纱晚礼服市场的较大空间，是世界上高级婚纱晚礼服的主要生产出口基地。

名瑞是国家第一批"重点支持和发展的名牌出口商品"，2005年被商务部评为"中国出口名牌"；也是"广东省重点培育和发展的出口名牌"；2007年名瑞婚纱晚礼服产品被国家质量监督检验检疫总局授予"中国名牌"产品称号。名瑞是目前同时获得"中国名牌""中国出口名牌"的婚纱晚礼服品牌。

名瑞拥有雄厚的设计技术力量，拥有10多名独立设计师，20多名设计师助理，其中有多名高级服装设计师、中国十佳时装设计师、广东省十佳服装设计师，组成了全球规模最大的婚纱晚礼服设计团队，是全球婚纱、晚礼服设计中心和时尚发布中心。每年推出3000多个主流款式，分秋、冬、春季发布最新流行时尚，将新产品源源不断地推向市场。

1980年名瑞的晚礼服就进军国际市场，1986年进军德国、意大利、英国、美国、俄罗斯等发达国家的高端市场。1995年，名瑞商标"FAMORY"在美国注册后，成为纽约第七大道地道的国际品牌。在纽约、巴塞罗那、伦敦、米兰等世界时装中心，都能看到它经典而时尚的身影。2010年以来，名瑞深感中国经济的腾飞，带来了中国刺绣艺术的突飞猛进；作为中国刺绣资深行业，名瑞欣喜地发现，随着吸收与融合，从针法到技艺，再到表现形式，凭借几十年来对各地刺绣界的交流累积的资料，从出题材、制作花稿到研究材料、定下刺绣色彩、提出刺绣针法，都独出心裁。名瑞刺绣不再只是一个包罗各个绣种的代名词，而是刺绣技艺和现代技术创造出来的具有实质性的现代刺绣技术的综合体。

2016年至今，由文化和旅游部中外文化交流中心、广东名瑞集团中国刺绣研究中心主办，中国文化部外联局、广东省潮州市人民政府作为支持单位的"锦绣丝路——中国刺绣精品艺术展"唯一的承办单位分别在巴黎、莫斯科、曼谷、新加坡等中国文化中心举行。令古老中国精湛的刺绣工艺在传承与创新中登上国际舞台（图6-53）。

2018年12月20日至2019年1月5日，经文化和旅游部批准的"2018潮州国际刺绣艺术双年展"于潮州市举办，这是全球首个国家级、国际性的，以"刺绣与当代生活"为主题的双年展，汇集澳大利亚、英国、美国、德国、荷兰、波兰、瑞士、西班牙、阿根廷、乌克兰、巴基斯坦、日本、韩国等13个国家，以及我国各地的刺绣艺术作品、刺绣生活用品、刺绣文创产品（图6-54）。

图6-53

图6-54

2021年5月，潮绣艺术馆落成，展区近5000平方米，设有传统潮绣、戏剧服饰、现代婚纱礼服、巨幅刺绣等四大展区。馆内刺绣品涵盖古今中外的题材创新，巨幅的刺绣《阿房宫》《大壑腾云》更体现了现代中国刺绣史上最高精的绣艺、纺织业最新的技术、装裱师作的最高水平（图6-55、图6-56）。

图6-55

图6-56

2023年国内外经济开始复苏，名瑞蓄势待发，公司积累了几十年的技术力量及生产经验，维系了几十年的业务骨干及管理人才，经营了几十年的多种资源，都在等待一个爆发的时机，名瑞也将再次屹立于国际时装之林，其欧洲子品牌 Amelie 预计 2025年将成为德国婚纱销售第一名，名瑞将再站上服装行业的新巅峰（图6-57）。

图6-57

名瑞在服装制造业兢兢业业了60余载，于2023年初荣登商务部等5部门公布的第三批"中华老字号"名单，成为新一批的中华老字号企业。这一荣誉，不仅是对名瑞品牌历史和文化的认可，更是对名瑞匠心品质和创新发展的肯定。

林栖马面裙的十年：从传承中国非遗服饰文化到"新国服"之路

"纵观国际，为何中国没有属于自己的百年时尚品牌？"这是林栖和团队一直在思考的问题。自十年前起，林栖与团队坚持每一年在全国乃至世界各地寻访即将消失的中国传统手工艺。先后与国内外知名服装设计师深入交流，她走遍中国的五湖四海，以及法国、日本、意大利等地，寻找能够代表中国文化、中国精神、中国力量的品牌灵感，期望打造一个具有中国文化符号、有社会价值、有中国精神、被人尊敬的百年时尚品牌。至此，以中国传统文化为内核的品牌"生活在左"逐渐被雕琢丰满……

一、首场中国马面裙品牌大秀

2024年3月24日，生活在左——林栖马面裙在广州文化新地标"广州文化馆"举办主题为"方圆"的品牌大秀。该活动由广州市海珠区文化广电旅游局、广州市文化馆共同举办，且作为中国国际时装周在北京之外的唯一主题专场。大秀巧妙融合了广州文化地标，展现了一场文化与现代时尚合为一体的视听盛宴，以及林栖品牌十年来在马面裙活化与创新上的深厚沉淀（图6-58）。

图6-58

二、马面裙的崛起，文化与时尚的完美融合

马面裙已成为中式顶流，据《2024抖音电商女性消费趋势数据报告》显示，2023年，抖音平台上女性购买新中式服饰的订单量同比增长195%，马面裙订单量同比增长841%；2024年元旦，林栖马面裙持续位列马面裙人气榜单前列，登上"抖音绣花裙爆款榜"第一，三八节"马面裙人气榜"第一；在生活在左旗舰店自创立以来，卖家详细评价（DSR）三项口碑评分保持在4.9分，领先于同行（图6-59、图6-60）。

图6-59

图6-60

人前的繁花似锦，背后是十年的载梦潜行。自2015年进行马面裙的收藏研究以来，林栖马面裙从一年几十件销量，到近10万件销量，连续三年的销售复合增长率超100%。

马面裙崛起的契机，来自两次中国传统文化与国际的交锋带来的群情激奋：迪奥马面裙事件及《逃离大英博物馆》的火爆，最后落足于文化与时尚的完美融合。

成立10个年头的林栖马面裙，将品牌定位为"文化奢侈品"，产品精雕细琢，其"古为今用，洋为中用"的理念将文化与时尚完美融合。有客户愿意等待几个月时间，花21万元高价定制一条马面裙，是为了这条马面裙的文化沉淀与手工温度，此款马面裙由多位非遗传承人联合绣制，绣制耗时约1万个工时，以纯天然蚕丝为原材料，运用了平绣、盘金绣、打籽绣、运针绣等多种绣法，点缀铜钱图形手编网和苏州龙须扣，是结合了多种非遗技法的稀品。

这是来自中国传统文化的底蕴，是有温度的设计，让每一位拥有马面裙的顾客都能感受到生命力，认为买到的是一条值得收藏的珍品。

三、走向世界，中国人的"新国服"登上国际舞台

十年间，为了传承和推广中国传统服饰文化，林栖马面裙先后受邀参加品牌发布时装秀20多场。从2018年，品牌在伦敦时装周作为首个中国品牌进行开场秀；到2023年，成为中国第一个在巴黎时装周举办马面裙专场的品牌。带着传播中国传统非遗文化的使命，林栖马面裙走出国门，登上了时尚界的顶尖舞台，将中国传统服饰之美传遍世界，成为世界时尚舞台的新主流（图6-61）。

四、马面裙的传承与创新，在尊重传统中寻找时尚平衡

林栖马面裙一直致力于马面裙技艺的传承和保护以及马面裙的活化研究应用。"我们的马面裙，守旧而创新，在保留原有核心技艺的前提下，结合当代的穿着习惯进行改良和运用，让马面裙不再是束之高阁的藏品，而是日常每一天都可以穿着，不同场合都可以驾驭的新时代中国特色的传统服饰。"

自品牌创立以来，林栖始终坚持传统与时尚的平衡。在2024年3月的中国国际时装周上，林栖马面裙首次发布了自己的新品：凉感马面裙、轻薄马面裙、二合一马面裙，通过创新来适应现代消费者在不同季节、多种穿搭的需求。

从收藏第一条清代马面裙开始，林栖已收藏有百余条清代马面裙，是国内研究古董制式马面裙最久的单位和个人。2023年4月，马面裙制作技艺正式纳入政府的非遗项目，"生活在左"正式成为其传承保护单位，林栖本人也成为国内首批"马面裙非遗技艺传承

图6-61

人",她坚持要让中国马面裙被世界所看到,为中国文化的传承和创新而努力。得到了政府部门的高度肯定。

2024年3月24日,林栖作为《中国最美服饰马面裙白皮书》发起人,开启了中国首版马面裙白皮书编撰启动发布会。行业专家认为,林栖马面裙凭借其高端定位在业界备受瞩目,这次启动编撰《中国最美服饰马面裙白皮书》的举措将进一步凸显其在马面裙品类的引领地位,深入挖掘马面裙在全球文化与时尚市场中的巨大潜力,为整个服装行业带来新的商机和文化价值。据了解,该白皮书编撰还联合了国内非遗、纺织方面的专家智库,以确保内容的权威性与深度。这本书将阐述林栖十余年沉淀的准则和新主张。

当天出席活动的专家学者接受媒体采访时表示,林栖马面裙不仅致力于品牌化的深度推进,更在行业中树立了高质量发展的标杆。这充分展现了"林栖马面裙"在追求产品高品质的同时,积极担当引领者的角色,深度挖掘并放大中国传统文化的独特价值。此举既提升了品牌形象和市场竞争力,也为整个行业的健康成长与升级起到了积极的推动作用。

"马面裙是中国传统服饰文化走入生活的代表,亦是中华文化振兴的典型标志"。林栖马面裙致力于让马面裙成为代表着中国女性自信的承载物,为了使其成为新时代背景下可传承的"新国服"而奋斗(图6-62)。

图6-62

广州铠琪有限公司：衣人合一，唯你专属

广州铠琪有限公司（以下简称"铠琪"），2000年成立以来一直专注于高级时装品牌的发展运营，拥有完整的产品研发、生产制造、营销服务体系。公司的战略目标是致力于成为有国际竞争力的高级时装品牌，以服务各行各业的精英女士为企业使命。未来，铠琪将一步步推动品牌国际化的配置和整合，不断延伸和扩大其国内和国际影响力，从而适应全球化的发展趋势，以国际化视野向消费者展现中国创造的时尚魅力。

铠为铠甲，是古代作战时穿的护身衣。琪为美玉，温润而坚强。铠琪女人既能温柔似水，亦能坚强如玉，由内而外的散发着自信。铠琪坚守"裁剪时尚必精于心，缝制经典必作于细"的品牌理念，并乐于分享年轻时尚的生活方式，倡导不一样的生活美学（图6-63）。

图6-63

铠琪主要服务35~45岁时尚职业精英女士。产品风格时尚职业、高贵优雅。主要有2099套装系列、721毛衣系列、时尚连衣裙系列、鸢尾花丝巾系列等。多选择天然环保面料，以人为本、舒适、得体、健康、环保的设计理念，打造新精英女士既能温柔似水，亦能坚强如玉的新形象。

在这个中华文化伟大复兴的时代，铠琪品牌紧跟时代的步伐，于2021年10月30日，铠琪品牌在广州流花展贸中心5号馆内隆重举行以"红"为主题的发布会，灵感源于非遗文化载体"扇子"，将红色温婉浪漫、热情典雅的特点融入设计美学中。体现出"假如信念有颜色，那一定是中国红！"铠琪红永远属于中国红（图6-64）！

图6-64

2022年5月22日，铠琪受邀参加"当智慧遇上时尚——广东服装名牌名企联合发布会"，在广州国际轻纺城7楼1号展馆内隆重举行。《广东服装年鉴2022》正式启动，由广东省服装服饰行业协会为铠琪品牌颁发《广东服装年鉴2022》收录证书。

2023年3月21日，铠琪品牌在2023广东时装周—春季举行以"光"为设计主题的发布会，以"站在那里，你就是光"为核心，潮州金漆画为灵感，以中国传统缠花工艺为表现形式，用梅、兰、竹、菊、牡丹，诠释现代职业精英女士的高贵品质。在中国传统文化中，梅象征坚强高洁，兰象征香雅怡情，竹象征正直不屈，菊象征清馨淡泊，牡丹象征国色天香。新时代职业精英女士利落大方，仪态自信从容，有经历过大风大浪的稳重，也有运筹帷幄的笃定和霸气，她们就是那束光，自爱、自立、自信，能做自己的太阳，温暖自己，也能照亮别人。铠琪品牌这次发布会以设计推动传统手工艺的发展，在传统艺术与时尚之间搭起桥梁，以全新的设计服务当代的生活，传递健康、自然、艺术的生活方式。

2023年9月15日，铠琪品牌在2023广东时装周隆

重举行高级成衣发布会，设计主题为"绿美中国"，以"绿水青山就是金山银山"为核心思想，强调人与自然是生命共同体，尊重自然、保护自然、顺应自然是我们每一个中国人的担当。"以自然之道，养万物之生。"是其设计理念，以宋代王希孟所作的《千里江山图》为灵感，并以绣花工艺为表现形式，借鉴了《千里江山图》中的绚丽色彩和生动景象，将其融入服装设计中，展现中国绿水青山秀丽壮美的景色，鼓励每一个人关注环保议题，以此传递出一种珍惜自然、保护地球的生活方式。铠琪品牌这次发布会以设计传达对大自然的敬畏之情，同时强调环保意识和可持续时尚的重要性。绿美中国，人人有责。

铠琪提出多元化发展理念，上线了私人订制品牌——钟姐品牌。以天然材料为基础，与国内、国际上知名面料公司战略合作，钟姐品牌以中国传统文化为基底，以"衣人合一"为设计理念，通过私人定制的形式，为追求独立自我、精致生活的女性提供一对一的创作服务，为用户做一件精致的衣服，传递一种精致的生活态度。钟姐品牌经营理念：衣服只是半成品，您的温度赋予它完整（图6-65）。

展望美好未来，铠琪将持续专注一个"精"字，产品精研、面料精选、款式精致、做工精细、服务精心，与精英女士一起创造新的精彩。铠琪将进一步适应全球化的发展趋势，持续推进品牌国际化配置和整合，做到以人为本、衣人合一，并以国际化视野向消费者展现中国创造的时尚魅力。

图6-65

迪柯尼：专注文化内核，构建优秀企品

全球化与数字化持续发展，势头强劲，新兴技术和领域给予品牌繁荣生长更多机遇，是做品牌的好时代。

消费观念变革，推动品牌向上、向好发展，专注践行品牌理念，在时代洪流中稳步前行，做好时代的好品牌。

现如今的社会市场对于企业来说是一种考验。在过去的25年里所积累的精神及物质财富，让迪柯尼（DIKENI）达到了今天这样的高度。但面对未来，是AI人工智能时代，对于传统的行业来讲，更应该要抛开过去的思维，重新开始。去积极地拥抱和接受新的事物。

在这样一个时代背景下，怎么去看好品牌？好品牌要先拥有好产品，而好产品是在创始人和研发团队的"匠心"精神运作下诞生的。这就要求整个团队对产品的研发是有热爱的，因为好的东西是需要不断打磨的。另外，对于我们高端品牌来讲，除了"匠心"之外还要注重"匠制"，如原材料的甄选、制作工艺等，每个环节都要保持初心，一定要把有深度、苛刻、极致的标准和要求执行到位，这是非常重要的。

最后，在研发设计上，我们探索中西结合，将西方的"术"——方法论和专业性，与中国的"道"相结合。我们会学习利用西方的设计价值，与国外进行交流合作。对每季的主题进行灵感碰撞，使消费者感受更多创造力和时尚美感（图6-66）。

图6-66

同时，探索中国的传统并将其发扬光大也始终是我们品牌的责任，在2021年，迪柯尼推出了"新自然系列"，与《国家宝藏》IP联名合作，从国宝文物中提取设计灵感，进行文化的探索和了解，最后将它的意境和元素融入产品里面，通过服装传递给消费者更好的体验，减缓其生活、工作等各方面的压力。

在设计研发过程中，我们也在思考：现代人从物质走向精神的过程中，人们其实对于成功和成就的理解，已经更加地清晰。很大一部分人认为幸福感很重要。所以我们主要围绕当代的精英人士，在其承担社会责任的过程中，将服装作为载体，让他产生自己的空间。因此我们新自然系列的灵感、色系等，都是以人的情绪为核心、以文化为载体。更多的想带给人们的是一种松弛感的文化和艺术的产品。

迪柯尼作为公益行动的倡导者和参与者，多年来携手中国绿化基金会，共同推进"全球植百万棵树倡议——中国行动"，参与百万森林计划"沙漠锁边林行动"，先后向阿拉善地区腾格里沙漠、井冈山茶园捐赠万棵树木，持续以实际行动支持生态公益建设。

迪柯尼坚守自然向好的可持续时尚理念，传承自阿拉善绿洲公路，打造生机盎然的全新零售空间——PARK 30可持续生态概念店。PARK 30店铺设计及配色以环境友好的姿态呈现，整体空间以生活场景进行区域划分，以可持续时尚理念为核心，将艺术美学与自然意境相结合，从视觉、听觉、嗅觉、触觉、味觉五维感官营造一个商场里的"绿植公园"。这是一次结合生态环保、文化艺术、科技体验、社交、品质生活方式的创新实践，展现了迪柯尼的前瞻性与包容性（图6-67）。

迪柯尼密切关注人、服饰与自然的联系。从源头开始，迪柯尼在面料选材方面，着力于发掘并善用天然材质及可持续新型材料。迪柯尼2024秋冬"容RONG"系列产品的面料或取材于阿拉善地区山羊绒专属牧场的原绒，或甄选RDS人道负责任认证环保可追溯安心绒、环保可降解Event再生面料等。迪柯尼

图6-67

以顺应自然之道，契合万物共生的东方哲思，在原材料采集、生产加工、动物福祉和售后环节，以具象的形式传递可持续时尚主张。

除此之外，好产品背后其实是好企品，好产品本身就是来自企品，企品其实就是一个企业的企业文化。所以作为企业，它的职责就是与员工一同成长。我们要通过企业文化，将集体的力量发挥起来，这是企业非常重要的职责和价值。这是我所认为的好品牌，即除却专注文化上的产品的内核之外，好的企品也同样重要。

衬衫老罗：坚持走专家品牌建设之路

江西省谦许服饰有限公司是业内领先的集服装设计研发、生产制造、终端销售于一体的企业。衬衫老罗是谦许集团旗下品牌，创立于2021年，是新一代高端衬衫专家品牌。拥有高端衬衫领域专研16年的经验，重视每一次与用户的沟通，敢于颠覆和创新。通过12000人的形体样本采集，1300次的板型调整，27个中国男士专属尺码的打造，为用户带来定制般的专属穿着体验。2022年获得抖音电商服饰新势力品牌奖、巨量引擎服饰创新先锋奖，2023年成为央视中国品牌消费节特约合作伙伴、中宣部国际文博会特约合作伙伴，抖音电商生态大会圆桌品牌，同年被评选为2022福布斯中国新锐品牌TOP100，被人民日报、光明网、凤凰网等多家知名权威媒体报道。

落户在赣州赣县区的衬衫老罗直播电商产业园项目投资总额为2亿元，经营范围包括直播电商、网红经济（孵化）、服饰生产、智能制造、仓储物流信息服务等。该产业园以智能化数据分析赋能产业链，紧密结合销售数据，为产品开发部门提供精准的建议和方向，年开发新品超过1000款。同时依托智能化数据分析工具进行运营决策实现了高效触达用户且精准的效果。在直播电商的智能化建设下，衬衫老罗已成为抖音男装头部、衬衫品类的头部品牌，2023年首次参加双十一销售额破亿，三年营收同比增长3233%。

衬衫老罗致力于成为衬衫领域中不断做深耕的"专家型"品牌。2023年8月，衬衫老罗举办了"共谱奋斗者传奇"品牌升级发布大会，坚定了未来核心的战略方向——继续在衬衫品类上做到极致，提出了"新一代高端衬衫专家品牌"的定位（图6-68）。

除了从战略方向上更聚焦衬衫品类，衬衫老罗也在产品上做出了新的升级，将其积累的产品经验和方法论总结成了"UPFE"标准，即从基于真实的用户体验（User）、严格工艺工序体系（Process）、自适应的板型设计（Fit）和极简的穿着要求（Easy Care）四个维度去做优化升级，并根据此标准打造了战略单品"致敬27"。衬衫老罗针对传统衬衫痛点，进行了新的结构定义，独创月牙门襟，让用户站和坐都能得体舒适；腋下梭形裁片，可以更大幅度摆动双手，让衣服下摆不再尴尬露出；45°纽门，让衬衫的第一颗纽扣不再成为"窒息"来源，给脖子多留一分松度；其后整工艺大大纾解了山羊绒衬衫面料易虫蛀、悬挂易变形、洗后缩水、易起球等打理难题；专利包装设计"玄甲"可将衬衫悬垂挂置在包装盒内运输，用户拿到时不用熨烫即可穿上（图6-69）。

图6-68

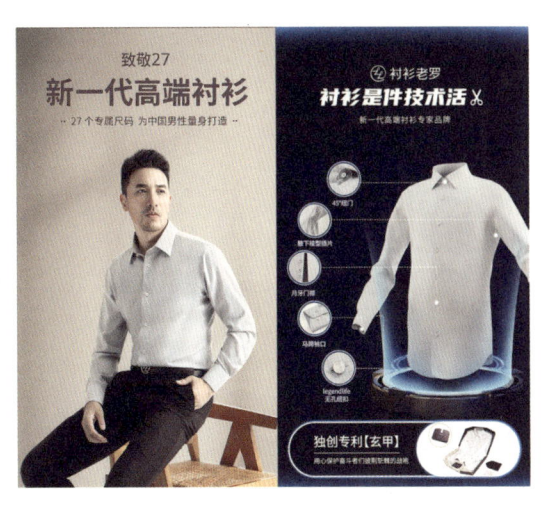

图6-69

衬衫是品牌的核心产品，然而衬衫老罗能够给用户的远不止于衬衫的使用和穿搭建议。以衬衫为主打产品，辅以西服外套、裤子、Polo衫等多种品类的搭配选择，品牌致力于为用户提供全方位的着装解决方案，全面满足用户在各种生活和工作场景中的需求。无论用户是需要一套高品质的商务装，还是一套舒适的休闲装，品牌都能为用户提供最合适的搭配建议和一站式的消费体验。

衬衫老罗还宣布推出365天全年诚保售后服务，希望从产品品质到服务，都能够成为消费者可以信赖的"专家"。如今，衬衫老罗用户口碑好评率高达99%，已为1500万用户提供服务，每3人购买，就有2人复购，已成为抖音衬衫类目TOP1，总裁系列衬衫销量已超130万。

在品牌升级发布会上，衬衫老罗联合新华网，发起"8.27奋斗节"活动，作为一个品牌符号，一起探索和记录奋斗故事。这个活动来源于2023年衬衫老罗举办的"致敬奋斗者"主题公益活动，通过活动不仅幸运地收集到了24万名用户的奋斗宣言，还为12000名用户免费赠送了奋斗者衬衫，并且搜集到了上万名中国男性身型数据，以此推动产品研发，创造性地完成了27个尺码的产品——"致敬27"，基本覆盖了中国男性的所有身型。过去，衬衫老罗为自己的品牌梦而奋斗；现在和未来，它怀揣让全世界奋斗中的男士穿上衬衫老罗设计的衬衫的品牌愿景继续前行（图6-70）。

衬衫老罗积极推动全渠道建设，探索消费者沟通新路径。2023年全年，衬衫老罗推进电商全域化战略，除抖音外，在天猫、京东、微信商城等平台开设官方旗舰店，为用户提供更加便捷的购物体验，满足不同用户的购物需求，提升用户的消费满意度。

2024年5月，品牌首家线下体验交付旗舰店落户赣州赣县区，以打造"高效大店"为目标，以交互体验为核心，带领消费者回归新一代线下店体验。开业期间赣县区大屏宣传、免费便民公交服务，充分展现品牌实力，并为城市注入新活力，以新需求带动周边产业链的发展，产生辐射力和影响力，激发了"首店经济"效应。同时，衬衫老罗5G智慧化产业园计划于2024年建成投产，囊括衬衫精益制造生产线、新零售智能仓储中心、智慧零售中心、产品创新研发中心、用户运营服务中心。项目智能化建设形成了一套完整的数字化转型体系，为企业的持续发展

图6-70

和市场竞争力提升提供了有力支撑。衬衫老罗已入选2023~2024年度江西省重点拟上市后备企业名单，将持续发挥创新能力与价值，走企业高质量发展之路。

以赣州为起点，衬衫老罗千店计划正式启动，计划在 2024 年陆续在北上广深及其他城市开设品牌形象店，搭配太空站灵动销售终端。这三大类型线下店的开设，将全面提升线下业务的服务质量，更好地满足消费者的需求和提供不同的购买场景体验（图6-71）。

衬衫老罗正以全新姿态开启线上线下全渠道模式，迈向品牌发展新阶段，持续以产品力为核心塑造品牌力，以与消费者的全新交互形式进行品牌专家建设之路的探索。

图6-71

富绅男装：拥抱数字化，守正创新

富绅集团有限公司创立于1990年，是国内最早开发高档服装产品的企业之一，是中国服装协会男装专业委员会的副主任委员单位，广东省首批获得"中国名牌""中国驰名商标"的服装企业之一（图6-72）。

图6-72

富绅服装以其优异的品质获得了众多的荣誉和奖项，先后被评为"中国十大男装品牌""中国十大名牌衬衫""最具市场竞争力品牌"、4A级"标准化良好行为企业"等荣誉称号；曾连续6年获评全国销售"金桥奖"；连续多年在中国服装协会举办的"中国服装品牌年度大奖"中获品质奖项；公司连续15年荣列同类产品市场销量前十位；富绅公司连续14年被评为全国服装行业销售收入、利润"双百强"企业；连续17年荣列全国市场同类产品十大畅销品牌，连续21年荣获"守合同重信用企业"。

为了适应国内国际服装发展潮流，加大产品开发力度，富绅聘请国际资深服装设计专家，组建了专业的服装设计研究团队，添置先进的服装设计工程软件（服装CAD系统）和智能数控切割机、电脑全自动裁床机等一大批高端自动化智能化生产设备，设立富绅服装工程研发中心，以国际潮流工艺版型结合东方人的体型特征，根据服装流行趋势，进行新型材料研发，柔性化进行产品与面辅料的开发与设计、服装生产加工、后整理等新工艺、新技术的开发。组织设计师参加各类服装交流学习活动，为设计团队注入新的国际潮流文化和设计灵感。经过多年的锤炼和发展组建的富绅男装研究中心，被评定为广东省省级男装工程开发中心（图6-73）。

图6-73

为了适应生产国际顶级水平服装和不同系列产品的需要，富绅公司对生产流程配套设施进行了重新的设计和安装，对现有生产线进行了柔性化技术改造，引进世界上最先进的服装全自动裁剪系统（服装CAM系统），增强了灵活快速反应的能力，生产效率得以大幅度提升，全面升级西装等各品类生产线，丰富产品生产系列，对车间进行了低尘化改造，所有车间全部采用中央空调系统，不仅大大提高了车间生产环境的洁净度，而且产品品质也得到了进一步的提高。同时建立了一整套先进、规范的工艺管理流程，拥有"量身自动归码"、用友网络分销，大大增强了企业的市场综合竞争力。

公司建立了完善的企业现代化管理系统，把产品质量视为企业的生命，先后取得了ISO 9001：2015国际质量管理体系、ISO 14001：2015国际环境管理体系认证。"富绅"被确认为"全国服装质量过硬十佳品牌"；被中国质量万里行活动组委会授予"中国质量万里行活动光荣榜荣誉企业"；并被《中国质量万里行》授予"产品质量、服务质量无投诉用户满意品牌"。

公司拥有庞大的销售网络和强大的营销能力，产品销售覆盖了全国30多个省、市、自治区，并出口远销世界各地，同时与多个世界服装名牌企业建立合作关系。近年来随着国内经济的蓬勃发展，富绅职业装订单业务也迅速增长，为众多的大型企、事业单位提供了优良的产品和优质的服务。终端零售、私人定制、团体制服、电子商务业务也随着时代的发展取得了长足的进步。

悠悠几十载，多少男装品牌湮灭在岁月的长河中，富绅却依然屹立在国内男装品牌的前线，我们以消费者为核心，严控品质、拥抱数字化智能化、整合资源，守正创新是我们一路走向成功的密码，我们只是实实在在地做衣服，让品质去做口碑，这样的品牌才会得到消费者的肯定和支持。我们从未停歇，只为在男装的世界里，能够永世流传。千锤百炼，富绅精品，富绅以男正装、商务休闲装为定位覆盖男士着装全系需求，致力于打造男装百年经典品牌，演绎精英男士自信、卓越、睿智、进取的个性品质，成为男士着装的形象顾问（图6-74）。

图6-74

百年群豪：创造中改变，创新中发展

群豪源起金庸小说《射雕英雄传》中最华丽的江湖。

公元1221年，"群豪聚首华山论剑"。一群人，为门派的荣耀，为武术的技能，聚首华山之巅，煮酒论剑，武林从未如此精彩。如今，英雄孤胆，早已成为传说；豪杰联盟，才是人间正道。时代在变，20世纪90年代初的服装界烽烟点燃，在时尚界亟待创新的开放时代，"群豪"于1991年创立，第一次踏进了时尚界的历史舞台，开启了一个全新品牌的发展里程（图6-75）。

图6-75

群豪时尚是一家集品牌研发、设计、生产、推广、加盟、直营、联营、团购定制、直播电商为一体的服饰企业，主要分为三部一基地。

一、直播电商事业部

全域电商布局，采用线下体验+线上引流+短视频+直播的创新模式。群豪电商中心为发展战略升级提供有效理论培训与技术支持，孵化主播，培养网红，为直播电商输送专业化、多维化的实战人才。

二、品牌连锁事业部

群豪时尚三大系列分别是群豪城市猎装、群豪轻旅休闲、群豪精英系列，在打造不同风格、满足不同消费需求的同时，实行线上线下资源共享，不断完善企业的新零售创新发展模式。到目前为止，已在国内开设数百家品牌连锁店、集成店及专柜，为顾客打造优质的着装体验（图6-76）。

图6-76

群豪国色国潮·四季优T：风格优、品质优、板型优、色彩优、面料优。

群豪打造国色：全天候生活方式、你身边的搭配师。全方位满足消费者的着装需求。

三、群豪团购定制事业部

致力于打造全面的定制服务，涵盖行政、工装、校服、客运和安保等五大定制团购系列，以及NEA高级私人定制系列，为各行业及精英人士提供专业的制服定制，以优良的质量、周到的服务、精湛的工艺、现代化的设计，全心全意满足客户需求（图6-77）。

四、群豪生产基地

坐落于广东省普宁市池尾工业区的群豪科技中心，其30多年的生产基础与经验以及精湛的技术，为群豪品牌优质供应链及品质的保证与创新保驾护航（图6-78）。

以科技创新、高质量发展为前提，从创业初期单一精品衬衫的问世，开启了群豪筚路蓝缕的征程，再到品牌连锁专卖、团购定制和直播电商等创新产品供应链，群豪服饰已迈进第33个春天，历经时代变化和发展趋势，群豪时刻与时代同步不断自我革新，为群豪百年发展同心协力，勇毅前行。

图6-77

图6-78

莱克斯顿：穿行人生之美

近几年全球由于疫情肆虐，贸易摩擦接连不断，中小企业都面临着巨大的挑战。为应对这种局面，融入新发展格局，莱克斯顿（LAXDN）不断在品牌、运营模式上创新创造，寻求破冰方向，优化改革，以"二次创业"为契机，用创新的力量在风雨中乘风破浪、稳健前行（图6-79）。

图6-79

广州市莱克斯顿服饰有限公司成立于1999年，经过25年的运营发展，2015年从高端男装回归时尚亲民的快时尚品牌男装，构建了"品牌+平台"经营模式，抛开传统的中间溢价环节，高效运营，让产品回归本质，以共赢机制整合全球优质供应链及设计师平台，坚持"好产品、真实价"的开发理念，以"国际时尚、品质亲民"的价格，加上贴心舒适的服务，让莱克斯顿广泛收获了市场良好口碑，店铺销售业绩稳定上涨，不少店铺业绩稳居万达同品类销售前列。2023年，莱克斯顿进入了存量时代的"二次创业"，通过三大事业部制、多品牌战略、区域独占等战略创新，积极拓展新业务领域，打造新赛道的竞争优势。始终不变的是莱克斯顿坚持以"满足消费者需求"为初心，以爱和利他为核心理念，改变常识，改变商业文明，致力为消费者做好产品，为人类的美好生活作出贡献（图6-80）。

图6-80

一、运营模式创新，科技助力可持续发展

2023年，莱克斯顿着力于为30~40岁的都市男士提供高品质、易搭配、轻松购的服饰产品和服务，从而为顾客解决对通勤、休闲、正装多场景的生活方式的着装需求，满足顾客对美好生活的追求。基于行业市场普遍面临的"经济发展放缓，消费信心下降，消费更理性"等社会问题，莱克斯顿再次成功抓住因消费观念改变带来的新机会，专注于提升客户体验，为消费者提供更具性价比、品质感及创新性的产品。在市场渠道布局上，大胆逆市发展购物中心业态，以时尚简约的店铺形象及年轻化的商品满足购物中心年轻客群的需求。

拥抱行业新科技，莱克斯顿平台引入AI技术助力，搭建商品管理和生产管理系统，提高精准度及效率；通过对市场需求、库存、物流等各环节的实时监控和精准预测，优化库存管理，减少浪费，提高物流效率；运用AI及时捕捉潮流脉搏，帮助设计师更敏锐地把握潮流，为消费者提供更具时尚感的服装设计，助力核心供应商通过提升企划力，增强品类竞争力。莱克斯顿积极应对产业升级，推动3D打印技术运用到服装设计、制作环节，帮助设计师更加灵活地尝试创新设计，缩短产品研发周期，降低生产成本。更重要的事，显著减少环境污染和资源浪费，推动服装行业可持续发展。

二、以新场景重塑实体商品力

莱克斯顿围绕目标客群"六大场景"，通过新形象门店场景化产品展示，以"场景+单品+基础款"的产品组合，细化消费需求，解决客户不同场景的穿着需求，从"售卖产品"转变为售卖"解决客户穿着方案"。同时为应对消费需求的不断升级，夯实品牌印记，结合竞合品牌及消费者调研，以新商务为核心，以时尚休闲为重点，以正装为突破，精准开发"适合人群广、季度主销品类、质价比更高"的三大极致品类，打造了极具影响力的"小黑牛""小魔裤""云感衬衫""总裁系列"，以产品推品牌，获得了市场的广泛认同。

2023年，莱克斯顿确定了新时期渠道发展战略：成熟市场加快发展，成长市场持续发展，线上业务实现突围。全新形象的实体门店在全国多地隆重登场，简约大气的空间设计摆脱传统的烦琐与沉闷，自然质感材质传递温度，融入自然的气息，唤醒生活中被忽略的美好，赋予客户前行动力，穿行快节奏的城市生活，传递张弛有度的生活理念，轻松享受通勤生活及有爱有美的人生（图6-81）。

三、延伸"定制"新赛道，拓宽服务客户边界

为更好地满足企业客户的职业装团购、定制需求，2022年莱克斯顿推出了企业职业装定制系统，依托于总部五大分公司、超30个营销服务中心，以"为企业员工做下班都爱穿的品质工装"为己任，在总部建立职业装定制体验中心，为企业客户提供售前咨询、个性方案制订、产品展示及体验、专业量体等一站式售前、售中、售后服务。

莱克斯顿定制以实体门店为企业客户提供多点服务，通过自有的设计师、工艺师、制板师专业队伍，结合行业客户需求，开发时尚、舒适的板型和款式，满足不同行业客户对企业职业装产品的全新需求，实现对全国客户需求快速响应，得到了客户和市场的好评。与广州美术学院等高校达成合作，促进研发成果转化为商用，积极推动职业装面料在防皱、机洗、抗静电、防油抗污等新型技术应用方面取得成果突破（图6-82）。

图6-82

无论现在还是未来，莱克斯顿做的是信任，更是责任。以"利他"为经营核心，以合作伙伴的共同发展为己任，赋能产业链，全心全意成就合作伙伴，竭尽全力满足客户需求。"以消费者需求为原点，为顾客提供服务和价值"，不仅是莱克斯顿的使命，更是零售业的未来。

图6-81

企业创新案例：供应链创新

溢达：励志笃行，开拓求新

广东溢达纺织有限公司（以下简称溢达）是由溢达集团于1988年投资设立的大型产品出口型及高新技术型纺织企业，位于广东省佛山市，目前占地面积超过80万平方米，员工总数约13000人。溢达作为传统行业里的不传统企业，在原有生产制造基础上，不断推动自身创新转型，向"微笑曲线"两端——创新研发和品牌发展增值攀升，以实现高质量可持续发展。经过多年坚守本心和锐意创新，溢达已经转型成为知识型创新企业（图6-83）。

图6-83

溢达高度重视技术创新，获评"国家技术创新示范企业""国家知识产权示范企业""智能制造标杆企业"等；截至2024年3月，公司已申请专利2189件，其中1859件已获得授权，在已授权中国专利中，发明专利765件。公司建有国家级企业技术中心和博士后科研工作站，并组建了广东省棉染织、后整理工程技术研究开发中心、广东省企业重点实验室、广东省博士工作站及广东溢达纺织有限公司研究院，为公司吸纳和培养高科技人才、提升研发能力、促进技术创新和可持续发展提供了强大支持。

一、外部环境加速转型进程

近年来，在外部市场剧变的情况下，溢达集团保持全供应链韧性并迅速调整战略布局，聚焦品牌与分销、科研产业化及纺织服装全方位解决方案三大业务领域。其中，品牌及分销业务板块着力打造溢达零售品牌"派"和"十如仕"。凭借数十年来全产业链运营的先进知识及技术积累，溢达开启为消费者提供高端、高质、高性价比产品与服务的升级之路，用新技术、新产品引领高质量发展（图6-84）。

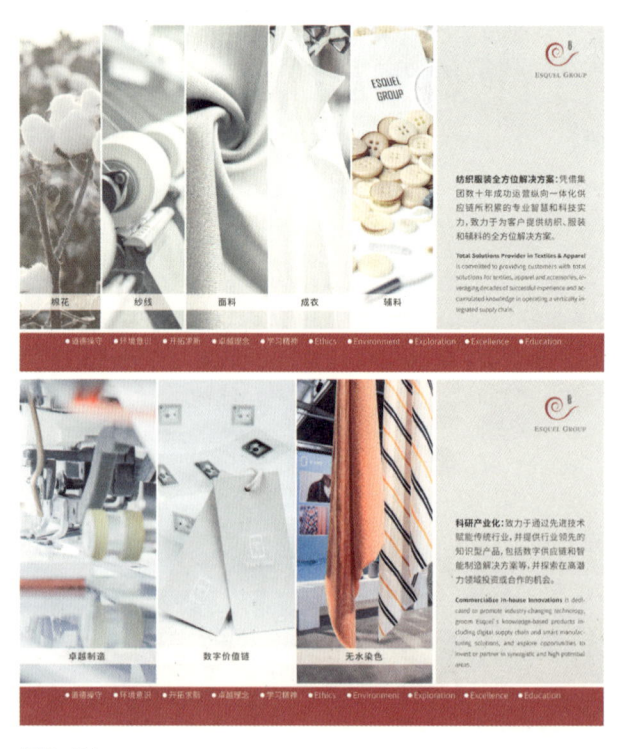

图6-84

溢达把多年积淀下来的经验和技术注入系列产品

中，创新推出多款功能性产品，如汗无痕、免烫产品、天然染色、超强防泼水、液氨丝光等，推广更多创新环保的洗水产品，如"窑纹洗""冰峰染"和"无水柔软洗"等，为包括"派"和"十如仕"在内的众多国内外知名品牌塑造市场差异性和提高竞争力，为消费者提供满足不同场合、不同审美需求的服装方案，不断提高消费者的穿着体验（图6-85）。

图6-85

1. 汗无痕产品

溢达研发团队历时5年，克服多项技术难题，成功研发汗无痕整理技术并开发出系列产品，解决了人体出汗导致的服装表面有汗渍和不透气问题。汗无痕产品贴肤面具有优异的吸汗、排汗功能，但外层不显汗痕，给消费者提供清爽舒适的穿着体验。该技术经广东省纺织协会组织的科技成果鉴定达到国际领先水平，现已大规模应用，相关产品已累计销售约150万件，广受市场好评。

2. 免烫产品

纯棉衬衫舒适亲肤却容易起皱。经过多年潜心研究，溢达成功研发出具有洗后平整免熨烫功能的免烫产品，同时保持其舒适性。溢达免烫产品深受消费者青睐，目前相关技术共获得27项发明专利，9项实用新型专利，1项成果达到国际领先水平，获得中国纺织工业联合会、省市级各类奖项15项。

3. 天然染色产品

天然染色在我国有悠久历史，该传统工艺融合数百年来的民族智慧和艺术底蕴，却因生产成本高、稳定性差及化学合成染料的出现等，产品竞争力越来越弱。与化学合成染料相比，天然染料染色可减少水和化学品的使用，为发扬传统天然染色的优势，溢达坚持不懈地探索，将古老的传统工艺与现代工业有机结合，研发创新技术，提高天然染料产品在色牢度、耐水洗、光照等方面的指标，并达到工业标准，实现了技术的稳定规模化应用。2016年，经中国纺织工业联合会鉴定，溢达天然染色技术达到国际先进水平；2023年，溢达天然染料系列产品获国家标准GB/T 19630有机产品认证，也是国内首家获此认证的纺织企业。

二、数智低碳转型，实现永续发展

2024年政府工作报告中提出要加快发展新质生产力，摆脱传统经济增长方式、生产力发展路径，打造具有高科技、高效能、高质量特征的先进生产力质态。传统行业如何通过创新转型实现高质量发展成为企业的重要课题。

凭借深耕纺织服装业40余年的生产制造经验，溢达在纺织服装全供应链应用场景下实现信息化、自动化、数字化和智能化——溢达携手合作伙伴广东匡敦科技有限公司先后研发出自动袖侧机、领四合一联动、介英四合一联动等逾50种成熟的制衣自动化设备，覆盖纺织、家纺、制衣、辅料等领域，在人机交互的操作层面实现了生产设备的自动化和智能化。目前，溢达已向业内推广逾2000台自主研发的自动化设备，用数智化赋能行业伙伴，共促行业数智化发展。此外，溢达通过虚拟图像和3D建模，可在分钟级时间内，生产各种花色的虚拟面料和各种款式、尺码合身的虚拟成衣。这种数字产品开发模式代替了传统实物打样的方式，可大大缩短产品开发周期、降低开发成本。

为破解"水污染"这一行业难题，溢达的三批博士后、总计百余位研究人员历经10余年攻坚克难，成功研发出非水介质染色技术，为行业带来颠覆性改变。溢达联合广东溢维环境科技有限公司解决了该技术工业化量产的一系列材料、工艺和设备难题，并于2023年1月在广东佛山打造出单缸500 kg的产业化示范基地，目前该生产线正持续稳定生产，并为"派""十如仕"等品牌提供非水染色产品。经测算，该技术的环保非水组合介质循环利用率超99%，染色用水量减少95%，生产效率提升50%。更为重要的是，非水介质染色技术将彻底解决活性染料染色污染导致的地区环境破坏、纺织产业带地域割裂、传统染织企业环境政策"达摩克利斯之剑"的问题。

三、合作赋能，共赢可持续发展的未来

多年来，溢达秉持"励志笃行 有所作为"的企业愿景，致力实现两大目标，即应对气候变化和缩小贫富差距。溢达的经营方针及管理决策理念均基于"溢文化"，即道德操守、环境意识、开拓求新、卓越理念及学习精神，以负责任企业运作为核心，积极拥抱科技创新，并通过贯穿纺织服装全产业链的研发设计，始终如一地为全球客户提供卓越的产品与解决方案，助力行业伙伴高质量发展。

溢达期望能在企业自身创新转型、绿色发展的同时，与员工及不同领域的合作伙伴共同携手，通过科技赋能、绿色赋能、创新助力等推动传统工业的数智化转型和高质量可持续发展。

利华控股：数字化转型成为企业增长新动能

利华控股集团（Lever Style Corporation，简称Lever Style）创立于1956年，是一家总部位于香港的服装制造集团。其见证服装行业60多年的变革，已发展成为一家全球垂直供应链解决方案提供商。合作客户有时尚领导品牌，如雨呆博斯（Hugo Boss）、思睿（Theory）等，电子商务先驱，如黑猩猩（Bonobos）、Stitch Fix、Boden，多功能运动服饰品牌，如始祖鸟（Arc'teryx）、海丽汉森（Helly Hansen）、哥伦比亚（Columbia）。Lever Style的产品领先于业界，包括一系列男女服装产品类别，涵盖梭织和针织产品。集团于多个国家设有功能齐全的生产基地，能迅速响应客户的各种需求。其以较强的技术能力和产品开发能力而声名远播，几十年一直受到全球独具慧眼的设计师的青睐。集团于2019年11月13日在香港交易所上市（股份代号：1346）（图6-86）。

图6-86

一、数字化转型：企业发展新驱动力

Lever Style早在上市之前就已经开始了数字化转型，打造了客户关系管理（CRM）、企业资源计划（ERP）、产品生命周期管理（PLM）数据中心进行企业内部资源管理，力争求变、积极探索、开启变革，以数字化为企业发展新驱动力，并将数字化转型作为Lever Style近三年的重要战略（图6-87）。

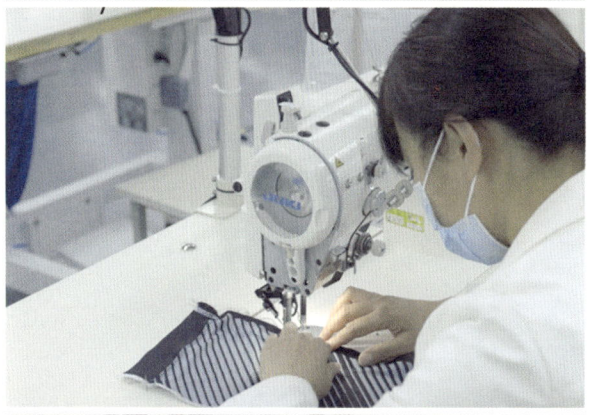

图6-87

就服装面料而言，2D数据不仅不能直观、立体呈现对应产品，更无法与外部资源及客户链接，此时3D技术逐渐走进了Lever Style的视野。3D可视化技术能够呈现面料、板型、人台，实时编辑服装效果，通过AI技术加持，轻松还原服装与模特真实效果，精确仿真服装布料细节。

Lever Style认为，3D是帮助服装企业提升商业价值的一颗明日之星，Lever Style选择使用3D技术、AI仿真及虚拟现实（VR）技术，实现服装3D数字化研发及协同管理，获得企业增长新动能。

二、3D可视化资源：实现企业内外部协同建联

3D就是突破点。一直以来，Lever Style有大量的样品、布料、辅料需要寄往美国、欧洲等多个国家和地区，且因为客户要求的细节改变，需要反复邮寄，浪费大量时间及金钱成本。

如今，Lever Style通过数字平台每年为客户提供3D服装系列、季节性趋势看板、VR展厅、3D样品等。无须反复实体打样，可视化的3D数字样衣让Lever Style与客户之间获得了更多更便捷的沟通，时间与人力成本也得到大幅下降。

Lever Style不只提供了一张3D图片，也提供图片背后的所有信息，还提供所有的可追溯性及所有信息的稳定性。

截至目前，在Lever Style数字平台上已有30000件左右数字资源沉淀，并正在开发全新的虚拟展厅陈列服装，全面加大3D的投资布局。

三、链接产业链上下游：数字化为商业价值链加码

数字化是商业价值链的重要部分，在企业对企业（B2B）业务中，企业需要链接上下游多方供应商协同，其中人、财、物、资源、技术、数据等产业要素需要充分流动。

Lever Style选择3D技术，不仅限于提供数字化工具，更提供一个链接产业上下游各供应商云端协同的数字化集成平台。通过互联、优化、整合链接业务所需的所有价值链，为企业价值加码。

在任何行业，上下游的资源都至关重要。未来，Lever Style会和供应商进行资源整合，协同创造3D产品。Lever Style的3D资源平台可以轻松实现协作，这就是解决方案。

Lever Style深知，随着虚拟时尚的风靡，越来越多的新一代愿意为创意付费，数字化商业价值链正在成为未来行业新的竞争点。3D技术也将帮助Lever Style实现设计、展示、营销、生产等环节的全方位数字升级。

德永佳：创新驱动，积蓄前行之力

2023年，是东莞德永佳纺织制衣有限公司（以下简称德永佳）承压前行、开拓进取的一年。受市场波动、国内外形势复杂等深刻影响，需求收缩、供给冲击、预期转弱，行业内生动力不强、市场需求持续不足；面对风险与挑战，德永佳始终坚持以产品创新、数字化建设、绿色可持续发展为战略方向，在过去一年表现出强大的韧性与活力。德永佳正加速向"成为具竞争力的国际知名纺织企业"迈进。

一、产品创新与营销推广赋能提升产品力，触达品牌消费者

科技创新是最大变量，为企业发展探索无限可能。在公司一体化供应链平台基础上，产品从面料延伸到成衣，从面向终端品牌到面向终端市场和消费者。从品牌商品维度来看，以消费者需求为导向，打造产品，提升产品力，不断增强企业核心竞争力。产品的成功推出，有赖于多维度、多系统、全链路打造，即趋势洞察→主题概念→目标客户→品类需求→纤维纱线→面料→成衣→视觉营销设计→线上线下多维度宣传推广→品牌消费者。过去一年，公司产品从"质造"到"智造"，通过丰富产品宣传推广方式，讲好产品故事，吸引心智；以创意中心为平台，与品牌战略伙伴建立联合研发基地，聚焦生意维度，深化面料及成衣合作，赋能品牌，打造出更有效的产品规划—开发—推广创新模式，驱动企业焕新发展（图6-88）。

2023年，由德永佳研发的多层立体科技面料以及柔坚科技面料荣获中国印染行业优秀面料一等奖。森悦零感荣获中国时尚面料设计大赛市场应用奖。德永佳打造8项主题产品并推出市场，转化订单效益。"SUPER TEE"成为现象级爆款材料，集凉感抗菌、舒适保型、可持续降解等优势于一体，受到众多品牌客户青睐，已有近450吨面料（近280万件成衣）上市。"轻空棉系列—麻薯、吐司、千层"，革新织造工艺核心技术，在轻量、舒适、保型等维度满足不同运动场景及人群的需求，在国内某头部运动品牌单季有近400吨面料订单。热科技系列产品中，"暖芯科技"以碳纳米吸光蓄热技术，开创即热式3秒速暖，比常规面料体感温度直升6.2℃；"煦暖绒"以"轻&暖&潮"成为过冬搭子，采用原创潮流纹理，25%中空度，轻量舒适，保暖指数比国家标准上升56%。冷科技系列产品中，冷感棉系列有自带高导热活性分子物质，产品Q_{max}测试达0.26，远超国家标准70%。防护科技系列产品中，"防螨植护衣"，乐享无"螨"生活，螨虫趋避率达80%，受到某头部童装品牌的青睐……结合时下热点趋势及消费者洞察，德永佳倾心打造并推出系列产品，通过日常品牌客户互动、营销推广、行业展会、新媒体公众号宣发等，吸引了众多客商深度洽谈，规划订单，共同打造受消费者青睐的产品（图6-89）。

图6-88

图6-89

产品驱动，源自对趋势的洞察，并不断打通"创新链"，持续攻克"卡脖子"核心技术。未来，德永佳将持续与合作伙伴协同，共创共享，赋能前行，聚焦消费者品类需求，打造更多具有核心应用功能、产品性能优势突出（科技功能性、环保可持续性、服用舒适性）、质价比高的针织产品，持续推出高端优势产品，更好地满足消费者多场景下的穿着需求（图6-90）。

图6-90

二、数字化赋能高质量发展

近年来，随着国家数字化政策不断出台、新兴技术不断进步、企业内生需求持续释放，数字化转型逐步成为企业实现高质量发展的必由之路。德永佳积极响应国家号召，探索数字化转型之路，包括信息化、数字化、数智化三个阶段。

1. 信息化→业务数据化

信息化是将企业在生产经营过程中产生的业务信息进行记录、储存和管理，通过电子终端呈现，便于信息的传播与沟通。信息化是对物理世界的信息描述，是业务数据化，本质上是一种管理手段，侧重于业务信息的搭建与管理。业务流程是核心，信息系统是工具。目前德永佳已拥有完善的信息化网络及安全管理系统、成熟的ERP管理系统、制造执行系统（MES）、PLM系统、商业智能（BI）信息决策系统等，形成了适合自身发展的信息化体系，它们让企业内各方面的人员清楚地了解到"业务状态是怎样的""流程走到了哪一步"等，从而有利于制订生产要素组合优化的决策，合理配置企业资源，增强企业的应变能力。

2. 数字化→数据业务化

信息化建设过程中各信息系统之间缺乏互通，形成了信息孤岛。数字化打通各个信息孤岛，让数据得以连接。以"一切数据业务化"为核心原则，围绕着质量与成本，把数字化应用到公司的业务与制造环节中，帮助企业真正实现降本提效、业务增收。这个过程是技术实现的过程，更是思维模式转变的过程。为此，德永佳特地组建了一支专业的IT、数据分析及自动化控制人才队伍，投入大量资金，以展示公司数字化转型之决心。目前，德永佳在应用系统方面，采用自研开发模式，以先进的浏览器/服务器（B/S）架构为基础，先后自主开发了多套生产系统，实现核心关键流程的全部自控。其中为了促进上下游供应链协同，自研了CRM及供应商关系管理（SRM）系统，提供标准接口对接合作的品牌及供货商，做到订单进度及交期直接同步，实现供应链数据互联互通，真正形成供应链和顾客之间的共生协同效应。

3. 数智化→"数据+业务"智能化

数智化的本质是业务创新，是运营管理的智能化创新，是对传统业务模式的革命性颠覆，是对未来业务生态的重新定义。例如，德永佳通过PAD扫描让日行3万步的员工少走一半路，通过布车位置信息追踪解决车间找布难题……

三、绿色低碳助力可持续发展

2018年，国际标准化组织发布了《ISO 14067：2018 温室气体—产品碳足迹—量化要求和指南》，为评估产品碳排放提供了统一规范。产品碳足迹是实现产品碳中和的必由之路，是企业向绿色低碳企业迈出的第一步。碳足迹认证不仅能验证产品本身的低碳属性，还能给企业带来更高的ESG评价及绿色效益。

2023年，德永佳主动认证了公司三个系列产品（微水系列、原液着色系列、再生系列）共14个产品的碳足迹，并将信息披露在国际纺织服装双碳信息披露平台，为消费者选择绿色产品提供更好的建议。德永佳希望通过第三方验证的可追溯性，能够进一步推动纺织服装企业加快低碳转型，实现绿色发展的步伐。未来也希望通过逐步将线上产品碳排放足迹完全公开透明展示和分享，促进品牌商共同参与纺织可持续发展。同时，德永佳也是全球第一家获得绿色产品认证Green Mark的纺织企业（图6-91）。

2024年于德永佳，将是全新出发的一年。以长跑之立意，擘画蓝图；以冲刺之状态，实现蓝图。面对未来新挑战，德永佳将继续勇毅前行，进一步打造供应链协同体系，通过价值创造，实现供应链的多赢、可持续发展。

图6-91

泰富：用工匠之心，缝纫时间和空间的交集

东莞泰富服装有限公司（以下简称泰富）成立于1995年，是一家以出口外贸到欧、美、日以及内销的服装生产企业，是拥有70多年制衣历史的香港永泰集团旗下的全资子公司。永泰集团在香港及新加坡上市，现经营业务已扩展至服装制造、批发与零售、地产、通信、保险及投资、餐饮等领域，是一家大型跨国集团公司，厂房遍及东南亚及欧美，现集中在中国广东、上海、郑州及柬埔寨营运生产工厂及水洗工厂，雇佣超过1万名员工（图6-92）。

图6-92

泰富主要从事牛仔服装的研发和生产，始终秉持永泰集团70多年来年坚持用心做好每一件产品，生产上尽善尽美的理念。泰富不仅关注设计创意，更关注客户满意度和服务质量，始终坚持品牌及创意的输入标准应高于客户的期待，确保产品的创意符合消费者的时尚需求，其致力成为客户品牌营销的矩阵，而非锦上添花的装饰。泰富与众多客户长期保持高度信任、深度合作的积极关系，其中一个日本客户，从它起步成长到成为世界服装零售企业前三名的知名品牌，始终互相支持，一同进步。

泰富拥有近30年的牛仔服装生产制造经验，培养了一批手艺精良的车缝技术工，使产品有着精湛的工艺流程和优良的品质标准；亦开发出多样化的产品类型，有梭织衬衣、裤子、羽绒服、风衣以及针织运动服、外衣等，整个公司年产量达2700万件。泰富用工匠之心，缝纫时间和空间的交集，用开放的心态，创造共同的未来。

一、企业创新

1. 技术创新

引入先进生产设备和智能化制造系统，实现产能的大幅提升。目前，泰富正从以往的吊挂缝纫转向自动化设备生产，进而筹建智能数字化工厂。这不仅有助于提高生产效率，还可以减少资源浪费。泰富建立了全面的信息化系统，实现了生产计划、物料管理、工序控制和质量检测的数字化管理。这不仅提高了生产效率和产品质量，还优化了供应链管理，提升了工厂的整体运作效率。未来，泰富将继续投资于技术和创新，以适应不断变化的市场需求。

2. 优化生产流程

合理规划生产线布局，提高产能利用率，确保按时交付订单。从前由订单确认到出货需30~40天，现已减至10~14天，在水洗牛仔产品，整个供应链运作需要重新调配以配合这个需求。引进机器人缝制系统和3D打印技术是未来考虑方案之一，以实现快速响应市场需求（图6-93）。

图6-93

二、企业建设

1. 产能建设

进行或规划中的产品制造流程包括数字板房、面辅料仓储、智能验布、智能裁剪、后道分拣、成品仓储等,以及MES系统、高级计划与排程(APS)系统等软硬件为一体的大型数字化智能生产车间,有助于自动化生产以及精简人手,引入物联网技术,实现生产过程的实时监控和调度,提高生产灵活性和加快响应速度。

2. 绿色生产

注重环保和可持续发展,采用环保材料和生产工艺,减少生产过程中的环境污染。泰富努力选择环保友好的面料和材料,如有机棉、再生纤维和可持续发展的合成纤维。这有助于减轻对自然资源的压力。数年前已开始在环保洗水方面投放资源,如引进西班牙Jeanologia镭射机代替以往的人工手擦,使用欧洲的低水位环保节能洗水机,使用水量及电量降低,使服装产品水洗更加环保和节能。

3. 可持续发展

作为一家长期从事服装制造的企业,泰富对环保和可持续发展负有责任,致力最大限度减少废弃物的产生。始终积极采取措施减少对环境的影响,通过回收和再利用,降低废弃物排放量。

三、企业管理

1. 人力资源管理

重视员工培训和发展,建立激励机制,提高员工的工作积极性和忠诚度。通过定期举办技能培训和职业发展规划课程,为员工提供成长空间和发展机会。关心员工的福祉,提供安全和健康的工作环境,并确保其权益得到尊重。

2. 社会公益

关注社会公益事业,积极参与慈善捐赠、扶贫济困等活动,回馈社会。通过履行社会责任,树立良好的企业品牌形象。泰富积极参与社区活动,支持当地社区的发展和改善。

四、企业效益

1. 成本控制

通过优化生产流程、降低原材料成本、提高生产效率等措施,降低企业运营成本。与供货商洽谈长期合作协议,争取更优惠的原材料价格,从而降低生产成本。

2. 市场拓展

不断探索新型商业模式,与合作伙伴建立紧密的合作关系,构建共赢的生态系统是泰富的一贯理念与做法。与供应商、设计师、零售商等建立了合作伙伴关系,实现了资源共享和价值链优化。通过参加国际展会及不同类型的商会,以积极拓展国内外市场,提升企业知名度和增加市场份额,增进同业友谊及消息互通。

3. 盈利增长

通过不断提高产品质量、创新营销策略、优化管理体系等措施,实现企业盈利的稳步增长。在过去几年通过持续投入研发、优化生产流程等措施,实现了营业收入和利润的稳步增长。

金鼎智造：以质兴业，创造价值

广东金鼎智造服装科技有限公司（以下简称金鼎智造），位于中山市沙溪镇和鸣路51号，于2004年成立。经过不断发展，现已成为资产总值数亿元的大型服装智能制造企业。公司占地面积35340平方米，集研发、设计、生产和供应链管理于一体。金鼎智造人始终秉承"喜悦智造，卓越共赢"的企业使命，持续引领行业潮流（图6-94）。

图6-94

2023年，金鼎智造根据现有流程，为了解决多系统运行时，系统之间数据不通、数据孤岛以及手工计数的行业痛点，设计开发全新的系统，包含设计开发、样板制作、业务、采购、生产、计划、面料仓储、辅料仓储、财务、外协等业务模块。打通所有业务部门，在同一个平台实时更新数据，通过数据接口获取面料仓储、裁片超市、衣拿系统等数据，统一在一个平台采集、存储和分析数据。多部门相互协同，每个部门在系统内区分权限，共享数据，共同完成系统中的任务。系统对供应商、客户进行管理，可直接下发采购单至面料供应商，达到相互协同的目的。金鼎智造自动化裁片超市应用料箱装载裁片、料箱自动导向车（AGV）搬运的模式，实现裁片分包、配扎、查片、衣胚出入库的自动化操作。在针织服装行业，针对裁剪各个流程，通过5G+系统对接的方式，由MES管理库存，机器人管理库位和箱号，在MES前端发送指令调度AGV实现整个流程的自动化。相比传统裁片超市，自动化裁片超市库存数据更清晰，裁片响应更准，可减少人员搬运货物、清点交接数据的资源浪费。同时AGV工作时一次可以搬运5~6箱，通过路径的优化，下发指令的积攒、排序、优化，业务逻辑之间的设计，提升机器人工作效率30%，减少机器人投入1~2台，达到了降低成本、提高出入库效率的目的。裁片超市起到拉动和保障生产系统持续流动的作用，结合库存管理，通过生产车间拉动裁片超市，裁片超市拉动裁剪车间，形成后拉式的精益生产模式。以上方案解决了裁片在存储、配送数据化和智能化方面的行业难题，在针织行业具有推广价值。全流程吊挂生产系统的应用，相比传统的大包流可提升效率30%。从挂片到后整串联在一起，实现2小时出成品的快反速度。利用吊挂生产系统，减少中间80%在制品数量。后整接入车缝后，减少了车缝和后整的中间库存，实现准时化生产，提升周转效率，减少数据交接浪费。吊挂线通过射频识别（RFID）感应技术，结合运输线、读卡器，自动采集员工生产数据，并通过接口对接的方式上传至MES系统，自动计算员工工资，提升数据统计效率50%以上；同时通过减少中间在制品数量，及时发现品质问题，及时打回生产线进行返工，提升品质合格率至99%。吊挂主轨运载能力在2.4万件，符合针织行业产量要求，通过主轨串联，可实现组与组之间的灵活调配，减少平衡损失10%。全流程吊挂方案实现了从挂片到成品的全流程作业的生产模式，可减少在制品数量，加快周转速度，减少批量品质问题，提升整体效益30%。图6-95为自动化面料立库，图6-96为全流程吊挂车间。

图6-95

图6-96

金鼎智造数字化、智能化示范车间建设受到市政府、镇区领导、公司供应商、公司客户、同行业企业的极大关注和一致认可，并且数字化、智能化示范车间建设经验可向同行业复制推广，具有行业示范效应。在引进数字化装备和系统之后，车间减少半成品堆积数量，车缝中查和后整查衫及时地检查、处理返工衫，通过吊挂系统将返工衫打回对应车缝人员及时返工，系统实时记录返工数据并统计成报表，减少批量返工的次数。通过及时进行返工数据管理，有效控制合格品率，质量控制（QC）验货合格率由2019年的96%提高到2023年的98%。通过数字化设备和系统的使用，引进意大利进口裁剪设备，提升裁剪效率30%，原手工裁剪14000件/组，原自动裁剪机18000件/台，现设备27000件/台。通过进口设备的引进，减少设备投入，同时节省20%的人员配置。通过引进智能装备吊挂系统，由原来传统大包流车缝线升级为自动吊挂流水线，从挂片到成品，一挂到底，生产按照工序流进行加工，裁片通过吊挂自动流入工作站，减少半成品积压，提高周转效率，减少员工搬运动作，提升员工效率。通过生产线平衡方法，人均产量从2019年的115件/天提升至2023年的140件/天，人均综合效率提升12%（图6-97）。

历经十多年的沉淀与积累，金鼎智造注重技术创新、人才培养和管理现代化，持续投入资金升级生产系统和智能设备，以提升效率和管理水平。自从事原始设计制造商（ODM）产业生产以来，公司相继通过了ISO 9001质量管理认证体系、ISO 14001环境管

图6-97

理体系认证、GRS全球回收标准认证、卓越绩效管理体系认证以及高新技术认证，还荣获了数字化示范工厂、产学研双创示范基地等荣誉，构建了独特的生产管理体系。凭借100多人的管理精英团队和1000多人的技能人才团队，金鼎智造与国内外众多知名品牌建立了稳固的合作关系，并多次荣获"最佳供应商"称号，年产量超过1000万件。

2023年，金鼎制造的生产总值超过4亿元，年纳税额2000多万元，充分展现了其强劲的市场竞争力和良好的社会责任感。因此，公司荣获中山市颁发的"信用A级企业"，沙溪镇政府颁发的"纳税突出贡献企业"和"经营突出贡献企业"等奖项，这些荣誉进一步彰显了金鼎智造在服装行业的卓越地位和贡献。

展望未来，任重道远。金鼎智造将勇担责任与使命，胸怀"诚信做人，用心做事；敬业反思，责任创新；求真务实，正念感恩"价值观，激发团队积极变革，持续创新，以质兴业，创造价值，缔造辉煌！

海帝股份：创新引领，绣出辉煌

广东海帝隽绣东方实业股份有限公司（以下简称海帝股份），始创于1995年，始终专注于时尚绣品设计，数字化机绣研发，如今已发展成为国内科技领先的大型绣花企业。

海帝股份所获荣誉如下：

2016年，率先成为行业科技小巨人企业。

2016年，成功挂牌"新三板"。

2017年，荣获"2016年广州市企业研究开发机构"资质。

2017年，成功通过ISO三体系验收。

2017年，通过"知识产权贯标"认证。

2017年，荣获"广东省工程技术研究中心"资质。

2017年，"绿海"品牌荣获广东省名牌产品殊荣。

2018年，首批通过"两高四新"企业认定。

2019年，产品通过瑞士"TES-TEX"公司"OK-100"认证。

2021年，通过两化融合贯标认证。

2022年，成为省创新型中小企业。

2022年，成为省级专精特新企业。

2023年，再次通过"清洁工厂"认证。

2023年，第三次通过国家"高新技术企业"资质认证。

公司拥有三项发明专利；十余项实用新型、外观专利。

随着工艺技术的日新月异和商业模式的不断创新，绣花市场正面临前所未有的激烈竞争。在这样的大背景下，海帝股份始终坚守创新理念，致力在技术创新、产品创新、模式创新三个维度上寻求突破，以应对市场的变化和挑战。

一、技术创新：前沿科技与刺绣艺术的完美融合

海帝股份紧跟科技发展的步伐，充分利用国家对企业技术改造项目的支持，积极引进先进的制造设备，实现各类特种刺绣工艺的覆盖。同时，公司在生产过程自动化、智能化领域也取得了显著突破，大幅提高了生产效率和产品质量。数字化技术的应用更是让海帝股份在刺绣领域展现出深厚实力和前瞻视野，实现了供应链的透明化、高效化和协同化（图6-98）。

图6-98

在产学研计划的推动下，海帝股份在原有的刺绣工艺领域持续发挥优势，同时在新材料、新技术研究与应用方面也取得了重要突破，充分发挥了知识产权带来的效益。

二、产品创新：时尚元素与独特设计的完美结合

海帝股份注重将时尚元素融入产品设计，紧跟市场需求和消费者偏好，设计开发出具有独特性和差异性的产品，从而提升产品附加值和市场占有率。公司还提供个性化的定制服务，满足消费者的特殊需求和个性化偏好，进一步提升消费者的忠诚度和黏性。这种以消费者为中心的产品创新策略，不仅赢得了市场的认可，也为公司的可持续发展奠定了坚实基础。此外，海帝股份还积极探索跨界合作，将刺绣艺术与时尚、家居、文化等领域相结合，推出了一系列独具特色的跨界产品，进一步拓展了市场空间。

三、模式创新：数字化转型与新媒体运营的双重突破

公司不仅在传统电子商务领域实现了从0到1的突

破,还在新媒体运营领域进行了大胆尝试。

在传统电子商务领域,海帝股份用一年多时间打造了阿里巴巴国际站的"金品诚企",并率先在细分行业内采用了阿里巴巴国际站的AI技术,在精准营销方面取得了一定的成绩。在新媒体运营方面,公司围绕绣画这一品类,通过小红书"种草"、抖音视频号的短视频推出等方式,深入浅出地对目标人群进行知识普及和品牌推广。这种创新的营销方式不仅拓宽了产品的销售渠道,也提升了品牌的影响力和认知度。

四、行业引领与未来展望

海帝股份在技术创新、产品创新、模式创新三个维度上的不懈努力和持续突破,不仅提升了公司的核心竞争力和市场地位,也为整个绣花行业的创新发展提供了有益的借鉴和启示。面对未来,海帝股份将继续秉持创新理念,不断探索和实践新的技术和商业模式,以应对市场的变化和挑战。同时,公司还将通过省服协等平台积极参与行业交流与合作,推动绣花行业的整体进步与发展,为社会的繁荣与进步贡献自己的力量(图6-99)。

海帝股份以其卓越的技术创新、产品创新和模式创新能力,成为绣花行业的佼佼者。在未来的发展中,海帝股份将继续引领行业发展方向,为刺绣艺术的传承与发展谱写新的辉煌篇章。

图6-99

企业创新案例：数智化服务创新

小塔：RFID应用落地专家，赋能时尚企业数智化新篇章

近年来，我国时尚产业规模不断扩大，消费者对时尚和品质的追求日益升级。与此同时，线上线下融合、新零售业态崛起，以及数字化趋势加速，既推动时尚品牌进行全面的业务转型，也为时尚行业带来了新的机遇和挑战。

作为国内知名RFID落地服务商，广东小塔物联网科技有限公司（以下简称小塔）是国内最早自主研发软硬件结合一体化终端并提供RFID信息化应用整体解决方案的企业之一，经历了我国鞋服、零售等多个行业的数字化推进历程，现已构建出覆盖RFID标签生产到数据识别的完整产品生态。在2023年举办的第二届时尚行业产业互联网大会暨深圳时尚行业CIO社区（联盟）12周年庆典中，小塔凭借卓越的表现和突出的贡献，荣获"优秀数字化服务商"的荣誉称号，同时小塔作为广州鞋服行业信息化联盟常务理事单位，助力时尚企业拥抱数字化转型升级（图6-100）。

图6-100

小塔成立于2015年，通过三年的持续研发、两年的实际项目落地和持续四年的快速扩展，在时尚产业中快速脱颖而出，成为更为专注的时尚行业RFID应用落地服务商，并荣获多项软件版权及产品专利的技术成果。针对追求快速成长、积极拥抱数字化的鞋服新零售用户，小塔以快速响应客户需求为出发点，通过一站式方案落地，帮助时尚行业实现RFID全供应链可视化管理应用，为时尚品牌企业带来了数字化转型的新契机，实现了盈利的快速增长。

作为数字化转型的重要组成部分，RFID已被越来越多的品牌广泛采用及实施，因RFID标签相较二维码、条形码等传统标签，具备无须接触、无须可视、可完全自动识别等优势，在使用环境、读取距离、读取效率、可读写性方面的限制相对较少。小塔RFID的识别技术覆盖了产品的批量盘点、防伪鉴真、货运追溯等环节，以实现实时数据监控，最大限度减少人工干预，并最大程度降低库存管理风险。尤其是单品级RFID系统，提供产品周转的可见性、简化配送流程、改善需求预测及实现更快速的产品供应。

小塔在探索RFID技术与物联网产品的结合方面，拥有丰富的经验和专业的技术实力。包括提供服饰RFID供应链解决方案、服饰RFID样衣管理解决方案、服饰门店RFID试衣数据采集等整体应用方案，自主研发了RFID核心技术产品，如水洗唛、吊牌、定制化贴纸以及珠宝标签。产品可容纳海量、丰富的数据，包括RFID手持机、RFID打印机、RFID隧道机、RFID扫描台、RFID扫描柜、RFID自助收银机、RFID防盗门等智能化应用设备，为服饰及鞋履商品配备产品识别、品牌保护、门店安防及产品防伪追溯等功能，有助于解决品牌商假货窜货、库存准确率低、供应链效率低等问题。产品可帮助品牌商实现智慧仓库、智慧门店等应用场景的落地（图6-101）。

图6-101

目前，信息化集成成为新零售发展的关键，小塔RFID技术为商品提供了智能化的管理方案，使商品的库存、销售和配送变得更加高效和便捷。小塔RFID扫描台可批量自动识别商品信息，并计算出总价，省去了逐个商品扫码录入的过程，成为基于大家习惯的移动支付最简洁的流程，从而极大地缩短了客户的等待时间，提高了结账效率。相比传统收银，其效率提升一倍，以往要3分钟的核算收款时间，现在可缩短到30秒，还降低了结账错误率，避免由于人为因素导致的误差。同时还能防止品牌服饰的造假窜货，实现溯源功能。品牌商通过读取服饰标签RFID唯一码，即可确定服装服饰流向及归属地，同时，对线上线下退换货的服装可以明确分辨货品的来源，从而保障了品牌商的退换货政策的有效执行。

在仓储管理中，小塔深耕细化RFID在仓储管理中的实际应用，给管理人员带来更多应用价值。利用RFID技术多标签同时识读，成千上万整箱标签服饰可通过小塔RFID扫描柜/RFID隧道机/RFID手持机实现对RFID标签的货品全自动扫描并完成批量读取，同步集成货品批量扫描数据。除了快速盘点、多库协同作业、仓库收发盘作业、缺货报警、商品调拨等管理，还为仓储提供可追溯的管理方式，实现精细化库存管理，提高库存周转率，弥补了条形码盘库与人工盘库必须依靠人手清点登记才能更新库房盘点记录的不足（图6-102）。

除了仓储管理，小塔RFID系统在智慧工厂中的应用范围也极为广泛。小塔RFID根据工厂的实际需求，提供定制化的解决方案，发挥出最大的效用。在生产线自动化方面，小塔RFID技术通过与自动化设备结合，实现了生产线的智能化管理。通过读取RFID标签中的信息，自动化设备能够自动识别物料种类、数量与参数规格，从而自动调整生产流程，大大提高了生产线的灵活性和效率。从材料的入库、生产追溯，到成品的出库，每一个环节都可以通过RFID技术实现信息的实时采集、传输和处理，降低了运营成本（图6-103）。

小塔专注于时尚行业多年，紧密贴合时尚领域市场发展需求，为上百家时尚企业提供RFID解决方案。多年来，小塔坚持"帮助时尚行业货品管理更简单，业务更智能，决策更科学"的企业理念，秉持创新精神，不断探索新技术、新应用。小塔RFID技术以其卓越的性能和广泛的应用场景，赋能时尚企业在多元化的市场竞争下，充分挖掘新赛道、塑造新优势。

图6-102

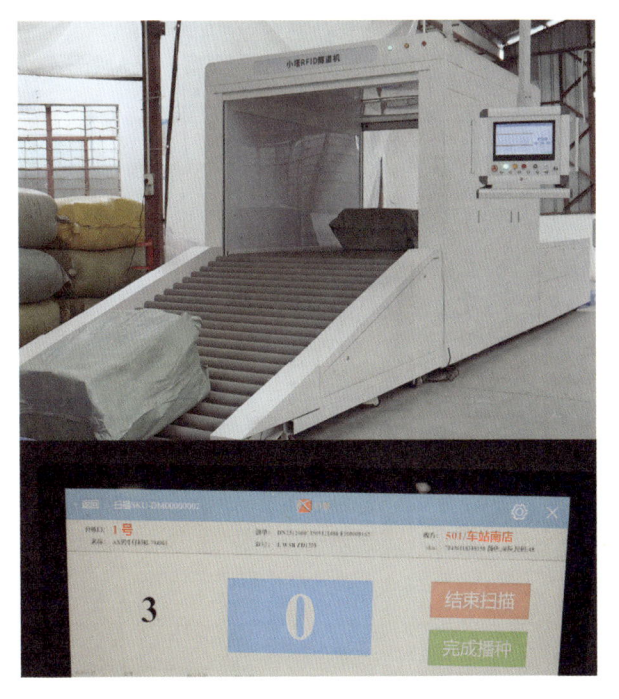

图6-103

恒康科技：助力服饰企业数智化转型，开启智能商品管理新纪元

广州恒康信息科技有限公司（以下简称恒康科技），自2010年创立以来，一直专注于为连锁品牌零售企业提供全面的、一站式的企业数字化、智能化解决方案。恒康科技秉持"创新、专业、诚信、荣誉"的服务理念，致力为零售企业注入强大动力，推动其实现数智化转型；凭借卓越的服务能力，赢得了YYSPORTS胜道体育、九牧王、361°、URBAN REVIVO、江博士·健康鞋、足力健、凯乐石、方所书店、孕婴世界等众多知名品牌的青睐与信任，服务范围涵盖服装、母婴、书店、家居、美业、百货等多个行业。同时，还荣获了国家高新技术企业、广东省专精特新中小企业、创新型中小企业等认证，被多个权威机构赞誉为"优质服务商（数智化软件类）""指定智慧零售解决方案提供商""商品数字化服务商"以及"优秀数智化转型服务商"等，充分证明了恒康科技在行业内的领先地位和卓越贡献（图6-104）。

恒康科技团队汇聚了近160名精英，核心成员均具备上市品牌零售企业背景，积累了近20年的品牌零售行业数字化规划与建设实践经验。恒康科技凭借卓越的创新实力，获得国家授权的专利和软件著作权超过80项，自主研发的系统模块数量突破60个，打造出以"瑞鹿智慧零售""亿马全渠道业务中台""吉象智能商品管理""恒康云ERP"为主的全链路解决方案。全系列产品均基于云计算和微服务技术打造，致力以创新科技重塑智慧零售新生态，目前已经成功为近10万家实体零售门店提供新零售解决方案，为品牌零售业的未来发展注入强大动力。

一、引领企业数字化转型

随着科技日新月异的发展以及消费升级趋势的加速，消费者对个性化、高品质、便捷性的需求也日益提升，服装行业正面临前所未有的挑战与机遇。在这样的背景下，那些注重数字化转型的企业正逐渐展现出更为广阔的发展前景。但对一些小微零售企业来说，在人力、财力有限的情况下，实现数字化转型，用"小投入"换来"大产出"是当前需要破解的难题。

聚焦小微企业、成长型企业的数字化转型实际需求，恒康科技推出"瑞鹿智慧零售"解决方案，提供零售POS、会员管理、订单管理、智能导购、单店/多店小程序商城、采购管理以及库存管理等功能，解决企业管理、销售、服务过程中的问题，最终提高零售终端的销售业绩，降低营销成本，实现更快触达客户及市场、更好提升品牌价值、更快回流资金。同时采用软件即服务（SaaS）模式的系统运营管理，不仅帮助客户快速跨过"数字化门槛"，实现从传统零售到智慧零售的升级，还大大降低了企业的转型成本和风险（图6-105）。

图6-104

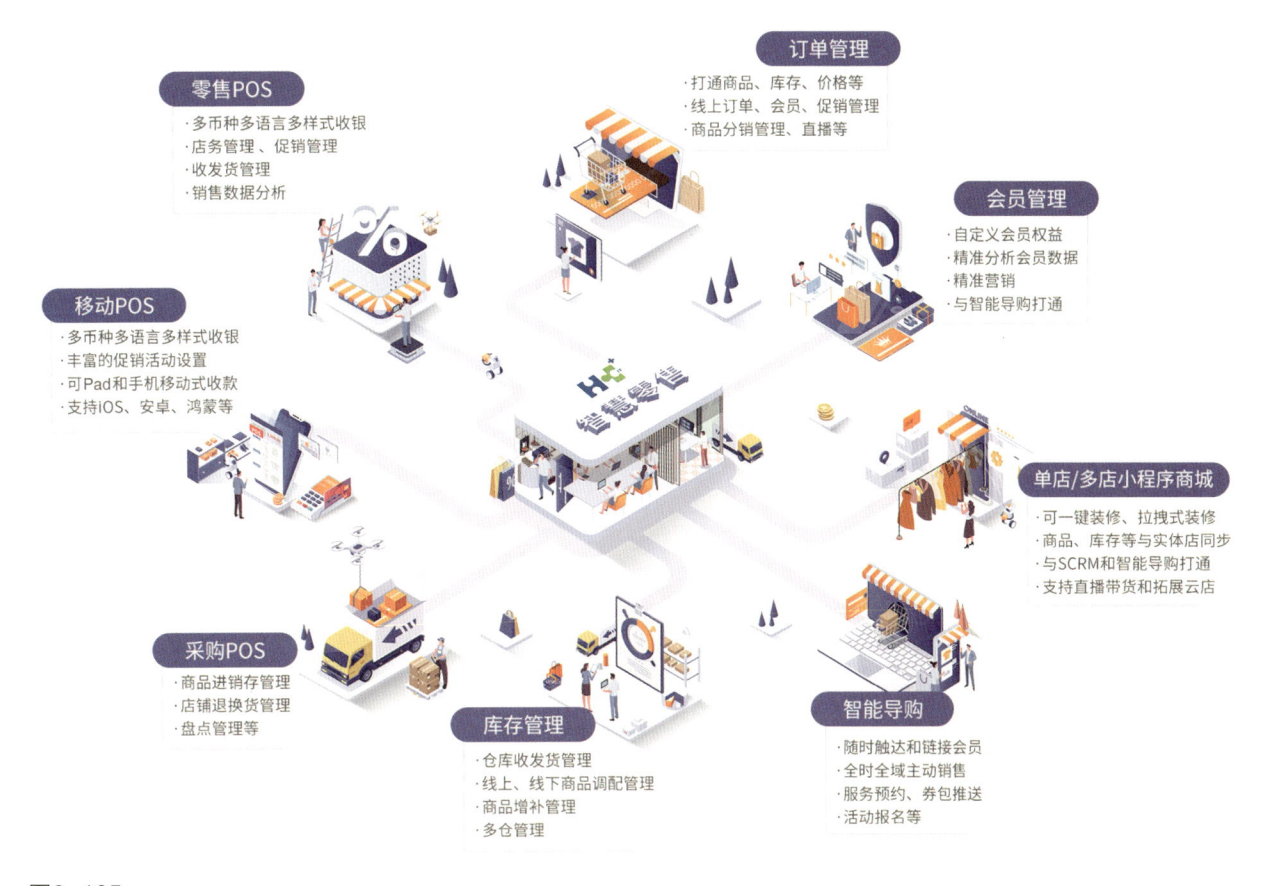

图6-105

二、构建全链路数字化能力

为了满足中大型零售企业多渠道、多业态、多场景、多触点数字化方案的需要，恒康科技采用了基于云端部署的微服务技术架构打造的全渠道新零售业务中台，可以串联前台业务和后台ERP，中台从后台ERP获取相应数据和信息，封装整合成相应的微应用，提供给前台业务使用，保证前台业务的跨平台、多触点应用。

以国际知名时尚品牌ELLE Active及童鞋品牌江博士·健康鞋（Dr.Kong）为例。ELLE Active是国际时尚品牌ELLE旗下法式轻运动品牌。通过恒康科技的全渠道业务中台，将多个业务渠道如第三方电商平台、实体门店和社交媒体高效整合，并与行业多套不同系统自动对接，成功打破了各部门间的信息壁垒，使商品、库存、订单等数据实现实时共享，以数据驱动决策，实现全渠道销售和全域会员营销；同时在一盘货管理模式下，系统自动根据各渠道的销售情况，结合库存水平动态分配合理的库存数量，使库存管理更加精准和高效。

江博士健康鞋作为童鞋市场的领先品牌，通过恒康科技的零售POS、会员管理、智能导购、商品配补调、BI决策分析等一系列系统的应用，将会员、商品、价格、库存等信息实时统一，实现了线上线下全渠道销售和商品生命周期的数字化管理。还通过"买鞋前，先验脚"的客户服务，将验脚结果与会员信息绑定，有效促进了会员数量的增长和转化率的提升（图6-106）。

三、商品管理"一划到底"

在智能商品管理方面，恒康科技取得了令人瞩目的成绩。通过垂直聚焦商品管理的业务场景，融合多个成功案例经验，恒康科技打造出"吉象智能商品管理"解决方案，通过商品企划、智能配补调、商品运营分析等系统，对门店销售库存数据进行汇聚、加工、分析，生成科学的采购限额计划（OTB）和货品配、补、调建议，真正实现商品管理的"一划到底",帮助众多客户提升运营效率、减少库存、降低成本、提高决策精准度,让全渠道一盘货更加精准高效(图6-107)。

以知名鞋类品牌九牧王和知名的户外运动品牌凯乐石为例。恒康科技与这两家企业达成合作,开展智能商品管理项目,将商品管理流程标准化、智能化。九牧王未应用配补调系统前,商品人员需耗费65%的时间进行日常配补调工作,重复且易漏或出错。应用恒康智能配补调系统后,首配、补货工作量减少90%,调拨工作量减少50%,门店齐码率提升5%~10%,增加了门店的销售机会。同样,凯乐石采用恒康科技的商品智能管理系统后,减少人工作业量90%,提高门店物流效率60%,提高加盟门店的配补货效率80%。此外,系统还通过智能定价策略,根据市场变化和竞争态势,动态调整商品价格,既保证了企业的利润空间,又满足了消费者的心理预期。

当前,企业数字化转型正酣,恒康科技将继续注重投入研发力量,不断提升自身技术水平,开发出更加先进、稳定、可靠的产品,积极寻求与同行、同业的合作与共赢,助力更多品牌实现业绩增长。

"亿马全渠道业务中台"架构图

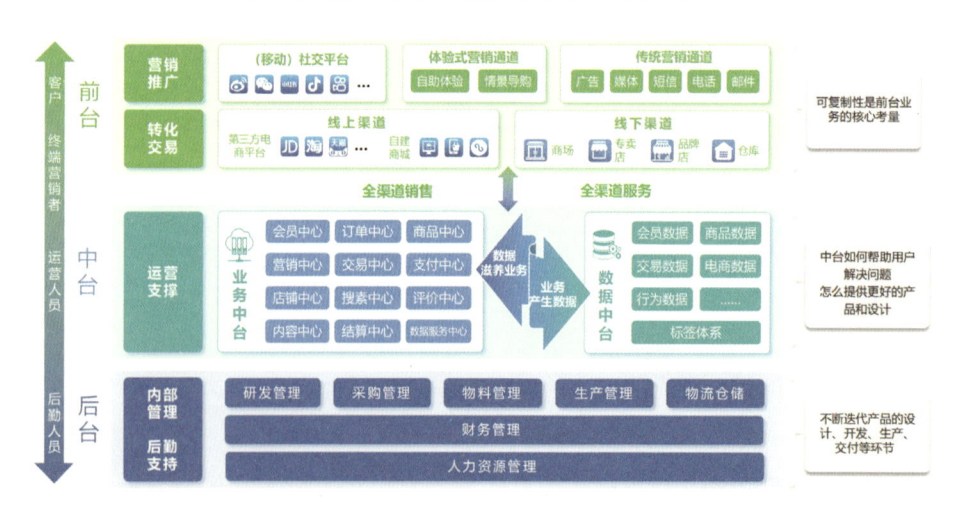

图6-106

"吉象智能商品管理"架构图

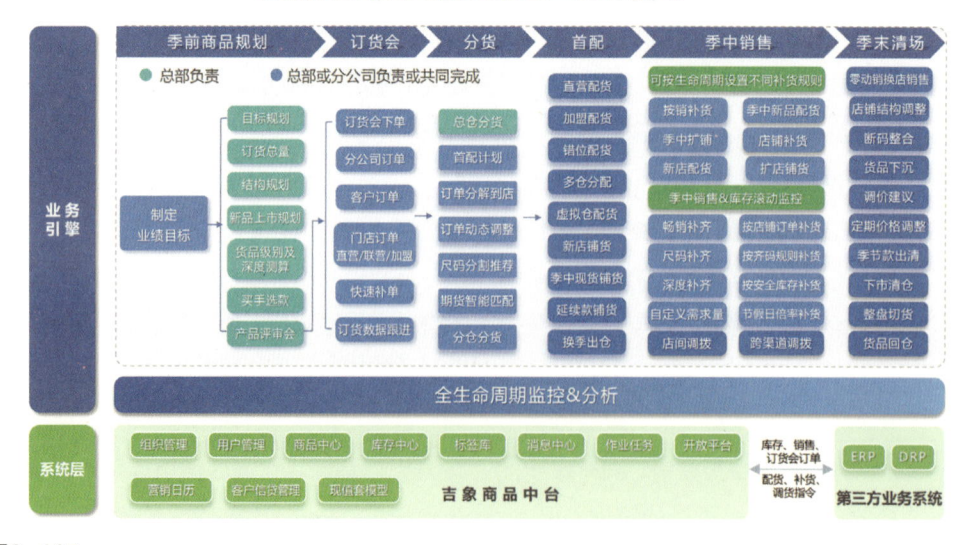

图6-107

设界：以"设计"为杠杆，为产业发展聚合新能量

设界于2017年成立，是以服务设计为切入口的时尚产业链接器及创研孵化加速器。设界以园区服务赋能+精英人才游牧办公+产业孵化培育的创意创业深度服务为特色，促活升级各地园区只有招商无运营的现状，并且形成以"设计"为杠杆聚合撬动当地产业资源能量的新型模式。专注运营时尚产业服务的互联网平台，涉及服装、家纺、首饰、鞋履、箱包、纺织品六个领域，从趋势资讯、智能设计、人才培训、供应链B2B、知识产权交易等方面提供线上的产业服务。从互联网运作、产业资源积累、线上转向线下进行产业载体落地，深度运营服务发展，现在已实现了线上广度与线下深度优势互补的创新赋能载体，成为一个产业服务+科技互联网+空间载体的新型的时尚产业创意设计的综合服务平台。设界通过共享研发、共享供应链、共享数据、共享办公，整合时尚资讯、面料交易、共创空间、时尚教育等各个环节，打造一个设计服务共享枢纽，以产业服务驱动产业发展。POP设界平台以三大方面推动服务贸易创新发展。

一、开创产业链、供应链创新协同的新模式

为了更好打造国内重要的纺织品交易中心，构建高效快捷的供应链和产业链，将面料创新与服装设计紧密结合，加快"走出去，拓市场，抓订单"，设界从落地广州辐射到深圳、虎门市场，协同产业链上下游，以新技术、新工艺、新材料、新产品引领新消费、驱动新市场。设界带领以盛泽织造、柯桥优选、大朗优选等区域品牌的多家企业入驻广州设界馆进行展贸，让众多优质资源在此进行深度互动，推动多地企业更好地合作和交流，实现互利共赢。相继开展了企业需求研讨会、面料趋势发布、企业精准对接会等多场系列活动，开创多地供应链创新协同的新模式，实现精准对接需求，让面料企业展现产品优势，让品牌方短时间内了解产品特性，促进了双方高效融通与协同发展，推动面料开发与服装设计的链接（图6-108）。

图6-108

二、打造纺织服装产业设计人才公共服务平台

广东省服装设计师创新研习社，由设界策划组织，落实开展十佳课程——中国十佳设计师研习课程、精准社群——广东服装设计师交流社群、人才资源——时尚设计师人力资源招聘、设计共享——服装设计师共享设计交易四个主要服务项目。平台汇聚了一批行业专业企划设计师、专业数字化应用专家、商品研发及色彩应用导师，以及一批服装领域标杆企业和高校等，提供全面、专业的学习资源和信息，涵盖了不同领域的设计技能和理论知识，包括国内外知名设计师的经验分享、研究资料、专业培训，还有系统性的教学和实践活动。通过更加综合和深入的学习体验，全方位助推设计师成长，为设计师们提供高质量的学习方式和交流平台，一起共同探讨设计行业的未来和发展方向，引导服装行业创新和提高设计质量和效率，并且希望能够对服装设计师群体价值成长发挥积极推动作用。目前研习社线下社群人数达到12000+，开展

了四场线下活动，成功入驻4位创业导师（图6-109）。

图6-109

三、推动AI技术在时尚产业的运用

打造AI智绘——基于人工智能技术的时尚绘图服务平台，通过运用全球新兴的生成式人工智能（AIGC）技术，为时尚行业的设计者提供快速的绘图生成服务，赋予用户随心所欲、自然流畅、高能硬核的AI创作力量。促进并繁荣时尚行业的潮流设计，提升设计品牌力量，助力当地时尚产业发展。平台采用人工智能技术，可以大幅提高设计师的绘图效率，节省时间和成本；利用机器学习等技术，通过自动化处理来加快绘图速度，为时尚设计师提供快速、高效的绘图服务，从而让设计师可以更快地开展下一步工作，提高设计工作效率，节省时间和人力成本。基于人工智能技术的绘图服务平台的建设，可以促进时尚设计与科技的融合，推动时尚行业向数字化、智能化方向发展，提升企业自身的设计能力、产品的品质力和品牌实力，帮助设计师们更好地应对市场的挑战，提高企业时尚产品的市场占有率和竞争力，进而促进当地时尚产业一体化的发展，加快内时尚产业企业的转型升级（图6-110）。

图6-110

未来一手："交易撮合平台+深度服务"，解决行业批发痛点

广州未来一手网络科技有限公司是中国产业互联网领军企业、国家高新技术企业、广州市未来独角兽企业、广州高科技高成长明日之星、广州市数字经济应用场景标杆案例。经过8年发展，已成为服装行业领先的B2B平台，从上游的服装工厂生产，中游的服装品牌设计、贸易流通，到下游的终端门店管理，全链路助力服装批发行业数智化升级（图6-111）。

一手服装批发通过"交易撮合平台+深度服务"的模式切入，深入绑定上下游，解决传统服装批发行业痛点。平台汇聚源头批发市场新款、爆款，通过搭配师推荐服务、优选商家入驻，为用户提供一站式采购、一件起批、一站式物流解决方案和完善的售后全服务，提高行业效率、降低行业交易成本。

同时，凭借对产业上下游的深度认知，公司近年来陆续推出巧飞工厂管理系统、衣者服装生产SaaS管理系统、卖货猫终端门店管理系统等上下游深度数字化赋能的产业软件。在服装智能制造、客户场景多元化、数字化仓配2.0、服装大数据等方面持续发力，推动服装产业全链路数字化转型及人货场的数字重构和应用（图6-112）。

目前公司规模约500人，其中技术研发团队占总人数超10%，一手服装批发平台精选合作优质供应链品牌超2万家，用户数量接近200万，年度商品交易总额（GMV）超30亿元，是垂直于服装产业B2B市场的领军企业。

旗下产品包括一手服装批发App及爆版、卖货猫、巧飞、衣者等平台或系统。围绕服装批发产业数字化流通市场持续升级，不断为服装批发产业数字化升级持续发力。

服装供应链SaaS服务：通过服装产业的深度认知+高强度研发投入，自研巧飞工厂管理系统、衣者服装生产SaaS管理系统，打通上游生产全链路数据，助力行业数智化升级智能化。

B2B平台业务：一手服装批发App通过数据化与智能化双重驱动，打通服装批发行业流通链条，直连十三行等一批优质货源与广大终端服装卖家，提升产业链运营效率。

门店智慧进销存：结合AI自研的CRM系统——卖货猫，融合上游平台、下游店铺多维度数据，助力店主开启智能化经营。

培训赋能服务：多元化知识萃取与培训体系，肩负起行业中坚力量责任，反哺赋能产业，重构批发与零售场景（图6-113）。

2022高新技术企业认定 　2023广州市未来独角兽企业 　2023广东省创新型中小企业 　2023广州高科技高成长明日之星

2023中国产业互联网领军企业 　2023广州市"专精特新"扶优计划 　2023广州市数字经济标杆案例——衣者服装生产Saas系统　2023中国双创赛广州赛区优胜奖

图6-111

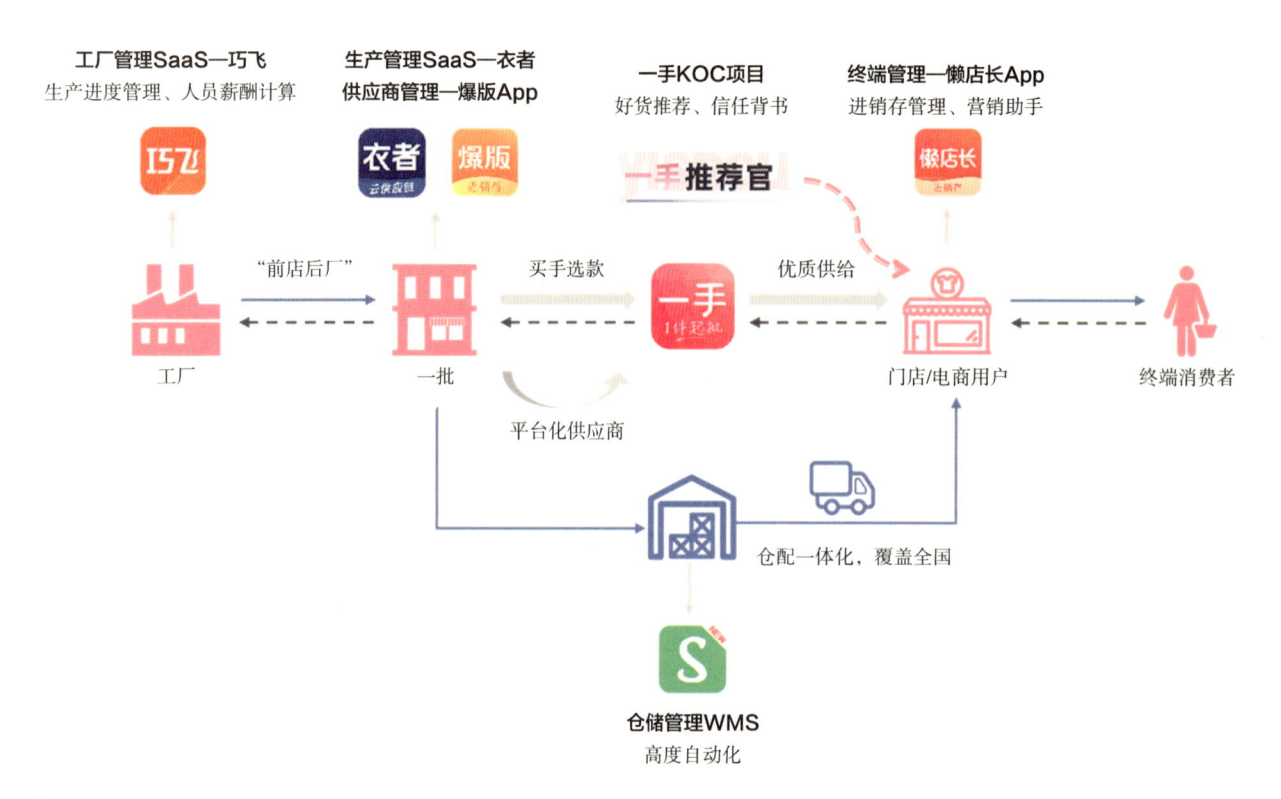

工厂管理SaaS—巧飞
生产进度管理、人员薪酬计算

生产管理SaaS—衣者
供应商管理—爆版App

一手KOC项目
好货推荐、信任背书

终端管理—懒店长App
进销存管理、营销助手

工厂 "前店后厂" 一批 买手选款 优质供给 门店/电商用户 终端消费者
平台化供应商
仓配一体化，覆盖全国
仓储管理WMS
高度自动化

图6-112

业务生态布局

B2B平台业务（一手App）
海量好货，一站式采购服务

前置仓服务
为商家提供免费集散仓库，确保用户24H极速履约服务

云工厂
应对产业转移，整合各地工厂上云开展合作

门店智慧进销存
全渠道数据融合，帮助用户经营升级

服装供应链SaaS服务
产业上下游全链路数字化

培训赋能服务
让店主卖得更好

未来一手产业生态服务链

图6-113

  未来一手正在引领服装行业数智化升级与应用，推进服装产业数字化集群建设，助力产业经济高质量发展。凭借对服装生产行业数字化的深度认识，以及对服装批发行业的多年深耕及大数据的掌控，未来一手可以很好地解决中小服装品牌公司各管理链路数据孤岛的问题，打通上下游数据节点，使服装企业对于整个生产全链路的管控更加方便、智能，提升人员利用效率，提高生产效率，为服装生产产业数字化赋能。未来一手目前已构建起赋能服装全行业的生态级平台，并向上下游持续拓展，进行资源整合与业态重构。通过深化数智融合应用，激发形成新质生产力，推进服装行业数字产业化、产业数字化，促进数字技术和实体经济深度融合，推动服装产业向着透明有序、高效高质的方向发展，助力绿美广东、数字广州生态建设。

企业创新案例：配套服务创新

验厂之家：让工厂更优秀，让制造更美好

东莞验厂之家质量技术服务有限公司（东莞创盛）是一家专注于可持续发展技术及服务的创新服务平台。公司成立于2008年，拥有专业资质员工约220人，下设11个办公室及4个海外办公室，服务网点遍布国内各大出口制造产业基地及海外核心生产基地，为客户提供国际及可持续标准咨询、可持续工厂设计及双碳数智化解决方案，迄今为止服务客户超过2.8万家（图6-114）。

公司拥有一支经验丰富的专家团队，成员来自可持续发展、智能制造、精益生产相关领域的国际知名采购商、机构及制造企业等，为平台提供专业可靠的专家技术支撑。公司服务的主要内容包括：可持续发展咨询、可持续工厂规划和双碳平台服务。

图6-114

一、可持续发展咨询

基于多年国际标准实施经验，为企业客户提供一站式的可持续发展战略咨询服务，如合规咨询、ESG战略规划、回收标准认证咨询、供应链管理、绿色采购服务等，赋能企业管理水平提升，帮助企业客户融入国际贸易体系。

在标准创新方面，公司围绕可持续发展趋势及企业高质量发展需求，发起并参与了多项可持续发展标准的制订：《企业 ESG 评价规范》（T/SZCSR 001—2022）、《服装行业加工工厂可持续制造评价规范》（T/GDAQI 75—2022）、《可持续工厂评价规范》（T/DGAS 034—2023）（图6-115），以及正在起草的两部大湾区标准——《可持续工厂规范》《可持续园区规范》。

图6-115

在标准的实施方面，公司联合众多国内外领先机构、品牌、非政府组织（NGO）及制造业头部机构，通过项目调研、标准研讨、应用测试等管理实践，协同推进标准的市场化应用。同时依托公司国际化网络，为众多海外客户提供场景化解决方案和决策支撑，以标准为市场服务，以实践推动标准创新及国际化的发展。

在标准建设的引领之下，公司以循环理念打造绿色采购平台，展示企业的合规能力及可持续性。公司的绿链平台为跨行业、领先的可持续材料、产品及企业的服务平台（账号4000个，产品6000个，供应商3000个，品牌30个），通过共享合规供应链数据的云端服务，改善品牌买家的采购决策效率，降低可持续产品的采购成本，助力我国企业深度融入国际采购链条，增强我国企业的绿色属性及议价能力（图6-116）。

图6-116

在能力建设方面，公司结合国内外标准及行业领先的经验，开发了一系列合规、环保、低碳、ESG与可持续发展的论坛及课程，定期以线上和线下的方式为行业用户提供各类型的免费培训，有效地提升了企业的可持续发展意识和实施水平，累计服务人数已超过20万人次。

二、可持续工厂规划

可持续工厂规划是以符合联合国可持续发展目标（SDGs）要求为核心、企业高质量发展为目的的战略规划项目，通过对企业治理、品牌形象、合规、精益、数字生产到低碳发展等一体化规划设计、工程施工及第三方评价服务，从设计源头出发，以可持续施工全局赋能，系统全面地为企业的可持续发展提供整体解决方案。

一是以提高企业可持续发展能力为导向，将SDGs和可持续工厂标准融入企业设计，在项目设计时辅以3D技术还原可持续设计细节。注重标本兼治，减少合规误区，提高项目效率。

二是以硬件规划推动管理方式变革，通过企业运营实践映射可持续发展场景，展示ESG绩效及提高企业的可持续性。

三是以提高建筑全生命周期运营标准提供可持续施工管理服务，为企业客户提供材料采购、现场施工、施工监理等施工服务，从成本管理、职安卫（EHS）管理、节能施工、零废垃圾等多维度全局优化服务，降低施工成本，改善项目绩效，为规划项目还原真实场景及展示可持续绩效提供全链路支持。

四是通过国际领先的第三方机构中国质量认证中心（CQC）、SGS、ITS对项目实施情况进行权威评价，验证可持续工厂的实施情况，展示企业可持续发展能力。

公司通过100多家海内外园区、新厂建设及旧厂改造等成功案例，彰显公司可持续发展项目的管理及创新能力。公司旗下项目获得众多客户赞誉，荣获"2022中国制造之美"3项大奖（图6-117）。

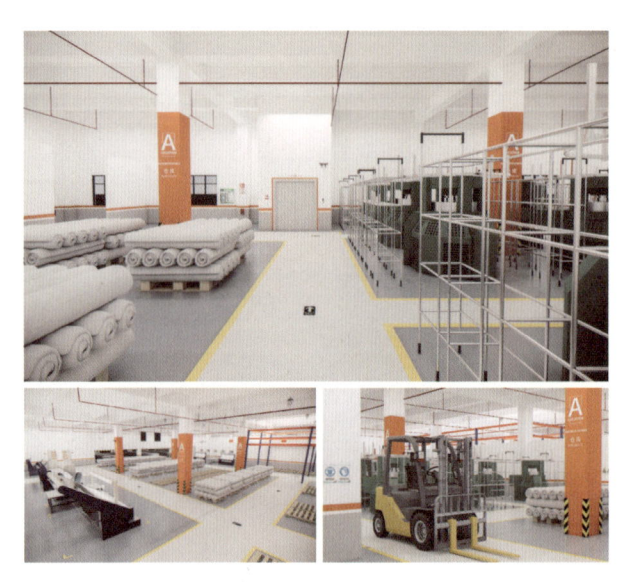

图6-117

三、双碳平台服务

针对市场碳核算体系不完整，碳核算数据质量不高、精度不准等问题，公司采用国内外先进数据库及国际标准，依托新一代信息技术打造国内领先的SMART Z数字双碳平台，为制造业提供能源优化、低碳合规、精益降碳协同、风险预警、决策控制、ESG咨询等服务，助力企业和政府最终实现智能化、绿色化发展，以数智科技赋能企业零碳价值回归（图6-118）。

图6-118

一是实现信息化和工业化的融合。通过以AI技术、云计算、大数据等系统，驱动基于传感器收集的海量数据及智能决策，解决工业化及信息化问题，帮助企业有效应对合规管理需求，改善盘查效率、准确度及透明度等挑战；同时通过创新的精益降碳技术，实现生产管理、能源管理、节能降碳、跨区域协同、跨区域配给等典型场景的有效融合及降碳协同，重塑零碳价值链。

二是以灵活的SaaS或本地化部署方式，满足从G端到B端的碳核算、碳诊断、碳减排及碳交易等多种业务场景需求，为双碳的科学管理及企业高质量发展提供数据基础和科学依据。

三是围绕可持续工厂标准与可持续工厂规划项目，提供零碳园区、绿色园区、ESG绩效管理等专业化、智能化服务，以数智科技推动可持续管理的不断变革。

2024广东时装周—春季闭幕仪式上，公司凭借SMART Z平台在可持续发展领域的卓越成就，荣获"可持续时尚创新推动奖"，公司同时也是众多国内外机构的战略合作伙伴，积累了众多来自高铁、汽车、新能源、纺织等行业的优质客户（图6-119）。

图6-119

目前，验厂之家已形成"咨询、设计、双碳"的可持续发展服务黄金三角，以标准创新引领市场实践，以数智科技赋能可持续发展，为全价值链的"共创、共享、共赢"奠定坚实基础。

"让工厂更优秀，让制造更美好"，验厂之家期冀成为更多国内外品牌、机构及制造企业高质量发展的合作伙伴，创领可持续发展。

广厦新材：设计创意梦想的地方

一、以设计之力，助力服装行业的发展

广东广厦新材料有限公司（以下简称"广厦新材"）成立于2000年，是一家集研发、生产、销售、服务于一体的创新型装饰材料企业，打造从原材料研发开始的整装空间一体化定制。主营业务分为四大板块：地板、墙板、薄石片、定制+（图6-120）。

广厦新材自主研发、生产创新材料，为品牌空间、酒店业（希尔顿酒店）、美业（丝域养发）、家居业（慕思）、服装业（以纯/迪柯尼服饰）、餐饮业（九毛九）、灯饰业（企一照明）、鞋业（百丽鞋业）等连锁专卖店空间装饰提供木地板、墙板、定制门、定制柜、装配式整装空间定制产品。通过创新的材料为标准的品牌空间形象提供有力的保障，创造品牌价值。

广厦新材一直尊崇精益求精的艺匠精神，对产品质量严格把控，并在研发设计上着重投入，坚持近乎苛刻的细节艺术追求，对产品的每道制作工序都讲究精益求精，承着要不断完善消费者使用体验的信念来打磨产品，使每一件呈现给消费者的商品都是超乎商品本身的艺术杰作，为众多国内外知名品牌及著名设计师提供高端品牌空间一体化解决方案。

图6-120

二、以设计驱动引领消费

时代潮流，唯有不断创新才能持续走在前列。广厦新材作为一家高端装饰材料综合创新型企业，以满足客户体验为起点，以超前的设计、卓越的品质为核心，不断加大产品创新研发力度，力求在客户体验和配套解决方案上给予最大的支持。广厦新材是一个探索者与开拓者，持续地进行产品创新、技术创新，帮助品牌企业通过空间设计与服装设计整体风格配套，凸显客户产品的最佳效果，满足整体设计布局要求，创造用户新的感官体验。

以设计为核心、原创，广厦新材作为材料的生产、研发体系，迎合设计研发出创意性材料，令设计完整地呈现体验项目落地，结合优质的创新型思维和设计理念，通过设计、材料商整合创新产品，让消费者有完美体验。广厦新材尊崇专注、专业、不断创新的企业精神，不断摸索众多的产品风格，并成为众多品牌家具公司的专业装饰概念配套供应商。

广厦新材营造了"设计师之家"，以创意的产品、精湛的品质服务设计、服务市场，以设计驱动引领消费，以高品质产品服务顾客，让企业更持续长久、健康发展。以优质的产品质量、行业领先的设计、精湛的工艺、标准化的管理，应运时代的需求。

三、技术广厦，以实干为根基

广厦新材在东莞厚街建立了3200平方米的体验中心。体验中心展示了各种风格的产品，里面还设立了体验场景，客户可以真实、直观地体验产品应用，从单项材料展示到多材料的示范运用，应用场景不断深化，帮助客户了解产品的同时更容易找到配套产品的方案。在"中国家具之都"东莞厚街和"地板产业之都"江苏常州分别建立了"东莞大匠特制"定制工厂和"江苏广厦艾特尔"地板、墙板工厂。通过强大的产品供应体系，为家具、服装、珠宝、电器、酒店业等连锁专卖店空间装饰提供木地板、墙板、销售道具等整装材料和定制产品，助力广大用户塑造品牌价值、成就品牌，不断提高用户们的创收，为高品质的产品质量和服务提供有力的专业保障（图6-121）。

图6-121

技术广厦，以实干为根基，筑就"地道的艺术"。广厦新材还不断引进和培养优秀技术人才，团队砥砺前行，不断突破桎梏，通过设计和研发，以全新全系列产品和领先技术持续扩大广厦新材在全国乃至世界的品牌影响力，发挥企业在综合装饰材料方面的积累和经验，为众多客户提供创新产品与配套解决方案。广厦新材始终把研发创新作为核心竞争力，为更多的客户提供多元化服务，截至目前，广厦新材研发并成功申报了一系列有效专利，而这些专利的获得便是广厦新材精工产品的最好证明，同时也奠定了广厦新材行业品牌的地位。

四、创新驱动，设计先行

广厦新材创意的产品、精湛的品种、优质的服务设计，是实现设计师创意梦想的地方，也需要更多设计师给予其新的灵感和创意。

公司自建的现代化的生产工厂以及东莞大匠定制工厂，由两个生产工厂联合打造"从原材料研发开始的高端定制"，助力设计师创意方案完美落地，通过设计引领消费趋势；由两个工厂生产的地板、墙板、薄石片、定制+四大板块产品以及A级防火材料，驱动设计植入，全方位助力设计师们把创意的设计方案呈现给消费者。

五、匠心定制，铸造卓越品质

广厦新材进行新一轮品牌升级规划和市场布局，建立全国扩展模型局势，在广州、佛山、中山、西安、武汉以及云南等中大型城市设立销售服务中心，以强大的营销网络及线下销售渠道为平台，产品销售遍布国内各大城市，为更多的消费者提供便利、优质的产品体验服务。同时，广厦新材的优质产品获得国际采购商的认可，产品远销欧美、中东等国家和地区。

广厦新材还打造线上和线下服务结合交汇模式，通过利用互联网大数据驱动业务营销优化，实现市场开拓、客户资源管理、产品推广三方领域的数据综合共享。

追求品质生活不仅需要艺术的审美，更需要持之以恒的匠心营造支撑，匠心定制。广厦新材孜孜不倦地帮助客户完成创意与想象，每位客户都可成为生活的设计师，材质、颜色、规格、风格、造型等都可作为广厦新材的定制元素。

广厦新材二十四载的品牌沉淀，始终以严谨的态度诠释艺术之魂，以工匠之心铸造卓越品质，引领艺术流行趋势。广厦新材通过强大的产品供应体系，为服装服饰品牌企业连锁专卖店、展会展厅等提供木地板、墙板、定制门/柜/整装一体化定制等整装材料和定制产品。

服装教育产学研创新案例

广州大学：让非遗走向世界，打造国际化服装设计人才

近几年，广州大学美术与设计学院快速发展并取得了显著成效。学院现拥有美术学（师范）专业国家一流专业建设点，产品设计省级一流专业建设点。同时，学院拥有力量雄厚、经验丰富的师资团队，现有教职工102人，其中国务院政府特殊津贴专家1人，教授12人，副教授26人，博士生导师2人，博士后合作导师8人，硕士生导师43人，80%以上的教师具有博士、硕士学位，还聘请非遗传承人、行业大师、艺术家等12人为校外导师。学院教师主持国家社会科学基金项目、教育部人文社会科学研究项目、国家艺术基金项目共13项（含国家社会科学基金艺术学重大项目2项），主持省级、厅级科研项目44项。学院先后与德国、英国、意大利等国的知名艺术院校签订了各类交流合作项目，与广东省轻工集团、珠江电影集团股份有限公司、广东省广告集团股份有限公司、广东省美术家协会、广东省动漫艺术家协会、广州市美术家协会、广东华培教育装备有限公司、广东网演文旅数字科技有限公司、广州卓远虚拟现实科技有限公司等广东省多家文化和企事业单位签订了产学研合作协议。

以"高素质、强基础、重创新、国际化"的产品设计人才规格定位，培养以消费市场和用户需求为设计目标，具备创造性地发现问题、分析问题、解决问题的设计能力和服务粤港澳大湾区工业制造企业及面向未来的创新型产品设计人才。图6-122为2023年熊忆老师带领本、硕学生团队的环保面料设计研发项目获得第九届中国国际"互联网+"大学生创新创业大赛广东省分赛金奖。图6-123为2023年熊忆老师带领的本、硕学生团队的可持续降解面料研发项目在广州国际友城大学联盟城市创新学生创业竞赛国际决赛中获得铜奖。

图6-122

一、立足广东省面向国际化，培养高素质复合型人才

学院服装设计专业创办于1987年，是广州地区较早建立的同类专业，也是原广州大学艺术设计系最早建立的专业之一。2000年，广州大学成立了美术与设计学院，服装设计专业隶属于该学院设计系。2013年，新增服装表演与设计专业方向。2018年，根据教育部人才培养方案，将服装与服饰专业归入产品设计专业。产品设计专业立足广东省，依托粤港澳大湾区制造业的优势和人工智能产业发展趋势，

图6-123

专业秉承广州大学"立德树人、专通相融、体艺见长、个性发展"的人才培养理念，培养学生掌握扎实设计理论知识、创新思维能力、综合造型基础、设计方法与程序、设计表现技能、科技工艺手段，培养具有国际视野、人文情怀、艺术修养、社会责任感和时代使命感的专业化、复合型、创新型产品设计人才，面向当代社会、科技发展，服务消费者需求，能够在工业制造企业、设计院校和设计公司从事产品设计、市场调研、用户调研、设计咨询、设计教育和设计管理等工作的产品设计专业人才。曾培养优秀校友：中国十佳服装设计师屈汀南先生、中国十佳服装设计师王江女士，广东省十佳服装设计师冼裔东先生、周立华先生。

二、打造科艺融合创新平台，开展非遗教育实践活动

2023年10月，贺景卫院长带领服装科研团队获批2023年度国家社会科学基金艺术学项目"南岭民族走廊瑶族服饰文化研究"。我院"岭南文化艺术与科技融合创新平台（实验室）"获批2022~2026年度广东省科普教育基地。由广州市文化广电旅游局批准支持建设的"广州市广绣非遗工作站"经专家现场评估荣获"优秀"等级。此外，为深入贯彻落实习近平总书记关于教育的重要论述和全国教育大会精神，我院开展"三下乡"社会调研实践活动，结合美育浸润计划，组建七彩艺社暑假社会实践队，招募学院学生志愿者开展关于汕尾泥塑、皮影、纸扎的非遗文化调研和红色文化基地、乡村振兴示范村参观，并将调研成果转化成课程，使非遗文化被带入学校，走进课堂，让更多学生进一步了解中华民族优秀传统文化，为推广中华民族非遗文化贡献一份力量。

我院服装设计硕导获得2023年度广东省教学质量与教学改革工程和高等教育教学改革项目立项，教育部产学合作协同育人项目优秀成果"粤剧服饰面谱展"于2023年在广州粤剧院成功展出，该成果服务于第31届中国戏剧梅花奖粤剧《文成公主》，并于2024年获得红线女大剧院升级设计横向课题。图6-124为熊忆老师带领本、硕学生团队完成红线女大剧院横向委托：传统粤剧服饰虚拟时尚传播与可持续发展设计。

图6-124

三、受邀参展伦敦时装周，取得丰硕教育成果

我院导师和研究生及服装设计本科生组成创新创业研发团队经不断努力，创新创业环保面料设计项目受邀参展"2022伦敦设计周·可持续中国展Dilemma（进退维谷）"。伦敦设计周一直是世界备受瞩目的设计盛事，是全球最有影响力的设计活动之一，自2003年创立以来，20年的时间汇集了来自全球各地的设计师、建筑师、艺术家等，帮助伦敦成为世界设计之都，也为世界讲述了数百个设计故事。我院荣幸成为伦敦设计周受邀参展的唯一国内院校。

此外，我院学生取得了优秀的成果，包括发表高水平文章十余篇；获得发明专利授权3项、软件著作权4项、外观专利13项；获得各类国际设计奖项60余项。例如，第二十八届中国真维斯杯休闲装设计大赛金奖，第二十一届"虎门杯"国际青年设计（女装）大赛总

决赛金奖，第七届中国国际"互联网+"大学生创新创业大赛国赛银奖1项、省赛2金2银，"建行杯"第八届中国国际"互联网+"大学生创新创业大赛广东省赛区银奖，2020届毕业生作品《樂·歌》参与谭盾"敦煌·慈悲颂"2020巡演。学生还通过课程作业和项目拓展，7人在国际赛事中获得优秀奖，11人获得英国剑桥大学、英国帝国理工学院、中国香港理工大学、法国巴黎国际时装艺术学院等知名院校的硕士晋升机会。图6-125为2024年我院优秀本科毕业生、现任SHINE女装部设计主管回校讲座，为在校毕业生提供行业发展素质讲座。

供稿单位：广州大学美术与设计学院

图6-125

广东白云学院：
协同育人、深化融合，助力大湾区时尚产业腾飞

广东白云学院JIWENBO国际时尚设计学院作为大湾区服装教育和产业的先行者，在产学研一体化创新方面取得了显著的成就。学院通过与国际知名设计师、时尚品牌和科技企业的紧密合作，打造了独特的教育模式和创新实践平台，推动了区域时尚产业的发展。

一、走向北京·中国国际大学生时装周首秀

我院2024届毕业设计作品首次亮相北京，参加备受瞩目的中国国际大学生时装周（图6-126）。学生们在导师的悉心指导下，投入了大量的心血和精力，完成了各具特色的毕业设计作品。从创意构思到材料选择，从打板制作到成衣展示，每一个环节都凝聚了他们的智慧与汗水。这些作品不仅展示了学生们对时尚的敏锐洞察力和独特的审美观念，更体现了他们对传统工艺与现代科技融合的探索与实践。

图6-126

在中国国际大学生时装周的舞台上，学生们充分展示了他们的设计成果，作品也吸引了众多业内人士和时尚爱好者的目光，赢得了广泛的好评和赞誉。此次参展是一次产学研结合的重要实践。通过与业界的合作与交流，学院不仅能够及时了解行业趋势和市场需求，更为学生提供了更加贴近实际的教育资源和实践机会。这将有助于培养学生的实践能力和创新精神，为他们未来的职业生涯奠定坚实的基础。

二、科技助力·数字化人才教育

在科技迅猛发展的时代，时尚产业也迎来了智能化和数字化的变革。为了紧跟这一趋势，JIWENBO国际时尚设计学院与布洛维、凌迪、春晓等科技公司成立了3D、IE等智能中心，致力于将智能科技融入时尚设计和制作过程，培养学生在智能时尚领域的创新能力。实验室配备了最新的智能软件，学生可以在这里进行智能时尚的设计和实验，探索智能技术在时尚中的应用。实验室还与科技公司和研究机构合作，开展跨学科的研究项目。通过在实验室的实践，学生掌握了智能技术与时尚设计融合的方法，成了智能时尚领域的创新人才。实验室研发的多项智能时尚产品获得了专利和市场认可。

三、以赛促教·培育技能型人才

教师团队与学生团队在各类设计大赛中屡获殊荣，在全国行业职业技能竞赛获得全国二等奖（图6-127），在中国国际大学生时装周获得人才培育奖，针织设计奖（图6-128），在中国（广东）大学生时装周广东大学生优秀服装设计大赛总决赛（本科组）获金奖（图6-129）等荣誉，为学生的成长和发展提供了有力的支持。

图6-127

图6-128

图6-129

JIWENBO国际时尚设计学院以其卓越的教学质量、强大的师资力量和丰硕的科研成果，极大地推进了粤港澳大湾区服装产业高水平人才高地建设，学院将继续秉承创新、开放、合作的理念，不断提升教学质量和科研水平，并进一步加强与企业的合作，深化产教融合，为培养更多优秀人才和推动产业发展做出更大的贡献。

供稿人：王家馨、刘湖滨

广东培正学院：
校企融合、市场为舵，培养实战型创新人才

广东培正学院艺术学院坚持"以赛促学，以展促教"理念，培养艺术创新型人才，实践教学已成为其特色与亮点之一，2021年被评为省级实验教学示范中心（图6-130）。服装与服饰设计专业自2004年创立以来，坚持"以服装设计与实践为主、箱包设计为特色"的发展方向，坚持校企融合，以市场为舵，不断深化教育教学改革，建立了高标准的服装工艺实验室和箱包工艺实验室。并坚持"以展促教、以赛促学、成果导向、协同育人、持续发展、与时俱进"的办学特色，强化与行业企业的紧密合作，以培养有特色、重实用、能发展的高素质应用型人才为目标，指导的学生在服装与箱包专业大赛中屡获嘉奖，并取得国家级、省级奖项和国家专利共计80余项，向社会输送了大量优秀专业人才。

图6-130

一、市场导向，构建多元化实践课程体系

1. 动态课程设置

在服装与服饰设计专业的教学实践中，紧密围绕市场需求和人才培养目标，关注行业动态和市场变化，在课程设计上融入市场调研、品牌策划、消费者行为分析等模块，积极构建了一套多元化的实践课程体系，实现了专业课程教学与市场的深度接轨，旨在培养学生的市场快速应变能力和实践能力。

2. 强化实践教学

在专业课程中融入大量实践环节，通过与行业企业的紧密合作，引入了大量的真实项目案例，让学生在模拟或真实的商业环境中进行实践操作，如参与企业设计项目、举办时装秀、参加设计竞赛等，锻炼了学生的设计技能和团队协作能力，还为他们提供了展示自我、对接市场的机会。此外，鼓励学生参与跨学科的课程和项目，如与市场营销、电子商务等专业的学生合作，共同探索时尚产业的多元发展路径，不仅拓宽了学生的视野，也提升了他们的综合能力，使学生更具市场竞争力，能够更好地适应时尚产业的快速发展和变化。

二、校企融合，培养实战型创新设计人才

服装系高度重视校企合作，积极与服装企业、箱包企业建立紧密的合作关系。合作企业积极参与服装系的实验室、实训中心建设，并通过共建实习基地、联合开发课程、共同举办设计大赛等方式，为学生提供真实的专业环境和实践机会，共同探索培养实战型创新人才的新路径。

在箱包设计领域形成鲜明的专业特色与优势，与花都狮岭镇本土企业才聚集团、惠州著名箱包设计品牌爱华仕、国际知名箱包品牌YESO等多家知名箱包企业建立了深度的校企合作关系，从课程设计、实践教学、校企合作基地到人才就业等多个环节进行全方位合作，共同参与制订人才培养方案，确保课程内容与箱包设计、生产、销售等环节的实际需求紧密对接。企业导师定期入驻校园，与校内教师共同指导学生，分享行业前沿动态和实战经验，帮助学生将理论知识转化为实际作品。专业内设有专门的箱包设计工作室，配备先进的设计软件和硬件设备，供学生进行箱包设计的创作与实践。基地还为学生提供了丰富的实践资源和平台，让学生参与箱包作品的市场调研、设计构思到成品制作、市场推广

等全过程，在真实的工作环境中锤炼技能、积累经验，全方位提升实战能力。通过校企合作，学生不仅能够掌握扎实的箱包设计技能，还能够深入了解箱包行业的运作模式和市场趋势，拓展国际视野。

三、实战锻炼，获得丰硕的专业教学成果

专业学生设计作品屡获殊荣。近年来，广东培正学院艺术学院服装与服饰设计专业的学生在各类国家级、省级设计大赛中屡获佳绩，如2019年学生姚金梅的设计作品《龙行天下》获得国家级Cool Kids Fashion童装设计大赛银奖、学生钟芳茹的参赛作品《遗迹·初新》获得国家级中国·平湖服装设计大赛（羽绒类）金奖（图6-131），2020年学生蔡丽君的设计作品《本草纲目》获得国家级"大浪杯"中国女装设计大赛铜奖（图6-132），2021年学生洪晓妮的系列休闲装设计作品《YESORNO》获得省级中山市工业设计大赛银奖，2022年学生曾小育的设计作品《南国红豆》获得国家级中国国际居家衣饰原创设计大赛铜奖、学生黄宝怡的系列作品《数字时空痕迹》获得国家级第十一届"石狮杯"全国高校毕业生服装设计大赛女装组铜奖。在2023年第二十三届"真皮标志杯"中国国际箱包皮具设计大赛中，我校学生罗宇轩、陈方达凭借出色的设计作品和扎实的专业技能，斩获两项金奖（图6-133、图6-134）。这些荣誉不仅是对学生个人能力的肯定，更是对广东培正学院服装与服饰设计专业教学质量和教学成果的充分认可。

广东培正学院艺术学院服装与服饰设计专业将继续秉承"校企融合，市场为舵"的发展理念，不断深化教育教学改革，加强与行业企业的合作与交流，努力培养更多具有国际视野、创新思维和实战能力的服装与箱包设计人才，相信在全体师生的共同努力下，本专业将不断迈上新的台阶，为时尚产业的发展贡献更多的智慧和力量。

供稿人：李彩云

图6-131

图6-132

图6-133

图6-134

广东科技学院：产课共育·艺技贯通

广东科技学院地处东莞南城，其服装设计与工程专业办学之初，就依托东莞服装产业集群的优势，立足东莞纺织服装企业，面向大湾区，培养适应东莞服装产业转型发展，具备职业素质、技能专长、创新意识的高素质应用型服装专业人才。针对产业集群所需人才，提出"产课共育·艺技贯通"校企共建共享在线开放课程群，稳步推进产业集群协同创新人才培养的质量。

依托"立体裁剪""成衣工艺""服装效果图"三门省级在线开放课程，按照"三大师"岗位为导向，建立以"三大课"为龙头的课程群，基于"产业集群"和"课程群"协同育人，利用校企共建共享的在线开放课程群服务课程教学，将课程教学与校企项目紧密结合开展进行模块化教学，培养具有艺术创意和技术创新能力的应用型人才（图6-135）。

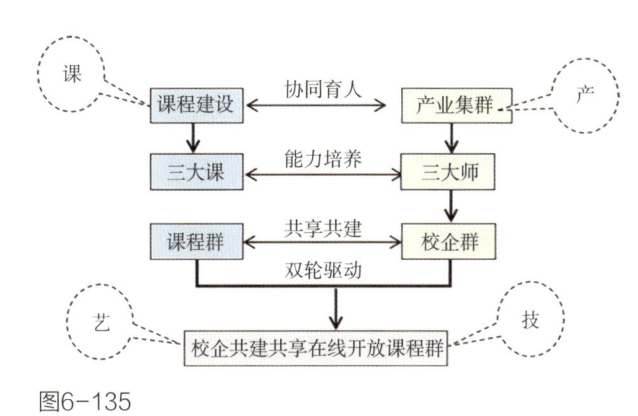

一、"资源""项目"共享共用

校企共建共享在线开放课程群是以现代教育思想和理论为指导，围绕我校服装设计与工程专业的人才培养目标和培养模式要求，成立校企课程指导委员会，通过分析产业集群的岗位能力需求，将专业培养方案中的知识、方法、问题等方面具有逻辑联系的若干课程重新规划和整合构建，以三大核心课程为龙头逐步构建和完善校企在线开放课程群，深度合作稳步推进产业集群协同创新，提高师资队伍水平和人才培养质量。

校企共建共享在线开放课程群是以服装产业集群的三大师岗位为主线，整合群内课程知识和内容，通过校企合作提炼专业课程内容，学生通过在线课程群进行自主学习弥补专业课程之间的知识，在课程间有机穿插形成连贯性，提升专业的综合能力（图6-136）。

二、课程与岗位无缝对接

通过校企共建共享在线开放课程群，使课堂对接企业，学生对接岗位，依托网络学习平台，实现学校的"专业、课程"与企业的"岗位、技能"无缝对接。校企共同研发小程序，引入企业项目参与课堂实践，企业录制情景视频，由企业技术人员深度参与线上线下课堂教学，学生可以观看视频进入虚拟仿真环境，

图6-135

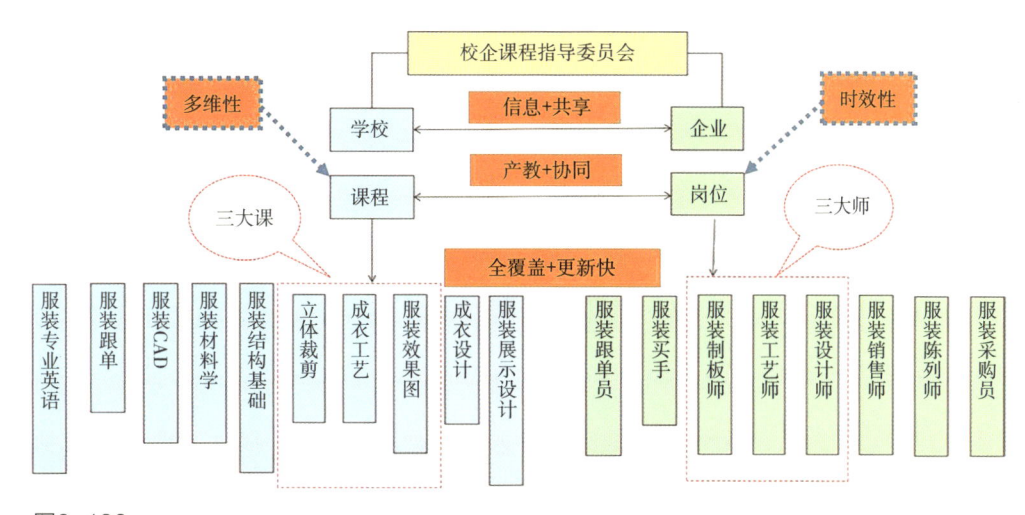

图6-136

了解企业真实案例，掌握专业岗位技能要求，也为企业储备人才做准备（图6-137）。

图6-137

通过校企共建共享在线开放课程群，解决了案例教学中缺少企业设计与生产运作真实案例的问题，解决了实训过程中缺少数字化智能化设备运用的问题，解决了课程试题库中知识点过旧的问题，使课堂对接企业，学生对接岗位，网络学习平台改变了传统以校园课堂为主的教学模式，能够面向院校学生、老师和校外其他院校（图6-138）。

图6-138

三、学院简介

广东科技学院艺术设计学院成立于2011年。学院现拥有艺术学、工学两大学科门类。开设的专业有服装设计与工程、视觉传达设计、环境设计、产品设计、数字媒体艺术、服装与服饰设计、艺术与科技七个专业。服装设计与工程专业属于工学门类，其余六个专业属于艺术学门类。在校生规模为4200人，专任教师190人，是东莞市民办高校中规模较大的二级艺术设计学院。

2023年5月，中华工程教育学会认证委员会正式为广东科技学院服装设计与工程专业颁发了IEET国际工程教育认证证书，这是国内第二个获得认证的服装设计与工程专业。

根据第三方大学评价研究机构艾瑞深校友会发布的2024年大学星级排名结果，服装设计与工程专业为6星级专业（中国顶尖应用型专业），位列全国应用型大学专业第5，专业档次A+。

服装设计与工程专业经过11年的发展，拥有教授2名，副教授3名，广东科技学院教书育人楷模1名，教学名师2名，东莞市优秀教师1名。目前已经成为广东省特色专业，广东科技学院应用型人才培养示范专业，广东科技学院一流专业。该专业拥有广东省教育厅一流课程2门、在线开放课程3门、立体裁剪课程群教研室等质量工程项目，获得中国纺织工业联合会2023年度教学成果奖一等奖1项、二等奖3项。

供稿单位：广东科技学院

供稿人：谭立平

广东职业技术学院：专业融入产业，教学融入企业

广东职业技术学院是广东省人民政府举办的全日制普通高等职业院校，行政主管部门为广东省教育厅。目前设有13院2部，拥有佛山高明、禅城、南海三个校区，校园面积1200多亩，固定资产约12亿元，开设有55个专业，在校生超2万人。武书连2022和2023两年中国高职高专专业大类排行榜上，我校位居轻工纺织大类第一（图6-139）。

图6-139

其中服装学院服装专业在校生近3000人，是全国规模最大的服装专业，是"中国纺织服装人才培养基地""中央财政支持职业教育实训基地"。近年来，"基于纺织服装的全产业链虚拟仿真实训基地"入选国家职业教育示范性虚拟仿真基地、"广东纺织服装公共实训中心"立项为国家级生产性实训基地、"纺织服装创新创业实践基地"入选国家创新创业教育实践基地、"服装设计与工艺教学团队"立项为国家级教学创新建设团队。服装与服饰设计专业是国家"骨干专业"，服装设计与工艺专业群是广东省高职院校高水平专业群。

服装学院近5年来主持制订（教育部委托）全国高等职业院校服装与服饰设计专业教学标准、目录3项，高等职业院校服装专业实训室建设标准1项；获国家教育教学成果奖二等奖1项，省级特等奖1项、二等奖1项；近年来，学生获全国职业院校技能大赛一等奖4项、二等奖13项、三等奖1项、省级职业技能大赛一等奖28项。仅2022年，学院教师指导学生获中国国际"互联网+"大学生创新创业大赛国赛金奖1项、全国职业院校教师教学能力大赛国赛一等奖1项、全国职业院校技能大赛国赛1项。2019年承办全国职业院校技能大赛高职组服装设计与工艺赛项，建设有省级科研平台2项、其中省市共建重点实验室1项。

作为全国规模最大的服装专业教育阵地，广东职业技术学院服装学院坚持"专业融入产业、教学融入企业"的职业教育办学理念，有着强大的师资力量和丰硕的教学成果，引领着职业教育潮流。2023年作为发起单位牵头成立了全国纺织服装智能制造产教融合共同体，2024年成立了全国第一个新质生产力与职业教育发展研究院（图6-140）。围绕产业转型升级，不断推动产学研深度融合，形成了多个具有影响力的产学研创新案例。

图6-140

这些创新举措不仅为学生提供了实践机会，也为服装行业的升级发展注入了新动力。其中，春晓科技专精特新产业学院是学院与广州春晓信息科技有限公司携手共建的产业学院，目前已通过教育厅验收认定为省级产业学院。该学院围绕生产管理IE工程师的培育，将企业培训与在校生培育联合培养，采用"工学交替、训教一体"的教学模式，实现理论学习与企业实践无缝对接。通过与广州春晓信息科技有限公司的紧密合作，学院服装IE工程师应用与实践特训营等项目取得了显著成效，为服装行业培养了大量高素质的技术技能人才（图6-141）。

图6-141

此外，学院还与溢达集团合作建立了溢达产业学院（省级产业学院），共同探索服装行业的人才培养新模式。双方通过校企合作，共同开发课程、教材，建立实训基地，为学生提供更多实践机会。溢达集团还为学院提供实习、就业等支持。通过产业学院和订单班双模式，众多学生缩短了企业培训时间，快速掌握柔性制造服装技术，并很快成长为企业管理人员（图6-142）。

图6-142

为了推动佛山无缝服装产业的发展，学院联合佛山无缝企业联合体，在技术研发、人才培养、市场推广等方面展开深度合作，组织编写国内第一部无缝针织专业教材，共同推动无缝服装产业的创新发展。同时，学院还与国内知名服装品牌歌力思、维珍妮等企业合作，开设订单班。通过订单班的形式，企业直接参与到学校的人才培养过程中，为学生提供实习实训、就业指导等全方位的服务。这种校企合作模式不仅提高了学生的实践能力和就业竞争力，也为企业输送了大量高素质的技术技能人才（图6-143）。

图6-143

展望未来，广东职业技术学院服装学院将继续深化产教融合，推动产学研深度融合，加强服装数字化、智能化改革力度，为服装行业的高质量发展培养更多高素质的技术技能人才。同时，学院还将加强与国内外知名企业和科研机构的合作，共同推动服装行业的创新发展，为实现服装行业的可持续发展贡献力量（图6-144）。

图6-144

供稿单位：广东职业技术学院

广东文艺职业学院：
探索虚拟仿真场域下服装设计专业学习环境的变革

文以载道，艺以弘德。广东文艺职业学院设计与工艺美术学院围绕"文化传承+设计创意+智能科技"的教学理念，以培养"承匠心之道、传文化之美、创艺术之新"的高素质复合型创新型技术技能人才为目标，立足广东，面向粤港澳大湾区，辐射"一带一路"，服务文旅产业发展，践行创新与数字技术相融合的教育改革，以工艺美术品设计专业群建设为核心，实现多个专业融合发展，围绕服务文旅产业，振兴工艺、文旅融合的"一个产业两条主线"的思路构建专业群，精准对接粤港澳大湾区文旅产业需求，深化传统技艺与高技能相融合的人才培养模式改革，培养"精工艺、通技术、新设计、擅传承"的新时代高素质复合型工艺美术技术技能人才，为粤港澳大湾区文旅产业转型升级提供人才支撑与智力支持。

党的二十大会议中作出了加快建设数字中国的系列部署，明确提出要进一步推进教育数字化的发展。因此，响应国家对教育数字化战略行动的号召，适应国家人才培养方案，积极在服装专业教育教学各环节融入数字化建设，其中虚拟仿真技术的使用在数字化教育全程中占据重要比例，在推动院校教育数字化、实现高质量发展中作为关键推手。培育符合市场需求的高技能虚拟仿真专业人才，是顺应时代发展的必然趋势。

借助虚拟仿真技术的强大支持，服装设计领域的教学资源得到显著扩充与深化。这不仅极大丰富了教学内容，而且推动了学习模式向更为高效、互动的形态转变，在服装设计专业的学习环境中带来了根本性的变革。广东文艺职业学院服装与服饰设计专业将虚拟仿真技术融入教学教研活动中，创新传统服装专业教学模式和形态，同时运用虚拟仿真技术，把教材语言、教学语言转化为形象生动的虚拟仿真环境，从而让学生在声音、图像、文字等的共同刺激下掌握知识、提升能力和专业教学效果。

一是虚拟设计与模拟。借助虚拟仿真技术，学生能够通过3D软件（如凌迪Style3D、CLO3D、Marvelous Designer等）结合传统的服装常用软件Photoshop、CAD进行服装设计和模拟。他们可在虚拟场景中创造和修改各类服装设计，利用板型缝合和面料模拟功能检验服装效果和品质，并且可以在虚拟场景中旋转、放大、缩小和观察他们的设计，以便更好地理解设计的细节和效果，从而大大降低传统试错的成本和时间。图6-145虚拟仿真设计作品《龙吟》获Style 3D新春主题设计比赛优秀奖，学生黄秋玲，指导教师刘畅、李文娟。

图6-145

二是虚拟试衣与反馈机制。虚拟仿真技术为学生提供虚拟试衣功能，让他们在虚拟环境中模拟服装在人体上的穿着效果。学生可以调整服装款式、尺寸和材质等参数，实时观察服装在虚拟人物身上的实际效果，从而及时获得反馈并进行调整。在传统的服装设计教学中，学生往往需要通过手绘的方式进行设计构思，然后扫描进计算机用Photoshop软件和Illustrator软件进行上色和面料填充，再通过打板、制作实物模型进行展示，往往需要花上比虚拟建模好几倍的时间。这种方式在展示效果、设计修改以及时间成本等方面都存在一定的局限性。而虚拟三维建模和展示则为学生提供了一个更为便捷、高效的设计平台，不仅提高了设计的准确性，还减少了制作成本和时间。图6-146虚拟仿真设计作品获第八届米兰设计周—中国高校设计学科师生优秀作品展一等奖，学生张冰琪，指导教师李文娟、刘畅。

图6-146

三是交互式学习体验。虚拟仿真技术构建了高度互动的学习环境，学生可在虚拟环境中进行实时操作并获得即时反馈。他们可以尝试不同的设计元素、材质和颜色，并能立即观察到结果，这种即时的反馈机制有助于提高学生的设计能力和创新思维。

四是交互式学习体验。虚拟仿真技术在教学中的应用，为学生提供了一个高度互动的学习环境。在虚拟仿真环境中，学生可以尝试不同的设计元素、材质和颜色，并能立即观察到这些变化带来的结果，这种即时的反馈机制有助于提高学生的设计能力和创新思维。在这种教学模式下，学生们不再是被动的知识接受者，而是主动的探索者和实践者。虚拟仿真技术为学生提供了一个安全的实验平台，让他们在不必担心失败后果的情况下，勇于尝试和创新。这种教学模式有助于激发学生的学习兴趣和积极性，使他们更加投入于学习过程中。这种教学模式不仅提高了学生的学习兴趣和积极性，还为教师提供了更加个性化的教学手段。随着相关技术的不断进步，我们有信心看到，交互式学习体验将在未来教育领域发挥更加重要的作用。

五是跨平台学习与交流。虚拟仿真技术使学习不再局限于传统的教室环境，学生可以通过在线平台随时随地进行学习。同时，学生还可以利用虚拟仿真技术与其他学校、地区甚至国家的学生进行交流和合作，共同解决设计问题，分享设计经验和成果。虚拟仿真技术同样为学生提供了一个展示个人才华的数字平台，学生得以在虚拟环境中展出自己的设计作品，并从中获取全球范围内的评价与反馈，这有助于他们进一步优化和完善自己的设计作品。图6-147虚拟仿真设计作品《古堡蔓语》参展第十四届北京国际电影节，学生黄秋玲，指导教师刘畅、李文娟。

图6-147

六是数据分析与市场调研。虚拟仿真技术结合数据分析工具，为学生提供了更加精确、高效的调研手段。通过结合数据分析工具，学生可以深入探索虚拟市场中的各种数据，从而更好地洞察市场趋势和消费者偏好。在传统的市场调研中，收集销售数据需要投入大量的人力、物力和时间。而利用虚拟仿真技术，学生可以直接从虚拟市场中获取实时的销售数据，包括销售额、销售量、价格等。这些数据可以帮助学生快速了解市场现状，为制定市场策略提供有力参考。

此外，虚拟仿真教学还具备高度可扩展性和灵活性。教育工作者可以根据实际教学需求，自定义教学场景、添加教学资源、设计教学任务等。这种灵活性使得虚拟仿真教学能够更好地适应不同学校、不同专业的教学需求。

虚拟仿真技术在学习环境中带来的变革为服装设计类专业职业教育领域注入了新的活力。传统服装专业教学手段存在专业信息供给不足、学生体验感不强的现实问题，构建服装数字化教学平台不仅能提升学生的学习效果和实践能力，还能推动教学模式的创新和发展，在服装设计专业的学习环境中具有广泛的应用前景。随着技术的不断进步和应用场景的不断拓展，虚拟仿真技术将在未来为服装设计专业的学习环境带来更多的变革和创新。

供稿单位：广东文艺职业学院服装与服饰设计专业教研室

供稿人：刘畅、李文娟、赵永军、陈少炜、曾爽、吴永坚、贺晓春、罗正文、陈志军、彭林、蔡丹丹、夏雅璇、涂小安

广东女子职业技术学院："时尚智汇"服装教育传承创新

广东女子职业技术学院是广东省教育厅直属的华南地区唯——所公办女子高职院校，创办于1981年。2020年4月，学校被确定为省示范性高等职业院校。2015年以来，学校被认定为省依法治校示范校、省大学生创新创业教育示范学校、省安全文明校园、全国职业院校数字校园建设实验校、省职业院校"双师型"教师培训基地、省高职院校文化素质教育建设基地、全国家庭教育学会广州培训基地、广州市非物质文化遗产传承基地。

服装与服饰设计专业是广东省高等职业教育品牌专业和重点专业。专业联合粤港澳大湾区多家龙头企业建立紧密的校企合作关系，共同搭建育人平台，打造新质生产力，致力于培养高素质、特色鲜明的专业人才，以满足行业和企业对"高技能"人才的需求。专业建设上，校企共同研讨人才培养定位，课程体系模块化设计与职业岗位标准的对接，教学内容的改革，教学方法的创新。参与全国高职纺织服装专业"服装与服饰设计"专业教学标准制定。落实"大师+工作室+企业成果实践"的教学模式，校企共同建立基于服装产业链的1个中央财政支持服装设计实训基地、2个省级实训基地项目，推动服装设计专业"双师"队伍建设，对合作企业的智能化、信息化生产提供技术升级服务，围绕大湾区纺织服装业企业转型升级和国际化需求，取得了岭南文化数字化教学资源、区域特色时尚创意文化和绿色可持续发展成果，不仅提升了区域经济的竞争力，还促进了文化的传承与创新。

在当今中国高等职业教育蓬勃发展的时代背景下，产教融合已成为提升教育教学质量、培养满足社会需求的高素质人才的关键路径。广东作为全国知名的服装产业集群地，服装产业的发展与高职教育的深度融合，共同孕育了独具特色的服装教育产学研创新模式。

广东地区以其得天独厚的地理位置和产业环境，吸引了众多服装企业与设计机构集聚，形成了庞大的服装产业集群。与此同时，广东地区的高等职业院校紧跟产业发展趋势，积极探索产教融合之路，特别是在服装教育领域，通过与企业的深度合作，形成了"学校+企业+市场"的产学研一体化教育模式。

广东女子职业技术学院服装与服饰设计专业通过"三教协同"模式，即学校教育、企业协同、社会实践的有机结合，实现了教育资源的优化配置和高效利用。学校与企业共同制订人才培养方案，将课堂教学、实训实践、社会服务紧密衔接，为学生提供了从理论到实践、从课堂到市场的全方位教育体验（图6-148）。

图6-148

在产教融合过程中，学校注重实现"四化同步"发展，即课程体系职业化、教学内容项目化、教学方法实战化、教学评价多元化。通过课程体系与职业岗位标准的对接、教学内容与企业项目的融合、教学方法与实战需求的匹配，以及教学评价的全面性和客观性，有效提升了学生的职业技能和综合素质。

学校与粤港澳大湾区多家龙头企业建立了紧密的校企合作关系，共同搭建育人平台，打造新质生产力。通过共建实训基地、开展联合研发、实施人才互聘等措施，实现了资源共享、优势互补、互利共赢的良好局面。同时，学校还积极参与行业标准的制定和推广工作，提升了专业的社会影响力和行业地位。通过校企合作，学校将非遗文化引入课堂，使学生在学习过程中深入了解非遗技艺，从而培养学生的文化自信、爱国精神。

通过与龙头企业及非遗传承人的紧密合作，服装与服饰设计专业成功地将服装行业前沿技术、AI设计、大健康、智能穿戴、高性能纤维、非遗技艺融入课程体系，与学院深入发展科教融汇，加强技术创新、产品创新，实现了课程体系与职业岗位标准、课程作品与市场产品的紧密对接。

教学内容改革上，注重理论与实践相结合，引入企业项目，以项目为导向进行教学，使学生在实践中掌握技能，培养职业素养，提高综合素质。学校投入大量资金建设基于服装产业链的实训基地，如中央财政支持服装设计实训基地和省级实训基地项目，学校结合地域特色，开设了多门与非遗相关的课程，如"岭南文化数字化教学资源"等，创新"大师+工作室+企业成果实践"的教学模式，邀请非遗传承人进入课堂，与学生面对面交流，传授技艺。建立网络课程，利用虚拟现实（VR）、增强现实（AR）等，为非遗传承与创新提供了新的手段（图6-149）。

通过这种模式，学校为非遗传承人的培养提供了有力的支持，使非遗技艺得以有效传承。通过数字化技术，向社会更好地展示非遗文化，使更多人了解和认识非遗文化；同时，数字化技术也为非遗技艺的创新应用提供了更多可能性。

学生在真实的工作环境中学习和成长，有效提升了职业技能和综合素质。这些实训基地不仅用于学生实践，还为企业提供技术升级服务，实现了资源共享、优势互补。

通过产学研创新实践，广东女子职业技术学院服装与服饰设计专业取得了显著的教育教学成果，荣获了多项国家、省、市级大奖及教育教学成果奖等。学生的专业技能和综合素质得到了全面提高，毕业生的就业质量和就业率均居同类院校前列。

学校积极发挥专业优势，为合作企业的智能化、信息化生产提供技术升级服务，帮助企业提升产品竞争力，扩大市场份额，有效推动了企业转型升级和区域经济发展。同时，学校还围绕大湾区纺织服装业企业转型升级和国际化需求，开展了大量社会服务项目和文化创意活动，通过与非遗传承人的合作，学校不仅传承了非遗文化，还结合现代设计理念和技术，对非遗文化的推广进行了创新和发展，使非遗文化焕发新的活力。

学校围绕大湾区纺织服装业企业转型升级和国际化需求，取得了岭南文化数字化教学资源、区域特色时尚创意文化和绿色可持续发展成果，为文化传承与创新做出了积极贡献。这些成果不仅提升了区域经济的竞争力，还促进了文化的传承与创新，使非遗文化在现代社会中焕发新的光彩。

展望未来，广东女子职业技术学院将继续深化产教融合、校企合作，推动服装教育产学研创新向更高层次、更广领域发展。学校将进一步加强与行业企业的紧密合作，探索更多创新育人模式，培养更多满足社会需求的高素质人才。同时，学校还将积极拓展国际合作与交流，借鉴国际先进教育理念和实践经验，推动专业建设和教育教学质量的持续提升。

供稿单位：广东女子职业技术学院

供稿人：黄娟

图6-149

广东省城市技师学院：
产教融合、赛教一体，架起服装高技能人才成长阶梯

广东省城市技师学院创办于1960年，隶属广东省人力资源和社会保障厅。学院现为国家重点技工学校、国家中等职业教育改革发展示范学校、国家级高技能人才培训基地、广东省高水平技师学院创建单位、广东省高技能人才培训示范基地、广东省职业技能等级认定社会培训评价组织、广东省专业技术人员省级继续教育基地。

学院占地面积304.1亩，在校生规模近15000人。现有职工1006人，其中享受国务院政府特殊津贴专家2人、正高级职称12人、副高级职称210人、国家技能大师1人、全国技术能手5人、省部级技术能手44人、广东省"五一劳动奖章"获得者4人、南粤优秀教师（教育工作者）8人。

广东省城市技师学院服装制作与营销专业开设于2005年，属于广东省特色专业，建有"广州市非物质文化遗产传承基地"，与省级代表性传承人唐志茹共建"钉金绣"技能大师工作室，学院大力开拓创新产学研人才培养模式，入选广东省技工院校第一届工学一体化技能人才培养模式产教融合"百优案例"。

学院牵头成立4个高技能人才培养联盟，与13家世界500强、30家中国500强、300家政企事协单位开展紧密型校企合作。学院共摘得252项国家级及省级技能竞赛奖项。累计为社会输送近40万名高技能人才，为行业发展提供了可靠的人才保障和特有工种技能资源支持。

在当前产业升级和技术革新的背景下，广东省城市技师学院积极响应国家关于发展新质生产力以及对非物质文化遗产保护的号召，不断加强省级特色专业服装制作与营销专业的内涵建设，积极探索工学一体化人才培养模式，传承非遗技艺，赓续工匠精神，力争建成"学校+行业+企业"三位一体的非遗传承产教融合示范基地。

一、推行"校企合作、产教融合"的工学一体化人才培养模式

服装制作与营销专业依托技能大师工作室，大力推行"校企合作、产教融合"的工学一体化人才培养模式。构建"学校教师与企业专家同堂、实践操作与生产过程同步、就业与创业同频"的场景化、沉浸式教学生态，共同推进工学一体化培养模式，共谋专业规划、课程设置、教学资源；邀请企业专家送教上门，开展工学一体化真实项目实训教学；派送学校教师到企业实践，促进教师熟悉了解企业工作环境和工艺流程；带领学生参与企业实习，帮助学生感知企业文化。通过构建"校行企"三位一体的多元化质量评价机制，实现育人价值、资源整合价值、人才供给价值最大化。

二、实行"以赛促学、以赛促教"的培育机制

服装制作与营销专业积极组织师生参加各类职业技能竞赛，将竞赛内容融入日常教学；以市场需求为导向，引导学生关注行业动态和市场需求，提高设计能力和实践创新能力；建立完善的竞赛梯队和激励机制，对在竞赛中取得优异成绩的师生给予奖励和推广（图6-150）。

图6-150

三、创建非遗传承产教融合的示范性基地

服装制作与营销专业高度重视非遗技艺的传承和推广，与"钉金绣"裙褂非遗技艺代表性传承人唐志茹大师共建技能大师工作室，并依托学生社团开设多个非遗技艺工作室，形成由"学校+行业+企业"三位一体的非遗传承产教融合实训基地，以"作品即产品"的教学理念为导向，积极开展"非遗+艺术大课堂/社团/社会培训/社会服务"等实践活动，学习、创作、展演并举，传承非遗技艺，赓续工匠精神，培养高素质的能工巧匠。该创新模式入选全省技工院校第一届工学一体化技能人才培养模式-产教融合"百优案例"，广东省城市技师学院依托此项目被评为广州市非物质文化遗产传承基地。图6-151、图6-152分别为学生非遗时尚作品《英雄花开》和非遗竹编设计作品《编编起舞》。

图6-151

图6-152

经过不断的实践探索，服装制作与营销专业在服装教育领域的产学研创新工作中取得了显著成效。2024年被评为"广州市非物质文化遗产传承基地"，服装专业教师获评广东省"五一劳动奖章""广东省技术能手"，师生多次荣获省级以上技能大赛一、二、三等奖，2024年首次参加中国（广东）大学生时装周取得圆满成功，学生设计制作的作品获得行业专家的高度评价，部分作品收到企业的合作订单意向。同时，学院与企业的合作关系日益紧密，产学研合作项目不断增加，为行业发展作出了积极贡献（图6-153、图6-154）。

图6-153

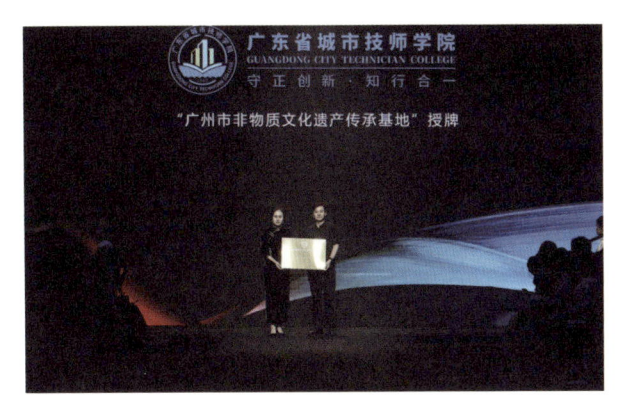

图6-154

未来，学院将继续深化服装设计专业产学研创新工作，积极发挥非遗传承基地的示范引领作用，为服装行业的新质发展贡献力量。

供稿单位：广东省城市技师学院

广东省轻工业技师学院：
赓续数十载，服装专业正青春

广东省轻工业技师学院服装艺术学院始建于1994年。学院坐落在广州海珠区和增城区，校区位置优越，校园环境优美。服装专业拥有一支职称结构合理、团结协作、教学经验丰富的优秀师资队伍。专业教师均毕业于国内外知名服装院校，具有服装设计与制作、市场营销、模特表演等相关专业本科以上学历，教学名师、教学标兵、教学拔尖人才成为专业的中流砥柱。目前服装艺术学院开设服装设计与制作、服装制作与营销、服装模特三个专业，培养中、高技层次技能人才，其中服装设计与制作是重点特色专业。专业开设核心课程分别有"服装设计与制作""CorelDRAW""服装表演"等。配备服装一体化实训室、模特形体训练室等现代化专业实训室10间，面积约3000平方米，建设有标准模特走秀、展演T台，配备各类技能训练设备385台（套），可承担服装设计制作、模特形体训练、服装表演等课程的教学安排。衣以载道，服装专业经过近30年的风雨兼程，从最初只有中级级别一间实操室的一个专业发展到成为广东省技工院校特色专业，目前正乘增城校区二期建设完成进驻迎来新的青春（图6-155、图6-156）。

图6-155

图6-156

一、深化产教融合、校企协同育人

为深化产教融合、强化企业社会资源导入、丰富校企合作内容，服装艺术学院与赫基集团共同组建了"校企双教导师团"，为冠名班——"赫基班"共同开发课程体系、组建教师队伍。赫基集团派出各部门资历深厚和经验丰富的高级经理，来校为冠名班学生讲授商品入门、战术策略、销售服务、VIP服务、服装品牌赏析、服装陈列、职场沟通、职业发展规划等课程，学院派出专业教师结合课程进行交叉指导，校企双方共同实施教育教学。

为创新校企合作形式，深化教育教学成果，2020年始，服装艺术学院与赫基集团共同不定期开展为期一周的校内实践活动——"赫基服装特卖会"。此次活动，赫基集团入驻男装"TRENDIANO"和女装"FIVE PLUS"两大品牌，并派出销售精英带领"赫基班"学生在学校技能楼五楼503、504教室进行服装售卖，旨在把店铺管理、服装搭配和市场营销等服装专业课程与企业的具体经营管理更好地结合起来，丰富学生的服装营销实战经验（图6-157）。

二、传承非遗技艺，培育文化自信

党的十八大以来，习近平总书记在多个场合都有提到"四个自信"，其中最根本的是文化自信。为了传承非遗技艺，培育文化自信，服装艺术学院常态化开展广绣、拓染、手工印染技艺的培训活动。

2024年5月14日，学院的教师们去到广州市八一实验小学开展以"敲染而至，繁茂生长"为主题的非遗植物拓染技艺进校园活动。植物拓染技艺作为我国非物质文化遗产的重要组成部分，通过固色、布局、敲打等步骤，将植物的形状、颜色、纹路、肌理

图6-157

印染在白布上，是兼具创造性和趣味性的自然美学呈现形式。活动分为三个内容：一是非遗知识讲座，由教师向学生介绍非物质文化遗产的历史、代表性项目钩针编织、植物拓染；二是非遗植物拓染体验课程，由一名教师开展植物拓染技艺教学，两名教师辅助并指导学生实操；三是非遗技艺进校园作品展示，让学生通过亲手制作和语言分享，增加对非遗传承的认同感。活动中学生们精心挑选植物、认真构图、敲打作品，活动结束后展示学生的优秀作品共计40幅，获得了学校教师和学生们的一致好评。非遗技艺进校园活动目的旨在通过学生亲身参与非遗植物拓染的制作，在学习非遗技艺同时感悟美学魅力，培养学生们对传统文化的兴趣，激发他们对非遗传统文化的热爱、自豪感，从而培育和增强他们的文化自信（图6-158~图6-160）。

图6-158

图6-159

图6-160

供稿单位：广东省轻工业技师学院服装艺术学院

供稿人：谭志丽、林志勇

广州市工贸技师学院：
校企协同创新模式，促推高端产业人才培养

广州市工贸技师学院数字创意产业系服装专业开办于2005年，是穗港澳青年设计师孵化基地、广东省技工院校服装专业一体化课程体系构建与实施师资培训基地、广州市产学研公共实训基地、第八届穗港澳蓉时装技术项目广州集训基地、人社部一体化课改试点专业等。专业设备投入近600万元，结合职业特点和工作过程系统化特征，建有服装设计、服装纸样、服装工艺制作、服装多功能展示厅等9间学习工作站。

服装专业以培养高级工为主，注重培养学生职业能力和职业素养。通过"工学一体"的人才培养模式，有效整合教育、科研、行业、企业的资源，实现学生更高质量就业。培养在服装制作、服装制板、服装设计等岗位的高素质、高技能型的"双高人才"。近年来，学生参加各级各类职业技能大赛获奖数40多项。

服装专业现已与广州金夫人婚纱艺术摄影有限公司、广东英格来思服装有限公司、广州市大容和服饰有限公司等20多家知名服装企业在人才培养、专业建设、专业人才评价、企业项目研发、学生顶岗就业等方面建立了长期合作关系，建有多个校外学习工作站和教师企业实践基地。

广州市工贸技师学院数字创意产业系服装专业基于学院原有专业基础与资源优势，通过与广州市时尚产业链服装"链主"单位广东省服装服饰行业协会、广东歌蒂诗服饰有限公司等行业协会及知名企业开展深度合作，设置了培训课程并充实了培训教材及课程资源，购置了三维自动试衣系统、自动烫朴机、高速平缝机、直眼机等专业设备，融入法国高级时装学院（ESMOD）高级时装板型制作课程相关技术标准及资源，开发高端服装培训课程，并开设法国ESMOD系列服装设计和时装产品开发等服装大师特色班培训，持续为广东省服装产业和时尚湾区培养时装款式开发、高级时装板型制作、高级时装工艺制作、服装应用色彩创新领域等紧缺型高素质技能人才。

作为学院产教深度融合成果，"摩迪莲姿"原创服装品牌发布会在2022广东时装周—秋季成功举办。发布会以线下演出、线上传播形式呈现，向社会各界展示了摩迪莲姿品牌2022秋冬系列服饰新品。活动的成功举办，得到了人民日报、广东时尚发布、CFW服装设计、中国品牌服装网、中服网、中国纺织报、华衣网等超过20家媒体的争相报道，有效推动了人才培养质量的提升（图6-161）。

图6-161

此外，学院通过与广州一秒服饰有限公司深度合作，开展校企双制、订单式人才培养。根据《广东省、粤港澳大湾区服装企业人才岗位能力要求调研报告》的指示，校企双方共同制定了《服装新媒体销售高技能人才培训方案》，在积极践行方案的同时逐步总结经验，创新形成"订单式"培训模式。

早在2022年6月，学院便充分发挥服装高技能人才培训基地的教育培训功能，开展广东省服装行业高技能人才培训、广东省时装技术产品开发强师工程培训和技能鉴定等各类培训服务。建设期，学院承办了2期广东省人力资源和社会保障厅主办的"时装产品开发"强师工程班，培训人数为38人；承办了4期"广

东省服装行业高技能人才培训",培训人数为137人,参加服装制板师工种的技能鉴定人数为154人,同时还承担了南部战区随军家属服装实战研习班的培训任务,共培训随军家属35人(图6-162)。

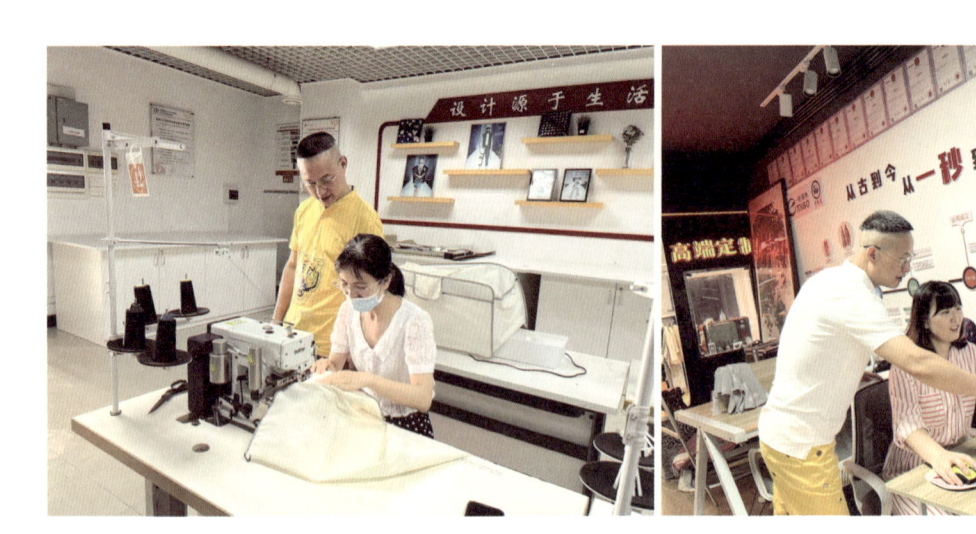

图6-162

供稿单位:广州市工贸技师学院

东莞职业技术学院：
科研与教学相"融合"，推动传统旗袍文化走进生活

一、科研育人理念和目标

1. 科研项目融入课程设计的教学理念

东莞职业技术学院努力将科研项目融入课程设计之中，牢固树立科研、技术、美育、思政"融合育人"的教学理念。英国哲学家席勒在《审美教育书简》中认为："可以通过审美教育来恢复人性的和谐统一，实现人的心灵的自由和人性的和谐，使人成为完整的人。"课程教学"以学生位中心"，将科研项目内容与学生的审美素养（美育）、品德教育（思政）、专业技术、创意设计能力融入课程教学。一方面完成校企合作项目，另一方面通过课程教学设计，融科研于教学，使学生掌握丰富的文化知识，获得全面性的成长。坚持以传统文化为依托，融入现代时尚设计理念，充分发挥教师教学的引导作用，于无声之处实现审美和思政育人（图6-163）。

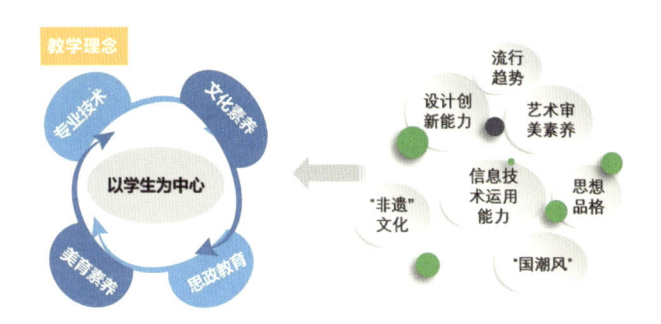

图6-163

2. 科研育人的主要目标

一是完成合作企业项目内容，设计研发女装新款式。遵循与企业签订的项目合作协议，教师带领学生围绕品牌需求设计研发"娑尔"女装品牌旗袍新款式。

二是知识技能目标。使学生亲身感受旗袍、中国传统图案的艺术美感，体验中华传统服饰文化的博大精深；学生通过项目任务掌握科学的设计方法，熟知旗袍创意设计的基本流程和方法；熟练运用信息化学习、虚拟仿真技术来实现旗袍的创意设计。

三是美育和思政目标。注重德育培养，引导学生将美学思想、艺术审美、创新思维融入旗袍创新设计之中，引导学生热爱祖国传统文化，对传统非物质文化有一定的鉴别和欣赏能力，通过设计实践活动来弘扬中华民族的创造精神和文化自信。

二、具体做法

1. 课程前期的准备工作

明确项目具体内容，制订出女装新款研发的数量、主要的设计元素要求；完成学生分组，学生3~5人为一组。

2. 教学设计与实施

教师系统梳理科研内容和教学内容相契合的知识点和教学内容，一方面，在"爱课程"、中国大学慕课网站等教学平台上筛选精品在线课程作为支撑资源，用超星学习通教学平台开展教学；另一方面，根据项目和课程需要自建课程慕课，并建立课程微信群来督导学生讨论和学习。

3. 科研育人教学思路

教学实施的思维：课前导学（慕课）—课堂教学（课堂教学和直播课）—课后拓学（图6-164）。

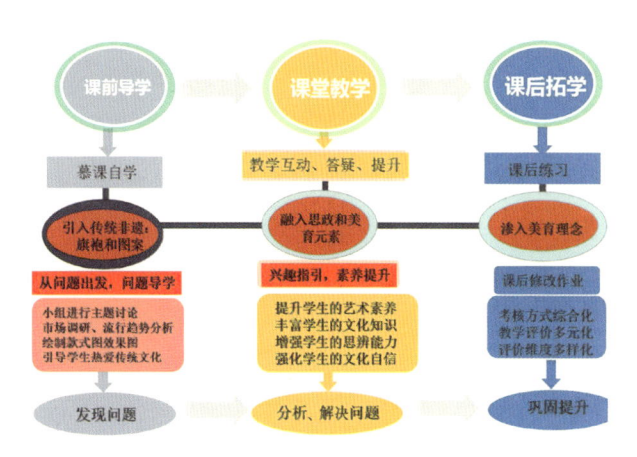

图6-164

4. 教学策略和方法

根据企业用人的实际需求和职业教育的特点，充分发挥超星学习通平台的组织能力，通过数字化技术、市场资讯、潮流讯息构建虚拟仿真场景，注重科研育人，将技术、艺术、美育思政元素融入课堂教学，实现教学活动与企业需求的"无缝对接"。

在线课堂通过慕课（MOOC）、微课实现学生的碎片化、自主性学习，提高学生的自主学习能力；线上课堂主要通过微信小组讨论，即时信息沟通，实现争议性话题的集中讨论，使学生掌握旗袍设计创意的过程与方法，通过旗袍对中国传统文化产生文化认同；线下课堂主要采用科研任务与项目化教学相结合、旗袍文化"进课堂"、国内外设计师的优秀案例分析、教师讲授知识与学生提出问题相结合等方式，使学生能够近距离体验传统服饰文化魅力，坚定文化自信，培养学生知识与技能，促进其艺术文化素养和思想道德素养的提升。

教学方法上分别采用实物教学法、小组讨论法、案例解析法，将知识具体化、形象化，层层递进分解难点，达到突出重点的目的。

三、科研育人的成效和成果展示

从企业角度来讲，师生协作顺利完成企业科研项目的设计研发任务，给企业带来了一定的经济效益；设计作品在第四届深圳国际时装节进行时装走秀展示，接受中服网等媒体的采访，给"娑尔"品牌创造了广泛的社会宣传效应。

从课程角度来讲，根据首届湘派旗袍设计大赛组委会的反馈，学生投稿32份设计作品，王菲菲、陈凤娥、梁丽金、吴穆春、茅管华等12组同学作品入围该大赛，入围率为40%左右，学生的创意设计水平显著提升。在"服装设计风格""服装专题设计"等课程的教学中，企业、学生、学校督导都给予了较高评价。近年来师生获奖40多项，获得省市级和校级课题6项，其中广东省大学生"攀登计划"项目2个。

四、创新之处

一是科研项目与课程教学相融合，实施项目化教学，加深学生对市场的实际需求、国内外流行趋势的了解，设计研发出符合企业需求的服装新款式。

二是将席勒的美育思想、唯物辩证法用于服装设计教学中，开拓了高职学生的视野，提升了学生的哲学和美学素养。

三是注重学生专业核心素养的培育，技术、艺术、美育、思政融合育人。引导学生运用形式美法则，将传统文化要素转化为现代时尚元素。在教学中提倡知行合一，最终实现传统文化元素的活化。教学中充分挖掘中国传统文化资源，丰富了学生的艺术素养，增强了学生的民族自信心和自豪感，引导学生热爱和关注中华传统文化，积极运用传统文化要素。

五、总结与反思

第一，教学团队主动将社会服务项目进行挖掘并分解为项目任务，在教学中实施项目化教学，引导学生对传统旗袍文化进行现代创新性思考。学生通过图片、视频、实物等体验传统服饰文化之美。第二，课程运用信息化教学手段，线上、线下教学相结合，理论实践教学同步，解决了传统课堂耗时长、效果差的问题；同时，也存在着跟踪学生学习进度不及时的情况。第三，教学团队积极构建企业化教学情境，使学生体会到服装设计要贴近市场需求，增强了学生设计活动的成就感、激发了其浓厚的学习兴趣和热情。但是，也存在着一些不足之处，如课程预留给学生调研、流行趋势分析的时间较短，学生小组讨论的深度不够等。未来，教师要不断提高教学管理水平，继续强化科研与教学的相互融合，充分发挥科研的引领作用，培养学生成为高素质人才。

供稿单位：东莞职业技术学院

供稿人：郭霄霄

第七部分

行业荣誉

第23届广东十佳服装设计师

人才是第一生产力。2000年,广东省服装服饰行业协会、广东省服装设计师协会推出了首届"广东十佳服装设计师",紧盯产业发展需求,强化服装产业人才支撑。多年来,"广东十佳服装设计师"推选活动始终倡导行业重视设计创新、重视设计人才,在服装产业发展的不同历史阶段,对广东省服装设计创新发展都起到了积极的推动作用。历经22届积淀,为中国服装产业培养了许许多多顶尖设计人才和品牌领军人物,孕育出一批设计名师,以及以比音勒芬、以纯和歌莉娅等为代表的知名品牌。

在《关于进一步推动广东纺织服装产业高质量发展的实施意见》发布的背景下,"广东十佳服装设计师"推选活动成为挖掘和培育高层次设计人才的重要手段,为现代化服装产业发展提供人才支撑,以人才兴助产业强。

2023年9月22日,2023广东时装周—秋季闭幕式上,张荣、张译文、许文浩、李欣、刘佳鑫、黄国东、黄永豪、杜韵淇、蒋淑倩、曾发隆、胡丽华、关淑敏获得第23届广东十佳服装设计师的荣誉。作为新一届的"广东十佳服装设计师",他们将背负新的使命与责任,砥砺前行,为广东服装行业乃至整个时尚行业增光添彩,为推动全行业的发展贡献属于自己的创意力量(图7-1)。

图7-1

张荣

铠琪品牌总监

个人简介

毕业于西北纺织工学院（今西安工程大学）、比利时安特卫普皇家艺术学院，米兰世博会中国馆荣誉设计师。

品牌简介

高级时装品牌铠琪自2000年成立以来，一直秉承"裁剪时尚必精于心，缝制经典必作于细"的理念，品牌创始人钟课枝女士匠心独运，积极推崇并乐于分享时尚健康的生活新方式，倡导不一样的生活美学。

设计理念

设计主题为"绿美中国"，以"绿水青山就是金山银山"为核心思想，强调人与自然是生命共同体，尊重自然、保护自然、顺应自然是我们每一个中国人的担当。以"以自然之道，养万物之生"为设计理念，宋代王希孟所作的《千里江山图》为灵感，并用绣花工艺为表现形式，借鉴了《千里江山图》中的绚丽色彩和生动景象，将其融入服装设计中，展现了中国绿水青山秀丽壮美的景色，鼓励每一个人关注环保议题，以此传递出一种珍惜自然、保护地球的生活方式。

张译文

异闻品牌主理人

个人简介

毕业于北京师范大学，曾前往香港服装学院及中央圣马丁学院进修，2019年创立了原创设计师品牌"异闻"。

品牌简介

异闻（YIWEN）意为："异于常趣，别有所闻。""慢生活、轻文艺、悦自己"是品牌所传递的信念所在；不浮夸，不做作，从内散发气质。

设计理念

设计的简约本质上是一种精雕细琢的简单呈现。在简约的背后是无数次看不见的雕琢和舍弃。不浮夸、不做作，从内而外散发的气质反而更加引人入胜。设计风格尊重日常行为，简约实用，清新雅致。

许文浩

决意联合设计总监

公司简介

广州凝聚投资有限公司成立于2023年，是一家专注经营国内外贸易、政府和个人相关投资项目的企业，并在全国各地设有分支机构。自成立以来，始终坚持以人才为本、诚信立业的经营原则，荟萃业界精英，将国外先进的信息技术、管理方法及企业经验与国内企业的具体实际相结合，为企业提供全方位的解决方案，帮助企业提高管理水平和孵化能力，使企业在激烈的市场竞争中始终保持竞争力，实现企业快速、稳定发展。

品牌简介

拨同质之乱，反世俗之正。国潮胜文章，决意乘风起。决意联合是专注于原创设计的一个国风潮牌，注重于国风设计和原创IP设计。致力于通过手艺和工艺的碰撞，赋诗词、颂文章，传千年底蕴，孕新年奇创，弘扬中华文化，彰显"中国创造"的实力。

设计理念

灵感来自《四库全书》，其是中国最大的一个文化工程。系列作品无论是从面料的使用上，还是从设计的创意上，以及制作的工艺上，都围绕中国特色来进行。每一件衣服，既是复古的，也是革新的。在符合潮流时尚的前提下，同中国传统文化是分不开的。

李欣

潮主张品牌主理人

广东省服装服饰行业协会青年企业家分会副会长

公司简介

中山莉星服饰有限公司，汇聚时尚、品格与卓越。作为一家综合性服装企业，拥有设计、开发、生产和销售的全方位能力。自1982年成立以来，公司历经15年的零售和批发历程，于1997年建立生产基地，转型为生产制造企业。过去26年，莉星服饰专注于牛仔服装的研发、生产和销售，用心打造每一件服装产品，年产量超过300万件，最高快反月产量达到30万件。

品牌简介

潮主张（CHAOZHUZHANG）由中山莉星服饰有限公司创立，公司在牛仔行业拥有26年的丰富经验，致力于打造一个环保低碳、与众不同的时尚丹宁品牌。潮主张品牌的核心理念是探索、重塑丹宁，研发环保丹宁，为消费者提供舒适、时尚、优质且环保的丹宁产品，将舒适、健康的丹宁概念普及给更多人。作为时尚的开拓者和品质的守护者，潮主张追求不断创新。

设计理念

秉承着时尚与创新、为女性打造时髦百搭的专属衣柜的理念，本次潮主张的两个系列作品，其中都市穿搭系列针对都市女性，选用优质的面料、板型与多重配搭方式，为日常都市生活提供优质的着装选择；概念探索系列突出牛仔的洗水及面辅料细节，丰富运用酸洗漂白、渐变吊染、激光、绣印花、手工钉珠、烫银、烫钻等，展现品牌丹宁工艺的多种可能性。

刘佳鑫

MEXG品牌主理人

公司简介

MEXG是一家集设计、生产、销售为一体的服装品牌公司，是一家专注于流行探索、传统制造、互联网销售及线下销售的企业。目前在广东省中山市和广东省广州市分别有设计研发公司和自建6S级仓库。MEXG不光在服装产品里面设计出彩，还有其他的新型设计如与人民群众息息相关的生活品类，品牌合伙人走在一线，亲自参与研发设计，生产和销售，致力于做到一心一意为中国人民服务。

品牌理念

MEXG Make Every "X" Guide，即引领一切未知。MEXG在未知的领域里力争上游，做一个引领者，希望敢于人先，相信人的可塑性，联合更多优秀的年轻人一起推翻那些传统的、僵化的公司，为客户打造更多具有创意的产品。

设计理念

"活着"秋冬新款系列由MEXG品牌方负责人刘佳鑫提出，以"生而为赢（BORN TO WIN）"为灵感，希望通过每一件产品的设计理念向社会传达正能量。心中向阳，胸怀大志，未来有光才是年轻人应该有的潮流时尚。

黄国东

真维斯设计总监

公司简介

真维斯以"名牌大众化"的经营理念、"物超所值"的市场策略，一直保持具有生命力的发展节奏，稳占休闲装市场的领袖地位。2009年，顺应市场变化发展，拓展营销渠道，开启电商平台，随后全面实现线上与线下业务联动，建立覆盖全国的休闲服全渠道销售网络。近年来，真维斯在品牌发展上不断尝试转型升级，陆续推出全新童装、跨界IP"Z+新世代"等产品系列，力求更加贴近目标消费者需求，打造休闲服国民品牌。

品牌理念

设计不仅仅是一种创造，更是一种传递和沟通，是一门设计者和使用者之间通过产品实现无声沟通的学问。

设计理念

在本季系列设计中融入多种中国传统元素，以国潮姿态颠覆传统，开启年轻态新旅程。系列设计运用扎染、吊染、黄泥染等中国传统染色工艺与现代数码印花、手绘、烫金时尚牛仔相结合，在面料上多选用生物基纤维、GRS认证再生环保纤维等环保材料，以表达传统与现代的碰撞、东方与西方相融合的设计理念。

黄永豪

靛蓝纹学品牌创始人

公司简介

佛山市黄氏投资集团有限公司是一家集牛仔面料研发、制造、加工、进出口贸易、棉纱物流园为一体的纺织集团公司。牛仔布面料年产量达到5000万码，2019年销售额达6.9亿元，在享有"纺织之乡"美誉的西樵镇，佛山市黄氏投资集团已经发展成为纺织产业的龙头企业之一。

品牌简介

广东靛蓝纹学文化发展有限公司是佛山市黄氏投资集团旗下成衣品牌，专注于时尚男装、女装牛仔，为客户提供从面料生产、成衣设计、生产、销售、售后等一条龙的优质服务，采用线上、线下相结合的销售模式，致力于打造时尚服饰供应链平台，解决产业链后端的后顾之忧，品牌自成立以来便与多个行业知名品牌商达成长期合作，将各种资源优化组合，把全方位互动的运作模式，通过多个网络社交平台和线下实体店销往千家万户。

品牌理念

靛蓝纹学牛仔以"为客户创造价值，为员工创造幸福，为公司创造效益"为核心价值观，致力于打造具备核心竞争力的快销牛仔供应链平台，并立志为让时尚、牛仔、服饰惠及全人类而不懈努力。

杜韵淇

中山市富韵服饰有限公司董事长
松岛崎服装品牌创始人

公司简介

中山市富韵服饰有限公司是一家以原创设计为理念的品牌服装公司，由品牌创始人及其设计师团队共同研发的原创服装。公司承接服装类高端定制，团队定制，批量定制等，公司自营生产工厂，承接服装生产订单和出口订单，品牌领域包括男装、女装、童装、轻礼服、牛仔服、休闲服、内衣、皮具等。

品牌简介

松岛崎（Songdaoqi），一个以创新、大胆、色彩绚丽为风格的原创设计服装品牌，由品牌创始人杜韵淇（Vicky）及其设计师团队共同研发。松岛崎作为国内专注轻奢礼服的独角兽品牌，通过原创设计、立体剪裁、高端面料全方位展示女性的美丽优雅，更倡导让新时代女性独立自主，展示自我价值。

品牌理念

品牌主打轻奢礼服、高端定制、日常女装男装童装及团队定制。目前已在全国拥有数十个品牌经销商，预计未来5年内实现全国与全球的品牌覆盖。品牌创始人认为每一个设计款都是有灵魂的，支持原创，支持中国造，让世界看到有灵魂的中国造。

蒋淑倩

其用设计总监

个人简介

2006年毕业于广州美术学院，后攻读服装设计专业。在广州知名女装服装品牌担任设计总监十余年，其间品牌销售业绩持续增长。2016年创立女装品牌"其用"，以其独特的风格迅速赢得了广大顾客的喜爱。

品牌简介

其用是针对富于知性、有精神内涵的现代女性而塑造的都市轻文艺风格的原创设计师品牌。擅长用棉、麻、真丝、羊绒等天然纤维演绎时装的肌理与色彩，在设计上注重工艺的创新，且倡导"物尽其用"的朴实生活美学价值观。自品牌创始以来，坚持用心生活、用心发现、用心设计的一贯作风，赋予当代女性自由、平静、环保的生活态度，赢得了当下都市白领、文艺女性、时尚创意人等不同领域客群的厚爱。

产品理念

其用擅长使用高纱织的薄苎麻、水洗色织亚麻、混纺麻提花以及简单的线条真丝印花；高织高密纯棉天然纤维面料，通过手工感刺绣、多材质的拼接、东方元素等设计手法，传达出"物尽其用"的美学价值观，展示天然之美，为用心生活的女性提供惬意、自然的体验。

曾发隆

EIWE设计总监

品牌简介

EIWE 中文名爱唯，寓意爱就唯一，品牌名称来源维多利亚女王与阿尔伯特亲王的爱情故事，维多利亚女王一生为爱坚守。EIWE以都市女性对爱追求、为爱展现自我为设计理念，利用现代板型、工艺及时尚元素，把为挣脱传统束缚，为爱坚守、奔赴的女性形象展现出来，形成别具一格的新风尚。

产品理念

EIWE让现代女性在快节奏的都市生活中寻找到一种惬意，展现现代女性对生活自信、对个性生活追求的同时，利用亲肤、舒适的面料与不断创新的工艺，令每件产品融入追求美好生活的细节里。

设计主题

EIWE在婚纱设计上吸取了传统婚纱的廓型，又增加了现代女性追求时尚浪漫以及对未来生活充满美好愿望的期待。同时，EIWE把女性极为关切的斜肩、大胳膊、小肚腩，利用修身及上窄下宽的鱼尾板型设计，利用泡泡纱、一字肩及极其复杂的拉褶工艺，把现代女性对身材的精致管理及性格的落落大方、自信呈现给大家。在制作过程中，设计师和工匠们严格遵循传统工艺，同时不断创新，使得婚纱在细节上更加精致。

胡丽华

女装高级设计师

公司简介

广州盛煌服饰有限公司主营毛衫、毛织制品，紧跟国内外纱线原材料流行趋势，兼备设计开发能力，坚持技术进步、不断创新、不断超越，现已成为一家在服装服饰行业颇具开发实力的企业。

品牌理念

松品.方（SOURIRE POLLY）以纯粹、造型、自由、手作来表达服装的艺术和品位，胡丽华怀揣着对于传承传统技艺的坚定信念与美好愿景，致力于塑造一个牛仔轻奢品牌。

设计理念

设计源于胡丽华对生活的理解，她认为生活不是每时每刻都光鲜亮丽的，但她希望每一位穿着者都能通过服饰的加持去绽放自己的个性和魅力。让服装与内在相得益彰，绽放自己的高光时刻，相信时尚不止于外表，更是内心的态度和自信的散发。

关淑敏

世界杰出华人奖得奖者

香港保威集团董事长

香港纺织商会名誉会长

芸想（LAFAVEUR）品牌创始人

个人简介

关淑敏出生于广州，从事纺织及制衣业30余年，对业界有着深厚的感情，锐意创建中西文化融合、中国都市女性高贵优雅的专属品牌。

品牌简介

芸想品牌诞生于2015年，为中国香港设计师品牌。芸想寓意源于李白《清平调》"云想衣裳花想容"，一语道破女性的优柔美丽。品牌设计理念融合中西方元素，善用西式美学与东方经典相结合，以非遗"潮绣"手法工艺为元素，创新改良新中式旗袍和礼服的设计，专注打造自己独特原创艺术品服装。

设计理念

"旖旎之约"系列融合了典雅与现代的风格，力求再造一种旗袍和礼服的魅力，展现女性的优雅、从容、自信和知性之美。礼服设计灵感来源于大自然和都市的纷繁景象，运用独特的剪裁和面料，打造出充满流线感的线条和流动感的裙摆。同时，选用丝绸、蕾丝等优质面料，用闪烁的珠宝装饰，使整个系列既具有奢华耀眼的感觉，同时也保持着舒适的穿着体验。

第四届广东纺织服装非遗推广大使

广东省有着瑶族刺绣、粤绣（广绣）、粤绣（潮绣）、小榄刺绣、粤绣（珠绣）、香云纱染整技艺、抽纱、墩头蓝纺织技艺、客家服饰、钉金绣裙褂制作技艺等丰富的纺织服装非遗项目。由广东省非物质文化遗产工作站（服装服饰工作站）牵头，以广东时装周、湾区（广东）时尚文化周为重要展示平台的"非遗新造"项目，已经成为备受瞩目的行业活动，所发布的"新中式"时尚产品深受众多消费者喜爱。自首批"广东纺织服装非遗推广大使"正式推出以来，越来越多的广东设计师、品牌及企业不断在设计中运用传统非遗手工技艺，通过"服装"这个最直接、最明显、最易被大众触及的介质，让古老的非遗文化以灵动的姿态走进更多人的生活。

为深化推进广东传统工艺振兴和推动传统工艺高质量传承发展，促进非遗与"岭南衣"的融合创新，建设纺织非遗高素质人才队伍，以榜样力量持续引导社会各界人士参与非遗保育与传承工作，广东省服装服饰行业协会、广东省服装设计师协会于2023年6月共同启动第四届广东纺织服装非遗推广大使的申报工作。经过征集推选、严格审核与公示，2023年9月19日，由广州国际轻纺城"时尚源创平台"独家特约支持，在第四届广东纺织服装非遗推广大使联合发布会上，邓雄华、江小云、陈乔、陈一然、何莲、李曼娜、叮噹（张秋婵）、罗兆荣、蔡彪等九位获颁"第四届广东纺织服装非遗推广大使"荣誉称号（图7-2）。

作为新一届广东纺织服装非遗推广大使，他们积极倡导文化自信，以服装为媒介，通过不同形式将粤绣（广绣）、粤绣（潮绣）、粤绣（珠绣）、瑶族刺绣、香云纱染整技艺、香云纱（坯纱）织造技艺、蓝靛染工艺、侗族织锦技艺等非遗项目推向市场，让更多人认知和感受到非遗独特的时尚魅力，积极探索创新非遗保育和"双创"发展的新路径，携手推动非遗与纺织服装产业的高质量融合发展。

图7-2

邓雄华

乳源瑶族自治县
非物质文化遗产保护中心主任

个人简介

曾获广东省基层宣传文化能人、全国乡村文化和旅游能人、广东省乡村振兴先进个人、民革广东省委脱贫攻坚先进个人（图7-3）。

图7-3

非遗理念

在当前文旅融合大背景下，非遗传承与创新面临许多新问题，就乳源瑶族瑶绣服饰来讲，最大的问题是其所承载的民俗文化渐渐没落，民族信仰逐渐淡化，特别是本土文化人才的流失与紧缺，传承创新失去了根本，内涵不够。美的尽头是极简，大道至简。乳源3个镇的瑶族有着不同的着装风格，需要进一步收集整理其历史原貌，为创新提供完整的参考。在创新方面，乳源还有很大的发挥空间，需要人才技术和资金的注入，加强对乡土民间文化的挖掘整理与推广。

非遗成果

十几年来，邓雄华一直致力于乳源瑶绣服饰等非遗的传承创新。2016年春节牵头举办乡村"村晚"，并首次进行传统瑶绣服饰秀；2019年将具有乡土气息的瑶绣服饰秀搬上全县"十月朝"活动的舞台；2018年配合协调促成了省长杯工业设计大赛暨乳源瑶族服饰设计大赛成功举办并担任评委；2023年在广东省服装服饰行业协会的指导下举办了乳源五一"非遗赶潮·瑶族服饰创意秀"活动（图7-4）。

图7-4

工作展望

作为第四届广东纺织服装非遗推广大使，接下来将尽全力，发挥非遗工作者的作用，为社会争取更多平台和机会，让更多的优秀人才参与到非遗的传承创新，努力推动乳源瑶绣服饰传承创新发展。

江小云

广州尚睿服饰有限公司总经理撒尼品牌创始人

个人简介

曾是一名优秀的大学服装专业教师，源于丰富课堂实践学习内容的初心，将十余年的服装教学与研究成果转化为商业实践，于2014年创建集研发、设计、生产、销售、服务于一体的品牌服饰企业撒尼（SANI），如图7-5所示。

图7-5

非遗理念

非遗与时尚之间有着文化延续和焕新的关系。正因为我们的文化展现出深厚魅力，才能让无数人投身于传统文化中，我们民族文化有着深厚的艺术修养和独到的审美，也给我们带来新的流行风向标，这个风向标融合了千年的智慧，需要我们去传承和保护。

非遗作品

本次时装周发布的作品展现了来自贵州千年侗寨的蓝靛染和织锦工艺。它们是地域文化在纺织面料方面的研究范本，是贵州省非物质文化遗产，具有悠久的历史。系列作品用蓝靛染的棉布面料做了不同色系的拼接，拼接成当地美丽的梯田景观，并利用现代技术让蓝靛染渐变花纹出现在面料上，同时将织锦面料与流行款式结合，很好地把传统与流行潮流相结合，让我们的非遗文化能得到新时代的焕新（图7-6）。

图7-6

工作展望

作为第四届广东纺织服装非遗推广大使，保护和传承是我们的使命。要让非遗得到好的保护，首先我们需要去认知，才能去传承。在我未来的设计生涯里，我们的作品里会有非遗，源远流长的中华文化不会失去自己的节奏，一定会在新时代焕发出更多光彩、产生更大的精神力量，担当新的文化使命。

陈乔

广州筑梦服装设计有限公司创始人

个人简介

毕业于华南理工大学，服装设计硕士研究生，高级工艺美术师，国家级项目区级广绣代表性传承人，广东十佳服装设计师，第三届广州市工艺美术大师（图7-7）。

图7-7

非遗理念

纺织非物质文化遗产一直是中华优秀传统文化的重要组成部分，纺织非遗保育是文化的传承、记忆的延续，是纺织服装行业发展创新的源泉。文化之于时尚，是孕育的土壤、价值的根基、创新的源泉。时尚创新就是从文化传承中获得灵感来源，进而对当代时尚产业进行融合。

非遗作品

本次发布的15套作品，分为汉服、旗袍以及传统与现代结合三个系列，将香云纱面料与广绣工艺两项国家级非物质文化遗产项目特色结合起来创新运用，通过双非遗元素，弘扬中华优秀传统手工艺文化，传递岭南文化魅力（图7-8）。

图7-8

工作展望

作为广东纺织服装非遗推广大使，有了新的责任与使命和担当。期望在未来"陈乔广绣"服装服饰品牌走向全国、全世界，让每一位女性拥有一件"陈乔广绣"品牌广绣手工艺刺绣产品。弘扬中华优秀传统手工艺文化，彰显岭南文化魅力。

陈一然

襦一坊品牌主理人

个人简介

担任广东职业技术学院服装学院讲师,主研中国传统服饰复原及新中式服装设计,复原汉服作品《美人叹》登上联合国教科文组织舞台(图7-9)。

图7-9

非遗理念

非遗要实现新发展,一定要和日常的时尚生活息息相关。陈一然在做复原汉服设计时,会融入一些当下流行元素和配色,与非遗产品结合。襦一坊致力将保护、传承与传播结合在一起,积极尝试不同形式,希望让更多人深刻准确地理解非物质文化遗产,让过去也能拥有未来。

非遗作品

"夫天地者,万物之逆旅也;光阴者,百代之过客也。"本次发布的香云纱复原汉服系列作品以"敦煌传响"为主题,以古画文物为灵感,在时光中游览寻觅,创造出独属于中国的对话语境,用匠心打磨细节。这是一次传统与现代的碰撞,唤起民族内心的记忆,能让大家领略到那充满魅力的时代与东方美学(图7-10)。

图7-10

品牌追求

襦飘四海兴华夏,衣带春风复汉家。襦一坊以复原传统汉服传播传统中式美学为品牌基础,结合云锦、宋锦、罗、香云纱等中国非遗纺织工艺顶级精品,志愿打造中国奢侈品汉服品牌,让世界看见中国非遗服饰之美。

何莲

禧媚莲依创始人

广东十佳服装设计师

个人简介

从小热爱手工服装制作，从事制衣工作30年整，从车缝到裁剪，从熨烫到包装，从品管到跟单，从打板到设计，从助理到厂长，无不竭尽全力、追求极致（图7-11）。

图7-11

非遗理念

禧媚莲依（Charming Lotus），"禧"意为"幸福吉祥"，"媚"意为"美丽动人"，"莲"即何莲的名，"依"即"人衣相依"；合起来即"何莲希望自己设计的衣服与您相依相伴，让您美丽动人、幸福吉祥"。何莲希望禧媚莲依的创新设计在弘扬传统文化的同时，让当今的女性装扮得自信靓丽、高贵优雅。

非遗作品

本次发布的作品系列以传统古典丝质面料香云纱为基础，结合消费者的穿衣需求，用世界的语言把具有文化和健康的面料和时尚紧密融合，展现古典与现代碰撞结合的时尚魅力，让香云纱走进百姓生活，让中国非遗之美走向世界（图7-12）。

图7-12

工作展望

非遗不仅仅是中国的文化瑰宝，更是与世界接轨的高级审美。作为非遗推广大使，我们希望把非遗时尚融入我们的生活中，和消费者一起加强努力做好文化传播。目前品牌正在努力拓宽香云纱非遗产品的穿着对象，从3岁到90岁，为更多消费者打造适合的产品，让传统文化氛围更浓郁、更时尚。

李曼娜

佛山市匠曼延文化传播有限公司
品牌创始人兼艺术总监

个人简介

匠曼延创始人，师从著名油画家李伦教授（曲阜师范大学美术系）学习油画，广东省工艺美术协会会员，佛山市文化产业协会副会长。出生于纺织世家，也是大漆艺术家（图7-13）。

图7-13

非遗理念

非遗元素作为一种独特且富有历史文化的资源，可以为纺织服装时尚产业注入新的创意和灵感。在当今注重个性和文化内涵的市场环境下，将非遗元素融入纺织服装设计，不仅能够提升产品的文化价值，还能满足消费者对独特性和差异性的需求。

非遗作品

岭南非遗面料香云纱结合中国传统文化五行色、岭南醒狮文化元素等进行设计。五行代表着自然界中的五种元素——木、火、土、金、水，各自对应的颜色为青、赤、黄、白、黑，五行的颜色各自有着不同的能量，不但对视觉上起着能量传递的作用。醒狮文化，它是中国南狮的典型代表，寓意"祈福与辟邪"，属于国家级非物质文化遗产，在广东已有一千多年的历史，它不仅寓意着如意吉祥，还是雄健、勇敢和力量的象征（图7-14）。

图7-14

工作展望

作为第四届广东纺织服装非遗推广大使，李曼娜以非遗香云纱产业化作为核心，为了让香云纱拥有更多可能，除了服装外，还开发了香云纱箱包、首饰、丝巾、抱枕等系列产品，希望通过时尚多元的设计，让古老的香云纱在现代社会也能游刃有余。将古老中国文化的传承下来的天然非遗材质推广到全世界，以生活方式推广东方传统文化，在对中国传统文化汲取精华、探求本源的同时，通过与现代生活相结合之道，打造"中式美学生活"。

叮噹（张秋婵）

萧娘香云纱品牌主理人

个人简介

广东省服装设计师协会理事，深耕服装行业二十余年，热衷古法技艺的传承和推广，香云纱非遗文化传播和推动者（图7-15）。

图7-15

非遗理念

萧娘香云纱，坚持传统古法香云纱工艺，致力于香云纱非物质文化遗产和匠心工艺的传承，让真正好的香云纱产品走进千家万户，绽放于国际舞台。

非遗作品

本次发布作品以返璞归真为设计理念，使香云纱回归于生活、回归于大自然。凝聚日月晨曦，造就人与自然的艺术品，让更多人可以跟随非遗，寻迹面料最初的样子，展现东方之美（图7-16）。

图7-16

工作展望

萧娘香云纱深深植根于古老的东方民间手工艺之中，以此作为创作的源泉，致力于传统文化与当代时尚的和谐共鸣，创造出独具现代且富有魅力的新中式产品。

罗兆荣

广州市云纱星韵文化产业服务有限公司董事长

个人简介

从事纺织品生产经营三十五年，2008年开始经营香云纱染整晒制至今（图7-17）。2019年开始筹建香云纱非遗文化园，园区于2023年4月获评以香云纱非遗文化产业为主题的国家3A级旅游景区，同年7月被评为南沙区非物质文化遗产传承基地，8月被评为广州市社会科学普及基地，9月被评为广州市中小学生研学实践教育基地。

图7-17

非遗理念

作为香云纱非遗工作者，罗兆荣深刻地体会到传统手工艺与现代时尚设计是密不可分的。香云纱作为面料界的"软黄金"，必须让更多的年轻人参与其中，让大部分的人改变原来对香云纱的误解，融入更多的科技元素及时尚设计。从单一的黑色为主到现在的百花齐放，从原来的老人穿的服装到现在成为品牌争先抢购的原材料。

非遗成果

为了把老祖宗留存下来的历史文化、手工艺延续下去，让更多年轻人了解香云纱制作流程，让更多消费者知道香云纱各方面的好处，罗兆荣从2019年开始在南沙榄核镇湴湄村创办了以香云纱非遗为主题的文化产业园。园区集产、学、研、旅于一体，传播香云纱的整个生产流程，让学生及游客体验到香云纱的整个制作流程，打造学得到、带得走的非遗研学新体验（图7-18）。

图7-18

工作展望

作为第四届广东纺织服装非遗推广大使，罗兆荣对品牌的发展及设计有很深的体会。香云纱作为面料天花板，我们未来会在坚持做好原汁原味的非遗手工制作的前提下，努力开发、设计以香云纱面料为主题的品牌与设计，吸引更多年轻设计师进行品牌的研发创作。这两年，我们企业作出了一些努力，注册了以香云纱为主题的两个品牌（兆物集、云纱星韵），主要设计、生产以香云纱为主题的衍生品及时尚产品，未来希望公司的产品及品牌能够走出国门，把香云纱文化传播到世界各地。

蔡彪

广东简绎服饰有限公司
总经理兼设计总监

个人简介

2002年开始从事服装设计，19年的工作中长期与国外知名设计师合作研发设计新款，善于分析欧美市场服装的流行趋势，设计的款式常被选登知名杂志封面，多年的设计经验使其拥有国际视野，擅长将中西方文化融合并运用到设计中，将西方立体裁剪的廓型融入中国传统工艺，用设计诠释传统工艺与时装的融合，与时俱进（图7-19）。

图7-19

非遗理念

在2023年的抖音数据中，非遗传承人带货成交额同比增长194%，看非遗、买非遗已经逐渐成为一种潮流。随着近年来国家文化自信的提升，加大了非遗文化传承的推广力度，"非遗"越来越多地出现在当代年轻人的视野中，年轻力量一直是时尚的代言词，所以这几年国潮成了一大潮流热点，成为年轻人竞相追捧的时尚，而且非遗传承人也开始年轻化，非遗开始真正融入时尚中。

非遗作品

本次发布作品采用的非遗元素是国家级非遗粤绣（珠绣），设计灵感来自对水的魔法化，主题是"MAGIC WATER（神奇的水）"，如雨洒落似金丝银丝，如雪轻盈似水晶绽放，如冰雹似珠晶莹剔透（图7-20）。

图7-20

工作展望

广东简绎服饰有限公司是一个以创新工艺和细节化设计被市场认可的专注设计研发型的企业，在未来的发展中将更多地运用非遗工艺，更协调更完美地融入时装中，让纺织非遗工艺成为公司品牌更加鲜明的个性化标签。作为第四届广东纺织服装非遗推广大使，蔡彪先生的目标是将公司自有品牌JOOOYS国际化，使"中国制造"以"中国创作"走出中国，走向国际。

第八部分

专题报告

广东服装产业定制化转型和可持续发展研究报告[1]

王先庆　张杰　汤清龙[2]

服装是永恒的新兴产业和时尚产业，因为穿和吃、住三个方面是人类最基本的需求，也是产业发展的前沿和风向标。近四百年来，世界各地的工业化进程几乎都是从服装业开始的。广东作为中国改革开放的前沿，引进的第一批"三来一补"企业，大多也是服装服饰企业，这也是广东为什么是中国服装企业最多的原因之一。服装业的演变见证了广东工业化的进程及转型升级。

随着互联网、大数据、人工智能等技术在经济和产业领域的广泛应用，数字化、智能化、时尚化、定制化、电商化正成为整个产业发展的大趋势，而在工业互联网、物联网的加持下，柔性制造、逆向定制更加推动着服装定制产业的创新和转型升级。随着大规模个性化定制模式的不断培育和成熟，服装定制将成为大趋势。在这方面，广东一直走在中国服装产业发展的前列。本报告将通过对广东服装产业的现状、规模、分布等特征的实际洞察，寻找其特点和趋势变化，试图发现其内在发展规律，以期为未来的可持续发展提供分析视角和对策建议。

一、引言

1. 服装定制相关概念

服装定制，是指根据具体穿着者的个人情况，量体裁衣、单件制作的服装，可分为传统手工全定制、团体职业装定制、大规模个性化定制三类。传统手工全定制是指诸如裁缝店、制衣店、独立设计师等在客户量体、制板、裁剪等各环节都通过人工进行的定制模式，对人工依赖性高、耗时较久、价格昂贵，能高度满足消费者的个性化需求。团体职业装定制服务于各类有集中采购职业装需求的企事业单位，通过形成规模效应有效降低了成本，由于通常采用样衣套号再根据个人调整的形式，个性化程度较低。大规模个性化定制将客户个性化需求转化为数据信息纳入工业化生产流程，在标准技术、现代设计方法、信息技术和先进制造技术的支持下，能够兼顾个性化和大规模批量生产，能较高程度满足客户的差异化需求。

2. 广东省服装产业的背景与重要性

改革开放以来，广东省服装产业作为全省的传统支柱产业和重要民生产业实现了跨越式的发展，形成了交易规模庞大、门类齐全、产业链条完整的产业发展态势。其产量和出口额多年来稳居全国前列，成为全国乃至全球服装市场的重要供应地。这不仅为广东省的经济发展注入了强劲动力，也为大量劳动力提供了就业机会，对于促进社会稳定和民生改善发挥了关键作用。

广东省服装产业拥有众多上、中、下游产业集群和诸如广州尚睿服饰有限公司、快尚时装（广州）有限公司等一批全国知名的行业龙头企业，形成了涵盖

---

[1] 本报告为广东白云学院现代产业研究院与广东省商业经济学会联合立项的重点课题"数字经济背景下广东智能制造、商品定制与传统优势产业转型创新研究"（GDBY202402）的阶段性成果。课题负责人王先庆教授，课题组成员包括王家馨、陈喜强、张杰、谷卓桐、汤清龙、程枫、高悦娴、谢珍珍、欧阳明荟。广东白云学院时尚服装产业研究团队，聚合产业、市场、艺术、设计、大数据等方面的专家，自2023年开始对广东服装产业进行长期动态研究，以期为政府、行业和企业提供可参考的产业研究成果。

[2] 王先庆，教授，广东白云学院应用经济学院院长、现代产业研究院院长、华南商业智库理事长、广东省商业经济学会会长；张杰，讲师，统计师，广东白云学院应用经济学院数字经济与统计系主任、时尚产业研究中心主任、产业分析师；汤清龙，广东白云学院应用经济学院讲师，数据分析师。

面辅料、制衣、印染加工、集散市场等在内的完善产业链，在服装设计和创新、制造工艺和生产效率等方面都具有明显的竞争优势。值得一提的是，中国（广东）大学生时装周等时尚活动的成功举办，进一步提升了广东省服装产业的影响力和知名度，为产业发展注入了新的活力。

3. 服装定制在广东省的发展趋势与现状

目前，广东省的服装定制行业已经形成了较为完善的产业链，从面料选择、款式设计到量身定制、后期调整，都有专业的团队提供服务。同时，随着技术的不断进步，数字化定制技术也在广东省得到广泛应用，定制过程也因此更加便捷和高效。

未来，广东省服装定制行业的发展前景十分广阔。一方面，随着消费者对个性化需求的不断提升，定制市场有望进一步扩大；另一方面，随着技术的进步和产业链的不断完善，广东省的服装定制行业将有望实现更高水平的定制化服务和更广泛的市场覆盖。

二、广东省服装定制产业分析

1. 市场规模与增长趋势分析

从2018年开始，广东省定制服装规模总体呈现持续增长趋势。数据显示，截至2023年底，广东省定制服装市场规模达342.48亿元，较2022年增长1.7%。在细分市场中，私人定制产品附加值高，相对数量较小，整体实际需求占比不足5%，但单价较高，达到724.2元。整体规模占比在18%左右，其中定制服装产量和需求量分别为2894.4万套和2296.1万套左右，分别较2022年增长1.62%和1.73%（图8-1）。

图8-1 2018~2023年广东省服装定制产业主要经济指标

（**数据来源**：团队整理）

2018~2023年，广东省服装定制产业营收占全国比重呈波动变化趋势。2023年，广东省服装定制产业占全国比重为18.41%，相比2022年小幅下降。但接近全国1/5的营收比重，彰显广东服装定制在全国该产业的地位仍然较高（图8-2）。

图8-2 2018~2023年广东省服装定制产业营收占全国比重

（**数据来源**：团队整理）

从产量变化情况来看，2018~2023年，广东省服装定制产量整体呈下降趋势。2022年，定制服装总产量为7.16亿件，同比下降12.57%。2023年1~9月，广东省服装定制总产量为5.32亿件，同比增长10.7%（图8-3）。

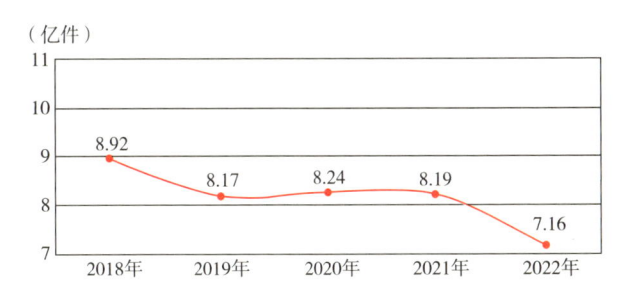

图8-3 2018~2022年广东省服装定制总产量

（**数据来源**：团队整理）

2. 企业注册资金规模与空间分位分析

截至2023年底，广东省开展服装定制业务的企业注册资金规模和具体占比情况见表8-1。

观察表8-1可以得出，注册资金在100万~200万元的企业数占比最大，为41.41%；广东省开展服装定制业务企业的注册资金的中位数为200.12万元，平均值为145.65万元，偏度系数为-0.250，峰度系数为-0.720（图8-4）。

表8-1　广东省服装定制业务企业注册资金规模表

序号	注册资金/万元	占比/%	累积占比/%
1	20以下	13.31	13.31
2	20~50	3.75	17.06
3	50~100	16.38	33.44
4	100~200	41.41	74.85
5	200~500	7.40	82.25
6	500以上	17.75	100
	合计	100	—

（数据来源：团队整理）

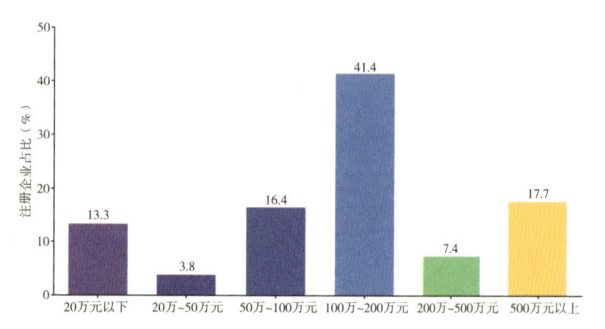

图8-4　注册规模

（数据来源：团队整理）

广州市开展服装定制业务企业的注册资金帕累托如图8-5所示。

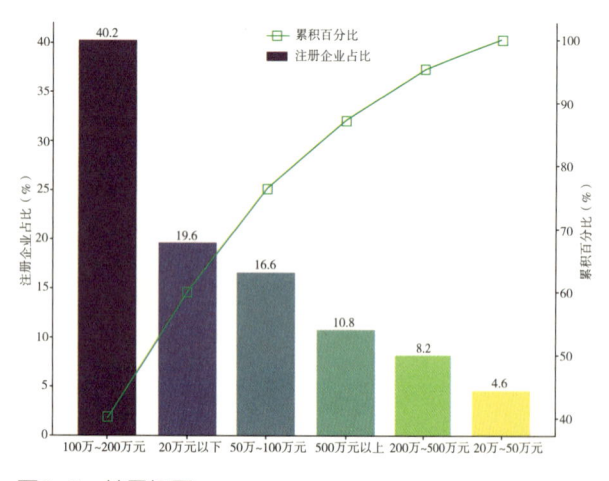

图8-5　帕累托图

（数据来源：团队整理）

从空间分布来看，广东省服装定制注册企业较为集中在珠三角地区。其中以广州和佛山两市更为集中。

从广州的情况来看，注册企业排名前五的区分别是花都区、白云区、增城区、天河区和黄埔区。佛山五区中排名前两位的分别是顺德区和高明区（图8-6）。

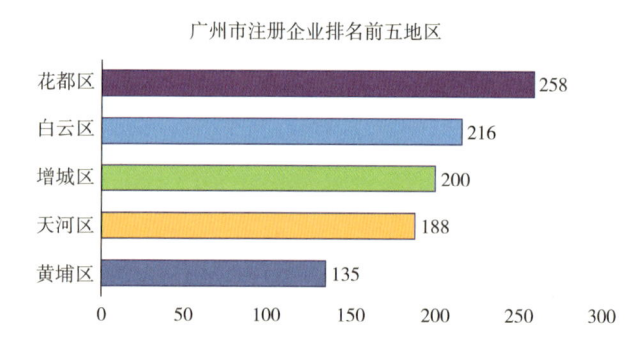

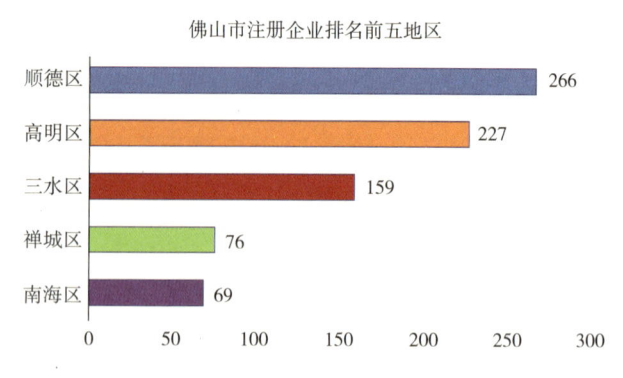

广州市注册企业排名前五地区
- 花都区　258
- 白云区　216
- 增城区　200
- 天河区　188
- 黄埔区　135

佛山市注册企业排名前五地区
- 顺德区　266
- 高明区　227
- 三水区　159
- 禅城区　76
- 南海区　69

图8-6　广东省服装定制注册企业空间分布

（数据来源：团队整理）

网络抽样数据显示，本次入样的全市注册企业总数为1547家，其中大型企业（注册资金数大于200万元以上）为322家、中等企业（注册资金数介于50万元到200万元）为954家、小型企业（注册资金数小于50万元）为271家，占比分别为20.81%、61.67%和17.52%。中小型企业合计为1225家，占比为79.19%。

具体从广州市大型企业的情况来看，在全市入样的322家企业中，超过35家企业且排名前五的区分别是花都区、白云区、天河区、增城区和海珠区。这与注册企业数排名略有不同，主要表现为天河区在大型企业当中占比较高，原因可能是一部分大型企业注册地放在了天河珠江新城CBD中央商务区（图8-7）。

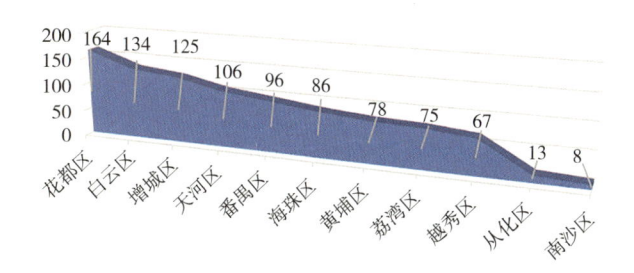

图8-8 广州市中型企业分布情况

（**数据来源**：团队整理）

从广州市小型企业空间分布情况来看，在全市入样的271家企业中，超过35家且排名前五的区分别是花都区、增城区、白云区、天河区和黄埔区（图8-9）。

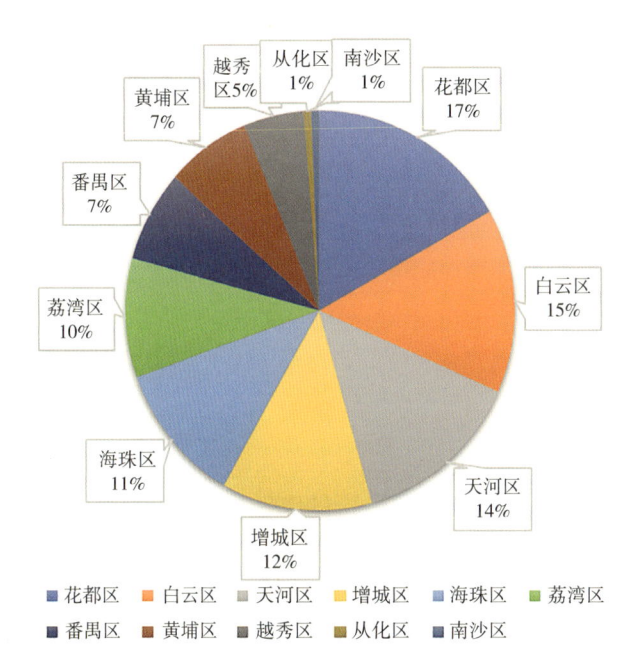

图8-7 广州市大型企业各区分布情况

（**数据来源**：团队整理）

从广州市中等规模企业空间分布情况来看，在全市入样的954家企业中，超过90家且排名前五的区分别是花都区、白云区、增城区、天河区和番禺区。海珠区在这一档没有进入前五的原因可能是小型企业较为集中，家庭作坊式企业占比较大（图8-8）。

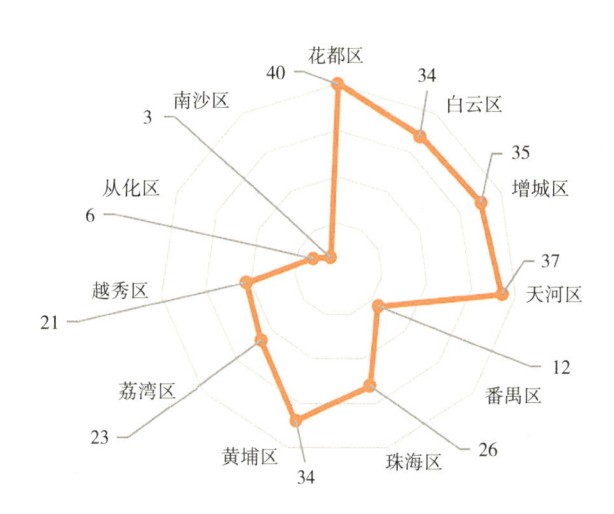

图8-9 广州市小型企业分布情况

（**数据来源**：团队整理）

综合上述基础数据，将三个不同类型各自排名前五的区列于表8-2。

表8-2中数据显示，花都区在大、中、小型企业分布的排名中均居第一位，这与花都区产业结构现状基本吻合；白云区在三种类型企业的分布中，两项排名前二，一项排名前三，这与白云区实体制造业，尤其是服装制造、时尚都市区的发展定位具有较大的关

表8-2 广州市开展服装定制业务企业分区数（按注册资金排序）

类型	排名1	排名2	排名3	排名4	排名5
大型企业	花都区	白云区	天河区	增城区	海珠区
中型企业	花都区	白云区	增城区	天河区	番禺区
小型企业	花都区	增城区	白云区	黄埔区	天河区

联。表中标色的"剪刀交叉"可能与目前很多大型企业将设计、出样、电商、售后等前后端工序放在天河商务区，制造、包装等中段工序放在增城区的工厂具有较大关联。

3. 广东省服装定制产业名牌名企空间分位分析

2024年4月，第七届"中国服装招标采购评价推介"活动评选出"2024中国服装高端定制十大品牌"（表8-3）。

2023年12月，广东服装名牌名企评价项目评选中，共4个大类、8个品牌的省内66家企业上榜（图8-10）。

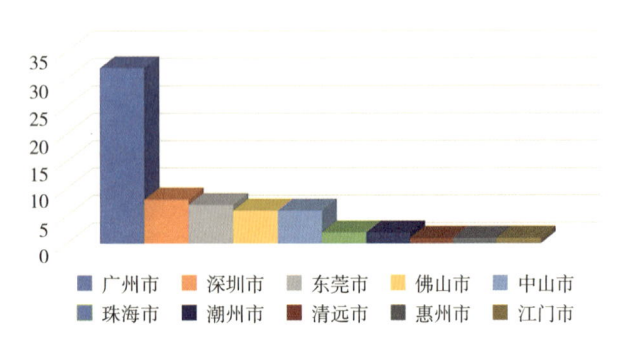

图8-10　广东服装品牌企业分布图

（数据来源："广东时装周"微信公众号）

从上榜企业的空间分布看，目前广东服装定制产业集中在珠三角地区，珠三角的9个地市中，共有8个地市有企业上榜；另外粤东的潮州市和粤北的清远市分别有2家和1家企业上榜。66家企业中，广州市以32家企业位列首席，占比接近50%，其他依次是深圳市8家、东莞市7家、佛山市6家、中山市6家、潮州市2家、珠海市2家、惠州市1家、江门市1家、清远市1家。

从品牌和类型上看，消费领军品牌共9家企业上榜，集中在广州和深圳两市，其中广州市7家、深圳市2家；供应链品牌标杆企业共3家，分布在广州市、佛山市和东莞市，均为1家企业；消费成就品牌共12家，其中广州市6家、占比50%，惠州市2家、珠海市2家、深圳市和佛山市各1家；供应链品牌优质企业12家，其中中山市5家、占比接近50%，广州市3家、东莞市2家、佛山市和清远市各1家；供应链品牌面辅料优质企业共5家，其中广州市3家、占比60%，佛山市和江门市各1家；消费先锋品牌共4家，其中广州市和东莞市各2家；消费先锋电商品牌共3家，全部集中在广州市；消费先锋设计师品牌共3家，其中广州市、深圳市和潮州市各1家。除此以外，本次项目评审还评选出数智化软件优质服务商共15家，其中广州市6家、深圳市4家、佛山市和东莞市各2家、中山市1家。

三、基于数据分析的结论性观点

1. 产业发展潜力巨大，前景广阔

广东省服装定制产业在近年来的发展势头强劲，

表8-3　2024中国服装高端定制十大品牌

序号	品牌	信用等级	客户满意度	企业名称
1	红都	AAA	☆☆☆☆☆	北京红都集团有限公司
2	JOEONE 九牧王	AAA	☆☆☆☆☆	九牧王股份有限公司
3	HUBAO	AAA	☆☆☆☆☆	江苏虎豹集团有限公司
4	劲霸	AAA	☆☆☆☆☆	劲霸男装股份有限公司
5	DONGMENG	AAA	☆☆☆☆☆	东蒙集团有限公司
6	红领	AAA	☆☆☆☆☆	青岛酷特智能股份有限公司
7	国人	AAA	☆☆☆☆☆	国人服饰股份有限公司
8	圣得西	AAA	☆☆☆☆☆	湖南东方时装有限公司
9	WEIBANG	AAA	☆☆☆☆☆	广东伟帮服装实业有限公司
10	RANDS 创世	AAA	☆☆☆☆☆	大杨集团有限责任公司

（数据来源："好品优品品牌发布"微信公众号）

已然成为推动广东省乃至全国经济增长的重要引擎。无论是在总量规模、利润总额，还是营收占比等各项经济指标上，都展现出了重要的基础性地位和先锋拉动作用。

从总量规模来看，广东省服装定制产业占据了行业的显著位置。随着消费结构的升级和个性化需求的增加，越来越多的消费者开始倾向于选择定制化的服装。这种趋势为该产业带来了巨大的市场空间，使得该产业的规模不断扩大。众多定制品牌和企业如雨后春笋般涌现，形成了集中于珠三角地区的"集聚效应"，进一步提升了广东省服装定制产业的总体规模。

从利润总额来看，广东省服装定制产业表现出了强劲的增长势头。由于定制化服装，尤其是私人高端定制通常具有较高的附加值和利润空间，该产业的利润总额也在稳步增长。同时，随着消费者对服装品质和个性化的追求，愿意为定制服装支付更高价格的消费者群体也在不断扩大，这为该产业带来了更为可观的利润回报。

从营收占比来看，该产业在整体服装产业中的占比逐年提升。这表明定制化生产已经成了服装产业发展的重要趋势之一，而广东省在该领域的发展尤为突出。随着越来越多的传统服装企业开始尝试定制化转型，广东省服装定制产业的营收占比有望继续提升，将进一步巩固其在行业中的领先地位。

2. 总体规模和总产量波动幅度较大

从数据分析中不难发现，最近三年来，广东服装定制产业总体规模和总产量波动幅度较大。这一现象的成因是多方面的，既有疫情对市场的直接冲击，也有经济环境对产业发展的深刻影响。

首先，疫情对广东服装定制产业造成了较为严重的冲击。疫情期间，由于封锁和隔离措施的实施，人们的出行和聚集活动受到了极大限制，导致服装定制业务的需求大幅下降。同时，由于全球供应链的混乱和物流成本的上升，服装定制产业的原材料采购和生产环节也受到了影响，使得部分定制企业不得不缩减生产规模或暂停运营。

其次，经济下行压力的增大也对广东服装定制产业产生了较为长期的影响。在经济不景气的情况下，消费者的购买力普遍下降，对服装定制这种高端消费的需求自然也会减少。此外，经济下行还可能引发一系列连锁反应，如企业利润下滑、资金紧张等。

最后，广东服装定制产业自身也存在一些结构性问题。一方面，部分定制企业在产品设计和创新方面缺乏核心竞争力，难以吸引和留住消费者；另一方面，一些企业在生产管理和成本控制方面存在不足，导致产品质量和价格难以与市场需求相匹配。这些问题在疫情冲击和经济下行压力的双重影响下，进一步加剧了产业的波动。

尽管面临着诸多困难和挑战，我省服装定制产业仍在积极寻求数字化转型和升级的路径。一些企业开始注重产品设计和创新，通过开发具有独特性和个性化的定制产品来吸引消费者；同时，一些企业也在加强生产管理和成本控制，提高产品质量和降低价格，以应对市场竞争和经济压力。政府和社会各界也在为该产业的发展提供支持和帮助。政府出台了一系列扶持政策，如减免税费、提供融资支持等，以减轻企业的负担和压力；同时，一些行业协会和机构也在积极组织培训和交流活动，帮助企业提高竞争力和适应能力。

3. 中小型服装企业定制化、数字化转型任务急迫

广州市服装定制企业中，中小型企业占据了相当大的比重，它们是推动行业发展和提升市场活力的中坚力量。在数字化浪潮席卷全球的今天，这些中小型企业不仅是目前一段时间内广州市服装定制产业进行数字化转型的主力军，更是未来持续推动产业创新和升级的重要战力。

中小型企业数量众多、占比较大，是广州市服装定制产业的基本盘。这些企业灵活多变，反应迅速，能够迅速捕捉市场变化和消费者需求，是产业发展的重要支撑。它们广泛分布在广州市各区各镇，形成了较为完善的产业链条和配套体系，为产业的稳步发展提供了坚实的基础。

正是由于中小型企业数量众多，它们在资源、技术和管理等方面普遍面临着一些挑战。很多中小型企业在数字化转型方面缺乏足够的资金和技术支持，难以快速适应新的市场环境和消费者需求。同时，由于规模相对较小，这些企业在人才引进和培养方面也存在一定的困难，制约了企业的创新能力和发展速度。

因此，以广州市中小型服装定制企业数字化转型为契机，进而推动广东省同类型企业进行数字化转型显得尤为重要。数字化转型不仅可以提高企业的生产效率和产品质量，降低生产成本，还可以帮助企业更好地把握市场动态和消费者需求，提升市场竞争力。通过数字化转型，中小型企业可以突破传统的发展瓶颈，实现转型升级和可持续发展。

在推动数字化转型的过程中，政府、行业协会和企业自身都需要发挥积极的作用。政府可以出台相关政策，提供资金支持和技术指导，帮助中小型企业解决数字化转型过程中的困难和问题。行业协会可以组织相关培训和交流活动，提升企业的数字化转型意识和能力。企业自身则需要加强内部管理，提升员工素质，积极拥抱数字化技术，推动企业的创新发展。

4. 两区锚定抓手，实现产业优化升级

番禺区和白云区是广州市服装制造业的两大重点区域，拥有丰富的产业资源和深厚的制造底蕴。近年来，随着数字化技术的快速发展，服装定制产业面临着前所未有的转型升级机遇。这两区应充分发挥其产业优势，以服装定制数字化转型升级为抓手，积极呼应广州市北部筑造战略新极点的城市发展规划和思路。

服装定制数字化转型升级是顺应时代发展趋势的必然选择。它可以帮助企业更好地捕捉市场变化，满足消费者的个性化需求。通过引入智能制造、大数据分析等先进技术，企业可以实现对生产过程的精准控制，提高定制服务的响应速度和个性化程度，从而赢得更多消费者的青睐。此外，广州市政府一直致力于推动产业结构的优化和升级，加大对新兴产业的扶持力度。花都区和白云区作为广州市北部的重要区域，将受益于这一战略规划，获得更多的发展机遇和政策红利。通过加强与政府的沟通合作，两地可以争取到更多的项目支持和资金扶持，推动服装定制产业快速发展。

在推动服装定制数字化转型升级的过程中，花都区和白云区还需要注重产业协同和创新发展。两地可以加强产业链上下游企业的合作与联动，形成紧密的产业集群和供应链体系，共同应对市场竞争和风险挑战。同时，还可以加强与高校、科研机构的合作，引进高端人才和创新资源，推动技术创新和成果转化，为产业的发展注入新的动力。

此外，番禺区、增城区也是服装定制业集聚和升级的大区。尤其是番禺区北部南村、大石两镇，集聚了相对完整的服装产业链。希音等多家服装定制龙头企业汇聚于此，并与海珠中大布匹商圈形成产业联动，促进高端产业的快速发展。

5. 以强补弱，全省协同发展

从上榜企业数据的相关描述性分析中可以清晰地看到，珠三角地区仍然是广东省服装定制产业发展的核心区域，引领着全省的潮流与方向。然而与此同时，粤北山区、粤东和粤西两翼地区的服装定制产业则显得相对滞后，面临着巨大的发展挑战。这些地区如何抓住数字化转型的历史机遇，实现以服装定制的数字化转型为标杆的"弯道超车"，成了当下亟待解决的重要民生问题，也是关系全省共同富裕目标实现的经济问题。

粤北山区、粤东和粤西两翼地区要想实现服装定制产业的数字化转型，首先需要正视自身的不足和短板。这些地区往往面临着资金、技术、人才等多方面的限制，难以像珠三角地区那样迅速引进先进的技术和管理模式。因此，在数字化转型的过程中，这些地区需要更加注重对自身实际情况的考虑，以制订出切实可行的转型策略。具体来说，这些地区可以从以下几个方面入手。首先，加大政策扶持力度，为服装定制产业的数字化转型提供资金、技术等方面的支持。政府可以出台相关政策，鼓励企业加大在数字化技术方面的投入，推动企业的技术创新和产业升级。其次，加强人才引进和培养，吸引更多高素质的人才来到这些地区，为产业的发展提供人才保障。同时，也可以通过培训和交流等方式，提升当地人才的数字化技能和创新意识。再次，这些地区需要加强与珠三角地区的合作与交流，借鉴其成功的经验和做法。通过合作与交流，可以了解最新的市场动态和技术趋势，学习先进的管理模式和经营理念，从而加速自身的数字化转型进程。同时，也可以借助珠三角区的资源优势，拓展自身的产业链和市场空间，提升自身的竞争力和影响力。最后，这些地区需要注重产业的可持续发展。数字化转型不是简单的技术升级，而是对整个产业的重新定位和布局。因此，在推进数字化转型的同时，还需要注重产业的绿色、环保和可持续性，确保产业与当地生态环境协调发展。

四、建议与展望

1. 定制化转型的建议与展望

一是加大对技术研发的投入，提高服装产业的数字化、定制化、智能化、自动化水平。以推进工业互联网与智能制造为着力点，通过引入先进的生产设备和技术手段，实现个性化设计与快速生产的有机结合，提高定制的效率和精度。加强与其他产业的合作与交流，引入跨界创新元素，推动服装定制的多样化发展。

二是加强与上下游产业的合作与联动，构建完整的定制化产业链。通过与面料供应商、辅料供应商、设计师等相关产业的紧密合作，实现资源共享和优势互补，降低生产成本，提高市场竞争力。同时，加强产业间的信息交流与合作，共同推动广东服装产业的创新发展。

三是加强服装定制的理论研究和模式提炼。广东是中国最大的服装制造大省之一，产业体系完整，产业布局广泛，服装企业数量多、产量大，在服装定制领域和产业数字化方面都一直走在全国前列，具有明显的产业特色。同时，广东服装定制与时尚化具有显著的相关性，这也值得从理论上加以深化。

四是加强培训，普及商品定制的专业知识，深化产业部门对定制市场的理解。深入市场进行调研，了解消费者的个性化需求和购买习惯。通过对市场数据的分析和挖掘，精准定位目标消费群体，为定制化生产提供有力的市场支撑。同时，加强与消费者的互动与沟通，及时获取反馈意见，不断优化定制服务体验。

2. 可持续发展的建议与展望

一是积极响应国家环保政策，推广使用环保材料和技术。通过选用有机棉、竹纤维等可再生、可降解的材料，减少生产过程中的废弃物和污染物排放。同时，加强对生产废水的处理和再利用，降低对水资源的消耗和污染。

二是加强对供应链的管理和优化，实现资源的高效利用。通过与供应商建立长期稳定的合作关系，确保原材料质量和供应的稳定性。同时，加强库存管理，减少库存积压和浪费。通过建立共享平台，实现资源的共享和循环利用，降低生产成本，减少浪费。

三是通过加强产学研合作，培养一批具有创新精神和专业技能的人才。同时，积极引进国内外优秀的服装设计师、工艺师等，为产业的创新发展提供智力支持。此外，还可以举办各类培训活动，提升从业人员的专业技能和素质水平。广东省服装服饰行业协会可与高校联手，重点推动定制人才的培训，包括课程设置、教材建设、实习基地等。同时，政府部门、行业协会以及高校、科研机构应联手合作，制订服装定制的标准体系和行业规范，从而引导产业的可持续发展。

第九部分

产业政策汇编

工业和信息化部　国家发展改革委　商务部　市场监管总局关于印发《纺织工业提质升级实施方案（2023—2025年）》的通知

工信部联消费〔2023〕232号

扫描二维码可查看原文

广东省工业和信息化厅等7部门关于印发广东省发展现代轻工纺织战略性支柱产业集群行动计划（2023—2025年）的通知

粤工信消费函〔2023〕16号

扫描二维码可查看原文

广东省人民政府办公厅关于印发广东省扩大内需战略实施方案的通知

粤府办〔2023〕14号

扫描二维码可查看原文

广东省人民政府办公厅关于印发广东省新形势下推动工业企业加快实施技术改造若干措施的通知

粤办函〔2023〕293号

扫描二维码可查看原文

广东省工业和信息化厅关于印发《关于进一步推动纺织服装产业高质量发展的实施意见》的通知

粤工信消费函〔2023〕2号

扫描二维码可查看原文

广东省工业和信息化厅等9部门关于印发《广东省实施消费品工业"数字三品"三年行动方案》的通知

粤工信消费函〔2023〕5号

扫描二维码可查看原文

广东省工业和信息化厅关于印发纺织服装和家具行业数字化转型指引的通知

粤工信消费函〔2023〕7号

扫描二维码可查看原文

广东省工业和信息化厅关于2024年开展"穿粤时尚潮服荟"打造纺织服装新质生产力行动方案

扫描二维码可查看原文

广州市番禺区科技工业商务和信息化局关于印发《广州市番禺区推动时尚产业高质量发展行动方案》的通知

扫描二维码可查看原文

广州市增城区人民政府办公室关于印发增城区推动纺织服装产业高质量发展扶持办法的通知

增府办规〔2023〕7号

扫描二维码可查看原文

市工业和信息化局关于印发《深圳市现代时尚产业集群数字化转型实施方案（2023—2025年）》的通知

扫描二维码可查看原文

"时尚新品"跨界融合发展行动计划（2024—2025年）

深工信〔2024〕53号

扫描二维码可查看原文

东莞市人民政府关于印发《关于加快推进新型工业化　高质量建设国际科创制造强市的实施意见》的通知

东府〔2024〕1号

扫描二维码可查看原文

关于印发《东莞市支持纺织服装产业发展若干措施》的通知

扫描二维码可查看原文

关于印发《珠海市香洲区支持时尚产业高质量发展办法》的通知

珠香府办〔2023〕2号

扫描二维码可查看原文

汕头市支持纺织服装产业发展若干措施

汕府办通〔2023〕23号

扫描二维码可查看原文

汕头市濠江区人民政府办公室关于印发《汕头市濠江区纺织服装产业发展若干扶持措施》的通知

汕濠府办〔2023〕7号

扫描二维码可查看原文

普宁市人民政府关于印发普宁市纺织服装业"四名工程"实施方案的通知

普府规〔2023〕2号

扫描二维码可查看原文

附　录

附录一　中国纺织工业联合会纺织产业集群共建试点名单（广东省）

2022年12月

中国纺织产业基地市（县）

1. 广东省开平市　中国纺织产业基地市
2. 广东省普宁市　中国纺织产业基地市
3. 广东省汕头市　中国纺织服装产业基地市

中国纺织产业特色名城

1. 广东省广州市越秀区　中国服装商贸名城
2. 广东省广州市海珠区　中国纺织时尚名城
3. 广东省潮州市　中国婚纱礼服名城
4. 广东省汕头市澄海区　中国工艺毛衫名城
5. 广东省汕头市潮南区　中国内衣家居服装名城

纺织产业特色名镇

1. 广东省东莞市大朗镇　中国羊毛衫名镇、世界级毛织产业集群先行区
2. 广东省东莞市虎门镇　中国女装名镇、中国童装名镇、世界级服装产业集群先行区
3. 广东省开平市三埠街道　中国牛仔服装名镇
4. 广东省中山市沙溪镇　中国休闲服装名镇
5. 广州省中山市大涌镇　中国牛仔服装名镇
6. 广东省中山市小榄镇　中国内衣名镇
7. 广东省普宁市流沙东街道　中国内衣名镇
8. 广东省深圳市龙华区大浪时尚小镇　中国品牌服装名镇、世界级时尚小镇先行区
9. 广东省佛山市南海区西樵镇　中国面料名镇
10. 广东省佛山市南海区大沥镇　中国内衣名镇
11. 广东省佛山市禅城区张槎街道　中国针织名镇
12. 广东省佛山市禅城区祖庙街道　中国童装名镇
13. 广东省佛山市顺德区均安镇　中国牛仔服装名镇
14. 广东省汕头市潮阳区谷饶镇　中国针织内衣名镇
15. 广东省汕头市潮南区峡山街道　中国家居服装名镇
16. 广东省汕头市潮南区陈店镇　中国内衣名镇
17. 广东省汕头市潮南区两英镇　中国针织名镇
18. 广东省博罗县园洲镇　中国休闲服装名镇

附录二　广东省各地纺织服装商协会名录

1. 广东省服装服饰行业协会
2. 广东省服装设计师协会
3. 广州服装行业协会
4. 广州市服装制版技术学会
5. 广州市越秀区服装商会
6. 广州市海珠区中大国际创新生态谷纺织产业联合会
7. 广州市海珠中大纺织产业商会
8. 广州市番禺区服装服饰行业协会
9. 广州市荔湾区儿童服装用品商会
10. 广州市白云区服装服饰产业促进会
11. 广州市白云区服装皮具鞋业商会
12. 广州市白云区裘皮协会
13. 广州市增城区新塘商会
14. 广州市增城区服装设计师协会
15. 新塘牛仔服装产业促进会
16. 广州白马服装商会
17. 深圳市服装行业协会
18. 深圳市时装设计师协会
19. 珠海市服装服饰行业协会
20. 汕头市纺织服装产业协会
21. 汕头市澄海区纺织品与服装协会
22. 佛山市纺织服装行业协会
23. 佛山市禅城区张槎针织服装行业协会
24. 佛山市南海区纺织行业协会
25. 佛山市南海区盐步内衣行业协会
26. 佛山市顺德区纺织商会
27. 佛山市顺德区纺织服装协会
28. 佛山市高明区纺织（服装）协会
29. 博罗县园洲纺织服装行业协会
30. 东莞市服装服饰行业协会
31. 东莞市毛纺行业协会
32. 东莞市毛织服装设计师协会
33. 东莞市虎门服装设计师协会
34. 东莞市虎门服装服饰行业协会
35. 东莞市虎门童装品牌企业联合会
36. 东莞市茶山纺织服装行业协会
37. 中山市纺织服装行业协会
38. 中山市服装设计师协会
39. 中山市沙溪服装行业协会
40. 中山市沙溪镇直播电商协会
41. 中山市小榄镇商会
42. 中山市大涌镇商会
43. 阳江市服装鞋帽行业商会
44. 潮州市服装行业协会
45. 普宁市服装纺织协会
46. 普宁市纺织服装内衣产业协会
47. 普宁服装商会
48. 清远市纺织服装行业协会

附录三　主板上市服装公司名录（广东省）

序号	单位名称	股票名	股票代码	交易所
1	金发拉比妇婴童用品股份有限公司	金发拉比	002762	SZ
2	深圳汇洁集团股份有限公司	汇洁股份	002763	SZ
3	比音勒芬服饰股份有限公司	比音勒芬	002832	SZ
4	深圳市安奈儿股份有限公司	安奈儿	002875	SZ
5	广东洪兴实业股份有限公司	洪兴股份	001209	SZ
6	深圳歌力思服饰股份有限公司	歌力思	603808	SH
7	卡宾服饰有限公司	卡宾	02030	HK
8	赢家时尚控投有限公司	赢家时尚	03709	HK
9	都市丽人（中国）控股有限公司	都市丽人	02298	HK
10	广东柏堡龙股份有限公司	ST柏龙	002776	SZ
11	摩登大道时尚集团股份有限公司	ST摩登	002656	SZ
12	稳健医疗用品股份有限公司	稳健医疗	300888	SZ

附录四 广东省服装与服饰设计专业院校开设基本情况

序号	院校	层次	类型	所在地	所在学院
1	华南理工大学	本科	985/211/双一流	广州	设计学院
2	华南农业大学	本科	双一流	广州	艺术学院
3	广州美术学院	本科	公办	广州	工业设计学院
4	五邑大学	本科	公办	江门	艺术设计学院
5	广东工业大学	本科	公办	广州	艺术与设计学院
6	广东技术师范大学	本科	公办	广州	美术学院
7	惠州学院	本科	公办	惠州	旭日广东服装学院
8	岭南师范学院	本科	公办	湛江	美术与艺术学院
9	广东白云学院	本科	民办	广州	艺术设计学院
10	广东培正学院	本科	民办	广州	艺术学院
11	广东科技学院	本科	民办	东莞	艺术设计学院
12	湛江科技学院	本科	民办	湛江	美术与设计学院
13	广州城市理工学院	本科	民办	广州	珠宝学院
14	华南农业大学珠江学院	本科	独立学院	广州	设计学院
15	广东理工学院	本科	民办	广州	艺术系
16	广州新华学院	本科	民办	广州	艺术设计与传媒学院
17	北京理工大学珠海学院	本科	独立学院	珠海	设计与艺术学院
18	广东轻工职业技术学院	高职（专科）	公办	广州	艺术设计学院
19	广东生态工程职业学院	高职（专科）	公办	广州	艺术与设计学院
20	广东女子职业技术学院	高职（专科）	公办	广州	应用设计学院
21	广州科技贸易职业学院	高职（专科）	公办	广州	艺术设计学院
22	广东文艺职业学院	高职（专科）	公办	广州	设计与工艺美术学院
23	广州工程技术职业学院	高职（专科）	公办	广州	艺术与设计学院

续表

序号	院校	层次	类型	所在地	所在学院
24	深圳职业技术学院	高职（专科）	公办	深圳	艺术设计学院
25	广东职业技术学院	高职（专科）	公办	佛山	服装学院、纺织学院
26	中山职业技术学院	高职（专科）	公办	中山	艺术设计学院
27	惠州城市职业学院	高职（专科）	公办	惠州	艺术学院
28	东莞职业技术学院	高职（专科）	公办	东莞	创意设计学院
29	河源职业技术学院	高职（专科）	公办	河源	人文艺术学院
30	汕头职业技术学院	高职（专科）	公办	汕头	艺术体育系
31	揭阳职业技术学院	高职（专科）	公办	揭阳	艺术与体育系
32	私立华联学院	高职（专科）	民办	广州	应用设计系
33	广州南洋理工职业学院	高职（专科）	民办	广州	数字艺术与设计学院
34	广州华立科技职业学院	高职（专科）	民办	广州	艺术与传媒学院
35	广东岭南职业技术学院	高职（专科）	民办	广州	艺术与传媒学院
36	广州涉外经济职业技术学院	高职（专科）	民办	广州	艺术与教育学院
37	广州城建职业学院	高职（专科）	民办	广州	艺术与设计学院
38	广东创新科技职业学院	高职（专科）	民办	东莞	建筑与设计学院
39	广东文理职业学院	高职（专科）	民办	湛江	建筑与艺术传媒学院
40	广州大学	本科	公办	广州	美术与设计学院
41	广州市白云工商技师学院	高技	民办	广州	服装系
42	广东省轻工业技师学院	高技	公办	广州	服装设计系
43	广州市工贸技师学院	高技	公办	广州	文化创意产业系
44	华南师范大学	本科	公办	广州	美术学院
45	深圳大学	本科	公办	深圳	艺术学院
46	广东海洋大学	本科	公办	湛江	中歌艺术学院
47	珠海科技学院	本科	民办	珠海	美术与设计学院
48	广州大学纺织服装学院	高职（专科）	民办	广州	服装系、纺织工程系
49	广东南华工商职业学院	高职（专科）	公办	广州	建筑与艺术设计学院
50	惠州经济职业技术学院	高职（专科）	民办	惠州	艺术与设计学院
51	东莞市技师学院	高技	公办	东莞	—

续表

序号	院校	层次	类型	所在地	所在学院
52	广州市广播电视大学纺织服装分校	高职	公办	广州	—
53	香港服装学院	高职	民办	深圳	—
54	广州市秀丽服装学院	高职	民办	广州	—

附录五　个人荣誉名录

中国时装设计"金顶奖"获奖者名录（广东省）

张肇达、刘洋、房莹、计文波、罗峥、梁子、李小燕、杨紫明、王玉涛、刘勇、赵卉洲、邓兆萍、毛宝宝

中国十佳时装设计师名录（广东省）

张肇达、刘洋、马可、计文波、刘洋、房莹、曾维、黄谷穗、王鸿鹰、鲁莹、梁子、邓皓、范晓玉、罗峥、屈汀南、方健夫、王宝元、李小燕、林姿含、金憓、王玉涛、邓兆萍、刘勇、刘霖、邓庆云、邱伟、颜加华、张维国、赵亚坤、丁勇、赵黎霞、刘星、赵卉洲、吴飞燕、陈非儿、董怀光、刘星、黄皆明、林进亮、袁冰、蔡中涵、庄淦然、董文梅、林栖、黄刚、高捡平、徐花、徐妃妃、黄光辰、杨宇、孙贵填、郭鹤、王思元

历届广东十佳服装设计师名录

第一届
十佳： 黄谷穗、阳丹、童春晖、邹凯媚、叶桂燕、钟小敏、刘云、高山、张兆梅、鲍燕华

第二届
十佳： 梁子、黄征敏、林晓洁、方建夫、张建中、黄赛、李玉英、郑妙华、吴艳芬、黄菊

第三届
协会奖： 邓兆萍
十佳： 蔡蕾、朱丽君、程飞、肖南、吴思璁、李永康、黄艳、甘健甫、崔可、林强盛

第四届
十佳： 陈建华、江平、陈玉清、陈倩姿、冼裔冬、殷望星、徐建芳、黄启泉、蔡宝来、蔡涵

第五届
十佳： 曹美媚、陈季红、彭莹、李杏梧、陈章成、郑小江、李贵洲、刘艺、何建华、冯璐

第六届
协会奖： 周强、许素明、赵黎霞
十佳： 赵黎霞、张维国、刘莎、姚璎格、赵亚坤、许素明、周懿、彭薇、周强、周向前

第七届
协会奖： 曾翔、黄刚、陈玉玲
十佳： 曾翔、黄刚、陈玉玲、黄清、卢一、李超、刘亮、陈志军、沈建英、张帆

第八届
协会奖： 陈非儿、吴飞燕、卢伟星
十佳： 陈非儿、吴飞燕、卢伟星、孙恩乐、孙月斌、刘健君、阿荣、彭秋丽、丁力、唐思

第九届
协会奖： 郑立红、董怀光、颜启明
十佳： 朱志灵、黄丽珊、董怀光、方惠娟、郑立红、颜启明、常静、谭国亮、魏延晓、王淑芳

第十届
协会奖： 赵思凡、谢秉政、马映淑
十佳： 赵思凡、谢秉政、马映淑、吴魏瑜、李爱燕、胡文静、林永建、刘泓君、黄海峰、黄荣秀

第十一届
协会奖： 赵嘉乐、王曦晨、刘宇
十佳： 王曦晨、丁伟、罗丽芬、范敏娜、赵嘉乐、谢群娣、刘宇、谢秀红、王炜、于小容

第十二届
协会奖： 施明聪、郭慧画、郑浩宁
十佳： 施明聪、郭慧画、郑浩宁、方杰俊、杨珊、邵诗茹、谭振航、谢堂仁、阎华英、文妙

第十三届
协会奖： 蔡中涵、季青松、高武愿
十佳： 郑浩宁、蔡中涵、王郁鑫、高武愿、季青松、凌红莲、林紫薇、司徒健、林伟生、李若涵

第十四届
协会奖： 陈伟雄、唐新宇、林子琪、徐英豪
十佳： 陈伟雄、唐新宇、林子琪、徐英豪、欧阳丽、周伊凡、钟选蓉、宋庆庆、康乐、阮志雄

第十五届
协会奖： 张馨匀、沈忆、左坤友、段艳玲
十佳： 张馨匀、郑玲玲、朱珍斐、沈忆、施圣洁、周艳云、郑蓓娜、左坤友、段艳玲、詹文同

第十六届
赵梦葳、张美丽、卡文、熊英、王荣、洛羲、马彬、俞秀、袁誉、黄思贤

第十七届
张恩、徐晓、韩银月、成晓琴、黄国利、朱珺钺、许师敏、陶文娟、蔡政乾、史勇、张宏侠

第十八届
邓薇薇、胡文伟、齐立良、闫春辉、倪进方、高佳杰、陈和斌、徐茵、王浩林、刘平

第十九届
高洪艳、陈乔、张允浩、陈文婷、刘家兆、严月娥、徐璐、王晨、郑衍旭、高烁珊

第二十届
唐志茹、何莲、梁蕊琛、杨盈盈、张丽莉、曹镕麟、张玉荣、杨龙、刘思佳、刘海东、米继斌、钟才

第二十一届
邓晓明、墨话（候晓琳）、李冠忠、张杰、吴晓蕾、胡浩然、刘祝余、谭靖榆、池坊婷、彭佩仪、帅桂英（帅常英）

第二十二届
侯东美、王丹红、关亚争、李小裁、张玉荣、瞿德刚、严碧虹、李填、张语惜、薛峰

第二十三届
张荣、张译文、许文浩、李欣、刘佳鑫、黄国东、黄永豪、杜韵淇、蒋淑倩、曾发隆、胡丽华、关淑敏

附录六 2023年中国服装行业百强企业名单（广东省）

2023年服装行业"营业收入"百强企业名单（广东省）

广州纺织工贸企业集团有限公司

快尚时装（广州）有限公司

深圳歌力思服饰股份有限公司

深圳市娜尔思时装有限公司

深圳市珂莱蒂尔服饰有限公司

深圳玛丝菲尔时装股份有限公司

广州市汇美时尚集团股份有限公司

深圳华丝企业股份有限公司

富绅集团有限公司

卡宾服饰（中国）有限公司

广州迪柯尼服饰股份有限公司

2023年服装行业"利润总额"百强企业名单（广东省）

比音勒芬服饰股份有限公司

快尚时装（广州）有限公司

深圳市珂莱蒂尔服饰有限公司

深圳市娜尔思时装有限公司

拉珂帝服饰（深圳）有限公司

深圳歌力思服饰股份有限公司

深圳玛丝菲尔时装股份有限公司

卡宾服饰（中国）有限公司

广州迪柯尼服饰股份有限公司

广州市汇美时尚集团股份有限公司

深圳华丝企业股份有限公司

富绅集团有限公司

2023年服装行业"营业收入利润率"百强企业名单（广东省）

比音勒芬服饰股份有限公司

快尚时装（广州）有限公司

深圳市珂莱蒂尔服饰有限公司

深圳市娜尔思时装有限公司

卡宾服饰（中国）有限公司

深圳玛丝菲尔时装股份有限公司

广州迪柯尼服饰股份有限公司

云创设计（深圳）集团有限公司

深圳歌力思服饰股份有限公司

富绅集团有限公司

附录七　2023年度广东省重点商标保护名录新申请纳入名单

（按单位首字母排序）

序号	申请人	商标名称	商标注册号	国际分类
1	广东爱依服商贸有限公司	爱依服	12367576	25
2	广州大时代针织有限公司	大时代 DASHIDAI	45088802	25
3	广州尚岑服饰有限公司	OCHIRLY	1405051	25
4	广州尚岑服饰有限公司	欧时力	3396320	25
5	广州尚岑服饰有限公司	OCHIRLY	9562586	25
6	宏珏高级时装股份有限公司	GIADA	1569313	25
7	惠州市卡斯迪贸易有限公司	大叔家达文西	34927222	25
8	金利来（远东）有限公司	G 图形	553926	18
9	金利来（远东）有限公司	GOLDLION	506894	18
10	三立人（深圳）科技有限公司	蕉内	17735081	25
11	三立人（深圳）科技有限公司	BANANAIN	17735082	25
12	汕头市鉈品贸易有限公司	鉈品	21712812	25
13	汕头市鉈品贸易有限公司	鉈品	45410568	25
14	深圳减字科技有限公司	图形	45565317	25
15	素肌（广州）科技有限公司	素肌良品	35979349	25
16	旭日商贸（中国）有限公司	真维斯	1338397	25
17	旭日商贸（中国）有限公司	JEANSWEST	1338396	25
18	叶黎森	YARRISON	9542874	25
19	珠海赫基服饰有限公司	FIVE PLUS	5078445	25
20	珠海市卡索发展有限公司	CASTLE	19379490	25
21	珠海市卡索发展有限公司	卡索	7753984	25

附录八　2023年度广东省重点商标保护名录延续纳入名单

（按单位首字母排序）

序号	申请人	商标名称	商标注册号	国际分类
1	安莉芳（中国）服装有限公司	EMBRY FORM 安莉芳	1356051	25
2	广州依趣服装有限公司	熙然	7652562	25
3	卡尔丹顿服饰股份有限公司	卡尔丹顿	819407	25
4	卡尔丹顿服饰股份有限公司	KALTENDIN	7156851	25
5	天创时尚股份有限公司	KISSCAT	6062669	25
6	天创时尚股份有限公司	TIGRISSO	31269875	25

编著单位简介

广东省服装服饰行业协会

广东省服装服饰行业协会于1990年经广东省民政厅批准成立。34年的发展历程，积淀了省服协坚实的行业基础，以"提供服务、反应述求、规范行为"为己任，依法办公、规范运作，自身建设逐步完善，行业服务能力不断提升，较好地发挥了桥梁作用，得到了政府部门、服装企业、设计师、媒体及社会大众的一致认可和好评，在行业内建立广泛的凝聚力、公信力和影响力。2010年获广东省民政厅认定为首批省级"5A级"社会组织之一。

近年来，协会严格按照《广东省行业协会条例》要求，以省委省政府《关于发挥行业协会商会作用的决定》《关于发展和规范我省社会组织的意见》等有关文件为指导，遵守法律、法规，依照章程开展各项工作。协会以推动广东服装产业高质量发展为宗旨，坚守"科技、时尚、绿色"的产业新定位，以提升产业素质为己任，为政府、行业、企业及社会提供与服装业相关的各类服务，在建设公共服务平台、发展品牌、培育人才、国内外交流、非遗时尚推广等方面，都取得了一定的成效，培育了广东时装周（已办33届）、中国（广东）大学生时装周（已办19届）、红棉国际男装周（已办12届）、"虎门杯"国际青年设计（女装）大赛（已办23届）等品牌活动，并积极推进服装产业集群建设。协会建立了广东纺织服装非遗传承振兴基地，被广东省文化和旅游厅认定为"广东省非物质文化遗产工作站（服装服饰工作站）"，被中国纺织工业联合会非遗办认定为"广东工作站"（全国仅设两个）；同时，被广东省商务厅认定为"广东省外贸转型升级基地工作站联盟纺织服装专业委员会主任委员单位"；被广州市委、市政府认定为时尚产业集群服装产业链"链主"单位；先后荣获了"全国纺织工业先进集体"、广东省首批"AAAAA级社会组织""全省性社会组织先进党组织""全国先进民间组织"和"全省先进民间组织"等荣誉称号。

协会于2009年8月率先成立了党支部，是全省首批5个成立党支部的省级协会之一，坚持党建工作走在前列，政治立场坚定，党支部按照《关于加强全省社会组织党的建设工作的实施意见》，积极开展各项工作，发挥战斗堡垒和先锋模范作用，多次荣获中共广东省社会组织委员会颁发的"全省性社会组织先进党组织"荣誉称号，2017年被认定为第一批全省性社会组织党建工作示范点创建培育单位。

协会积极履行社会责任，倡议会员服务社会公众，提出共建"粤港澳大湾区时尚创新走廊"，推动粤港澳大湾区时尚产业协同发展。2021年11月，协会荣获人力资源社会保障部、中国纺织工业联合会颁发的"全国纺织工业先进集体"荣誉称号。

广东省服装设计师协会

广东省服装设计师协会（Guangdong Fashion Designers Association）成立于2003年，是经广东省民政厅批准成立的具有社团法人资格的全省性行业组织，由从事服装设计、研究、教学、品牌管理和织造、针织、印染设计的专业人士及时尚界的专业机构的单位和个人自愿组成。

协会的宗旨是按照章程的规定和政府部门的委托，遵守宪法、法律和国家政策，遵守社会道德风尚，面向市场，面向世界，面向未来，加强横向联合，开展服饰文化艺术交流，规范职业标准，推动设计转化，促进广东服装和时尚产业的持续发展。

协会于2018年9月成立了党支部，坚持党建工作走在前列，政治立场坚定，党支部按照《关于加强全省社会组织党建工作的实施意见》，积极开展各项工作，发挥战斗堡垒和先锋模范作用。

多年来，协会在建设公共服务体系、培育人才、发展品牌、加强国内外交流、完善协会自身建设等方面，都取得了一定的成效，搭建了金字塔型完整的服装设计人才培养体系，形成了服务设计师、服务企业、服务行业、服务政府、服务社会的行之有效的服务方法。

协会与广东省服装服饰行业协会共同培育了广东时装周、中国（广东）大学生时装周、湾区（广东）时尚文化周、红棉国际时装周、"虎门杯"国际青年设计（女装）大赛等一系列具有重大影响力的品牌活动，承担了"省长杯"工业设计大赛现代轻工纺织专项赛的承办工作，通过"广东十佳服装设计师"推荐活动为中国服装设计师队伍发掘和培育出了超过230位享誉业内的广东十佳服装设计师，有力推动了广东服装设计的原创发展。

广东省时尚服饰产业经济研究院

广东省时尚服饰产业经济研究院成立于2010年5月，是在广东省民政厅登记成立的民办非企业单位，举办者是广东省服装服饰行业协会。作为中国领衔的时尚产业经济与商业研究咨询新智库，本研究院由来自服装企业、行业组织、教育机构、研究机构、金融机构、出版机构以及社会各界的海内外优秀研究人员组成，采用"双智库"模式，汇聚了粤港澳大湾区产业经济博士团队，建立了纺织服装行业资深专家智库。以独立客观、开放宽松的态度开展产业经济、商业模式、企业战略、品牌经营、科技创新、产业规划、产业数字化等方面规划及研究，拥有丰富的产业研究规划经验，为行业发展与企业竞争提供理论支持和最具实效性的战略咨询服务。

服务范围包括：承接服装及相关产业研究规划、标准制定；开展产业合作、企业管理及技术咨询服务、质量认证管理咨询，市场调查，知识产权咨询；承接政府采购咨询服务，政府公共服务管理咨询，政府财政绩效评审与评价服务，社会公益项目绩效研究与评估服务；开展会议及培训服务；编辑出版相关刊物等。

与国内传统的研究机构所不同的是，"广东省时尚服饰产业经济研究院"作为一个产业智库，将会吸引越来越多新一代富有创造力的研究者加入进来，目前研究院拥有一支近30位研究员、副研究员、博士等高素质人才组成的研究队伍。他们大部分人有在研究机构、政府部门、金融机构、大型企业工作的经历，对区域经济运作、企业经营管理有着切身的体会和实践经验，对内配合政府及行业机构有计划地出具行业经济研究报告、产业规划报告及各类调研情报输出；对外开展商业项目、学术课题研究和咨询服务，既着重把握行业的宏观环境，着眼于区域的长远发展，提高其可持续的竞争能力，强调国际惯例与中国实际国情相结合，使咨询服务具有"中国特色"，提供的咨询方案强调有针对性和可操作性。

广东省时尚服饰产业经济研究院同时也作为一个研究成果发布平台，发布形式包括：区域政府产业规划白皮书发布，每年度产业竞争力研究报告，定期产业经济动态简报，专属行业网站与权威财经媒体发布，培训、讲座、论坛、峰会发布等。

本研究院自成立以来，已取得了显著的研究成果。如编撰《广东服装产业"十四五"发展规划报告》《广东服装行业"十三五"发展规划报告》，宣贯国家相关政策，指导服装企业发展。同时，引导区域产业协同发展，受广西岑溪、广东清远、广东阳江等产业转移承接地委托编制《西部（岑溪）创业园纺织服装产业2021—2030年发展规划》《岑溪产业创新中心项目可行性研究报告》《清远华侨工业园纺织服装产业基地规划》《阳江高新技术产业开发区服装（鞋帽）产业发展规划》；协助政府规划，受广州市番禺区人民政府委托编制了《番禺区广州铁路新客运站商旅经济圈规划》；促进产业集群高质量发展，受中山市沙溪镇、惠州市园洲镇、东莞市茶山镇等镇政府委托编制了《沙溪服装产业发展规划》《园洲纺织服装产业发展规划》《茶山服装产业发展规划》。研究院还定期发布《广东服装产业研究》《首脑智库》《服装产业经济运行情况分析报告》等，帮助区域政府编制《产业规划白皮书》等，举办行业培训、专家讲座、主题论坛、研讨峰会等学术活动，为企业解读政府政策，为政府、企业发展提供决策参考，得到行业的高度肯定。

广东国际时尚艺术研究院

广东国际时尚艺术研究院（以下简称"艺术研究院"）是经广东省民政厅批准成立的非营利性科研机构。是广东首家具备独立法人资格的时尚艺术研究机构。艺术研究院本着"推动时尚、接轨国际、趋势研究、优势互补、全面合作、共同发展"的原则，整合各地设计师力量，联合国内外相关服装、品牌研究机构，发挥各级专业人才优势，面向社会、企业开展设计研究服务，以建成"中国时尚创意产业开发和科技成果转化平台""中国时尚创意企业的服务平台"和"中国时尚服饰产业人才培养平台"三大平台为目标，汇聚时尚的创新力量，提升时尚产业内涵魅力，为行业的发展提出科学的产业规划，以广东时尚服饰产业集群的优势推动中国时尚创意产业的跨越和持续发展。

聚集时尚创新力量，科学制定产业规划。艺术研究院将通过校企合作、设计大赛、时尚产业创新研究等途径，聚集海内外服装设计、品牌策划、营销创新、产业规划等方面的专家学者和时尚创新力量，科学系统地研究中国时尚产业市场发展走向、品牌扩张目标、服饰文化创新等关于行业科学、理性、健康发展的问题。

开创时尚产业研究，提升服装内涵魅力。由研究院研究员主导，与优秀时尚服饰品牌合作，在国际时尚大师及专家指导下，通过精准品牌文化定位，创建个性服务风格，帮助、引导企业提炼品牌时尚基因，注入有灵魂的文化精髓，通过鲜明商品风格价值，提升品牌亲和力手段，在打造品牌独一无二的个性符号、满足欲望消费需求中，创建品牌的核心竞争内涵。

深度培养设计人才，加大行业创新力度及与国际时尚产业交流的平台。组织专家、学者、企业家与高校合作加强课题研究，通过开展服饰设计大赛，设立服饰创新奖学金，进行服饰创新人才订单培养，合作设计开发市场新产品等，为服饰行业的创新注入活力。

转换商业经营模式，加快企业发展节奏。艺术研究院作为产业发展市场调查、新商业模式研究、企业发展指导、时尚品牌创新服务科研机构，指导企业在做专、做精、做强、做出个性优势的同时，引导时尚服饰产业链各环节建设，推动以国际时尚、社会知名度高的品牌为龙头，时尚艺术水平高、制造能力强的企业为产业基地的广东国际时尚产业的快速成长。

内 容 提 要

本年鉴全面、客观、真实地记录了2023年度广东服装行业年度大事、要事、新事、特事。特设"特邀撰稿"类目，邀请行业专家、企业家、设计师等代表，发布年度观点文章；"年度关注"类目，重点收录非遗新造、外贸升级、集群创新、重大活动等；"年度创新案例"类目，面向产业项目、服装企业、服务机构、服装院校等方向进行征稿，以图文并茂的方式收录上述主体在改革与发展中的新变化、新风采、新成果；"行业荣誉"类目，重点收录第23届广东十佳服装设计师、第四届广东纺织服装非遗推广大使等。

图书在版编目（CIP）数据

广东服装年鉴. 2024 / 广东省服装服饰行业协会，广东省服装设计师协会编著. -- 北京：中国纺织出版社有限公司，2024.11. -- ISBN 978-7-5229-2233-1

Ⅰ.F426.86-54

中国国家版本馆 CIP 数据核字第 20246Q07V4 号

GUANGDONG FUZHUANG NIANJIAN 2024

责任编辑：郭 沫　魏 萌　　责任校对：高 涵
责任印制：王艳丽

中国纺织出版社有限公司出版发行
地址：北京市朝阳区百子湾东里 A407 号楼　邮政编码：100124
销售电话：010—67004422　传真：010—87155801
http://www.c-textilep.com
中国纺织出版社天猫旗舰店
官方微博 http://weibo.com/2119887771
北京华联印刷有限公司印刷　各地新华书店经销
2024 年 11 月第 1 版第 1 次印刷
开本：889×1194　1/16　印张：22.5
字数：500 千字　定价：298.00 元

凡购本书，如有缺页、倒页、脱页，由本社图书营销中心调换